中国社会科学院重大课题

国家“十五”重点出版项目

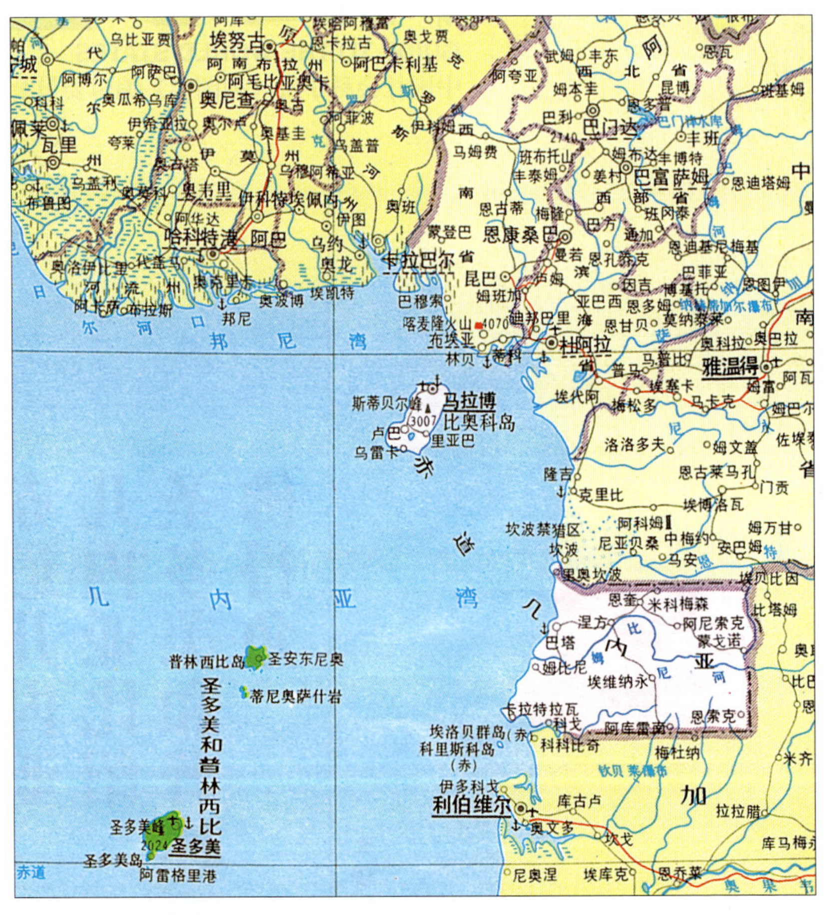

赤道几内亚　圣多美和普林西比行政区划图

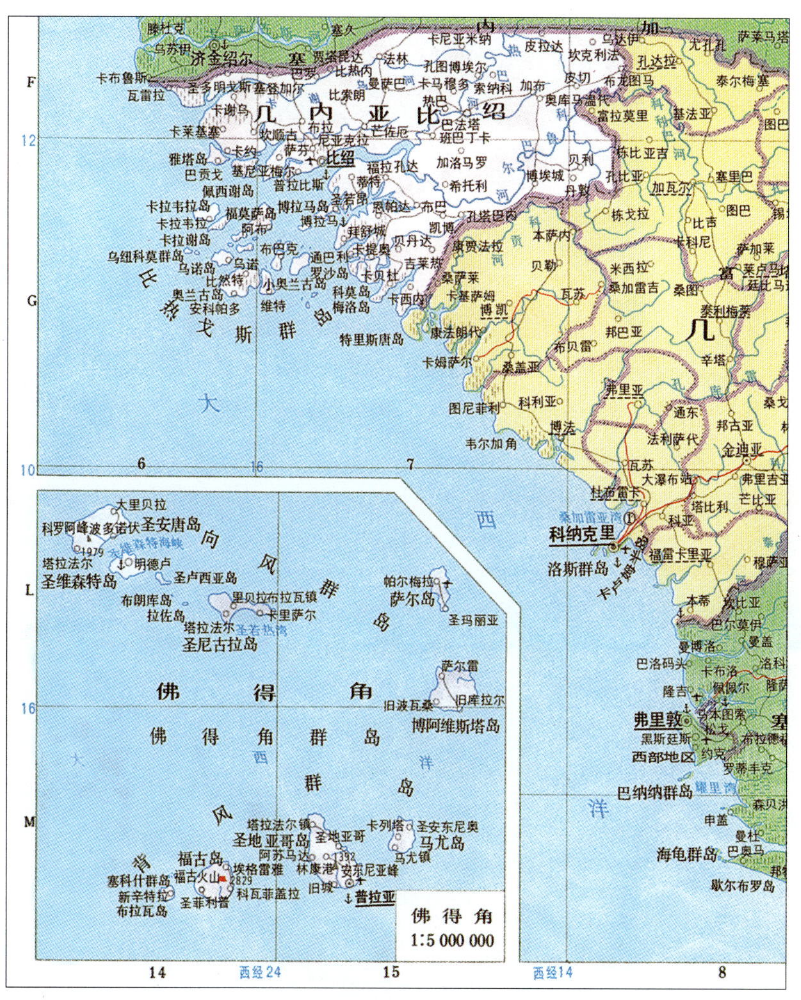

几内亚比绍和佛得角行政区划图

赤道几内亚国旗

赤道几内亚国徽

几内亚比绍国旗

几内亚比绍国徽

圣多美和普林西比国旗

圣多美和普林西比国徽

佛得角国旗

佛得角国徽

赤道几内亚比奥科岛上的努巴市渔港

赤道几内亚马拉博郊区的石油和天然气分离设施。

几内亚比绍的女性风采

中国援建几内亚比绍工程正式交接

参加第28届夏季奥运会的圣多美和普林西比体育代表团

圣多美和普林西比的艺人表演石雕

佛得角共和国首都普拉亚

佛得角共和国宪兵部队成立

前言

自1840年前后中国被迫开关、步入世界以来，对外国舆地政情的了解即应时而起。还在第一次鸦片战争期间，受林则徐之托，1842年魏源编辑刊刻了近代中国首部介绍当时世界主要国家舆地政情的大型志书《海国图志》。林、魏之目的是为长期生活在闭关锁国之中、对外部世界知之甚少的国人"睁眼看世界"，提供一部基本的参考资料，尤其是让当时中国的各级统治者知道"天朝上国"之外的天地，学习西方的科学技术，"师夷之长技以制夷"。这部著作，在当时乃至其后相当长一段时间内，产生过巨大影响，对国人了解外部世界起到了积极的作用。

自那时起中国认识世界、融入世界的步伐就再也没有停止过。中华人民共和国成立以后，尤其是1978年改革开放以来，中国更以主动的自信自强的积极姿态，加速融入世界的步伐。与之相适应，不同时期先后出版过相当数量的不同层次的有关国际问题、列国政情、异域风俗等方面的著作，数量之多，可谓汗牛充栋。它们对时人了解外部世界起到了积极的作用。

当今世界，资本与现代科技正以前所未有的速度与广度在国际间流动和传播，“全球化”浪潮席卷世界各地，极大地影响着世界历史进程，对中国的发展也产生极其深刻的影响。面临不同以往的“大变局”，中国已经并将继续以更开放的姿态、更快的步伐全面步入世界，迎接时代的挑战。不同的是，我们所面临的已不是林则徐、魏源时代要不要“睁眼看世界”、要不要“开放”问题，而是在新的历史条件下，在新的世界发展大势下，如何更好地步入世界，如何在融入世界的进程中更好地维护民族国家的主权与独立，积极参与国际事务，为维护世界和平，促进世界与人类共同发展做出贡献。这就要求我们对外部世界有比以往更深切、全面的了解，我们只有更全面、更深入地了解世界，才能在更高的层次上融入世界，也才能在融入世界的进程中不迷失方向，保持自我。

与此时代要求相比，已有的种种有关介绍、论述各国史地政情的著述，无论就规模还是内容来看，已远远不能适应我们了解外部世界的要求。人们期盼有更新、更系统、更权威的著作问世。

中国社会科学院作为国家哲学社会科学的最高研究机构和国际问题综合研究中心，有11个专门研究国际问题和外国问题的研究所，学科门类齐全，研究力量雄厚，有能力也有责任担当这一重任。早在20世纪90年代初，中国社会科学院的领导和中国社会科学出版社就提出编撰“简明国际百科全书”的设想。1993年3月11日，时任中国社会科学院院长的胡绳先生在科研局的一份报告上批示：“我想，国际片各所可考虑出一套列国志，体例类似几年前出的《简明中国百科全书》，以一国（美、日、英、法等）或几个国家（北欧各国、印支各国）为一册，请考虑可行否。”

中国社会科学院科研局根据胡绳院长的批示，在调查研究的基础上，于1994年2月28日发出《关于编纂〈简明国际百科全书〉和〈列国志〉立项的通报》。《列国志》和《简明国际百科全书》一起被列为中国社会科学院重点项目。按照当时的计划，首先编写《简明国际百科全书》，待这一项目完成后，再着手编写《列国志》。

1998年，率先完成《简明国际百科全书》有关卷编写任务的研究所开始了《列国志》的编写工作。随后，其他研究所也陆续启动这一项目。为了保证《列国志》这套大型丛书的高质量，科研局和社会科学文献出版社于1999年1月27日召开国际学科片各研究所及世界历史研究所负责人会议，讨论了这套大型丛书的编写大纲及基本要求。根据会议精神，科研局随后印发了《关于〈列国志〉编写工作有关事项的通知》，陆续为启动项目拨付研究经费。

为了加强对《列国志》项目编撰出版工作的组织协调，根据时任中国社会科学院院长的李铁映同志的提议，2002年8月，成立了由分管国际学科片的陈佳贵副院长为主任的《列国志》编辑委员会。编委会成员包括国际片各研究所、科研局、研究生院及社会科学文献出版社等部门的主要领导及有关同志。科研局和社会科学文献出版社组成《列国志》项目工作组，社会科学文献出版社成立了《列国志》工作室。同年，《列国志》项目被批准为中国社会科学院重大课题，国家新闻出版总署将《列国志》项目列入国家重点图书出版计划。

在《列国志》编辑委员会的领导下，《列国志》各承担单位尤其是各位学者加快了编撰进度。作为一项大型研究项目和大型丛书，编委会对《列国志》提出的基本要求是：资料详实、准确、最新，文笔流畅，学术性和可读性兼备。《列国志》之所以强调学术性，是因为这套丛书不是一般的“手册”、“概览”，而是在尽可能吸收前人成果的基础上，体现专家学者们的研究所得和个人见解。正因为如此，《列国志》在强调基本要求的同时，本着文责自负的原则，没有对各卷的具体内容及学术观点强行统一。应当指出，参加这一浩繁工程的，除了中国社会科学院的专业科研人员以外，还有院外的一些在该领域颇有研究的专家学者。

现在凝聚着数百位专家学者心血、约计 200 卷的《列国志》丛书，将陆续出版与广大读者见面。我们希望这样一套大型丛书，能为各级干部了解、认识当代世界各国及主要国际组织的情况，了解世界发展趋势，把握时代发展脉络，提供有益的帮助；希望它能成为我国外交外事工作者、国际经贸企业及日渐增多的广大出国公民和旅游者走向世界的忠实“向导”，引领其步入更广阔的世界；希望它在帮助中国人民认识世界的同时，也能够架起世界各国人民认识中国的一座“桥梁”，一座中国走向世界、世界走向中国的“桥梁”。

《列国志》编辑委员会

2003 年 6 月

CONTENTS

目 录

CONTENTS

目录

CONTENTS

目 录

CONTENTS

目录

CONTENTS

目 录

CONTENTS

目 录

几内亚比绍（Guinea-Bissau）

CONTENTS

目录

CONTENTS

目录

CONTENTS

目 录

CONTENTS

目 录

CONTENTS

目　录

圣多美和普林西比
(Sao Tome and Principe)

CONTENTS

目录

CONTENTS

目　录

CONTENTS

目 录

CONTENTS

目 录

佛得角（Cape Verde）

CONTENTS

目 录

CONTENTS

目 录

CONTENTS

目 录

CONTENTS

目录

自　序

《赤道几内亚　几内亚比绍　圣多美和普林西比　佛得角》一书是中国社会科学院重点科研项目《列国志》丛书国别本之一，2003 年初开始撰写，2004 年初完成初稿。从 2004 年初到 2005 年 10 月进行审读鉴定，其间几经修改、补充，于 2005 年底最终定稿，历时整整三年。

赤道几内亚位于非洲的中西部，原属传统的农业国、落后的单一经济，为联合国宣布的世界最不发达的国家之一。20 世纪 90 年代以来，随着石油的发现、开采和出口，经济迅猛发展，国家的改革和建设取得了巨大的成就，已成为世界上经济增长速度最快的国家之一，成为中西非难得的富有国家，有中西非“科威特”之美称。几内亚比绍位于非洲西部，国内河流纵横，湖泊密布，有极其优越的农业灌溉条件，有“热带水乡”之美称。但长期的殖民统治，使几比这个传统农业国的经济极其落后，也成为联合国宣布的世界最不发达的国家之一。素有“绿岛”之称、位于非洲中西部、大西洋上的圣多美和普林西比，系由 16 个圆形岛屿组成。各岛奇峰翠谷，绚丽多姿，热带植物茂密葱绿，自然景色瑰丽迷人，极富发展农业和旅游业的条件。但也由于长期的殖民统治，其经济异常落后，也是联合国宣布的世界最不发达的国家之一。位于非洲西部，地处南美洲、欧洲和非洲的海上交通要冲，有“各大洲的十字路口”之称的佛得角，人口稀少，自然条件差，资源匮乏，加上长达5个世纪的殖民统治，使其经济十分落后，也成为联合国宣布的世界最不发达的国家之一。但是独立后，该国能保持政局相对稳定，政府制定了适合本国国情的改革和发展计划，全国励精图治，使其经济和社会发展取得了令人瞩目的成就。中国和该四国虽远隔重洋，但彼此间的友谊源远流长，可追溯到四国人民争取民族独立斗争时期。四国在独立建国后均先后同中国建交[①]，彼此一直保持着友好关系，政府和民间交往频繁，并开展了多个经济和社会合作项目。由于四国同中国相距遥远，国内一直少有关于四国情况的详细介绍。一些相关资料也仅仅是少量的新闻报道，系统的书籍文章可谓凤毛麟角。近年来，随着中国对非洲重视程度的增加，全面了解赤道几内亚、几内亚比绍、圣多美和普林西比、佛得角的情况显得日益需要。本书作者在广泛搜集资料，认真进行分析研究的基础上，本着力求内容的完整性、真实性和可读性的原则，对四国的情况进行了全面、系统的阐述和介绍，使广大读者能通过本书，比较全面、系统、客观地了解四国的过去和现在，因此本书是一部关于赤道几内亚、几内亚比绍、圣多美和普林西比、佛得角较好的重要工具书，对帮助国人了解四国、促进中国与四国关系的发展具有重要的意义。

本书的特色在于全方位、长视距、多角度地分析、介绍赤道几内亚、几内亚比绍、圣多美和普林西比、佛得角的情况。

① 圣多美和普林西比1975年与中国建交，但1997年又与台湾“建交”，故中国政府于1997年7月11日宣布中断同圣多美和普林西比的外交关系。

全方位，即不但详细介绍人口、民族、环境、气候、资源等情况，还详细介绍历史、政治、经济、军事等情况。长视距，即特别重视该国的某些重大事件，予以详细的研究和阐述，并对最新进展进行追踪。多角度，即对某些重大问题不仅从国内的角度，还从国际的角度进行分析研究；撰写时不仅遵守《列国志》编撰体例的规定要求，同时注意突出《列国志》的国别特色，自行增设了一些内容，或对体例中规定的内容进行了较为充分的论述；介绍情况力求简洁明了，但为了满足不同的社会需求，同时为了给读者一个整体概念，对某些重要内容也作出了完整的交待。由于以上特点，本书就呈现出一个立体式的架构，使读者能够更加全面、深入地了解这四个神奇的国土。

本书作者对资料的要求是准、新、全，对资料取舍的原则是尽量利用各该国官方发表的材料。在官方材料欠缺的情况下，则借助于官方权威网站的网络资源，尽量做到拾遗补缺。尽管如此，有些资料仍然搜集不到，因此书中对少数问题的介绍只好略而不详，或付诸阙如。这也正是本书的不足之处，有待在今后的研究中进一步补充。

本书由李广一教授主编，凌云志硕士和唐刚硕士撰写赤道几内亚部分，乔旋博士撰写几内亚比绍部分，陈传伟硕士撰写圣多美和普林西比部分，邝艳湘博士撰写佛得角部分，全书由李广一教授修改、通稿和定稿。

中国社会科学院西亚非洲研究所陈公元研究员与温伯友研究员担任本书稿的审读与鉴定专家，为此付出了辛勤的劳动；中国社会科学院西亚非洲研究所所长杨光研究员与温伯友研究员给予我们大量宝贵的指导；张毓熙研究员和詹世民助理研究员为我们提供了许多帮助，在此，谨向他们表示诚挚的谢意。

对于《列国志》丛书的编委和社会科学文献出版社编辑为本书出版做出的不懈努力，表示衷心的感谢。

尽管作者为本书付出了大量的心力，但由于本书涉及的方面多，资料欠缺，作者的水平又有限，因此本书的缺点和错误难免，衷心希望专家学者们批评指正。

李广一

2007 年 1 月 8 日

赤道几内亚
（Equatorial Guinea）

李广一　主编

列国志

第一章

国土与人民

第一节 自然地理

一 地理位置

赤道几内亚共和国位于非洲的中西部，所处地理坐标为北纬1度至3度48分30秒，东经8度25分至11度20分。因位于赤道附近，部分领土位于非洲中部大西洋的几内亚湾内，故而得名。由中非西海岸一块大陆和五个岛屿组成，总面积28051.46平方公里。大陆部分称木尼河（the Rio Muni）地区，面积26000平方公里，边界线总长539公里；北部与喀麦隆为邻，边界189公里；南面和东面与加蓬共和国接壤，陆地边界线350公里，西濒大西洋。岛屿部分面积2051.46平方公里，主要岛屿有比奥科岛（Bioko）、安诺本岛（Anobon）、科里斯科岛（Corisco，也称帕格卢）、大埃洛贝岛（Elobey Grand）、小埃洛贝岛（Elobey Chico），除安诺本岛位于赤道以南，其他的岛屿均处于赤道以北。其中比奥科岛南北长72公里，东西宽约35公里，面积2017平方公里，呈平行四边形状。此外，安诺本岛17平方公里，科里斯科岛15平方公里，大埃洛贝岛2.27平方公里，小埃洛贝岛0.19平方公里。

有12海里的领海和200海里的专属经济区，海岸线长296公里，海洋面积共31.2万平方公里。

二　行政区划

全国划分为7个省，下设17个县和9个市。重要的城市有首都马拉博、卢巴、帕莱、巴塔爱、埃维拉荣、埃贝比因、蒙戈莫等。7个省的名称如下：北比奥科省（Bioko Norte）、南比奥科省（Bioko Sur）、安诺本省（Annobon），中南省（Centtro—Sun）、基埃—恩特姆省（Kie—Ntem）、海岸省（Litoral）和维勒—恩萨斯省（Wele—Nzas）。

三　地形特点

位于非洲大陆部分的木尼河地区大部分为山脉和高地，地形呈阶梯状，从西部海边向东部逐渐平行上升，表现为西低东高。各级台面多馒头状山峰。有三个较高的山峰，西南部的米特拉山，海拔1200米；中部的阿伦山，海拔1100米；北部的乔克拉特山，海拔1100米。

位于几内亚湾内的比奥科岛是一座大火山岛，也是该国第一大岛，呈双驼峰形，东部和南部地区的地形比较陡峭，西部地区比较平缓。沿海较平坦地区表土层较厚，系由火山灰长期冲积而成，土质较为肥沃，适宜耕种。该岛中部有康塞普翁湾，西海岸有圣卡洛斯湾。岛的南部有马拉博峰，马拉博峰的南面有莫卡尔峰，莫卡尔峰与卢巴峰相连，两山之间有着茂密的原始森林。比奥科岛上的巴西勒峰，海拔3011.4米，是赤道几内亚的最高峰。

四　河流与湖泊

境内多河流，主要分布在木尼河地区，且多数自东向西流入大西洋。主要河流三条，北部的恩特姆河

(Ntem)，中部的贝尼托河（Benito），南部的木尼河（Muni）。贝尼托河发源于加蓬，自东向西，横贯全境，全长315公里，赤道几内亚境内长272公里，下游160公里可以通航，是该国最长的河。全区河流总的特点是水量丰富，多瀑布跌水、急流，水利资源丰富。

北比奥科省北部的马拉博峰的南面30公里处的莫卡湖，是由火山喷发后的喷口形成，平均水深22米，是岛上最大的淡水湖。

五 气候

特殊的地理位置决定了该国的气候特征，因绝大部分领土位于赤道以北地区，全国气候表现出典型的赤道热带雨林气候和热带海洋性气候特征，即潮湿、炎热、多雨多云。但不同的地区，气候特征也略有不同。

大陆部分木尼河地区潮湿多雨，温差较小，属热带雨林气候。大陆沿海地区年平均降雨量为2112.6毫米，年平均降雨天数152天，日最大降雨量144毫米，小时暴雨强度为23.5毫米；年气温变化在摄氏15度和32度之间；年平均相对湿度为88.8%；年平均日照5小时，1、2月份平均日照最长，在6小时以上；9、10月份平均日照最短，在4小时以内。全年平均气温26摄氏度，平均降雨量2800毫米。大陆地区全年分为两个雨季和两个旱季，3~5月和9~11月为雨季，12~2月和6~8月为旱季。

比奥科岛的气候属热带雨林气候，终年炎热。首都马拉博的月平均最高气温为31.1摄氏度，最低气温为20.3摄氏度。年气温变化在15~34摄氏度之间，平均气温25摄氏度。年平均降雨量为1700毫米；年平均相对湿度85%，3月份最低，约为80%。岛上各地降雨量悬殊。西北地区年降雨量为2000毫米，西南地区达到5000多毫米。位于该岛南端的乌雷卡村，是有名的“雨城”，年降雨量高达7800毫米。比奥科岛只有一个雨季和一个旱季，5~10月为雨季，11~4月为旱季。

第二节　自然资源

一　矿产资源

原油和天然气是最重要的矿产资源，主要分布在比奥科岛西北部大陆架上、大陆地区木尼河流域以及北部和南部边境地区。据估计天然气和原油储量分别为370亿立方米和30亿桶。

金属和非金属矿藏也较丰富，包括黄金、白银、铜、铀、铁、铌钽、辉钢、金刚石、铝矾土（铝土蕴藏量约达全球总数1/3）、稀土、镍、铂、铬、钴、钻石等重要矿产，但尚未探明储量，除金矿有小规模开采外，其他均未进行工业开采，有待今后的开发利用。

二　动物、植物资源

赤道几内亚属于赤道热带雨林气候和热带海洋性气候，为热带生物的生长提供了极好的气候条件，尤其是比奥科岛的自然条件更是得天独厚，火山灰土质十分肥沃，气温适中，特别适宜动植物的生长。在欧洲殖民者进入赤道几内亚以前，这里生长着茂密的森林和很多不知名的植物，赤道几内亚湾的鱼种类繁多。但是，由于殖民者掠夺性的开发，赤道几内亚的生物资源受到极大破坏。部分物种已经消失或者濒临灭绝。由于经济的不发达，政府一直没对全国的生物资源进行全面的调查和统计，相关数据无法得知。

（一）动物

热带森林为动物提供了生存的空间。非洲大象、猴子、蛇、鳄鱼、熊、狐狸等都是这块土地上原有的“居民”。鳄鱼和蛇曾经到处都是，由于人类的捕杀，数量已经大幅减少。兔子的繁殖速度很快，数量大。猫、狗、驴、马、山羊、猪、鸡、鸭、家鼠等则是殖民者带来的。此外，赤道几内亚的森林是鸟儿的天堂，成为鸟类的栖身地。部分鸟类学家的研究结果表明，赤道几内亚鸟的种类有100多种，其中不乏稀有种类，为这一地区独有。部分业余研究者认为，在原始森林里，还存在着不为人类所知的鸟类。

赤道几内亚海洋资源丰富，鱼类种类较多，除了常见的鱼类外，南部海域盛产的非洲黄鱼、大虾、巴鱼和金枪鱼在世界上颇为有名。

（二）植物

西班牙人到达现在的比奥科岛和木尼河的沿海地区时，这里到处是茂密的原始热带雨林。西班牙人到这后最先掠夺的便是丰富的林业资源，伐木业成为当时最大产业。木材品种繁多，质地优良的木材逾150种，其中包括红木、非洲胡桃木和桃花心木，其中的红木乌木为稀有珍贵树种，据说只生长在赤道几内亚、尼日利亚和加蓬等三国。虽然国土狭小，赤道几内亚有森林面积220万公顷，主要分布在木尼河大陆地带，木材蓄积量约为3.74亿立方米，胸径60公分以上的商业木材可采量达3320万立方米。是世界上人均森林面积最高的国家之一，享有“森林之国”的美称。

可可树是西班牙人于19世纪初引进的，现在广泛分布在全国各地。赤道几内亚的可可以水分少、壳薄、油多著名，远销欧美等地，赤道几内亚因此被称为“可可之国”。咖啡和棕榈也是该国重要的经济植物。

赤道几内亚本地生产的食用植物有木薯、芋头、玉米、香蕉等；蔬菜有西红柿、大椒、扁豆、洋白菜、土豆等。

第三节 居民与宗教

一 社会结构

如同许多非洲国家一样，迄今仍然保留着酋长制度。在许多地方，尤其是广大农村地区，酋长的权力很大，当地的大小事情需要由酋长出来说话，才能一锤定音。特别是在那些乡村地区，甚至一些家庭琐事也要由酋长裁决是与非。村民们见到酋长一定是毕恭毕敬，跪在地上行磕头大礼。尽管酋长不在政府机构里担任一官半职，但在百姓心目中是“拥有至高无上权力”的人物，有着根深蒂固的影响力量。因此，人们（尤其是外国人）到某地办事，首先要想到设法拜见当地的酋长，如果取得了酋长的认可和支持，许多事办起来就容易多了。

二 人口

据估计，2003 年人口 510473 人，男女分别占总人口的 48.8% 和 51.2%。芳族人占人口总数的 70%，其余是布比人、杜阿拉人、马卡人、姆庞圭人、费尔南迪诺人和帕加卢人。

1996 年全国平均人口密度为每平方公里 14 人。但是人口分布不均匀。经济较发达的比奥科岛因大量农村人口涌进来打工和做生意，人口稠密，每平方公里达 50 人，木尼河区人口稀少，每平方公里不到 8 人。

人口增长率呈上升趋势，人口年自然增长率为 17.1%。1950～1978 年全国人口增长 53%，城市人口增长 4.1 倍；1983～1994 年间年均增长率为 2.8%；2003 年的增长率估计为 2.44%。

2003 年人口年龄结构为 0～14 岁的居民人数占人口总数的 42.2%，其中男性为 108179 人，女性为 107164 人；15～64 岁的占 54%，男性为 132342 人，女性为 143509 人；65 岁以上占 3.8%，男性为 8576 人，女性为 10703 人。

三 民族、语言和宗教

(一) 民族

尽管国土不大，人口不多，但民族成分较复杂，是个典型的多民族国家。但基本上是班图格罗人的分布区，在海岛部分杂居有混血居民。主要民族有芳族、布比人、杜阿拉人、马卡人、姆庞圭人、费尔南迪诺人和帕加卢人等。

(二) 语言

官方语言为西班牙语。随着与法国的政治、经济等关系的日益密切，1986 年起，法语被确定为第二官方语言，上层人士和政府官员普遍能说法语。民族语言有芳语，在大陆地区广泛使用，布比语则在海岛地区广泛使用。此外，还有部分人说伊博和皮金英语。

(三) 宗教

大多数居民信仰天主教，少数信奉基督教和伊斯兰教，其余人信奉原始宗教，即万物有灵信仰和图腾崇拜。

(四) 民族分布及基本情况

芳族人占全国人口的 70%，主要分布在木尼河区，占该地区居民人口的 90%，属于班图格罗人种，讲芳语，属于尼日尔－科尔多凡语系西北班图语族，大多数人信仰天主教，部分人保持万物有灵信仰。芳人普遍实行一夫一妻制，传统社会存在酋长制。他们主要从事农业，种植可可、咖啡，也从事渔业，不少人到比奥科岛上的种植园做工。

布比人，占全国人口的 15%，主要居住在比奥科岛上，占该岛人口的一半，属于班图格罗人种，与杜阿拉人血缘接近。布比人分为北支和南支，北支包括内伊人、萨卡托人、托人等；南支包括啊巴人、洛克托人、比奥玛人等。所讲的布比语实际上是杜阿拉语的一种方言。大多数人信奉天主教，以种植可可、咖啡和打鱼为生。

杜阿拉人占全国人口的2.9%，分为邦加、孔贝、伦盖、布赫巴、恩多维部落，属班图格罗人种。主要分布在木尼河区沿海地带。邦加人居住在埃洛贝岛和科里斯科岛，富于进取心，十分骁勇。在日常交流中讲杜阿拉语，大多数人也会讲芳语。部分人信奉天主教，还有部分人信奉原始宗教，以捕鱼和狩猎为生。随着经济的发展，有些人进入城市做工。

马卡人，占全国人口的2.9%。主要分布在大陆南部和东北部内地的雨林区，属班图格罗人种。讲民族语言马卡语，大多数人保持万物有灵信仰，以农耕为生，间或到森林中狩猎或采集果实，弥补生活之需。

姆庞圭人，占全国人口的1.4%，主要分布在大陆南部的热带雨林区，讲姆庞圭语，大多数人保持万物有灵信仰。传统社会实行一夫一妻制，男人行割礼，按母系续谱和继承财产，习惯于同舅舅一起居住，主要从事热带农业。

费尔南迪诺人，占全国人口的0.6%，主要居住在帕加卢岛，是葡萄牙人殖民统治时期从葡萄牙非洲各殖民地运来的奴隶和劳工后裔，讲葡萄牙语，信奉天主教，主要从事种植业。

第四节　民俗与节日

一　民俗

赤道几内亚人的个性同其他国家和地区的黑人差不多，一般说来是宽容、诚恳、待人大方爽快、热情好客，遇见外国客人总是显得彬彬有礼。

（一）服饰

因为赤道几内亚位于赤道附近，年平均气温 26 摄氏度，最低气温 20 摄氏度左右，气候炎热。受气候的影响，普通老百姓通常在腰间围上一块布，既方便又凉快，就可度过一年四季了，所以有“穿衣一块布”的说法。在以前，因为经济落后，生活水平低，老百姓穿着简单，甚至有部分人不穿衣服。近年来，随着国家经济的发展，生活条件的逐步改善，绝大部分人开始穿衣服了，而且服饰有了较大变化，服装色泽日趋鲜艳，式样别致，五彩缤纷，具有浓厚的民族风格。同时，城市中的男子穿西装，女子穿长裙，头上缠着各种花样的头巾。尽管天气很热，可穿长裤的男女越来越多。

（二）饮食

主要粮食有芋头、木薯、玉米等，副食有猪肉（穆斯林禁食猪肉）、牛肉、羊肉、蔬菜以及从原始森林里捕捉的羚羊肉、松鼠肉等。因为水产资源丰富，海龟肉、海龟蛋以及各种鲜鱼、海味也成为该国人民的补充食物。人们偏爱辣椒，喜食辛辣食物，几乎每一道菜里都放有辣椒，而且其辛辣程度不比中国南方的食物逊色。赤道几内亚人的烹调技艺非常独特，一种常见的食品，可以烹制出多种多样的佳肴，如木薯经过煮、炸、煎、炒、炖、烤等工艺，可以做出 30 多种花样，既可当主食；也可做菜肴，且色、香、味俱佳，简直让异国他乡的客人眼花缭乱，目不暇接。

人们爱喝一种风味独特、浓香扑鼻的饮料，俗称棕榈酒，酿制的方法和原料在不同地区有所不同。比奥科岛上居民自制的棕榈酒采用棕榈树上的雄性花蕊为原料，有浓烈的酒香味道。大陆部分的居民自制的棕榈酒，则采用棕榈树的汁液同新榨的甘蔗汁为原料，经发酵和高温蒸馏过滤酿制而成，酒精度较高，味道香醇。人们还喜欢吃一种发酵的木薯食品，外国游客大多不适应。

赤道几内亚人在进餐时有一些约定俗成的规矩。城市居民吃饭时习惯于使用刀和叉，乡村居民则习惯于用手抓饭吃。用手抓饭时，切勿将饭菜或者汤洒在草席上，这是大多数当地居民特别忌讳的，会被视为不懂礼教的行为。

贫富悬殊较大，一般穷人一日一餐或两餐，始终处于半饥饿状态，大多数有钱的黑人一般吃西餐，一日三餐，日子过得相当惬意。

（三）居住

城市居民的居住条件比农村居民好，但是还有待于进一步改善和提高。在农村，人们常住在尖顶圆筒式非洲茅草屋里，二三十户人家相邻而居，形成一个村落。

在芳族人居住的农村地区，几乎在每一个乡村都能够看见一幢格外引人注目的房屋，同四周的那些茅草屋相比，这幢房屋采用上等材料建成，高大宽敞，造型别致，装潢考究，耸立在村中最醒目的地方，四周绿树鲜花环抱，宛如一处桃花仙境。这就是在当地芳族人心目中享有崇高地位的“村屋”，即全村人所共同拥有的房屋。“村屋”是神圣权力的象征，代表最高礼遇和进行轻歌曼舞的地方。在当地有尊重老龄人的习惯，村中最年长者是当然的村长。村里的重大事情，由村长召集村里的长老们在“村屋”里协商讨论，大家畅所欲言，各抒己见，最后作出的决策，村民们必须无条件执行。村里发生某种纠纷，如夫妻不和、兄弟吵架、邻里反目等，由某一位年长者将当事各方召集到“村屋”里调解。村里不论谁家有远道而来的客人，村长均要请到“村屋”里，进行礼节性会见，并用当地的土特产招待。有人戏称“村屋”是最基层的“议会”机构总部所在地。

（四）礼仪

赤道几内亚人民对人很热情，也很讲究文明礼貌。熟人相见，主动招呼问好，男人通常互相握手问候，而女人之间见面，大多数时候是互吻面颊，很有礼貌。而且，大多数赤道几内亚人特别注意称呼，认为得体的称呼是有教养的体现。有趣的是，他们的称呼也很有特点，在当地人的称谓中，有爸爸、妈妈、岳父、岳母、爷爷、奶奶、兄弟、姐妹、儿子、孙子等，尊敬的称谓有阁下、先生、夫人、女士、小姐、朋友等。对受尊敬的人和年长的外来客人，有时也称为“爸爸”、“妈妈”等。见到年长的外国客人常常称呼对方“爸爸”或者“妈妈”，而且往往还同客人的国家名称连起来称呼，如“您好，中国爸爸”“欢迎您，中国妈妈”等。

（五）禁忌

赤道几内亚人忌吃鹿肉，尤其是对女子，她们是绝对不可违反的，而对男子，要求则不那么严格。鹿在芳族人的传统中有着特殊的含义，年青人只能达到一定年龄并通过神秘的入教仪式后才可以食用鹿肉。

此外，赤道几内亚人在宗教方面的忌讳很多，如穆斯林禁食猪肉，芳族人特别忌讳外人走进或看见珍藏祖先遗物的地方，若有人违反了这一禁忌，大家就会遭到不幸。

（六）风情

1. 民间集体舞

在周末节日或群众性的庆祝活动中，人民喜欢跳一种民间集体舞。跳舞时，妇女们头上插着五彩缤纷的羽毛，腰穿兽皮裙衣，小腿绑上很多贝壳、龟甲和小铃铛；男人则裸露上身，胸部，两臂和两腿间涂着黑白相间的条纹，随着时而急剧明快有力、时而低慢深沉的木鼓声，有节奏地扭动四肢、腹部和臀部，跳出美丽的舞蹈。此时，身上的羽毛和兽皮闪闪发光，贝壳和铃铛响成一片，集会呈现出一片欢乐的气氛。

2. 祖先崇拜

芳族人将自己的祖先奉为崇拜的偶像，供奉祖先的木雕像，精心珍藏着祖先的遗物，这些遗物均是在一些重大的狩猎或捕鱼活动中保留下来的有象征意义的纪念品。芳族人每逢重大活动必定要把经过精心雕刻的祖先的头盖骨和骨头作为活动开始前祭祀仪式的宗教物品，由本部族德高望重的酋长主持祭祖仪式，对祖先的遗物顶礼膜拜。仪式结束后，这些头盖骨和骨头存放在圆形的木盒中，交给本部族的酋长当作珍品保管。头盖骨对于芳族人象征着力量和智慧。

3. 布比族的芋头节

比奥科岛的居民主要为布比族，芋头是他们的主要食物。芋头的营养价值高，比奥科岛得天独厚的气候和肥沃的火山灰土壤特别适宜芋头的生长，所以单位面积产量很高。比奥科岛的家家户户几乎都种植芋头。村民每年都要杀羊祭祀，举行隆重的庆祝“罗奥莫”节活动，以祈求芋头来年丰收，这就是闻名于世的芋头节。

4. 芳族男青年成年民间教育

芳族青年年满16岁，就要举行标志从少年跨入成年的宗教仪式。之后他们要经历一段相对隔绝的特殊生活，以培养男子汉的勇敢精神，同时学习防卫本领和有关大自然的知识。鹿在芳族文化中有着特殊的地位，象征着大自然，尤其是森林的灵性，这也是人忌讳吃鹿肉的原因。在被隔绝的后期，村里会派出一名长者，面戴面具、头戴角具，在森林深处的茅屋等待年轻人，向他们讲述森林的秘密和传授制服百兽的方法。同时，年轻人还得学习劳动、医学和舞蹈等知识，使自己拥有应对大自然的能力。

二　节日

1. 国庆节

国庆节，10月12日（1968年）。15世纪中叶，葡萄牙人侵入比奥科岛，开始建立殖民统治。1778年，西班牙占领比奥科岛，不断扩张，于1845年建立殖民统治，开始了长达两个世纪的殖民统治。在被殖民统治时期，人民进行了长期英勇的斗争，发动了多次武装起义。二战后，非洲民族解放运动蓬勃发展，1959年，出现了一批民族主义组织。1967年底，与西班牙代表在马德里就制定独立宪法进行谈判，1968年10月12日，经过公民投票，宣告独立，定国名为赤道几内亚共和国。

2. 军队节

军队节，也叫“八三”自由政变节。8月3日（1979年）。独立后，马西埃政权实行独裁统治，国家经济落后状况不但没有改善，反而进一步恶化，社会动荡，人民不满。1979年8月3日，国家革命人民武装力量部副部长奥比昂中校发动军事政变，推翻了马西埃政权，成立了以奥比昂为首的最高军事委员会。后来，每年的8月3日，定为军队节，全国放假1天。

3. 宪法节（8月15日）

4. 独立日（10月25日）

5. 人权节（12月10日）

6. 总统生日（6月5日）

7. 其他节日

重要的宗教节日：受难节，复活节和圣诞节等。

地区性节日：巴塔喜庆日（7月25日），马拉博喜庆日（11月17日）。

其他全国性节日：新年1天，圣诞节1天。

第二章

历　史

第一节　古代简史

在非洲，赤道几内亚是一个小国，况且其成立的时间并不长，在长期的历史发展中，这个地区并不存在“赤道几内亚”这样一个古代国家。它与大多数撒哈拉以南非洲国家一样，在前殖民地时代，政治发展进程和成熟水平，总体上还未达到民族国家的发展阶段。但是这一个小小的古老土地上，历史上曾先后被一些规模大小不一、发展程度各异的古代王国所统治过，或是出现过一些城邦式政治共同体或松散的部族酋长国与部族联合体。这些部族酋长国给这个国家的政治、社会发展留下了深刻的烙印。

早在1300多年前，在比奥科岛上就有人居住。这些早期居民是从现在的喀麦隆地区迁移过来并定居下来的。从最新在比奥科岛上发掘出来的一些陶器、渔具、石斧等考古物品来分析，早期的岛上居民主要以捕鱼、狩猎以及种植甘薯和油棕为生。这些古代居民被称为“布比人”，他们的食物以甘薯、香蕉和其他蕉类果实为主。他们与外部世界联系很少，并且对贸易不感兴趣。布比人在岛上建立了自己的王国。这个王国由于处于生产力极为低下的原始社会发展阶段，没有建立起自己完善的政治制度。

第二节 近代简史

一 葡萄牙人的入侵

15世纪中叶，葡萄牙人出于对西非黄金、象牙及其它珍贵资源的贪婪渴求，开始越过直布罗陀海峡，沿非洲西海岸南下，在几内亚湾附近发现了比奥科岛。葡萄牙人为当地绮丽的热带风光所陶醉，称之为“福摩萨”（Formosa）即美丽岛。但相对于葡萄牙人发现的其它岛屿（圣多美和普林西比）而言，比奥科岛地势高，容易开采的土地不多，而且航船不便进入和停泊。况且比奥科岛的热带雨林气候使得葡萄牙人的主要武器——火器难以发挥作用。所以，虽然葡萄牙人发现了该岛，但他们并没有建立有效的统治而加以利用。

但安诺本岛的情况则不相同。1471～1472年，葡萄牙人首先达到这个无人居住的岛屿上。首先发现该岛的是葡萄牙人约戈德·梅隆（Jorgede Melo），他随即宣称对该岛的所有权。不久，他将之卖给另一个葡萄牙人路易斯·阿尔梅达（Luis de Almeda），而后者则将之作为从圣多美等地转运奴隶的据点。1592年葡萄牙在圣多美建立殖民统治之后，就将安诺本岛纳入到其管辖的范围内。1613年和1623年，曾有荷兰殖民者达到该岛，一些荷兰的奴隶贩子就将安诺本岛作为供应奴隶的集散地。到18世纪早期，甚至成为一个货物的中转站和进出口贸易的中心，如安哥拉的水果和其他商品都从此地周转。1645、1647、1654年，有西班牙、意大利等国的天主教传教士在安诺本岛进行活动，但由于当地人对之有很大的抵制，传教活动收效并不是很大。

另一个岛科里斯科的历史与安诺本岛有些相似。15世纪葡萄牙人登上该岛时正遇到狂风暴雨，雷电交加。葡萄牙人惊恐万分，称为科里斯科，即雷电岛的意思。16世纪和17世纪岛上的奴隶贸易非常活跃，到1656年，葡萄牙甚至成立了一个专门的公司来处理奴隶事务。17世纪时，荷兰人也在岛上活动过。但从18世纪初期开始，岛上的贩奴活动逐渐减少，到1723年时，已大部分转移到今加蓬的洛佩斯港去了。

二　西班牙统治时期

（一）西班牙对赤道几内亚地区的侵占

18世纪晚期，西班牙的实力急剧增长，并向世界各地进行殖民扩张。西班牙为了在非洲寻找一个进行殖民活动的据点，希望向葡萄牙购买一块地方。1777年，西葡两国经过协商，西班牙从葡萄牙手中购买了比奥科、安诺本和科里斯科三岛。西班牙羡慕葡萄牙在圣多美等地的成功，欲效仿也把比奥科岛作为非洲奴隶贸易的中心。1777年西班牙正式实施计划，1778年，西班牙派遣一支150人的队伍到达普林西比并与葡萄牙官员会面，经过交接手续后，1778年10月，西葡正式签订条约，西班牙占领比奥科岛。

但由于比奥科与圣多美等岛屿在地理和生态等方面存在着巨大的差异，虽然西班牙政府支持其商人在这些岛屿进行奴隶贸易，但他们的行动并没有取得成功。西班牙政府在遇到挫折之后，随即撤去了对私人的支持。但仍然有为数不少的西班牙商人在继续进行贩卖奴隶的活动。1785～1800年，每年有许多的船只往返于科里斯科与西班牙的各大城市之间。一直到拿破仑战争爆发后，西班牙忙于战争，这些活动才有所减少。

（二）英国租借比奥科岛时期

1807年，英国开始在非洲开展反对贩卖奴隶的运动。1817年，英国与西班牙签署条约，西班牙同意限制其在西非赤道以北的奴隶贸易并最终在1820年终止所有贩奴活动，而英国军队有权检查和监视西班牙船只。1827年，英国政府把比奥科岛作为在西非海域的一个监视据点，并向西班牙提出租借要求。英国人在租借比奥科岛后，除了作为其军事据点外，尝试将该岛用来种植作物，并反对西班牙商人在该地区的继续存在。1827年英国人威廉姆斯·欧文（Williams Owen）到达比奥科岛并开始抓获奴隶为其生产。1829年，爱德华·尼科尔斯（Edward Nicolls）代替了欧文，他对该岛屿进行了一番改造，大力发展种植棕榈树。从1827年开始，比奥科岛的棕榈油产量大幅度上升，英国人从棕榈油的生产和贸易中获益匪浅。同时，英国人也看到了比奥科岛的战略位置，有意将比奥科岛作为其深入西非心脏——尼日尔河流域的跳板。1839年和1841年，英国两次向西班牙提出购买比奥科岛，但都遭到西班牙的拒绝。1841年，一支英国队伍从比奥科岛出发沿尼日尔河进入中非地区，但在登陆时遭到当地人的袭击，伤亡惨重。此后，英国政府不再看好比奥科岛了。英国人的兴趣开始发生转移，一些私人公司将比奥科岛作为进行橡胶、树脂、可可和咖啡等商品贸易的中转站。

（三）西班牙的殖民统治

随着西班牙奴隶贩子在非洲活动的加剧，西班牙与英国人在西非的冲突也随之加大。1840年英国袭击了科里斯科岛上的西班牙人，1841年，还出动军队焚烧了西班牙在塞拉里昂的贩奴据点。西班牙为了维护自己在西非的利益，决定收回比奥科岛。1843年，西班牙派遣军队到达比奥科岛，并将英国人命名的克拉伦斯（Clarence即今天马拉博）改名为伊萨贝尔（以西班牙女王伊萨贝尔二世命名）。1844年西班牙收回了英国的租借权。西班牙加强了对其非洲殖民地的统治。1858年，在宣布拥有比奥科主权80年后，西班牙政府正式派驻了第一位西班牙籍总督，

这标志着西班牙正式建立了殖民统治。1860 年西班牙开始在岛上部署军队。随着西班牙殖民统治的建立，从 1868 年开始，西班牙公司大量进驻比奥科。与此同时，天主教又开始在岛上传播。

19 世纪晚期，西班牙实力衰退，其在非洲的殖民活动也受到其他国家的排挤。尽管 1884 ~ 1885 年在柏林会议上，西班牙宣称其在非洲的领土有 18 万平方公里，但英国随即宣布在西班牙刚宣称的土地内成立东尼日利亚，德国则在 1884 年控制了喀麦隆，从而使西班牙想控制非洲海岸的想法落空。特别是 1898 年美西战争后，西班牙在非洲的处境更加艰难。1900 年，法国与西班牙签订了确立木尼河地区边界的条约，西班牙在几内亚湾陆地上的面积大大缩小，即为今天的木尼河区。

在西班牙统治时期，赤道几内亚地区开始种植可可。可可是 1822 年从巴西引入到圣多美的，再由圣多美传到比奥科岛。赤道几内亚的岛屿上的雨林气候十分适宜可可的种植。原来在该地区从事棕榈油生产和贸易的商人都大量投资于可可的种植。可可的产量也大幅度地增长。1879 年，赤道几内亚地区的可可产量达到 10 万磅（45359 公斤）合价约 20000 美元。可可的种植也吸引了大量的外来劳动力涌入进来。其中主要来自安哥拉、喀麦隆、尼日利亚、加纳和塞拉里昂等非洲国家。

从 1858 年开始到 1968 年赤道几内亚独立，西班牙共向赤道几内亚派驻了 99 任总督。1902 年，西班牙政府成立一个直属政府的非洲事务顾问委员会，负责监督赤道几内亚地区的法律、公共事务、税收和经济，并向马拉博派驻一个省督。西班牙将木尼河地区分为两个区域，分别派驻官员管辖。安诺本岛则由两个直属总督负责的官员负责管理。在 20 世纪初，西班牙政府曾计划将赤道几内亚地区以特许方式交给外国公司经营，但直到 1914 年才将之纳入到年度预算中，此计划始终没有实施。1936 年西班牙佛朗哥政府成立，西班牙政府对赤道几内亚的政策着重在于保持西班牙在赤道几内亚地区的势力存在。1942 年，赤道几内亚被西班牙称为“几内亚湾西班牙领地”。1950 年，西班牙政府将西属撒哈拉地区统称为“海外省”。1956 年 8 月 12 日，西班牙当局正式将赤道几内亚地区命名为“几内亚湾西班牙海外省”。1960 年 4 月，赤道几内亚被划为两个省，总督以下设立两个省督。

（四）赤道几内亚的民族主义运动和反对西班牙殖民主义者的斗争

在西班牙统治时期，赤道几内亚的民族主义已经开始觉醒。1907 年，一些赤道几内亚的非洲民族主义者在西班牙的马德里召开第一次会议，商议促进非洲经济的发展问题。1908 ~ 1910 年在西班牙的萨拉戈萨（Saragossa）、马德里和瓦伦西亚（Valencia）分别召开了三次会议。这一系列会议的召开促进了赤道几内亚民族主义思潮的发展，也推动了赤道几内亚反抗殖民统治和寻求独立的步伐，并直接促成了 1912 ~ 1913 年非洲人联盟的成立。

西班牙在赤道几内亚的殖民统治遇到了赤道几内亚人民的英勇反抗。在长达两个世纪的时间里，赤道几内亚人民进行了持续的斗争，特别是比奥科岛上的布比人。19 世纪中叶，欧洲人入侵比奥科岛以来，布比人国王莫卡就拒绝与欧洲人合作，并告诫布比人不要与外国人交往。在莫卡的领导下，布比人采取了顽强的抵抗。1898 年 3 月，莫卡国王逝世以后，布比人遵从莫卡的遗愿继续斗争，并于 1898 年、1907 年和 1910 年三次发动起义。西班牙派遣军队进行了残酷的镇压。1917 年西班牙殖民当局强行解除了布比人的武装，没收大批武器，包括火枪 1000 多支、子弹 100 多万发。一直到 1927 年以前，西班牙殖民当局只能在木尼河区的沿海地区行使权力，直到 1940 年，西班牙才完全镇压了内地人民的武装抵抗。

在赤道几内亚人民顽强的斗争下，西班牙当局被迫改变它在赤道几内亚的统治方式。12 月 19 日，西班牙议会经过讨论决定给予赤道几内亚两个省 6 个议员名额，其中 3 名为非洲人。1962 年 9 月，赤道几内亚的民族主义者在利伯维尔开会强烈提出脱离西班牙而独立。1963 年 12 月在赤道几内亚人民的强烈要求下，西班牙殖民当局举行全民公决投票通过“内部自治”法规，1964 年正式自治。然而，西班牙仍然牢牢地控制赤道几内亚的实权。赤道几内亚人民只有推翻西班牙的殖民统治才能获得真正的自由。

第三节　现代和当代简史

一　赤道几内亚的独立和赤道几内亚共和国的成立

20 世纪 60 年代，民族解放浪潮席卷非洲，赤道几内亚要求独立的声音日渐高涨。国际社会十分关注赤道几内亚的政治发展。1966 年 8 月，联合国一个下属委员会访问赤道几内亚，并发布报告说，赤道几内亚需要并应当在 1968 年得到独立地位。1967 年 12 月，联合国大会作出决议呼吁西班牙承诺在不迟于 1968 年 7 月让赤道几内亚取得独立，成为一个单一的政治和领土实体。迫于非洲民族解放运动和国际上的双重压力，西班牙当局终于同意在 1967 年召开一个关于赤道几内亚合法地位的谈判会议。第一阶段会议首先于 1967 年在马德里召开。1967 年底到 1968 年初，赤道几内亚与西班牙代表在马德里谈判制定赤道几内亚独立宪法。共有 42 名代表参加了第一阶段的会议。会上，在是否成立一个统一的赤道几内亚国家的问题上分歧重大。其中 27 名代表赞成建立一个统一的独立国家，即比奥科岛与大陆地区组成一个统一国家。但另15名代表则要求比奥科应有某种形式的独立。在会议期间支持统一的代表成立了一个“联合秘书处”，弗郎西斯科·马西埃·恩圭马崭露头角，被推选为秘书处发言人。第二阶段会议从1968年4月开始一直持续到6月17日。共有40名代表参加。在经过激烈的讨论后，最后通过一部宪法，决定建立一个总统制的国家，整个国家分为比奥科和木尼河区两个地方政府。1968年7月9日，根据谈判的结果，西班牙政府宣布将于8月11日在赤道几内亚就统一宪法进行全民公投。国际社会也十分关注赤道几内亚的局势。7月19日，联合国大会作出决议，决定派人监视赤道几内亚的宪法选举。11日投票如期进行，4天后宣布得以通过。9月22日，赤道几内亚进行总统大选，弗郎西斯科·马西埃·恩圭马（Francisco Macias Nguema）当选第一任总统。1968年10月12日，赤道几内亚正式宣告独立，定国名为赤道几内亚共和国。

二 赤道几内亚共和国时期

（一）马西埃独裁时期（1968年10月12日至1979年8月3日）

马西埃·恩圭马于1968年当选为赤道几内亚第一任总统。从1968年赤道几内亚独立到1979年奥比昂发动军事政变，马西埃执政达11年之久。马西埃1924年1月1日生于大陆地区的维勒—恩萨斯省蒙戈莫县一个富有家庭，芳族人。赤道几内亚独立初期不仅国内经济困难，而且种族之间矛盾重重，面临十分复杂艰难的国内外形势，主要表现在：第一，赤道几内亚国内经济非常困难，主要的经济来源是可可、咖啡等种植业，而由于赤道几内亚国内局势的不稳定，可可和咖啡的产量连年下降，国民经济陷入崩溃状态。第二，大陆地区占人口多数的芳族人与比奥科岛上占人口少数的布比人矛盾重重。布比人要求取得独立地位。种族再加上地区之间的矛盾交织。赤道几内亚的主要官员都是芳族人，布比人受到排挤。内部政治势力趋于分裂。第三，国际上，虽然赤道几内亚的独立得到了国际舆论的支持，但西班牙在此地区的残存势力依然强大。西班牙与赤道几内亚的控制与反控制、干涉与反干涉的斗争依然存在。马西埃在赤道几内亚实行专制独裁和民族高压政策，重大陆轻岛屿，排挤布比族官员。在经济上，马西埃驱赶了所有西班牙的种植园主并遣散约 4.5 万名尼日利亚农业工人，从而使得赤道几内亚田园荒废，可可、咖啡等作物的产量大幅度下降。赤道几内亚国内经济陷入到近乎崩溃的地步。

面对如此复杂的国内外局势，马西埃没有妥善处理好各种问题，相反采取了过激的政策，从而逐步走上独裁的道路。马西埃执政期间采取的主要措施有：在政治上，马西埃独揽大权。1968 年他当选总统并兼任国防部长后，为了建立政治独裁，1972 年，他以谋反和叛国罪名逮捕了其主要的政治对手翁多·埃杜，并加以处死。1970 年 7 月，他解散了全国所有政党，成立“全国统一党”，并于 1972 年当选为党的终身主席和国家终身总统，并自称为“赤道几内亚的唯一奇迹”。他对反对自己的人实行残酷镇压。1976 年，他血腥镇压了“维纳荣事件”。在对待地区问题和种族问题上，马西埃作为一个大陆地区出生的人，采取了明显的重大陆轻岛屿的政策。他对布比人的要求加以强烈压制。在他的政府中任职的官员大多为芳族人。两个种族之间的矛盾更加激化。在经济方面，他急于求成，过于激进。在马西埃执政后，盲目宣布赤道几内亚的所有种植园实行国有化，并驱赶了在庄园里劳动的主要劳动力——约 45000 名尼日利亚农业工人。而由于赤道几内亚本土人缺乏管理和生产经验，致使赤道几内亚的可可和咖啡生产荒废，产量急剧下降。在外交上，马西埃强烈反对西班牙对本国事务的干涉，但他的处理方式缺乏灵活性。他逐渐疏远了与西班牙的关系，并于1977年3月与之断绝关系。西班牙因而也中断了对赤道几内亚的援助，这样就对赤道几内亚的经济和社会发展造成了极大的影响。

马西埃在赤道几内亚的独裁统治激起了赤道几内亚国内人民的反抗。1976年7月，前中央政府驻维纳荣地区代表安东尼奥·殴文（Andonio Owem）率众发动起义。马西埃政府对此加以残酷的血腥镇压，逮捕和屠杀了数以万计的起义人民，殴文也流亡加蓬。这就是“维纳荣事件”。

国际社会密切关注赤道几内亚国内的局势发展，并谴责马西埃政府的屠杀政策。1979年3月，联合国人权委员会发表了一个关于赤道几内亚形势的专门报告，引起了各国政府和人民的广泛关注。在报告中，联合国官员对赤道几内亚国内的独裁统治进行了强烈谴责，并要求各国断绝与赤道几内亚经济和政治联系。联合国的倡议得到了国际社会的响应：法国撤消了其对赤道几内亚的援助，中国也在马西埃访华时表示要中断对赤道几内亚的援助。

马西埃的倒行逆施不仅激起了国内的反抗，而且也引起了国际社会的指责。马西埃在国际上孤立无援，他的政权也摇摇欲坠。

（二）奥比昂执政时期（1979年8月3日至今）

1979年8月3日，奥比昂发动军事政变，推翻了马西埃的独裁统治，成立了以其为首的最高军事委员会。奥比昂执政后，采取了一系列不同于前政权的政治、经济、社会和外交政策。奥比昂执政后宣布恢复民主，保障自由，复兴经济，解散一切政党，并于1979年10月1日公审并处决了马西埃。奥比昂领导的最高军事委员会，解除了对基督教的限制，在外交上放松了并重新建立了与西班牙和美国的关系。新政府虽然仍然以芳族人为主，但奥比昂派1名布比人官员为比奥科总督，从而缓解了部族之间的矛盾，赢得了岛上居民的信任。

在政治方面，奥比昂宣布恢复民主，保障自由。首先在奥比昂的主持下，赤道几内亚公审并处决了马西埃；其次，赤道几内亚解散了一切政党，禁止任何政党活动。在民族问题上，赤道几内亚一改以前政府完全由芳族人把持的局面，大胆吸收布比人参与政权建设，并委任1名布比人为比奥科岛的省督。这样就大大缓解了赤道几内亚的部族矛盾。在奥比昂执政期间，他大力推进赤道几内亚的民主化改革。1982年8月，赤道几内亚通过新的国家宪法，取消了最高军事委员会，成立文官政府。宪法规定：赤道几内亚是一个主权、独立、民主、统一的共和制国家。1982年、1983年分别成立最高法院和人民代表院。1986年10月，赤道几内亚解除党禁，赤道几内亚民主党成立。赤道几内亚成为一个一党制国家。1988年10月民主党召开第一次全国代表大会，奥比昂当选为党的正式主席。1991年8月，赤道几内亚宣布实行多党制，1992年初颁布“政党法”。1993年11月举行独立以来首次多党议会选举，执政的民主党获得压倒多数席位。1996年2月赤道几内亚提前举行总统选举，奥比昂蝉联总统。1999年3月，赤道几内亚顺利举行第二次多党议会选举。民主党获得议会80个议席中的75席。同年7月成立新政府。2000年初，政府加大打击腐败力度，对各级司法机关工作进行大规模检查，免去最高法院院长、宪法法院院长、国家监察长等职务，对司法队伍进行彻底改组。同年6月，赤几第二届市政选举揭晓，全国30个市的市长和230名市政委员（全国共设244名）均由民主党担任。这有利于政府继续推行维护稳定，提高人民生活水平的国策。2001年2月，奥比昂改组政府，任命坎迪多·穆阿特特马·里瓦斯为总理，并吸收了社会民主人民联盟党等五个反对党的主要领导人入阁。坎迪多政府继续推行维护稳定、提高人民生活水平的国策。7月14日，民主党举行第三次全国代表大会，会议选举奥比昂连任党主席并一致推举其为该党2003年总统选举候选人。今年初以来，各政党围绕总统选举开始政治较量。目前，赤几政局基本稳定。2002年3月，赤道几内亚安全部门破获一起由非法政党伙同前政要和退役军官策划的政变阴谋。5月，法院对这起未遂政变策划者和参与者进行公审和判决。12月15日，赤道几内亚举行多党制以来的第二次总统选举，奥比昂总统以97.1%的高得票率再次当选。2003年2月，奥比昂总统签署总统令，组成以坎迪多总理为首的新一届政府。

在经济上，奥比昂政府着力于恢复生产，实行经济自由化政策。为了振兴经济，赤道几内亚政府在1980年7月成立了“经济和计划执行委员会”，实行经济自由化政策，允许自由经商，将过去没收的私人财产归还原主，鼓励外国种植园主以及流亡国外的知识分子回到赤道几内亚。1982年，奥比昂政府宣布进行“劳动年”计划，鼓励人民投入经济建设活动。为了恢复可可和咖啡生产，赤道几内亚政府在农村成立合作社性质的农业生产者协会，将广大农民组织起来，并向农民提供贷款。奥比昂政府还恢复传统的手工捕鱼，在国内成立了捕鱼合作社，并鼓励外国渔业公司参与赤道几内亚的渔业生产。政府还注意充分发挥赤道几内亚森林资源丰富的优势，大力发展木材加工业。20世纪90年代初期，赤道几内亚沿海发现石油后，奥比昂政府抓住机会与美国等国石油公司合作大力开采石油，从而使石油业成为赤道几内亚经济增长的主要来源。

在对外关系上，奥比昂政府恢复了与西方国家的关系，特别是与法国、西班牙和美国的关系，并从这些国家获得大量的援助。但同时奥比昂政府又十分注意维护赤道几内亚的国家主权，并不惜与西方国家进行艰苦的斗争。这样的外交政策，不仅为赤道几内亚这个非洲小国带来了实质性的利益，同时也提高了本国在国际上的地位。

第四节　主要历史人物

一　弗郎西斯科·马西埃·恩圭马

马西埃，1924年1月1日出生于大陆地区的维勒—恩萨斯省蒙戈莫县一个富有的家庭。1933～1944年他先后在当地的蒙戈莫小学和巴塔中学读书。中学毕业后，马西埃开始在当地的地方政府中担任低级官员，这也为他以后的发展积累了一些行政的经验。由于他做事认真，并且甚得西班牙当局的赏识，1962年，马西埃被提拔为蒙戈莫市的市长和公共工程部的顾问。马西埃开始走上政治前台。1967～1968年初，马西埃参与了与西班牙当局在马德里的关于制定宪法的谈判，并在谈判中脱颖而出，担任了“联合秘书处”的发言人。在西班牙宣布将就赤道几内亚独立宪法进行公投后，为了反对西班牙当局对选举的干涉，1968年7月17日，马西埃参加在纽约召开的联合国“非殖民化会议”，并在会上控诉了西班牙对赤道几内亚的新殖民控制。1968年赤道几内亚在通过独立宪法后进行总统选举，马西埃以36716票的微弱多数胜过对手翁多·埃杜的31941票而当选为赤道几内亚第一届总统。赤道几内亚独立后，马西埃又兼任国防部长。马西埃执政期间实行独裁统治，压制反对势力，排挤布比族人，并对之进行了血腥的镇压。1979年8月3日，马西埃政权被奥比昂发动军事政变推翻。1979年10月1日，他被公审并随即被处死。

二　特奥多罗·奥比昂·恩圭马·姆巴索戈

奥比昂，总统、民主党主席、武装部队总司令。1942年生于大陆地区蒙戈莫县，芳族人。1963年考取国土警卫队士官生，同年9月赴西班牙萨拉戈萨军事学院学习，并以机智和优异的成绩被录取。在军校，他求知如痴如狂，很受教师的赏识，成绩也名列前茅。1965年学习期满后，他返回赤道几内亚。1969年，赤道几内亚独立后，27岁的他被任命为首都所在地比奥科的驻军司令。此后他步步高升，先后任国防部的供应和计划局局长、国务秘书、副部长，并被授予中校军衔。1979年8月3日发动军事政变，任最高军事委员会主席。10月任国家元首和政府首脑。1980年2月晋升为上校。1982年8月就任总统。1986年10月晋升为准将，12月创建民主党并任主席。1989年6月、1996年2月和2002年11月三次连任总统。1999年8月晋升为上将。曾于1984年8月、1990年4月、1996年9月和2001年11月四次访华。奥比昂执政期间注意优先发展农业，并为此采取了具体措施；宣布实行经济自由化和对外开放，坚持不结盟和睦邻友好的政策；注重发展同中国的友好关系。

三 坎迪多·穆阿特特马·里瓦斯

坎迪多，现任总理。1960年2月20日生于比奥科岛。曾留学古巴，获统计与财政硕士学位，赤道几内亚年轻的经济学家。曾在赤道几内亚经济部、国库、教育部工作。曾任议会议员、议会主席团书记。1999年创建赤道几内亚“火炬”青年组织并任该组织总协调员。曾任赤道几内亚民主党副总书记。2001年2月出任总理。

第三章

政　治

第一节　国体与政体

一　国家性质与形式

根据 1982 年通过的宪法规定，赤道几内亚实行共和制，是一个独立、民主和统一的国家。赤道几内亚是一个单一制国家。中央对地方的控制手段主要是行政控制。这种控制包括中央政府设立主管地方政府事务的专门机构，或通过制定各种行政性条例、规章来规范地方政府行为，或者通过干预地方人事安排来影响地方政府。赤道几内亚实行总统制，总统通过直接选举产生，在国家政治中处于权力核心位置。赤道几内亚从 1991 年开始实行多党制，各个党派可以选出自己的候选人参加总统大选，也可以参加议会选举来赢得议会席位。获得议会席位多数的政党有权单独或联合其他党组织政府。政府总理由议会最大党推荐人选担任，并由总统任命。

二　政府体制

赤道几内亚实行总统制。赤道几内亚总统与立法机关的关系是总统由选民或选民代表选举产生，不是由立法机关——议会选举产生，所以总统不对议会负责，而对选民（宪法）负责。政府首脑是政府总理，尽管总统掌握着国家的最高权力，但权力的行使还主要是通过内阁政府掌握的行政机关。总理由总统任命，总统并根据总理提名任命部长，组成政府，总统主持部长会议，掌握和行使国家最高行政决策权。总理领导政府，处理日常事务，负责国防，确保法律的执行。内阁成员由总理、国务部长、各部部长、部长级代表和国务秘书组成。赤道几内亚政府与立法机关的关系：第一，政府是由国家立法机关——议会选举产生，它必须对议会负责，定期向议会报告工作，接受议会的监督。第二，一般议会中占多数席位的政党或政党联盟就是执政党，执政党的领袖就是政府首脑，政府成员是议会议员，此时的议会与政府已经合为一体。第三，政府行政权力集中后，政府对议会的控制更明显。

三 宪法及其演变

1967 年底至 1968 年初，赤道几内亚与西班牙代表在马德里谈判制定独立宪法。1968 年 8 月 11 日就独立宪法进行了全民公决，并得以通过。独立宪法的诞生标志着赤道几内亚的独立，它明确了赤道几内亚是一个主权独立的共和国。1979 年奥比昂执政后，着手制定新的宪法。1982 年 6 月经全体公民投票获得通过并于 8 月颁布实行。新宪法规定：赤道几内亚实行共和制，是一个独立、民主、统一的国家。立法、司法、行政三权分立。其最高准则是：尊重个人及其尊严、自由和基本权利；保护家庭和劳动；促进国家经济、社会和文化发展，以实现团结、自由、正义的理想。国家通过总统、国务委员会、部长会议、人民代表院、法院、国家经济与社会发展委员会以及其他依据宪法成立的机构行使职能。1991 年 11 月经全体公民投票通过宪法修正草案。1995 年 1 月再次修订宪法。

四　国家元首与政府首脑

根据宪法规定，共和国总统为国家元首，全国武装力量和国家保安部队的最高统帅。总统象征民族团结并代表国家，经全民直接选举产生，任期7年，可连选连任。如总统因病或亡故无法继续履行职责，由议会选举一个8人委员会，并推举其中1人任临时总统。

1982年新宪法颁布后，奥比昂就任总统，任期7年。此后赤道几内亚共进行了三次总统大选，奥比昂都以绝对优势当选。1989年，赤道几内亚进行第一次总统选举，由于赤道几内亚实行的是一党制，奥比昂代表民主党以唯一的候选人身份当选总统。

1996年2月25日，赤道几内亚提前进行总统大选。这次大选是赤道几内亚1991年实行“多党制”以来的第一次选举，也是选民投票最为踊跃的一次选举。参加选举的候选人有5人，分别是：民主党候选人奥比昂、进步党候选人莫托、人民联盟党主席安德烈斯·莫依塞斯、社会民主党主席布·梅·姆阿苏姆，以及社会民主人民联盟主席塞·奥·阿翁。赤道几内亚政府向每个候选人发了1000万非洲法郎作为竞选资金。3月4日，赤道几内亚全国选举委员会公布最后统计选举结果，奥比昂获得99.06%的选票，再次蝉联总统。

2002年12月15日，赤道几内亚举行多党制以来的第二次总统选举。奥比昂再次以97.1%的得票率当选，从而开始其第四个任期。

赤道几内亚总理是政府首脑。赤道几内亚政府由议会产生，对议会负责。政府负责执行国家总政策。总理和政府成员由总统任命，每届政府任期5年。总统有权解散和改组政府。2003年2月，奥比昂总统签署总统令，组成以坎迪多总理为首的新一届政府。

第二节 国家机构

赤道几内亚是一个单一制的国家，其国家机构分为中央国家机构，即中央政府和地方国家机构，即各级地方政府。赤道几内亚中央政府与地方政府权限划分的范围主要涉及政治和行政两大领域。政治领域的划分主要表现为立法权力的划分。行政领域的权限划分，表现为国家对社会公共事务管理方面的权限划分，即谁对这些社会公共事务的管理作出决定，谁去执行决定和进行管理。一般来说社会公共事务可分为三类：一类是与国家整体利益相关的事务，这类事务必须作为一个整体来考虑，权限属于中央；第二类只与当地居民利益有关的事务，这类事务完全可以由地方决定和管理；第三类是与国家整体利益有关，但必须在地方执行、实施的事务，其权限即可归属中央也可归属地方。

赤道几内亚中央政府对地方政府的控制作用：一是确保地方政府权力行使符合中央政府的预期目标和 规范；二是有助于促进地方政府更好地行使其权限；三是有效地防止地方政府的不当行为，起到保护作用；四是可以通过惩戒来促使地方政府正确地行使权力。

一 中央国家机构

本届政府 2003 年 2 月组成，共 50 名成员。除正、副总理（2 人）外，有国务部长 12 人，部长 10 人，部长级代表 15 人，副部长 5 人，国务秘书 5 人，其中国防部长由奥比昂总统兼任。主要成员有：总理坎迪多·穆阿特特马·里瓦斯（Candido Muatetema Rivas），第一副总理德梅特里奥·埃洛（Demetrio Elo），第二副总理赫雷米亚斯·翁多·恩戈莫

(Jeremias Ondo Ngomo)，总统府使命国务部长阿历杭德罗·埃乌纳·奥沃诺·阿桑戈诺（Alejendro Evuna Owono Asangono)，总理府国务部长级秘书长伊格纳西奥·米拉姆·汤恩（Ignacio Milam Tong)，议会关系和总理府法律事务国务部长米格尔·阿比阿·比特奥·博里科（Miguel Abia Biteo Boriko)，教育和科学国务部长、政府发言人安东尼奥·费尔南多·恩维·恩古(Antonio Fernando Nve Ngu)，交通和通讯国务部长马塞利诺·奥约诺·恩图图姆（Marcelino Oyono Ntutumu)，新闻、旅游和文化国务部长阿古斯丁·恩塞·恩福穆（Agustin Nse Nfumu)，公共职能和行政协调国务部长里卡多·曼格·奥巴马·恩富贝(Ricardo Mangue Obama Nfubea)，基础设施和森林国务部长特奥多罗·恩圭马·奥比昂·曼格（Teodoro Nguema Obiang Mangue)，青年体育国务部长卢卡斯·恩圭马·埃索诺·姆班(Lucas Nguema Esono Mbang)，农业、畜牧业和农村发展国务部长弗朗西斯科·帕斯夸尔·奥巴马·阿苏埃（Francisco Pascual Obama Asue)，工业、贸易和中小企业促进部长卡梅洛·莫杜·阿库塞·宾当（Carmelo Modu Akuse Bindang)，外交、国际合作和法语国家事务部长帕斯托尔·米恰·翁多·比莱（Pastor Micha Ondo Bile)，司法和宗教部长鲁本·马耶·恩苏埃（Ruben Maye Nsue ），内政和地方机构部长克莱门特·恩贡加·恩圭马(Clemente Engonga Nguema)，经济部长巴尔特萨·恩贡加·埃德霍（Baltasar Ngonga Edjo)，计划和经济发展部长安东尼奥·恩维·恩森（Antonio Nve Nseng)，财政和预算部长马塞利诺·奥沃诺·埃杜（Marcelino Owono Edu)，矿业和能源部长克里斯托瓦尔·马尼亚纳·埃拉（Cristobal Manana Ela)，卫生和社会福利国务部长胡斯蒂诺·奥巴马·恩维（Justino Obama Nve)，劳动和社会保障国务部长米格尔·伊延加·德霍贝·马兰戈(Miguel Iyanga Djobe Malango)，社会事务和妇女地位部长特雷莎·恩富阿·阿桑戈诺（Teresa Efua Asangono，女），渔业和环境部长福尔图纳托·奥法·姆博（Fortunato Ofa Mbo）等。

二 地方国家机构

赤道几内亚设立地方政府的原因（地方政府在国家政治生活中的地位），一是对所管辖区域进行有效的统治和管理，谋求该区域的社会稳定与发展，进而确保整个国家的稳定和维持现政权的稳定；二是承担对地方社会的错综复杂、细致入微的事务；三是按中央政府的要求向公众提供私人性社会服务。

赤道几内亚的地方国家机构包括省和市、县两级。其中全国共有7个省级地方政府，分别是北比奥科省（Bioko Norte）、南比奥科省（Bioko Sur）、安诺本省（Annobon）、中南省（Centtro—Sun）、基埃—恩特姆省（Kie—Ntem）、海岸省（Litoral）和维勒—恩萨斯省（Wele—Nzas）。各个省级均成立了议会。7个省级政府以下设17个县政府和9个市政府，也分别设有县级和市级议会。

第三节 立法与司法

一 立法

赤道几内亚议会称人民代表院，是国家最高立法机关，其常设机关是立法常设委员会，由代表院主席团组成，包括议长、副议长、总统府负责同议会联系的部长和议员。代表院每年3月和9月举行两次全会。每届代表任期5年，可以连选连任。1991年8月，赤道几内亚实行多党制，1993年11月举行首次多党议会选举。以奥比昂为首的民主党在有8个反对党参加的议会大选中获胜，取得议会80个席位中的68席。1999

年4月，举行第二次多党议会选举，执政的民主党在80个议席中占75席，人民联盟党4席，争取社会民主联盟党1席，即组成本届议会。现任议长萨洛蒙·恩格马·恩沃诺（Salomon Nguema Owono），1999年4月当选。

二 司法

司法机关由最高法院、总检察院、上诉法院、初审法庭、市镇法庭以及最高军事法庭组成。最高法院是全国最高审判机关，下辖民事、刑事、行政和习惯法四庭。总检察院为国家法律监督机关和国务委员会的咨询机构。最高法院院长希尔韦斯特雷·西亚莱·比莱卡（Silvestre Siale Bileka）。国家检察长安东尼奥·恩桑比·恩隆加（Antonio Nzambi Nlonga）。

第四节 政党、团体

一 政党

目前赤道几内亚共有13个合法政党。主要政党有以下三个。

（1）赤道几内亚民主党（Partido Democratico De Guinea Ecuatorial）：执政党，1986年12月23日赤道几内亚宣布解除党禁后宣告成立。主席奥比昂·恩圭马·姆巴索戈，总书记阿古斯丁·恩塞·恩福穆（Agustin Nze Nfumu）。该党的宗旨是：民主、发展与福利。根据赤道几内亚总统第七号法令，民主党是一个具有民主性质的政治组织，有权推荐总统和议长等候选人，只有党员才有资格被推荐为各级民选机构负责人。凡志愿参加国家重建任务的赤道几内亚公民都可以加入该党。民主党是赤道几内亚第一大党，党员人数有9万多人，在议会中占绝大多数。1988年

10月民主党召开第一次代表大会，奥比昂当选为党的正式主席。自实行多党制以来，民主党在两次总统选举中和两次议会选举中都大获全胜，这是因为民主党实行了得当的选举策略。这些策略包括：第一，提前举行大选，打乱反对党的联合意图。如1996年的总统选举，奥比昂的任期应到当年的6月25日为止，但他在1月11日宣布，为了加快赤道几内亚的民主化进程，他将“牺牲”他的部分任期，提前举行大选。他的决定是在反对党还没有充分准备的情况下作出的，而且宣布大选与举行大选的时间间隔仅有46天，使得各有所需的反对党无力统一步调，联合竞选，未能达成推举唯一候选人的意图。第二，民主党内部统一思想，集体投票。为保证奥比昂蝉联总统，在1996年和2002年的总统大选中民主党人都被要求集体投票和公开投票，即，民主党党员在投票时需当众将奥比昂的选票投进票箱，有不同政见的人可以先行退党。第三，分化反对党。在2002年的大选中，民主党主席奥比昂充分利用反对党的内部矛盾，结好温和党，孤立打击激进党，并挫败政变事件，强调国内的稳定和经济发展的重要性，结果赢得了温和党领导人的支持。第四，借助国际支持，在1996年和2002年的大选期间，民主党都注意借重美国，抗衡西班牙，在国际上取得了广泛的支持。

（2）社会民主人民联盟党（Convergencia Social Democraty Popular）：1992年成立，主张自由民主。主席为司法和宗教部部长级代表塞昆迪诺·奥约诺·阿沃·阿达（Secundino Oyono Awong Ada）。

（3）民主社会联盟（Union Democratica Social）：1991成立于葡萄牙。总书记为工业、贸易和中小企业促进部国务部长卡梅洛·莫杜·阿库塞·宾当。

此外还有自由党、自由民主联盟党、社会主义党、人民行动党、争取社会民主联盟党及社会民主党等。

二 团体

赤道几内亚的社会发展水平不高，各种社会团体并不多，在国家政治中发挥的作用也极为有限。

第五节 军事

一 国防体制和军费开支

国防体制。总统任武装部队总司令兼国防部长。武装力量由正规军和准军事部队组成。正规军分为陆、海、空3个军种。准军事部队为民防队和海岸警备队。实行志愿兵役制。军费开支见表3－1。

表3－1 军费开支及其占国内生产总值百分比

年 度	国内生产总值(万美元)	军费开支(万美元)	百分比
1992	15900	290	1.82
1993	14800	260	1.76
1994	16500	200	1.21
1995	17800	200	1.12
1996	27000	200	0.75
1997	54300	200	0.36
1998	51800	200	0.38
1999	55600	200	0.36

二 军种和兵力

总兵力2000人（现役）。陆军1800人，海军120人，空军100人。准军事部队：民防队2个连。陆军武器装备：装甲车16辆；海军武器装备：海军各型舰艇4艘；空军武器装备：空军各型飞机5架。

准军事部队武器装备：海岸警卫队装备近海巡逻快艇1艘。

三 对外军事关系

赤道几内亚的对外军事关系主要是两个方面，一是接受其他国家的军事援助，二是积极参与非洲本地区的军事合作，包括参加中部非洲国家经济共同体成员国的联合军事行动。2004年6月21~26日中部非洲国家经济共同体成员国在加蓬东南重镇弗朗斯维尔地区举行了代号为“比永果2003”的联合维和军事演习。赤道几内亚军队参加了演习。代号“比永果”是指假设的“比永果”国爆发内部危机，中非地区的有关一体化组织决定立即组建一支非洲多国部队，前往该国实施维和行动和人道主义救援。赤道几内亚同中国的军事关系在两国关系顺利发展的同时，也得到了令人满意的发展。中国军队对发展中国与赤道几内亚军队友好合作关系持积极态度，愿继续发展两军在各个领域的交往与合作。赤几坚持一个中国的原则，重视同中国的军事合作，两国在许多双边、多边问题上也有着一致的观点，希望两国、两军的友好合作关系能进一步发展。赤道几内亚国防部长级代表埃本登·恩索莫应中国国防部的邀请于2004年6月13日开始对中国进行了为期5天的访问。

第四章

经　济

第一节　经济概述

一　经济发展水平

赤道几内亚原属于传统的农业国，殖民化的单一经济特征明显，经济长期困难，为世界最不发达的国家之一。现政权上台执政初期，开始实施经济调整计划，实行经济自由化，鼓励私人和外国投资，经济有一定的发展。但国家经济状况没有根本性的改善，依靠可可、咖啡和木材出口创汇的经济结构仍未改变。20 世纪 90 年代以来，随着石油的发现开采和大规模的出口，经济犹如插上了腾飞的翅膀，发展迅猛，国家的财政状况大为改善，国际收支状况良好，经济改革和建设取得了巨大成就，已成为世界上经济增长速度最快的国家之一，成为中西非洲一个富有的国家，有中非“科威特”之美称，国家经济出现良好的发展趋势。

1. 基本经济指标

在经济增长方面，尽管受到国际石油和木材价格下滑的影响，增长速度有所放慢，但 90 年代整体呈现出持续快速上升势头。1985 ~ 1993 年，国内生产总值年均增长 3.7%，人均国民生

表 4-1 赤道几内亚近年国内生产总值统计表

单位：亿中非法郎

年 份	国内生产总值	
	亿中非法郎（比上年增减%）	亿美元（比上年增减%）
1985	380.0(—)	—
1986	397.0(4)	—
1987	372.0(-6)	—
1988	391.0(5)	—
1989	360.0(-8)	—
1990	363.0()	—
1991	372.0(2)	—
1992	424.0(14)	—
1993	458.0(8)	2.834
1994	584.0(28)	5.546(95.7)
1995	794.0(36)	4.991(-10)
1996	1379.0(74)	5.117(2.5)
1997	3163.0(129)	5.828(13.9)
1998	3041.0(-3.9)	5.867(0.7)
1999	3118.4(2.5)	5.611(14.4)

资料来源：外交部网站。

产总值年均实际增长 1.5%；1994 年经济增长率达到 15.1%；1997 年则高达 102.9%；1998 年和 1999 年，因为国际石油和木材价格下滑，增长速度大幅下滑，仍然保持了 21.2% 和 4.2% 的增长；1995、1996 年增长速度分别为 16.1% 和 4.2%。近两年来，在伊拉克战争和其他因素的共同作用下，石油价格不断上升，赤道几内亚的石油出口进一步增加，石油和天然气工业发展迅猛，经济的增长势头必然会保持下去。根据英国“经济情报组织”的预测，2003 年的 GDP 增长达 12.5%，高居全球经济发展最快的国家地区之首。

1985～1993年，人均国民生产总值（GNP）实际年均增长1.5%，1993年的国内生产总值1.62亿美元，1996年达到2.70亿美元，1997年5.43亿美元，1999年达到5.56亿美元。人均国内生产总值增长迅速，1993年为631美元，1997年、1998年、1999年分别高达1234、1152、和1203美元。迅速跨出联合国最不发达地的国家名单，成为中非地区的一颗耀眼新星。

表4-2　经济各领域及主要产业产值表

单位：百万美元

类别		1993	1994	1995	1996	1997	1998	1999
第一产业	合计	72.25	44.04	83.96	101.27	122.93	90.65	115.17
	林业	20.15	15.41	36.67	51.06	78.27	40.21	57.40
第二产业	合计	42.67	35.89	45.14	133.94	382.872	384.36	388.84
	石油	25.66	26.32	33.76	116.67	357.07	343.95	356.95
第三产业	合计	40.53	22.07	26.09	30.35	30.47	39.06	44.85
	公共管理	11.18	6.07	7.53	11.57	13.18	19.67	20.57
海关税收		6.18	3.28	3.86	3.95	6.59	4.26	6.90
总额		161.63	105.38	159.05	269.52	542.71	518.32	555.76

资料来源：外交部网站。

2. 产业结构

经济结构方面，自20世纪80年代起，政府重视并不断实施经济结构调整，以改变传统的以农业生产尤其是可可和咖啡生产为主的经济格局，实现国家经济可持续性发展。20世纪90年代以来产业结构发生相当大的变化，各产业在国民经济中的地位发生了明显的变化。第一产业农业的地位相对下降，以石油化工、能源和水、建筑等为主的第二产业异军突起，在国民经济中居于主导地位和支配性地位，以贸易、交通、通讯、金融为主的第三产业也有所发展。总的说来，第一产业是该国的基础，第二产业是支柱，第三产业是补充。1993 年以来，第一产业发展平稳，1993～1999 年的产值分别为 204.62 亿、244.51 亿、419.05 亿、518.09 亿、817.54 亿、531.83 亿和 646.22 亿中非法郎。同一时期，第二产业的产值分别为 120.84 亿、199.26 亿、225.28 亿、685.24 亿、2233.95 亿、2255.03 亿和 2181.76 亿中非法郎，已成为国民经济中的支柱性产业，对经济的发展发挥着决定性的作用。第三产业同一时期的产值为 11.78 亿、122.53 亿、130.22 亿、155.28 亿、177.86 亿、229.15 亿和 251.67 亿中非法郎。第一产业在经济中的比重由 1993 年的 45% 降为 1999 年的 21%；第二产业则由 1993 年的 26% 跃升为 70%（见表 4－3）。

表 4－3 赤道几内亚经济结构一览表（比重）

单位：%

类别		1993	1994	1995	1996	1997	1998	1999
第一产业	合计	45	42	53	38	23	17	21
	林业	12	15	23	19	14	8	10
第二产业	合计	26	34	28	50	71	74	70
	石油	16	25	21	43	66	66	64
第三产业	合计	25	21	16	11	6	8	8

资料来源：外交部网站。

3. 财政

20 世纪 70、80 年代，经济发展缓慢，财政状况不断恶化。1985～1993 年的年通货紧缩指数为 0.4，消费力不足，通缩现象严重。尽管政府采取了多种措施，但收效甚微。进入 90 年代以来，随着经济的快速发展，尤其是石油化工的发展，通货膨胀代替了通货紧缩，并居高不下。1994 年的通货膨胀为近年来的最

高，为38.8%。接下来的几年，政府一面增加收入，紧缩银根，同时出台一系列政策，采取措施解决通胀难题，1995～1999年通货膨胀率下降，每年的通货膨胀率分别为11.7%、6.7%、3.1%、6%和6%。

在国家财政收支方面，70、80年代财政收入严重依赖国际援助和贷款，国家收入少，曾一度靠外援过日子，财政赤字巨大，曾经是世界上外债负担最重的国家之一。90年代，经济出现腾飞，财政收支状况日益好转，外债逐渐减少。1994年，非洲法郎贬值，经济运行受到影响，财政赤字增加。1994年财政预算156.33亿非洲法郎，赤字高达137.76亿非洲法郎。1998年预算总收入658.8亿非洲法郎，总支出692亿非洲法郎。根据非洲发展银行1999年的报告，1997年的外债为2.5亿美元，占国内生产总值的42.9%。1980～1990年的外债还本付息年平均增长率为37.7%，1991～1997年为33%。

二　基本经济状况

1. 独立前殖民经济状况

1968年独立前，经济完全殖民化，所有经济部门都被外国人和外国资本控制，国家经济命脉几乎全部掌握在西班牙这个老牌的殖民国家手里，成为西班牙垄断资产阶级的原料如可可、咖啡和木材的供应地和商品销售市场。西班牙控制着本来就为数不多的银行、工矿业、交通、商业和进出口，基本上垄断了该国主要经济农作物如可可、咖啡等的生产和出口，西班牙人在赤道几内亚拥有众多的大种植园和大片大片的土地。

为满足国内的需要，西班牙实行掠夺性开发，造成赤道几内亚经济结构单一和畸形。在殖民地期间，由于殖民国家的掠夺，生产力不发达，经济异常落后，且对外依赖严重，普通百姓生活在贫穷、饥饿和痛苦之中。人们为了生存，不得不从事原始农业，用人工捕鱼的落后方式获得食物。

尽管如此，赤道几内亚民族资本和民族产业也在慢慢地发展。到独立时，在马拉博及其他城市，糖厂、鱼罐头厂，瓦厂、轻金属厂和印刷厂、木材加工厂等开始出现，并取得一定的发展。但就其整体水平而言，程度较低。

2. 独立初期的经济状况

1968 年赤道几内亚获得独立。为发展民族经济，摆脱对外的依赖，马西埃总统及其政府采取了一系列措施和政策，如创办人民银行、发行本国货币、控制外汇储备；实行外贸管制，可可、咖啡等主要产品由国家统一收购和出口；外商进口一律实行政府审批制；向种植园主和农民发放贷款，鼓励发展企业，禁止滥伐成材林，保护森林资源和海洋渔业资源；严格税收制度等举措。但是这些措施收效不大。尤其是实行土地公有化和种植园公有化等过激做法，造成资金、技术人才的外流和劳动力的不足，可可、咖啡大幅减产，财政收入锐减，国内市场萧条，物价上涨，人民生活水平降低，国家经济基本上陷入瘫痪状态。独立前，可可的平均年产量为 3～4 万吨，咖啡 6～8 万吨；独立后，因为西班牙庄园主的撤离和尼日利亚籍劳工的回国，1970 年的产量下滑为 1.2 万吨。不少种植园被废弃。

3. 80 年代的经济状况

马西埃执政期间所采取的过激政策，导致了国家经济的倒退。1979 年，发生政变，奥比昂就任新总统。面对经济瘫痪的困难局面，政府逐步纠正前政府的极端做法，不断调整经济政策，主要做法有：推行市场混合经济，鼓励私人经营，制定保障贸易和外国投资自由的法规，实行对外开放。同时，政府还颁布新的“投资法”实行国营企业和农场私有化，加入中非关税经济同盟和法郎区，积极寻求国际援助，并同债权国就债务偿还进行谈判，减轻国家外债负担，缓解还债压力。通过上述措施和政策的贯彻，国家经济困难有所缓解，市场物资有所增多，人民生活水平有所改善。但是国家经济整体上仍很困难，财政赤字巨大，外债负担沉重。

4. 90 年代以来的经济状况

上个世纪 90 年代初，在首都马拉博附近的海域发现了高产油田，赤道几内亚的经济进入历史以来的快速发展阶段。石油的大规模出口为发展注入了新的活力，经济开始腾飞，国家财政收入增加。石油与经济作物、木材等出口成为经济的重要支柱。1993 年，石油和木材收入从上年的 49 亿非洲法郎增至 80 亿非洲法郎，国家经常性项目收入第一次实现基本平衡。但由于外援减少和可可、咖啡减产的原因，经济依然困难。1994 年，非洲法郎贬值，国家经济受到严重冲击，预算赤字扩大，物价上涨近 50%。为应对新的局面，政府通过增加信贷投放量，提高可可收购价格，降低生产资料零售价格等措施，加快经济发展速度。实现了经济连年高速增长，1997 年惊人地增长 102.8%，1998 年的增长又高达 21.2%。1994～1998 年间，由于石油生产规模的扩大与出口的巨幅增长，经济年平均增长率高达 40.1%。同期，国内生产总值从 1.05 亿美元上升到 5.18 亿美元；人均国内生产总值也由 259 美元上升到 1152 美元。1997 年，政府制定了《经济中期发展规划》，并加紧实施。2000 年赤道几内亚政府继续加大私有经济比重，完善各项法规以吸引外国投资，加强基础设施建设，解决电力短缺等问题；促进经济结构多元化；加大对农业的投入，促进农牧林业的发展；缩小地区间经济发展不平衡，主要是首都马拉博和木尼河大陆地区的不平衡。2000 年，赤道几内亚国内生产总值达到 8605 亿非洲法郎，人均 179.22 万非洲法郎，国内生产总值增长率为 15%。随着新油田的发现及其相关产业的迅猛发展，赤道几内亚经济发展速度进一步加快。1997 年后，由于受到东南亚金融危机的影响，非洲绝大部分国家经济处于停顿不前的局面，而赤道几内亚却实现了经济连年高速增长。2003 年据欧洲经济情报组织的估计，赤道几内亚 2003 年的国内生产总值实现了 12.5% 的增长，成为当今世界上经济增长最快的国家之一，赤道几内亚一跃而为中非富有的小国。

第二节 农林渔牧业

一 农业

赤道几内亚的农业生产主要以可可和咖啡的生产为主。大约在 19 世纪 50 年代，从圣多美和普林西比岛引进可可树，上个世纪初大规模种植，可可种植园的总面积达 6 万多公顷，几乎占马拉博全岛面积的三分之一。马拉博岛上厚厚的火山灰及其适宜的自然条件，特别适合可可的生长。赤道几内亚的可可生产多集中于此。赤道几内亚是世界上主要的可可生产国，被称为“可可之国”，在可可市场上有一定的影响。历史上的最高产量为 4 万吨。比奥科岛的可可品种优良，产量高，平均每公顷产量为 700 公斤；质量好，含油量高，水分少，含壳少，枝形整齐，便于管理，可连续高产。

（一）可可生产

可可是比奥科岛上最主要和最重要的农作物，其产量占全国可可产量的 90%。1996 年，可可出口占总出口的 2.9%。独立前，可可年均产量为大约 38000 吨。独立后，由于政府实施过激的公有化政策，把外国人的种植园收归国有，造成西班牙籍庄园主纷纷离开赤道几内亚回国。随着与尼日利亚关系的恶化，尼日利亚籍劳工纷纷回国。可可生产缺少资金、技术和劳动力，大量庄园被废弃，产量大幅下滑，年均产量不到 7000 吨。1978 ~

1979年的产量为5000吨。1979年，奥比昂上台执政。为恢复民族经济，新政府采取了一系列措施。1980年7月，政府成立了"经济恢复计划执行委员会"，实行经济自由化政策，鼓励守法的外籍庄园主返回赤道几内亚；在农村发展合作社，把农民组织起来，恢复废弃的可可耕种。同时政府还提高可可的收购价格，激发农民的积极性，向农民发放贷款、农机和工具，并对他们进行可可生产的技术培训。1982年产量迅速从1979年的5000吨上升到1982年的9000吨。1983年可可出口已达15000吨。1985年，在世界银行和其他组织和国家的支持下，政府启动了一项为期5年的可可复兴计划工程，计划把可可种植面积恢复到7550亩。1987~1988年，产量继续回升。在此期间，由于赤道几内亚和尼日利亚的关系改善，尼日利亚劳工开始返回赤几从事可可种植，并为可可的增产做出了贡献。总的说来，由于政府的努力，20世纪80年代可可的产量有所回升，但一直未能恢复到独立前的水平。90年代以后，可可产量进一步减少。作为全面发展农业的一部分，1991年世界银行与赤道几内亚政府一起启动又一项为期10年的可可复兴计划，人们期望通过控制虫灾和疾病，重新栽种可可树，扩大耕种面积，实行可可和其他农作物混合种植等手段和方式，提高产量。但实际效果并不理想。作为对政府取消对可可生产实行的补贴，世界银行承诺提供1800万美元的支持，振兴可可业。1991年，可可产量为6000吨，1992、1993年均为5000吨，1997年，可可产量约为4000吨，仅占全球市场份额的2%~3%。

（二）咖啡生产

咖啡曾是赤道几内亚的第三大出口商品。19世纪40年代，西班牙开始在这块殖民地的木尼河地区栽种咖啡，以满足本国国内市场的需要。在独立的1968年，咖啡出口8500吨，还有部分走私到加蓬和喀麦隆。独立后，因为同样的原因，同可可一样，咖啡的生产萎缩，产量大幅下滑，1979～1980年，产量只有100多吨。现政权上台后，生产开始恢复，产量开始回升。20世纪90年代以来，咖啡生产进一步发展，1996年，据估计，产量为7000吨，1998年，耕种面积为2000公顷，有农场25000家，但产量并没有明显上升。

（三）其他农作物生产

赤道几内亚的农作物还有树薯、甜薯、车前草、香蕉、玉米、棕榈油等，但多数为满足国内需要，产量低。1991、1992、1993年树薯产量分别为46吨、46吨、47吨，甜薯均为35吨，棕榈油均为5吨。

二　林业

林业一直是赤道几内亚最重要的经济部门之一，一直是国家获取外汇的重要手段和方式。木材主要出口到中国、法国、西班牙、日本、朝鲜、葡萄牙、摩洛哥等国。独立前，木材采伐和出口完全为西班牙所控制。1968年独立后，林业同其他的经济部门一样，遭受重创。80年代，林业发展开始出现转机，木材采伐量增加。90年代以来，政府鼓励森林开发，并采取了低租金，机械设备和生活物资减税等优惠措施，大大吸引了外国投资者。目前，已有欧洲、亚洲近20多家公司，其中有中国的企业（吉兴公司和华科洋公司）在赤道几内亚进行森林开发，每年产木30万立方米。因此林业发展快速，与石油工业一起成为推动赤几经济发展的动力。1992年以前，木材的年均产量远远少于30万立方米。1992年，产量上升为61.3万立方米，1993年和1994年，进一步达到63.08万立方米和71.4万立方米。1993～2000年，林业产值不断增加，分别为57.06亿，85.88亿，183.01亿，264.01亿，264.00亿，456.89亿，235.94亿和322.06亿非洲法郎。

由于长时间的大规模采伐，赤道几内亚森林毁坏严重。20世纪90年代中期，国际货币基金组织预测说，按照当时的砍伐速度，到2012年，赤几的森林资源将损失殆尽。政府也意识到问题的严重性，多年以前就强调，要改变这种状态，实行植树与采伐相结合，实现林业的可持续性发展。为此，赤道几内亚划定了70万公顷的林业保护区，对幼苗、未成年林和稀有树种进行保护。特别是近年来，政府对此强调，必须减少对林业和石油的依赖，加强对农业的投入，确保国民经济健康、稳定和持续的发展。

三　渔业

赤道几内亚渔业资源丰富，但其开发历史上多被外国所控制。独立初期，根据签订的渔业协议，前苏联获得在赤几海域捕鱼的权利。20世纪80年代，赤道几内亚废除同苏联的渔业协议，改而与欧共体的部分成员国签订渔业协议。赤道几内亚同意欧共体国家40多艘金枪鱼冰冻船在领海上捕鱼。船主除了向政府缴纳税款外，每年还要支付100多万的欧洲货币单位（现为欧元）。80年代，赤道几内亚政府为解决食品自给问题，购买了现代化的捕鱼船，发展本国的渔业。欧共体的船队每月捕鱼9000吨。据估计，法国和西班牙自签订协议以来，共捕鱼4815吨，当地渔民捕获量才150吨。从1993年至1999年的7年间，除1994、1995、1996三年外，其余年份，渔业的产值为3.45亿、4.19亿、6.70亿和8.72亿非洲法郎。为改变对石油的过分依赖，赤道几内亚政府最近加大了对渔业的投入。

四　畜牧业

赤道几内亚的畜牧业具有一定的发展潜力，特别是在莫卡尔峰的斜坡地带。目前，亚洲开发银行（ADB）

向当地人提供贷款，支持该地从事养殖业。不过整体而言，赤道几内亚的畜牧业非常落后，基本上所有的肉食制品全靠进口。根据国际食物和农业组织（FAO）估计，1991年、1992年、1993年，赤道几内亚共饲养牛年均5000头，山羊8000只，绵羊36000只，猪5000头。

第三节 工业

赤道几内亚的工业整体而言非常落后，除了一些小型的加工厂如面粉厂、印刷厂、锯木厂和部分作坊外，全国没有一家著名的企业。近年来，石油和天然气工业发展迅速，在一定程度上改变了这一格局。

（一）石油

1. 赤道几内亚的石油勘探

独立后，赤道几内亚允许西方石油公司在其海域进行石油勘探。1969年孔科公司（Conco）获得在近海和海岸的勘测权。1970年，Chevron公司在恩特姆（Ntem）和巴塔附近的地区勘探石油，但一直没有实质性的进展。80年代初，赤道几内亚在首都马拉博所在的比奥科岛海面和大陆木尼河流域发现了较好的油气显示。由于缺乏资金和技术，无法独自勘测。赤道几内亚遂与西班牙政府联合成立了一家石油公司，在比奥科岛北端2072平方公里的区域进行勘测。1982年安装了钻井平台，1983年开始运行，但因为开采成本过高，最终不得不放弃。此后，法国、英国等国的著名的石油公司如法国的埃勒夫（ELF）、英国的壳牌公司、美国的美孚石油公司（MOBIL）接踵而来，纷纷加入到勘测的行列中来。1990年4月，赤道几内亚矿业能源部与美国的一家石油公司达成共同开发的协议。1991年，第一口油井正式喷油。1992年，石油开始出口。随着勘测的不断深入，在赤道几内亚的其他地区也不断发现油田。1999年赤道几内亚大陆地区的海域发现大型油田，石油蓄量比比奥科北部海域油田还大，现已大量出油。赤道几内亚的石油质量与尼日利亚的原油相似。据估计，赤道几内亚的石油储量有1000万吨。

2. 石油生产

20世纪90年代初，以美国沃特国际公司（WATER INTERNATIONAL）为首的跨国公司纷纷投资石油产业，并在比奥科岛北部海域发现大型油田，至今已累计投资达20多亿美元。现共有MOBIL、NOMECO、TRITON等5家公司在进行石油勘探和开采。石油出口已成为最主要的收入来源。

自1996年石油大规模开采以来，产量逐年增长。1998年平均日产8万桶，1999年平均日产10.2万桶，主要来自MOBIL公司的产量。2000年8月份，MOBIL公司另一耗资7亿美元的钻井平台投产，估计2000年石油的平均日产可达16万桶。

1998年赤道几内亚共生产石油4100吨，1999年5100吨，2000年5900吨，2001年9800吨。石油产值已由1993年的72.68亿非洲法郎上升到1999年的2002.82亿非洲法郎。

按政府与各石油公司的协议规定，赤道几内亚征收公司利润的25%作为出口税。此外，在海域开采石油，协议执行的第一年，石油出口收入的10%归赤道几内亚政府所有，3年加2年的宽限期逐步达到40%，5年加3年宽限期逐步达到65%。随着产量增加，所得比例还要扩大。由于政府对其石油收入严加保密，所以具体数字不得而知。

（二）天然气

除石油外，赤道几内亚还蕴藏着比较丰富的天然气资源，储量约370亿立方米。

第四节　交通与通信

一　交通运输

赤道几内亚的交通业不发达，交通设施落后，至今没有铁路。国内的运输方式主要为公路，国际运输有航空和海运。

1. 公路

公路总长约1500公里。其中除恩圭—蒙戈莫公路和巴塔—涅方公路为3级柏油路面公路，其它均为碎石路和土路。另有1356公里森林通道。恩圭—蒙戈莫公路全长121公里，路面宽6米，由中国政府援建，1977年竣工，是赤道几内亚路况较好的公路。巴塔—涅方的高速公路全长100公里，由中国援建。该公路修建于1995年，竣工于1999年，是赤道几内亚最好的公路。由于经济长期落后，国家财政紧张，公路建设滞后。近年来，随着财政状况的改善，赤道几内亚政府加大了基础设施建设力度，修建了一些新公路并对原有公路进行了整修。

2. 航空

马拉博和巴塔既是主要航空港又是重要海港。全国共有5家航空公司，其中仅有1家为国营公司，包租飞机维持马拉博至巴塔航线飞行。此外，喀麦隆、加蓬、尼日利亚、西班牙、瑞士、科特迪瓦等国航空公司有飞往马德里、利伯维尔、杜阿拉、拉各斯、达喀尔、圣多美等地的定期航班。赤道几内亚最早的航空服务始于19世纪70年代，根据同西班牙签订的协议，由西班牙提供飞机、飞行员和技术员。西班牙还免费培训赤道几内亚的航空人员包括机组人员。70年代末80年代上半期，航线运行时有时无，极不正常。在此基础上，赤道几内亚 1985 年成立国家航空公司（LAGE）。由于管理和经营不善，该公司已于 1990 年破产，但仍然维持着有限的几条国内航线，每周有一班飞往马德里的航班。此后，外国航空公司控制了赤道几内亚的大部分航空运输业务。

3. 海运

赤道几内亚的海运业相当落后。马拉博和巴塔是重要的海港。海运主要运输货物。1972 年中国向赤道几内亚提供了客货两用轮船“马妮·艾拉号”。该船载重 3200 吨，载客数 100 人，续航能力 4800 海里。1997 年货轮失火烧毁。1998 年 12 月巴拿马一家海运公司所属的“里奥·坎波”号客货两用船承担马拉博—巴塔—安诺本—圣多美和普林西比—喀麦隆等国内、国际航线的客货运任务。近年来赤道几内亚的海运业有一定的发展。2000 年 10 月，赤道几内亚政府购买了“德吉洛河”号（DJIMLOHO）客货两用船，开展巴塔—马拉博—安诺本及赤道几内亚到部分欧洲港口的货运业务。该船可以装载 4 个集装箱、40 辆汽车和运送 700 名旅客。2000 年马拉博港的吞吐量为 408.26 万吨，其中出口 375.15 万吨。

二 邮政

赤道几内亚的邮政服务非常落后，邮政网点少，部分地区至今没有通邮。随着经济的发展，赤道几内亚政府和相关部门加大了对邮政部门的投入和建设力度，主要措施有：增加服务网点，加强邮票的发行，完善邮政管理制度；增加从业人员和加强从业人员培训，加强国际交流。目前，赤道几内亚已经加入了万国邮政联盟，提供国际特快专递的服务。大多数国际邮件均能到达目的地。

三 通信

因为殖民统治的缘故，赤道几内亚的通信业发展起步较晚，至今，赤道几内亚的电讯领域整体仍比较落后。不过，赤道几内亚政府十分重视通信的发展和建设，逐步加大了对通信的投入，积极引进国外先进通讯技术。

（一）程控电话

1996 年，在法国援助下，马拉博和巴塔两市安装了新的程控电话数据网。尽管如此，赤道几内亚的电讯领域整体仍比较落后，边远省份也仅仅在省会城市有一个电话亭，里面装有两部电话和一部传真机。像涅芳、马沁达、米格密森、爱比比因等城市都是如此。总统家乡蒙戈莫市不久前刚装了 40 部室内固定电话。其他小镇电话的普及率就更低。将近 30 个中小城镇电话机总数不到 100 门。政府部门的紧急通知往往还借助于电台广播，寻人、失物招领、把死亡通知告达不同地点的家属等等均采用这种方式。据统计，2002 年固定电话用户为 5896 户，2004 年固定电话用户预计在 10000 户以上，两年内接近翻了一番。

（二）移动通讯

赤道几内亚移动电话近年来发展的速度很快，但功率小、覆盖面积很小。以巴塔市为例，离开 7 公里就没有手机信号。而且经常出故障，无法发出和接收。截至 2001 年 12 月底，手机用户为 17570 户，比 2000 年增加 236.8%，2002 年 12 月达到 28684 户，同比增加了 63.3%。截至 2003 年预计移动电话用户已超过 5 万户。值得一提的是，赤几市场上销售的手机多为中国制造，尤其是有摄像、录音功能的机型，不但为赤几百姓喜爱，也成为赤道几内亚高官相互馈赠的礼品。

（三）因特网服务

赤道几内亚是撒哈拉以南地区第三大产油国，经济发展快

速，人均收入高达4500美元。国家经济的发展、人民收入的增加，必然要求大规模地开展基础设施建设。因特网建设因而开始起步，现在已可以向消费者提供一定的服务，如提供上网线路等。但从目前情况看，赤道几内亚的有线电视网、网络高速路——宽带、可视电话的发展程度较低，尚有待进一步发展。

上网费用：初次申请上网交10000非洲法郎，6000非洲法郎为每月基数，上网每分钟60非洲法郎。移动电话使用用户应与电讯公司签一个合同，每份的费用介于15000～20000非洲法郎之间。通话卡面值分5000非洲法郎、10000非洲法郎、20000非洲法郎不等。分别可以提供使用线路一个月或2个月的期限，过期断线，这里指只接不发。

（四）赤道几内亚电话先行收费标准（2004年）

座机与座机通话（城市间）为250非洲法郎/每分钟（不含税）。

手机与座机通话（城际间）为320非洲法郎/每分钟。

国际长途电话费用：

一般指座机即电信局的长途电话间计费标准，移动电话的标准为每分钟再加100非洲法郎。

与西班牙、法国通话为1100非洲法郎/每分钟。

与非洲的马里、塞内加尔等地通话为1500非洲法郎/每分钟。

与中国通话为1720非洲法郎/每分钟。

与世界上其他国家通话为2400非洲法郎/每分钟。

第五节　财政与金融

一　财政

西班牙长期的殖民统治和经济掠夺，导致了赤道几内亚长期的积贫积弱。国家财政和金融完全控制在宗主国手里。独立后的相当长的时期内，这一格局基本上没有太大的变化。20 世纪 70 年代和 80 年代的经济财政改革也没有达到预期的目的。国家财政的总体情况没有多大改善。财政来源极为有限，主要依靠可可等农作物的出口创汇、贷款和国际援助维持，国家债务负担沉重。可喜的是，近年来随着石油大批量的出口，经济发展较快，国家财政收入大幅增长，财政紧张状况有所缓解。1995 外汇储备仅为 4 万美元，1997 年增至 490 万美元。由于外部经济环境恶化及政府开支大幅增加，1998 年底外汇储备下降到 80 万美元。1999 年预算总收入 885 亿非洲法郎，总支出 870 亿非洲法郎。1998 年外债总额 4 亿美元，为世界上人均负债最多的国家之一。2000 年以来，随着全球石油价格的上涨，赤道几内亚从石油出口中获得了巨大的收入，财政状况进一步好转。据报道，2003 年的财政在历史上首次出现盈余。

二 金融

独立前，赤道几内亚有几家宗主国控制的银行。独立后，赤道几内亚成立了自己的国家银行。由于缺乏相关的专业人才的管理，国家银行经营不善。1983 年 12 月，赤道几内亚加入中非关税和经济同盟（UDEAC）。1984 年赤道几内亚加入中部非州国家银行（简称中非国家银行）和非洲法郎区，随后取消了本国的中央国家银行，与喀麦隆、中非共和国、乍得、刚果、赤道几内亚和加蓬等 6 国建立了共同的中央银行——中部非洲国家银行，发行共同的货币“中非金融合作法郎”（简称非洲法郎），实行基本一致的金融政策。至今，6 个成员国的货币政策基本上统一，都在中部非洲国家银行的指导下，制定和调整本国的金融政策。因此，赤道几内亚现在的国家法定货币是中非金融合作法郎，简称非洲法郎。

(一) 汇率

中非金融合作法郎按1中非金融合作法郎兑0.02法国法郎的固定汇率“钉住”干预货币法国法郎，中非国家银行和商业银行间按此汇率进行法国法郎外汇交易。其他某些外汇的汇价由官方根据法国法郎的固定汇率和巴黎外汇市场上有关的货币汇率套算挂牌，与美元的汇率基本维持在1美元兑换67.8非洲法郎的水平上，通货膨胀率估计为6%。

(二) 外汇管理

中非国家银行成员国间进行交易时不收取手续费，向非成员国汇款收取0.50%的手续费，但以下情况不收手续费：与中央和地方政府业务有关的汇款；由银行签发许可证的进口支付；按计划归还正当获得的国外贷款；由政府及其代理机构支付的官方使团的旅游配额和官方代表费用；支付保险费。对外汇买卖既不征税也不补贴。出于统计需要，对业务账户国家的超过50万中非金融合作法郎的所有资金转移必须向当局申报。

1. 外汇管理机构

财政部的经济管理和对外融资理事会负责外汇管理。与所有国家的外汇交易必须通过指定的经办机构（邮政机构和指定银行）办理。进口许可证由工商业部签发，黄金进口许可证由矿业和能源部签发，出口许可证由财政部签发。

2. 对外结算货币

自从成为法国的业务账户国以后，与法国（及其海外领地）、摩纳哥和其他业务账户国的结算使用中非金融合作法郎、法国法郎或任一业务账户国货币办理。与其他所有国家的结算通常通过在法国的代理行使用这些国家的货币办理，或使用法国法郎通过法郎外汇账户办理。

3. 支付管理

非贸易外汇管理。一般而言，在向非业务账户国的非贸易支付超过50万中非金融合作法郎时必须事先申报但允许自由办理；对其他国家的非贸易支付必须经财政部审批。在基本贸易已经得到批准或无需批准时，与贸易有关的非贸易支付可自由办理。非居民以利润、股息和专利费形式得到的收入经申报后也允许自由汇出。非居民旅行者最多可携出入关时所申报数额的外国钞票和硬币，如没申报最多可携出相当于5万中非金融合作法郎的外国钞票和硬币。

4. 黄金管理

居民可自由持有、获得、处置黄金首饰。以任何其它形式持有黄金必须经矿业、水利和能源部的批准。一般只批准工业用户和首饰商。新近开采出来的黄金必须向矿业、水利和能源部申报，由该部决定是用于出口还是出售给国内工业用户。只能向法国出口黄金，黄金的进出口必须事先得到矿业、水利和能源部以及财政部长的批准，财政部长很少批准进口黄金。以下情形的进、出口不必事先批准：（1）由政府或代表货币当局进、出口黄金；（2）含少量黄金的制成品（诸如充金的或镀金的商品）的进、出口。不管是事先须批准的还是不必批准的进口黄金均须向海关申报。

第六节　对外经济关系

一　对外贸易

独立前，赤道几内亚是西班牙的殖民地，其经济被纳入宗主国的经济轨道，成为其原材料的供应地和商品销售市场。对外贸易成为出口原料，换回必要的生活物资的手段和渠道。独立后，这一格局并未发生根本性的变化，并大致维持到今天。20世纪90年代以前，可可和木材的出口创汇，一直是国家经济的支柱。所以，可可的出口在对外贸易中占有重要的地位。赤道几内亚的经济支柱是可可的出口，对外贸易在国民经济中占有重要地位，居民生活必需品和生产资料大多依赖进口。独立后，赤道几内亚对外贸易一直为国家垄断。主要进口国是西班牙、喀麦隆、法国和美国。主要出口商品是石油、木材、咖啡、可可。主要出口对象是日本、西班牙和中国。

赤道几内亚实行自由贸易政策，没有进口配额限制，但实行进口许可证制度。所有商品须持有进口许可证才能入关。对进出口商品要求有运输单证和 SGS 公司的检验证书。关税税则为《布鲁塞尔税则目录》。几种日常商品的关税税率如下：摩托车 76%，录像机、钟表 65%，服装 54%～65%，鞋类、床上用品 59.5%，电冰箱 5675%，组合音响 54%，自行车、缝纫机、食用油、电风扇 485%，电视机 43%，灯具 32%，大米、面粉 155%。计征关税需要提交用西班牙文填写的一式三份发票，发票上要有签字，传真件无效。

二 外国援助

外国援助在赤道几内亚的经济生活中占有极其重要的地位。历史上，赤道几内亚对外援的依赖很重，外国的贷款和捐赠曾是赤道几内亚的主要财政来源之一。1979～1986 年的几年间，西班牙提供的援助高达 170 亿比塞塔。1989 年西班牙再次提供 20 亿比塞塔的经济援助，并减免了赤道几内亚的部分债务。赤道几内亚成为西班牙援助最多的国家，西班牙则成为赤道几内亚的最大援助国。20 世纪 90 年代西班牙每年援助 35 亿比塞塔，1994 年因故停止。经协商，援助恢复。1999 年，西班牙援赤总额为 150 亿比塞塔。

法国是赤道几内亚的第二大援助国。在法国的大力援助下，赤道几内亚加入了法国主导下的中非国家银行和非洲法郎区，法国基本上承担了赤道几内亚加入的所有费用。之后，法国加强了对赤道几内亚的援助。

中国是重要的援助国，不但向赤道几内亚提供了长期低息、无息的贷款，而且还向赤道几内亚派出医疗队，替赤几人民看病。另外中国还参与赤道几内亚的经济建设，为赤道几内亚修建公路、医院、广播站，维修轮船和提供通讯技术服务等。

联合国和国际货币基金组织也是重要的援助者。1982 年，在上述两大机构的主导下，国际援助赤道几内亚会议在日内瓦召开，会议决定向赤道几内亚提供 1.4 亿美元的援助。1988 年，国际援助大会通过向赤道几内亚提供 1.4 亿美元的援助的决定，以支持赤道几内亚的中期投资计划（1989～1991）。1988 年，国际货币基金组织赠予赤道几内亚 1.17 亿的特别款权，鼓励赤道几内亚的经济结构调整计划的实施。世界银行也对赤道几内亚的经济结构调整提供指导和建议。2002 年世界银行重新启动同赤道几内亚政府的合作，合作领域包括交通、公路建设、港口整修和人力资源培训等。世界卫生组织、联合国开发计划署和联合国儿童基金分别签署 2002～2003 年合作行动协议和 2002～2006 年合作计划。非洲开发银行也加大了对赤道几内亚的援助额度。

第七节 旅游业

一 旅游业概况

由于受经济落后的影响，赤道几内亚的旅游业很不发达，旅游业的产值在国民经济的比例低下。落后的基础设施和其他其配套设施建设制约了旅游业的迅速发展。国内没有一家像样的旅行社，饭店、宾馆数量少，整体档次较低，交通不发达。从业人员数量少，素质不高。

二　旅游开发的政策和现状

近年来，赤道几内亚经济的快速发展和国家财政的改善确保了政府有一定的财力投入到旅游业的建设上来。赤道几内亚政府意识到油气资源属于不可再生性资源，终有枯竭的一天。为此，赤道几内亚政府决定加大对旅游资源的开发力度。国家设立新闻、旅游和文化国务部直接对该产业的发展进行管理和规划。为改变旅游业发展落后的状况，积极扶持宾馆和交通的建设，鼓励外来资本投资旅游业。目前，宾馆、饭店的数量正在快速增长，到主要旅游景点的交通项目陆续启动，部分公路已经竣工并投入使用，部分到旅游地的航班已开通。其他的，如度假村、别墅和新景点的开发和建设，都在紧锣密鼓地进行。为了规范行业操作，据了解，巴塔大陆地区有关部门也已开始规范服务业的从业人员，要求各宾馆的服务人员要统一着装，对人员要进行从业培训等。

随着人民生活水平的提高，不少赤道几内亚人纷纷走出家门，到国内旅游，与到赤道几内亚的外国游客一起推动了旅游业的发展。宾馆、交通和其他设施的建设，推动了房地产业的发展，房地产快速升温。在首都马拉博，一座两层小楼包括院落不到 100 平方米月租都超过 200 万非洲法郎。不少私人也盖房出租给游客，而且生意不错。

由于开发前景诱人，各航空公司纷纷开通到赤几的航线，现已有每周两次的法航、瑞航、荷航、美国航空公司，还有每周三次的两个西班牙航空公司的班机飞赤道几内亚，现在看来马拉博和巴塔的新候机楼的规模都建小了，没有超前意识。旅游业的发展，反过来促进了赤道几内亚的交通建设。可以说，旅游业的开发和和建设，已经给赤道几内亚人民和政府带来好处。

三 旅游资源

赤道几内亚虽然是小国，但独特的民族风情和迷人的热带自然景观，如柔软沙滩，美丽的落日，都令人无限地向往。

民族风情和习俗：赤道几内亚是一个多民族的国家，民族风俗极具特色，是到赤道几内亚旅游的一个重要看点，对亚洲和欧美游客具有一定的吸引力。其中，热闹的民间集体舞、神秘的芳族男青年成年民间教育、民族特色浓郁的芳族人居住的古老"村屋"、古朴原始的芳族人祖先崇拜和充满喜悦的布比族的芋头节，一定让游客大开眼界。热情、好客和彬彬有礼的赤道几内亚人民更是让你有宾至如归的感觉。

人文景观：首都马拉博是全国最大的旅游城市，市内整齐的林荫、现代化的建筑和古老的土屋相互交错，景致十分特殊。另外，经过赤道几内亚政府的努力，位于马拉博市中心的大教堂已被联合国教科文组织列为人类遗产保护，现正在修缮之中，不久将对游人开放。

自然风光：大西洋岸海滩、日落景色也令人印象深刻。特别是安诺本岛上的白沙滩，前几年还是一个破烂的小岛，现在正在成为著名的度假胜地，柔软的沙滩，蔚蓝的海水和无边无际的大海组成了一幅梦幻般的风景，让无数的游人乐而忘返。每到周末有很多游客开车纷纷来到白沙滩游泳和观光，他们之中不仅仅光是外国人，也有一部分赤道几内亚上层人士的家属。据悉，赤道几内亚政府决定将在白沙滩建设一个豪华饭店接待游人。

北比奥科省北部的马拉博峰的南面30公里处的莫卡湖也是该国有名的景点。该湖是由火山喷发后的喷口形成，平均水深22米，是岛上最大的淡水湖，湖水清澈见底，并与海岸金色的沙滩、清澈见底的海水交相辉映。

第八节　国民生活

赤道几内亚经济不发达，国内经济结构单一，农业水平不高，粮食不能自给，完全依赖进口。工业也不发达，日常生活用品基本上依赖国外输入，物价较高，多数人没有解决温饱问题，国民整体生活水平低下。同时，赤道几内亚的医院少，设备落后，生活环境恶劣，不少人至今不能喝上卫生的自来水。人均寿命不高，为55.34岁，其中女人为55.8岁，男人为54.8岁。人口年自然增长率为2.9%，2003年为2.44%；生殖率综合指数为5.9；出生率为4.31%；死亡率为1.4%。

第五章

教育、卫生和新闻出版

第一节 教育

一 概况

赤道几内亚的教育相当落后，文盲人数占人口的大多数，不少学龄儿童因家庭经济困难，无法上学。随着经济的发展，赤道几内亚政府正加大对教育的投入，不断改善学校办学条件。据统计，1998 年小学在校学生 8.17 万人，中学在校学生 2 万人，大学在校学生 750 人。教师与学生比例为 1:82。赤道几内亚 15 岁以上成人文盲率为 52%，6～23 岁人口中的上学率占 64%，教育经费仅占国内生产总值的 1.4%，小学平均 63 个学生 1 位老师，中学平均 24 名学生 1 位老师，小学老师有 1288 位，中学老师有 592 人。

二 教育体系

赤道几内亚教育体系分为初等、中等和高等三级。小学学制 5 年，实行义务教育。儿童年满 6 岁即应入学，其中约 1/4 的学生在私人或教会学校就读。初中包括普通中学和职业学校，学制 4 年；高中分文、理科班，学制 2 年。有 1 所国立大学，由大学本部和设在马拉博和巴塔的师范、卫生、农业和行政管理等6所学院组成。其中有两所培养教师的高等师范学院。政府不提供奖学金。西班牙、法国在赤几首都分别设有规模较大的文化中心和语言学校。据联合国开发计划署统计，赤道几内亚现有884所小学，但学校规模都不大，办学经费不足，部分学校只有70多名学生；因为学龄儿童人数较多，家庭困难，学校相对较少，所以只有一半儿童接受初等教育，其中一半是超龄儿童，学生辍学现象严重，平均每年有1/5的小学生辍学。

三　教育发展计划：让全国人民接受教育行动计划

近10年来，由于石油、天然气和木材产业的发展，赤道几内亚年平均经济增长率高达19%，国家财政状况大为好转，有能力加大对教育的投入。2004年，赤道几内亚政府和联合国开发计划署联合发起“让全国人民接受教育行动计划”。该计划的主要内容为加快教师培养速度，以确保在2012年底以前让所有儿童接受初等教育的目标实现。在接下来的4年里，联合国开发计划署将协助赤道几内亚政府对全国范围内的2000多名教师和教育工作人员进行培训。整个计划将耗资520万美元。

第二节　医疗、卫生

赤道几内亚医疗、卫生水平低，人民生活条件差。近年来，医疗卫生水平有了提高。目前全国有18所医院。其中地区级医院2所，省级医院4所，县级医院12所；22个卫生中心和291个卫生点。医院共有床位1019张。全国共有医务人员1005人（1993年统计），其中高级人员58人，技术人员

165人，助理人员544人，服务人员220人。

由于经济落后，人民生活水平低下，68%的人用不上自来水，63%的人有病得不到及时治疗，85%的孕妇得不到产前检查，产妇死亡率为0.4%（1995年）和0.325%（1996年），儿童死亡率达11.1%，高于9.7%的非洲平均水平。死亡率高的主要原因是疟疾、腹泻、丝虫、急性呼吸疾病，其中疟疾占首位，呼吸疾病次之。腹泻在儿童（1～5岁）死亡率中占首位（25%）。

近年来，艾滋病在赤道几内亚迅速蔓延，艾滋病病毒感染率已由1997年的3.48%上升到2001年的7.2%，已严重威胁人民的生命和国家的发展。主要原因是，民众对艾滋病及其预防知识严重缺乏，外来人口迅速增加，外国生活方式的进入，以及缺乏医疗设备和药物。赤道几内亚卫生部门和联合国艾滋病规划署报告说，在赤道几内亚近100万人口中，艾滋病病毒感染者已超过1.1万人，其中女性远高于男性。调查显示，在艾滋病患者中，65%是女性，其中15～34岁年龄段的女患者占66.27%。男性患者占艾滋病病人总数的35%，20～49岁的患者占患者总数的70.53%。

第三节　新闻出版

全国主要报纸有：《人民之声报》，由民主党主办；《黑檀木报》，由新闻部主办；《加塞塔报》，由民间组织主办。上述3种报纸均为每月1期。此外还有《山顶回音报》、《武装力量报》、《真理报》等，分别由总统府、国防部和争取社会民主联盟党主办。

全国共有5家广播电台，其中3家为国家广播电台，每天从6时至23时播音17小时。除西班牙语外，每天还用法语播出新

闻节目，并用芳语播音1小时，布比语等民族语言各播音半小时。每星期日有3小时宗教节目。此外，法国国际广播电台在马拉博设有转播站。

马拉博和巴塔分别设有国家电视台，每天播出7小时，主要用西班牙语。其中半数以上节目为本国制作，其余节目多为西班牙和法国提供。电视可覆盖比奥科岛和部分大陆地区。

第六章

外交

第一节 外交政策

赤道几内亚自1968年以来，始终奉行不结盟睦邻友好和多元化的外交政策。主张在和平共处、平等互利的基础上加强与各国的友好合作关系，始终坚持维护民族独立、国家主权和领土完整。反对霸权主义和强权政治；要求建立国际政治经济新秩序。自从1979年奥比昂总统执政以来，赤道几内亚在国际上坚持同世界上一切爱好和平的国家加强友好合作的不结盟政策。主张自决和不干涉别国内政。目前赤道几内亚同121个国家建立外交关系。其中，中国、美国、西班牙、法国、尼日利亚、加蓬、喀麦隆、摩洛哥、俄罗斯、朝鲜、古巴等国在赤道几内亚派有常驻大使或代表，其他国家则派有兼任大使。

在非洲事务中，赤道几内亚反对外国势力干涉非洲国家内部事务，主张非洲国家制定共同战略，争取正常的发展环境。特别是赤道几内亚支持大陆的团结和统一，支持大陆性的、地区性的和小地区性的经济合作，支持所有仍在殖民压迫下的非洲人民的解放斗争。为改善与邻国的关系，赤道几内亚总统奥比昂更是不辞羁旅之苦，来往穿梭于各邻国，以求得相互理解和友好合作。

赤道几内亚积极参与地区事务和经济合作。1983 年赤道几内亚加入中非经济共同体。1984 年 8 月 27 日，奥比昂总统在马拉博签署了赤道几内亚参加中非国家银行和法郎区的协定，从而更加加强了与地区之间的联系。2000 年 2 月，中部非洲国家经济共同体第三次国家元首与政府首脑会议在赤道几内亚首都马拉博召开；6 月，召开中非经济共同体和平与安全理事会部长级会议。

赤道几内亚珍视独立，反对外国以各种借口干涉本国内政。对于西方国家以人权为由肆意干涉本国内政，赤道几内亚总统奥比昂深恶痛绝。他指出，欧共体国家，尤其是西班牙，从来就没有忘记在政治上和经济上控制赤道几内亚，他们以在赤道几内亚实现民主为借口，想利用反对党来取代我，从而达到真正控制赤道几内亚的目的。他认为，西方对赤道几内亚的控制手段主要是政治上压，经济上卡。他说，赤道几内亚虽然是个小国，但是一个主权国家，需要的是平等与尊重。赤道几内亚认为，发展中国家的独立和主权应该得到维护，各国的事务应该由各国人民自己来决定，他们的发展道路应该符合各自的国情。

第二节　同西方国家的关系

赤道几内亚自奥比昂总统执政以来，非常注意发展同西方国家的友好和合作关系。一方面赤道几内亚需要西方各国的资金、技术和现代化管理来促进本国经济和社会的发展，但与此同时它又十分警惕西方把经济援助与干涉本国内政联系起来。20 世纪 90 年代后期，奥比昂总统有意改善同欧盟的关系，1997 年 10 月，他访问布鲁塞尔并与欧盟领导人商谈恢复援助问题。然而，1998 年欧盟宣布它将恢复对赤道几内亚的援助，但要求赤道几内亚改善本国的人权状况。赤道几内亚政府在 7 月对此予以回绝。赤道几内亚不过分依赖某一西方国家，并力图摆脱西班牙宗主国的影响，主动与法国密切关系，从而在西方各国家之间形成互动的平衡制约。近年来，赤道几内亚近海发现大量石油，赤道几内亚与欧盟和美国的关系都有好转趋势，并开始稳步发展。

一　同西班牙的关系

西班牙是赤道几内亚的原宗主国。赤道几内亚是非洲唯一讲西班牙语的国家。赤道几内亚自独立以来，一直与西班牙保持传统关系。马西埃执政期间对西班牙实行疏远的政策，并且在1977年3月与西班牙断绝关系。1978年政变后，西班牙与赤道几内亚新政府的关系密切，政变第四天，西班牙即率先承认新政权，表示对奥比昂政权的支持，随即两国恢复了外交关系并且互派大使。西班牙派出政府代表团与奥比昂讨论援助问题。随后，西班牙政府派出警察帮助维持秩序，并运送大批的物资。此后两国关系不断发展，互访频繁。1978～1982年，西班牙共派遣了250多名专家帮助赤道几内亚重建国家。1982年5月13～15日，应西班牙首相卡尔沃·索特洛邀请，赤道几内亚最高军事委员会主席奥比昂对西班牙进行了访问。访问期间，两国领导人就两国关系以及西班牙向赤道几内亚提供技术援助的进展情况交换了意见。奥比昂的访问使两国关系得到进一步巩固和加强。西班牙每年向赤道几内亚提供约2500万美元援助，是赤道几内亚的主要援助国。

赤道几内亚在发展与西班牙的关系上既重视引进西班牙的资金与技术及其它援助，也注意维护自己的主权与独立，反对西班牙借口插手赤道几内亚内部事务。赤道几内亚对西班牙的关系在某种程度上可以说是控制与反控制、干涉与反干涉的长期斗争，但赤道几内亚又非常注意外交方式的灵活性。1983年5月，赤道几内亚军士米科阴谋推翻奥比昂总统政权而被捕。赤道几内亚军事法庭准备判处米科死刑，但西班牙则希望赤道几内亚作出不处决米科的保证。赤、西关系顿时紧张起来。1983 年 7 月赤道几内亚外长马塞利诺抵达马德里，同西班牙首相冈萨雷斯会晤并带去了奥比昂的亲笔信。西班牙威胁说，如果赤道几内亚处决米科，它将作出强硬的反应，即中断双方关系，并撤走西班牙在赤道几内亚工作的 400 名合作人员。而赤道几内亚则要求西班牙撤走在该国的军事人员，及两架 G－212 式飞机。这一切导致两国进行了紧张的对话。为了缓解两国的紧张气氛，同年 7 月底，赤道几内亚总统奥比昂访问西班牙并同西班牙首相会晤。西班牙外交部在奥比昂访问结束后发表的公报说，西班牙同赤道几内亚一致认为有必要“以相互尊重的”精神致力于重建两国间的合作关系。双方认为“西班牙同赤道几内亚之间的关系已进入了一个非常建设性的新时期，因为两国关系已在相互尊重、互不干涉内政和友好的精神下得到了澄清”。奥比昂的访问显然使两国关系得到了改善。

但西班牙依然没有放弃对赤道几内亚的控制与干涉。20 世纪 90 年代，由于受国际形势的影响，多党民主制浪潮冲击黑非洲。西班牙则频频向赤道几内亚施加压力，敦促其推行多党制。1991 年 8 月，赤道几内亚实行多党制后，以奥比昂为首的民主党在 1993 年 11 月的议会选举中获胜。西班牙在大选后攻击大选“是一场民主闹剧”；指责奥比昂舞弊，违反人权，压制反对党，赤道几内亚则抗议西借口人权问题，“歪曲事实，试图造成不符合真相的国际舆论，损害赤道几内亚人民的利益”。同年 12 月，赤道几内亚外长宣布西班牙驻赤道几内亚巴塔总领事为不受欢迎的人；西班牙则驱逐了一名赤道几内亚外交官。两国关系一直紧张。1999 年赤道几内亚进行总统选举，由于西班牙支持赤道几内亚反对党进步党，赤道几内亚与西班牙关系急剧恶化。4 月 19 日，赤道几内亚爆发大规模群众示威活动，抗议西班牙“粗暴干涉赤道几内亚内政”，赤官方还透露，西班牙“正在策划军事活动，准备对赤道几内亚政府和人民动武”；4月24日，赤道几内亚最高军事法庭以“勾结西班牙，阴谋政变”罪名判处赛德罗·莫托和另外11名同案犯14～30年徒刑；西班牙则针锋相对，发起了一场指责赤道几内亚总统奥比昂“践踏人权”的攻势，因而导致两国关系继续恶化。西班牙也中断了对赤道几内亚的经济援助。

此后两国均在努力寻找改善双边关系的机会。1997年7月，赤道几内亚第一副总理兼外长奥约诺访问西班牙，两国签署了《2000～2002年合作协议》。同年，西班牙决定恢复对赤道几内亚的官方援助。为了进一步改善关系，2000年9月，奥比昂总统在纽约出席联合国千年首脑会议期间，与西班牙首相阿斯纳尔举行会晤，双方发表联合声明，表示将“努力改善两国事实上已停滞不前关系”的意愿。此后两国关系逐步发展。2001年，奥比昂两次访问西班牙，并出席西班牙语国际大会，表示将努力改善两国关系，西班牙出于在赤道几内亚经济利益的考虑，对赤道几内亚的人权等问题态度有所软化，对奥比昂推行的民主表示认可，两国关系有明显改善。2002年5月，西班牙贸易与旅游国务秘书胡安·科斯塔访问赤期间表示，西班牙愿在政治、经济和社会发展方面加强同赤道几内亚的合作。9月，赤道几内亚政府代表团访问西班牙。

二 同法国的关系

早在20世纪80年代，奥比昂总统就尝试脱离西班牙影响而加入法国经济体。1983年，两国关系得到加强，奥比昂总统也多次访法。1983年12月，赤道几内亚成为中非经济共同体的成员，并在1984年8月加入中非银行协定，并于1985年1月完全加入法郎货币区，用非洲法郎代替本国原有货币比奎莱成为国家货币。法、赤关系亦日趋密切。这个同盟现有6个成员国：刚果、加蓬、中非共和国、喀麦隆、赤道几内亚和乍得。为了吸引赤道几内亚加入法郎区，法国自1984年至1985年来共提供2190万法郎的援助，此外还有一笔5300万法郎的款项，这等于是法国承担了赤道几内亚参加法郎区应向法国中央银行交付的约1亿法郎的“门票”。法国对赤道几内亚的进出口也大幅增加：进口从1983年的1100万法郎增加到1984年的2770万法郎，出口从1983年的1200万法郎增加到1984年的8000万法郎。在赤道几内亚居住的法国人自1982年以来增加了近10倍。1987年11月，两国混合合作委员会在马拉博召开第一次会议，达成法国继续巩固和扩大已有合作项目的协议。1989年法国政府决定免除赤道几内亚欠法国的全部债务，同年赤道几内亚宣布法语为第二官方语言。1990年法国向赤道几内亚提供5亿法郎的贷款。法国还帮助赤道几内亚建设亚巴水电站，培训赤道几内亚管理人员，建设巴塔卫星地面接收站，加强民航公司的基本建设与管理，修复巴塔至贝比因公路，训练武装宪兵等。

法国每年向赤道几内亚提供约2000万美元的援助，并向总统府、国防部等政府部门派有顾问。两国设有混合合作委员会。法国也一向支持赤道几内亚政府。特别是1993年以来，赤道几内亚受到西班牙、美国的政治和经济双重压力；而法国却不断加强与赤道几内亚的关系。1994年非洲法郎贬值后，法国免除了赤道几内亚全部债务，并及时向其提供贷款，帮助其渡过贬值难关。1996年在赤道几内亚大选期间，赤道几内亚与西班牙关系趋紧的关键时刻，法国于2月份及时向赤道几内亚提供了3500万非洲法郎，帮助其完成选民登记。自赤道几内亚推行多党制以来，法国官方从未发表过任何不利于奥比昂政权的言论。近年来，奥比昂总统多次访法。法国同意向赤道几内亚提供新的援助并扩大两国在经贸领域的合作。2000年3月，赤道几内亚与法国建筑公司

（TREGCH）正式签署了修建马拉博机场的新候机楼工程合同，总造价26.5亿非洲法郎。4月，两国签署了法国向赤道几内亚提供7亿非洲法郎财政援助的议定书，用于发展社会医疗事业。

三 同美国的关系

赤道几内亚于1976年马西埃统治时期与美国断交。在奥比昂执政后1979年11月两国复交，美国副国务卿和赤道几内亚外长曾有互访。1983～1985年，美国向赤道几内亚提供460万美元援助。1986年，美国国际开发署向赤道几内亚赠款300万美元援助用于发展其农业。美国每年赠款100万美元用于培养赤道几内亚留学生。美国派有和平队在赤道几内亚工作，1989年美国向赤道几内亚捐赠一所拥有200～300床位的流动医院。20世纪90年代初，民主化浪潮在黑非洲兴起，美国在政治经济上给赤几施压，要求赤几改善国内民主、人权状况，1993年美国公开批评赤道几内亚政府，并且从赤道几内亚撤回和平工作队。1994年，美国同赤道几内亚的外交关系降为代办级。1996年，美国关闭驻赤道几内亚使馆。但美与赤道几内亚的关系并未完全断绝，一些美国公司一直在参与赤道几内亚的石油开发。90年代美国在赤道几内亚近海发现石油，到1997年底，赤道几内亚的石油产量达到日产8万桶，年产400万吨的水平，赤道几内亚的石油开发加强了它与美国的关系。在1996年的赤道几内亚总统选举中，奥比昂加强了与美国的合作关系，在美国咨询公司的鼎力支持下，设计自己的大选形象。同时美国的莫比尔石油公司为其在赤道几内亚的经济利益，也给奥比昂提供了大量经费。大选中美国向赤道几内亚派遣了包括前总统卡特儿子在内的观察员，并在国际舆论上支持奥比昂总统。此后两国关系明显改善。1999年4月，奥比昂总统对美国进行了工作访问。2000年，美国在巴塔开设了领事馆；美国“战略问题研究院”

亦派观察员去赤道几内亚监督其市政选举。2001 年，奥比昂两次访美。“9·11”事件发生后，赤道几内亚政府在首都举行反恐怖主义大会，表示赤道几内亚反对任何形式的恐怖主义。2002 年 2 月，奥比昂总统再次对美国进行了访问。

第三节　与俄罗斯（苏联）的关系

赤道几内亚同苏联的关系在马西埃执政时期比较密切。苏联在赤道几内亚曾派有大约 250 名文职专家、150 名军事顾问和大约 50 名海员。苏联还在此设立卫星观察站和渔业基地。苏联军舰在卢巴港停泊。两国曾先后签订过军事、渔业、航空等协议。1979 年奥比昂执政以来，新政府废除了同前苏联的所有协定，并终止了苏联军舰继续使用卢巴港的权利。20 世纪 80 年代，赤道几内亚发生了两起未遂政变，总统奥比昂认为苏联涉嫌卷入，他断然下令驱逐苏联军事顾问并限制该国的使馆人员。1980 年 5 月，赤道几内亚政府要求苏联驻赤道几内亚大使将其工作人员减至 15 名。1984 年 1 月，苏联大使举行庆祝柬埔寨韩桑林政权成立 5 周年招待会，奥比昂总统严令禁止赤道几内亚官员参加。在 80 年代后期，苏联曾多次建议重新签署渔业协定和要求重新使用卢巴港，均遭到赤道几内亚拒绝。1986 年后，两国关系有所发展，苏联有医生、教师在赤道几内亚工作。苏联的民航飞机定期往返于莫斯科与马拉博之间。苏联解体后，俄罗斯无暇顾及其非洲事务，与赤几关系进展不大。

第四节　与邻国及其他非洲国家的关系

赤道几内亚的主要非洲邻国有尼日利亚、加蓬、喀麦隆、圣多美和普林西比等。赤道几内亚一向重视同邻国保持睦邻友好的关系并且积极参加地区经济和政治合作，以促进本地区的发展。赤道几内亚与加蓬和喀麦隆有着悠久的传统关系。赤道几内亚的芳族人与喀麦隆的南部和加蓬北部地区的居民同属一个民族。20 世纪 70 年代初，赤道几内亚曾与加蓬发生领土争端，后经非统组织调解，两国于 1973 年签订《友好睦邻协定》。1974 年 9 月，加蓬总统邦戈访问赤道几内亚，双方签署了《划分陆、海疆界协定》。奥比昂总统也多次访问加蓬。近年来，随着赤道几内亚近海发现石油，同尼日利亚、加蓬、喀麦隆、圣多美和普林西比四个邻国确定领海疆界日益重要，赤道几内亚表示要以谈判方式解决有关问题。1985 年赤道几内亚与加蓬成立混委会，就划界工作和双边合作等交换意见。但两国就科里斯科湾巴涅群岛的归属和海域划分等问题仍有分歧。1994 年两国就联合开发科里斯科湾自然资源达成原则协议。在海域争夺的背后都有近海石油开发的因素夹杂其中。因而，赤道几内亚与喀麦隆、尼日利亚、加蓬等国确立领海疆界日渐重要。赤道几内亚与喀麦隆边界争议与喀、尼边界争议交织在一起，问题错综复杂。2002 年 5 月，奥比昂总统对加蓬进行工作访问。1999 年 3 月，赤道几内亚根据联合国海洋法公约中间线条款单方面宣布海上边界。圣多美和普林西比对此未持异议，但尼、喀和加三国对此存有较大争议。同年 4 月尼日利亚国家元首阿布巴卡尔访问赤道几内亚。双方表示将通过和平友好方式尽快正式划定两国海域边界。双方还倡议尽快成立几内亚湾委员会并召开几内亚湾国家首脑会议，讨论合理开采、利用石油资源等共同关心的问题。2000 年 9 月，尼日利亚总统奥巴桑乔访问赤道几内亚，两国元首最终签署海域边界协定。2002 年 4 月，奥比昂总统访尼日利亚，同尼日利亚总统签署共同开发海洋区的协定。1999 年 6 月，赤道几内亚外长与圣多美和普林西比外长分别代表本国政府签署了两国关于划定海上边界的协定。2000 年，奥比昂总统出访了摩洛哥、安哥拉等非洲国家。2002 年 2 月，圣多美和普林西比总统对赤道几内亚进行国事访问，两国元首签署了联合公报。

2001 年，赤道几内亚担任中部非洲经济与货币共同体轮值主席。4 月，奥比昂总统与西非国家经济共同体主席、马里总统科纳雷在马拉博举行会晤，并发表声明表示两国元首将共同努力加强两个共同体之间的合作，为非洲经济的发展和加速实现非洲一体化而努力。2001 年，奥比昂总统先后出访了摩洛哥、利比亚、加蓬、乍得和刚果（布）等非洲国家。7 月，坎迪多总理出席了非统组织第 37 届首脑会议。2002 年 3 月，非洲石油生产国联合会第 19 届部长会议在赤道几内亚召开。6 月，赤道几内亚第三次承办中部非洲国家经济共同体国家元首和政府首脑会议。此外，赤道几内亚还积极参与调解乍得和中非冲突，并派兵参加中非经济与货币共同体在中非的维和行动。

第五节　与中国的关系

1970 年 10 月 15 日，赤道几内亚与中国建交。两国关系一贯友好并发展顺利。1970 年 10 月，中国政府代表参加赤道几内亚独立两周年庆祝活动，并签署联合公报。1971 年，赤道几内亚是第 26 届联合国大会要求恢复中国在联合国合法席位的提案国之一。两国建交以来双边往来也较频繁，1977 年赤道几内亚总统马西埃访问中国。1983 年 3 月，赤道几内亚外长和合作事务国务部长马塞利诺访问中国。1984 年、1990 年、1996 年、2001 年赤道几内亚总统四次访华。1995 年 6 月、1999 年 10 月和 2003 年 9 月赤道几内亚民主党代表团三次访问中国。1992 年 4 月，杨尚昆主席访问朝鲜时会见奥比昂总统。1995 年 9 月奥比昂总统夫人率政府代表团来京出席第四次世界妇女大会。我外经部部长方毅、邮电部部长罗淑珍（1980 年 8 月）、地矿部部长朱训（1993年10月）、外交部副部长杨福昌（1991年3月）、中联部副部长宦国英、全国妇联副主席刘海荣、国务院副总理兼外长钱其琛（1997年1月）、外交部副部长吉佩定（1998年6月）、外经贸部部长助理马秀红（2000年12月）等曾访赤道几内亚。2000年10月，赤道几内亚外长圣地亚哥·恩索贝亚、经济与财政部长米格尔·阿比阿出席了在北京举行的“中非合作论坛——北京2000年部长级会议”。2001年6月，赤道几内亚人民代表院议长萨洛蒙·恩格马·恩沃诺访华。9月13~20日，赤道几内亚农业、畜牧业和农村发展部长格雷戈里奥·博奥·卡莫率赤道几内亚农业代表团访华。2001年11月19日下午，国家主席江泽民在人民大会堂会见了正在访华的赤道几内亚总统奥比昂。会见结束后，两国领导人还共同签署了《中华人民共和国政府向赤道几内亚共和国政府提供贷款的协定》、《中华人民共和国政府和赤道几内亚共和国政府关于免除赤道几内亚政府部分债务议定书》和《中华人民共和国农业部和赤道几内亚共和国农业、畜牧业及农村发展部关于农业合作的谅解备忘录》等三个协定书。2002年7月6~8日，中国全国人大副委员长许嘉璐率人大代表团访问赤道几内亚。10月20~23日，中国对外贸易和经贸合作部部长助理陈健率中国政府经贸代表团访问赤道几内亚。期间，陈健部长助理同赤道几内亚公共工程部长弗洛伦蒂诺·恩科戈分别代表各自政府签署《中华人民共和国政府和赤道几内亚政府经济技术合作协定》。赤几方重要来访有：以第一副主席阿尔韦托·西马·恩圭马·阿达为团长的赤道几内亚民主党代表团（4月18~27日）和经济财政部副部长马塞利诺·奥沃诺·埃杜（11月6~13日）。2004年1月29日中国驻赤道几内亚大使汪晓源与赤道几内亚外交、国际合作和法语事务部长帕斯托尔·米恰·翁多·比莱分别代表各自政府在马拉博市共同签署了《中华人民共和国政府向赤道几内亚共和国政府提供无息贷款的协定》。赤道几内亚外交部为此举行了隆重的签字仪式。2005 年 10 月 12 日，赤道几内亚总统访华，中国国家主席胡锦涛在人民大会堂与来华进行工作访问的赤道几内亚总统奥比昂举行会谈。两国元首积极评价中赤几关系，一致同意共同努力，推动新世纪中赤几友好合作关系更快更好地向前发展。2005 年 10 月 21 日，国务院总理温家宝也在中南海紫光阁会见了赤道几内亚总统奥比昂。

赤道几内亚十分重视发展同中国的友好关系。中国自从赤道几内亚 1968 年独立以来就同赤道几内亚政府和人民密切合作，并帮助赤道几内亚建设自己的家园。中国政府和赤道几内亚政府先后签订了四个经济技术合作协定。根据协定，中国共承担了 8 个项目。其中巴塔广播电台、电信工程、公路、毕科莫水电站、客货轮船、医院的项目已先后交付使用。1970 年 10 月 15 日，中国与赤道几内亚建立外交关系。此后，双方开始了经贸往来。1971 年 1 月 22 日，中、赤两国在北京签署了贸易协定，规定双方贸易以可兑换货币支付。中国向赤道几内亚出口轻工业品、纺织品、医药和大米等，进口可可等产品。主要进口商品为石油、木材。1994 年 9 月 2 日，两国签署了《中华人民共和国政府和赤道几内亚共和国政府混合委员会协定》。1996 年 8 月在马拉博召开了第一届混委会会议。近年来赤道几内亚发现石油后，中国从赤道几内亚的石油进口也大幅地增长。自 1997 年以来，由于中国从赤道几内亚大量进口，2000 年中国同赤道几内亚贸易总额为 3.2298 亿美元，其中中国出口 350 万美元，进口 3.1948 亿美元。2001 年中国同赤道几内亚贸易总额为 5.1194 亿美元，其中中方出口 335.5 万美元，进口 5.0858 亿美元。双边贸易增长速度较快，中国的贸易逆差较大。

中国和赤道几内亚两国政府于 1982 年 1 月签订了文化协定。广东和上海足球队、中国武术团、铁路杂技团先后访问赤道几内亚，1972~1975年中国曾派篮球和乒乓球教练去赤道几内亚工作。1975年赤道几内亚足球队访华。1989年11月中国电影周在马拉博举行。从1984年起，中国开始为赤道几内亚培养留学生并为其提供奖学金。目前，赤道几内亚在华留学生共35人。中国自1971年开始向赤道几内亚派遣医疗队。1992年，应赤道几内亚社会保险协会邀请，中国有关单位向由中国援建的马拉博医院派出医务人员从事劳务合作。2003年5月，由中国驻赤道几内亚大使馆和赤道几内亚新闻、旅游和文化部联合举办的“中国文化周”活动在赤道几内亚首都开幕。5月31日圆满结束。

主要参考文献

1. Max liniger-Gounaz, *Small is not always beautiful: the story of Equatorial Guinea*, Translated from the french by John Wood. G. Hurst&company.
2. Max liniger-Gounaz, *Historical Dictionary of Equatorial Guinea*, The scareerou Press, Inc, Metuchen, N, J, &Lindon, 1979.
3. Ibrahim K. Sundiata, *Equatorial Guinea, Colonialism, State Terror, and the Search for Stability*. Westview Press, Boulder San Francisco, &Oxford.
4. Peter Lang, Randall Fegley, *Equatorial Guinea: An African Tragedy*. New York. Bern. Frankfurt an main Paris.
5. Max Liniger-Goumaz, *La Guinee Equatoriale Un Pays Meconnu*, Librairie-Editious I'Harmattan, 18, rue des. Quatre-Vents. 75006 Paris.
6. 王绳祖主编《国际关系史》，世界知识出版社，1995。
7. 方连庆、刘金质、王炳元主编《战后国际关系史》，北京大学出版社，1999。
8. 肖月、朱立群主编《简明国际关系史》，世界知识出版社，2003。
9. 陆庭恩著《非洲问题论集》，世界知识出版社，2005。

几内亚比绍
（Guinea-Bissau）

李广一　主编

列国志

第一章
国土与人民

第一节 自然地理

一 地理位置

几内亚比绍共和国（The Republic of Guinea-Bissau, Republica da Guine-Bissau），简称几内亚比绍，旧称葡属几内亚（Portuguese Guinea）。国名释义为与几内亚区别，国名由“几内亚”加首都名“比绍”组成。“比绍”意为“前面就是村子”。几内亚比绍别称“热带水乡”。

几内亚比绍共和国位于非洲西部的大西洋沿岸，北接塞内加尔，东与南邻几内亚，总面积36125万平方公里，同瑞士、荷兰差不多，其中陆地2.8万平方公里，海域8120平方公里。在东经13°38′~16°43′，北纬10°57′~12°40′之间。

二 行政区划

全国划分为8个省和1个自治区，36个县，县下设区和村镇。北部3省：卡谢乌（CACHEU）、比翁博（BIOMBO）、奥约（OIO）；东部2省：巴法塔（BAFATA）、加布（GABU）；南部3省：吉纳拉（QUINARA）、通巴里（TOMBALI）、博拉马和比热戈斯群岛（BOLAMA E BIJAGOS）。首都比绍为第一大城市，巴法塔和卡布分别为第二大和第三大城市。

三　地形特点

几内亚比绍的国土犹如一朵美丽的牵牛花。由于外缘因海浸作用，形成三角湾海岸，海岸线曲折，呈锯齿形，几内亚比绍正是由几条通航河流的流域构成，这些河流都流向宽广的角湾河口。

几内亚比绍全境以大陆为主，其陆地国界线长705公里；另有岛屿60多个，其中博拉马和比热戈斯群岛（BOLAMA E BIJAGOS）最大，海岸线长约300公里。大陆部分多为海拔200米以下的冲积平原，主要分布在几个较大河流的沿岸，地势东北高，西南低。西南是沿海平原，约占全国面积的一半，海拔仅4米左右。

按照地形特点，全国分为沿海地区和内陆地区两部分，彼此在地理上迥然不同。内陆地区是丘陵地带，处处森林茂密，一片热带草原上那种灌木、乔木散布的景观。内陆东北地区为巴法塔丘陵，东南地区为几内亚富塔贾隆高原的延伸部分，其中最高处为博埃山，海拔300米，是几内亚比绍全境最高点。沿海平原的海拔高度为4米左右，面积约占整个领土的一半。由于内河入海，形成许多深阔的三角港湾以及连成一片的沼泽、湖泊、河流和港汊。

四　河流、湖泊

几内亚比绍境内河流纵横，湖泊密布，所有河流皆向西南注入大西洋。较大的河流有卡谢乌河（Cacheu）、曼索阿河（Mansoa）、科鲁巴尔河（Corubal）、热巴河（Geba）、布巴河（Buba）、卡西内河（Cacine）。由于内河弯曲、水深流缓，利于农业灌溉和通航，所以几内亚比绍有“热带水乡”之称。这些河流贯通着全国13984平方公里的土地，大多数城市都分布在内河沿岸，如首都比绍和卡谢乌、博拉马。科鲁巴尔河为水量最大的河流。另一条大河热巴河由东北向西南贯穿全国，流经几内亚比绍8个区中的5个，沿岸一片平原，土地肥沃，适于种植水稻。目前热巴河流域有大片没有开发的土地，即使已经开垦耕种的小块土地，每年也只能在雨季收获一季。由于热巴河失修，雨季一到，河水漫溢，淹没稻田，冲毁禾苗，使收成得不到保证。

五 气候

海潮是几内亚比绍的一种主要水文现象。海潮的入侵不仅淹没土地，而且导致土壤的盐碱化，对发展农业生产有很大的影响。几内亚比绍全国遭受海潮面积达4000多平方公里，海潮随着几条主要河流深入内地达100多公里，来势相当凶猛。

几内亚比绍的气候因地区而异。沿海地区以季风气候为主；内陆则为典型的热带草原气候。由于受到撒哈拉大沙漠和南大西洋气候群来回移动的影响，全年分为旱雨两季，每年5~10月为雨季，11月至翌年4月为旱季，其中5月、10月为旱雨两季交替期。

整个大陆终年高温，年平均气温达27℃，四季如夏，其中4、5、6和10月份气温最高，12月和次年1月气温最低。日平均气温最高达39℃，最低12℃。

在正常年份中，年平均降雨量北部为1500毫米，沿海南部地区达3000毫米。沿海降雨量大大超过内陆地区，其中7、8、9三个月的降雨量一般占全年的80%左右。近些年来，由于地处撒哈拉大沙漠南端，地势又较低，因此逐渐受到撒哈拉地区干旱的影响，蒸发量逐步增加，尤其在北部，蒸发量已大于降水量。

第二节 自然资源

几内亚比绍蕴藏着非常丰富的自然资源，主要矿藏有储量约两亿吨的铝矾土，储量约一亿吨的磷酸盐，沿海地区还富有石油。但是如此丰富的矿产资源尚未得到很好的开发。

几内亚比绍的林业资源丰富，盛产优质木材，其森林覆盖率约56%，木材蕴藏量为4830万立方米，每年采伐量约5.52万立方米。木材是几内亚比绍重要的出口产品。

几内亚比绍约有300万公顷适合发展畜牧业的天然牧场，20%的农业人口从事畜牧业。畜牧业产值约占国民生产总值的15%。

几内亚比绍沿海大陆架长160公里，渔业资源丰富。据考察，年捕捞量可达25～35万吨，其中带鳞鱼20万吨，软体鱼2000吨，对虾5000吨，龙虾500吨，螃蟹500吨。本国没有大型捕鱼船队。海产品出口和向外国人发放捕鱼许可证是几内亚比绍外汇收入的主要来源。

几内亚比绍境内野生动物多属水栖动物，包括鳄鱼、蛇、鹈鹕、火烈鸟等；热带稀树草原上生活着大量的瞪羚、豹和鬣狗等。

第三节 居民与宗教

一 人口

几内亚比绍全国总人口为1442029（2006年7月），出生率为37.22‰，死亡率为16.53‰，婴儿死亡率为

105.21‰。几内亚比绍的人均寿命为46.87岁，其中女性为48.75岁，男性为45.05岁（2006年）。①

表1-1 年龄结构（2006年）

年龄段	所占比率	男性人数	女性人数
0~14岁	41.4%	297623	298942
15~64岁	55.6%	384559	417811
64岁以上	3%	18048	25046

资料来源：https://www.cia.gov/cia/publications/factbook/geos/pu.html.

二 民族、语言、宗教

几内亚比绍总人口中非洲本地人占99%，欧洲人和黑白混血人种约占1%。几内亚比绍共有27个部族，其中巴兰特族（Balanta 30%）、富拉族（Fula 20%）、曼雅科族（Manjaca 14%）、曼丁哥族（Mandinga 13%）、柏柏尔人（Papel 7%）占全国人口的80%以上。

几内亚比绍由于在历史上曾是葡萄牙的殖民地，因此在政治、文化等各方面都受到葡萄牙的影响，因此几内亚比绍的官方语言一直为葡萄牙语，但全国各个部族间通用克里奥尔语（无文字），这是一种葡萄牙语和当地土语的混合语。

几内亚比绍63%的人信奉拜物教，即原始宗教；36%的人口信奉伊斯兰教，其中主要是曼丁哥族和富拉族；其余的人信奉天主教、基督教新教和其它宗教。

① https://www.cia.gov/cia/publications/factbook/geos/pu.html.

第四节 民俗与节日

一 民俗

几内亚比绍的居民大部分信仰拜物教，即把某种自然的东西神化而拜之。各地所崇拜的东西各不相同。如几内亚比绍南部博卡村拜的是村边的一棵古树，村民们经常去那里拜神，祈求消灾降福、五谷丰登。

几内亚比绍部族中大多数属苏丹尼格罗人种。几内亚比绍人的城市住房多以楼房为主，有个人公寓和职工楼，设备和生活条件都比较好。在农村部族观念很强。一个村落基本上由一个部族组成，也有两个部族的，但不混住，以路或河划界，十分分明。有的农户由三四辈直系或旁系亲属组成一个大家庭。有的大户周围用树枝围成“篱笆”，在“篱笆”内又分成若干小户。家庭组成形式以父亲为主，成员包括家长的妻室、子孙，家长的兄弟及其妻室、子孙和直、旁系的远亲。家长管理全家的社交、经济以及宗教等各方面的事务，在家庭中拥有绝对权威。农村住房简陋，一般是土围墙、草屋顶。卧室、仓库和牛羊圈都在一间屋里。异族间一般不通婚，两个部族关系较好的，经部族长老同意可以通婚。有的部族有固定的婚日，如巴兰特族定在5、6月份。法律规定一夫一妻制，实际上普遍实行一夫多妻制，1名男子可娶3~4个妻子。妇女一般从事田间劳动，男子从事副业生产。丈夫去世后，妻子三个月之内不得改嫁，也不得与人同居。否则将被看作是伤风败俗，受人讥讽。妻子有权继承丈夫的遗产，如若改嫁，则自动放弃。男人不得打未婚女人。

在他们的传统文化中，妇女要想得到荣誉、被人尊敬，必须要经过极其残忍和痛苦的割礼仪式。割礼手术在小女孩5岁时就开始了，对女孩施行割礼，是几内亚比绍的血腥传统，是一项残酷的习俗，非常痛苦，令人不寒而栗。很少有女孩能逃过，因为在许多地方，每个女孩的出生年月，都详细地记载在部落头人的花名册上，每年年底，部落都要清理一批已“适龄”的女孩，强制她们进行割礼。否则，这个女子将被认为部落中不受欢迎的人，不准给奶牛挤奶，不准从邻居家大门前走过，不准进入牲口棚，不准吃玉米，不准嫁人等等。即使有人娶了她，她这一辈子也永远抬不起头，不能大大方方地做人。

割礼前，女方家属要敲击长鼓，去通知每一位亲朋好友参加仪式。仪式一般在村头举行，部落里的妇女像过节一样高歌狂舞，中间围着即将接受割礼的少女。舞蹈结束后，女孩被送到一侧，巫师或乡村医生开始为她施行手术。手术的刀片，是6英寸的铁钉打成叶片状的小刀，看上去就像挖菜的小铲，上面铁锈斑斑，用点紫色的草药汁擦擦就算消毒了，而且是一刀多人用，并能用上10年左右。

手术中的少女疼痛难忍，发出阵阵凄惨的呻吟声。手术大概要进行半个小时左右，没有麻药，没有消毒水，就这样人为的一刀一刀地进行，少女的悲惨世界也就从此开始了。割礼少女除了疼痛之外，还要忍受羞辱，自己的父亲、兄弟、邻居，甚至公公都会被邀请来观看手术全过程。手术结束后巫师手中握着沾满鲜血的手术刀，口中念上几句咒语。此时，亲友们立即送上礼物以示祝贺。割礼两个月后，女孩子们就要开始学习做女人的规矩和知识了。

如果说，男子割礼手术还有一点医学根据的话，那么女子割礼就毫无道理了。因为割礼导致她们分娩时必须再进行切割手术，同时造成极高的婴儿死亡率。1980年联合国基金会公开宣布废除割礼。由于传统的意识，至目前为止，这个地方每年还有

2000多名女孩被施行割礼手术。[①]

几内亚比绍人衣着简单。妇女习惯裸露上身，仅用一块花布围在腰间。他们称这块布为“撒依亚”。它看起来只是一条长筒裙，由2~3层花布束在一起，其实是多用布：出门围身，睡觉盖身，必要时，还可以解下来兜住背上的孩子。富拉族多为穆斯林，一律身着白大褂，在头部空处还烙有两道印记，据说是出生时就已烙下的记号，只是一种宗教习惯。妇女的肚皮上还刺有花纹。曼丁哥族妇女的耳边留着两条两寸长的小细辫子。不少人还热衷于佩戴“护身符”。

几内亚比绍人的主食是大米。在米饭上浇以棕榈油和鱼汤对于他们便是一顿美味佳肴了。

几内亚比绍人能歌善舞，民间乐器名为“巴拉风”。在村舍晚会上，男女老少纷纷起舞，额间、脖颈、手腕、脚腕和腰间佩戴的一串串珠子和铜铃互相撞击，发出清脆响亮的声音。妇女们扭动着灵活的腰身，舞姿极为优美。

几内亚比绍人待人热情，在外交场合他们与外国朋友见面多行握手礼。他们对男士称先生，对女士称夫人或小姐。但在其他方面他们严守各自信仰的教规。

二　节日

几内亚比绍的节日大多数与它饱受苦难的历史有关。

1月20日　民族英雄纪念日——阿米卡尔·卡布拉尔（Amilcar Cabral）遇难日；

1月30日　几内亚比绍妇女节——几内亚比绍民族女英雄蒂蒂纳·西拉牺牲日；

---

① 江苏广播电视网 www.jsgd.com.cn.

8 月 3 日　比基吉迪（Pidjiguiti dock srike）烈士纪念日——1959 年 8 月 3 日，比绍港码头工人大罢工，遭到葡萄牙殖民者血腥镇压；

9 月 12 日　阿·卡布拉尔诞辰日；

9 月 19 日　几内亚和佛得角非洲独立党（PAIGC）成立日；

9 月 24 日　国家独立日——纪念 1973 年 9 月 24 日成立几内亚比绍共和国；

11 月 14 日　调整运动纪念日；

11 月 16 日　建军节。

三　妇女地位[①]

几内亚比绍的妇女积极地参与几内亚比绍的反对殖民统治的独立斗争是她们在历史上长期以来为争取民族自由斗争的一种必然结果。在独立斗争爆发之后，几内亚比绍妇女积极投身到各种斗争之中去，并为自己赢得了相应的地位。

1973 年 9 月 24 日几内亚比绍共和国宣告成立，就在同一天颁布的几内亚比绍国家宪法中明确规定：法律面前男女平等，禁止一切形式的性别歧视。

尽管几内亚比绍的国家宪法几经修订和变化，但是有关“男女平等”的原则却没有更改。1984 年 5 月 16 日宪法重新修订后规定：法律面前，所有公民一律平等，都享有相同的权利和都负有相同的义务；严禁一切歧视，包括种族歧视、性别歧视、宗教歧视、智力或文化水平歧视等。

尽管在整个的解放斗争中遇到了许许多多的困难，但是几内亚比绍妇女经过不懈的努力还是取得了很大的成功：政府颁布了有关禁止私生子的法律，颁布了法律管理那些不正规的婚姻，明

① Country presentation by THE GOVERNMENT OF GUINEA-BISSAU (1990).

确了妇女在一夫多妻制中所享有的权利，同时立法以保护在分娩期间的妇女等等。

为了保证那些与妇女地位有关的规定的实施，几内亚比绍政府在妇女参与社会生活的问题上起到了促进作用。

在政治方面，妇女的参与愈来愈凸显出其重要意义，我们经常可以看到妇女在领导政党活动，在代表人民权利的机构中任职等等。

在经济方面，参与到各种生产中去其实是成功解放妇女的一个基本前提，尤其在农村地区，妇女和男子一道进行各种农业生产活动，从耕种到收割粮食。除了参与农业劳动外，妇女们还愈来愈多地参与了一些普通的生产劳动，例如制盐业，采集和贩卖野果，砍柴和卖柴火，棕榈油制造业，养殖业等等。在城市地区，我们也可以在政府的各个部门和国家企事业中看到越来越多的妇女的活跃身影。另外，城市中的妇女也经常做点兼职以贴补家用。

在社会方面，妇女地位也有了本质的提高。首先，她们受教育的程度有很大提高，这要归功于长期反对传统习俗的斗争，而这些习俗是不准妇女接受教育的。其次，健康问题也是影响妇女生活的一个社会问题，在这个方面，由于全新的教育观念的推广和各种医疗知识，尤其是计划生育知识和妊娠知识的传播等，使妇女的健康得到了较以前有明显的保证和提高。但与此同时，那些危害妇女健康的陋习仍然存在，比如堕胎、割礼、未婚先孕等等。

第二章

历　史

第一节　上古、中古和近代简史

从古代到中世纪直至15世纪，同其他非洲国家一样，几内亚比绍还没有形成一个统一的国家。它曾是非洲古国桑海帝国的一部分，各民族在当时已经达到较高的社会发展水平。

1446年，葡萄牙殖民者侵入博拉马岛。后来，殖民者陆续登岸。1471～1475年，葡萄牙殖民者利用连绵不断的部族战争使奴隶买卖兴旺起来。他们以800公里以外的佛得角群岛为中转站和据点，把战俘及奴隶遣送至巴西等美洲大陆。据不完全统计，仅从几内亚比绍运往美洲的黑奴就达100多万。16世纪末，葡萄牙在佛得角设总督管辖佛得角和几内亚比绍沿海地区，也就是从那时起，为争取独立的共同斗争把几内亚比绍和佛得角的文化和民族联合在一起。16世纪末、17世纪初，荷兰、英国、法国和西班牙等国的殖民商船队也相继来到几内亚比绍从事奴隶贸易，他们的到来动摇了葡萄牙殖民者对西非的垄断。葡萄牙殖民者于1588年在卡谢乌、1640年在法林和1686年在比绍建立了贸易商站。1836年，佛得角成立了殖民政府，几内亚比绍受该岛总督管辖。19世纪英国提出对博拉马和比热戈斯群岛的领土要求，并于1858年占领了博拉马。1879年，葡萄牙当局把几内亚比绍从佛得角划出，派驻总督，定都博拉马，从此几内亚比绍正式沦为葡萄牙殖民地。

葡萄牙殖民者的野蛮统治激起了几内亚比绍当地人民的不断反抗。进入20世纪后，几内亚比绍人民反抗葡萄牙殖民者统治的斗争有了新发展，各个部族均起义武装反抗侵略者。1908年在博拉马爆发了一次持续9年、席卷全境的大规模起义。在这种情况下，葡萄牙当局于1913~1915年派特萨拉·平托（Teixeira Pinto）少校率军“绥靖”。在殖民军出发前，平托少校伪装成法国商人沿奥约河进入曼丁加人居住区，在奥约酋长以及一些探险家的帮助下摸清了起义地区的主要情况，然后以怀柔和武力镇压两手分别对比绍地区的巴兰塔、奥恩卡以及帕佩等地区进行了4次清剿，摧毁了大批村庄，基本平息了比绍地区的反葡起义。平托少校的野蛮镇压甚至连殖民当局也感到过分，后来当局组织了一个委员会专门调查平托部队在“绥靖”过程中滥施屠杀的情况。

1920、1932、1939年都爆发过抗击葡萄牙殖民主义者的武装暴动。1951年，葡萄牙当局把几内亚比绍定为其“海外省”，并派驻总督统治。1956年9月19日，阿米卡尔·卡布拉尔等人一起组建了几内亚和佛得角非洲独立党，它是几内亚比绍反殖独立斗争兴起的产物。自成立起，该党便采取了一系列旨在促使葡萄牙放弃殖民占领的和平请愿手段。

1959年8月3日，比绍比基吉迪（Pidjiguiti）码头工人在几内亚和佛得角非洲独立党的领导下举行罢工，要求增加工资。这天清晨，当罢工者在港口西侧广场集会游行时，埋伏在四周建筑物内的殖民军开枪射击，50多人当场身亡，另有100余人受伤。惨案发生后，几内亚和佛得角非洲独立党认为，殖民当局已经堵塞了进行合法斗争的可能性，自此武装斗争便成为争取民族解放的唯一手段，其他最初幻想通过请愿和合法斗争来争取独立的爱国团体和秘密社团也从这次大屠杀中吸取了教训，逐渐投入到武装反抗殖民统治的行列中来。以后每年的8月3日就成为几内亚比绍的比基吉迪（Pidjiguiti dock srike）烈士纪念日。

1963年1月23日，几内亚和佛得角非洲独立党领导游击队袭击蒂特市的殖民军，打响了武装斗争的第一枪，并在几内亚比绍南部地区领导了一系列武装起义，正式揭开了几内亚比绍人民武装反抗殖民统治的序幕。此后，武装斗争迅速在全境蔓延。1964年，几内亚和佛得角非洲独立党决定成立人民革命武装部队。1964年4月开始，武装部队在南部地区发动了一场连续两个月的攻势，赶走了该地区的殖民军。到1965年，几内亚比绍约一半的地区获得解放。葡殖民当局迅速增兵，战局一度呈僵持状态。但自从引进先进防空武器后，人民武装部队战果迅速扩大，同时包括联合国在内的国际社会也一再谴责葡萄牙的野蛮镇压。到1973年，几内亚比绍武装部队已经控制了几内亚比绍约2/3的国土。1973年1月20日，卡布拉尔遭到暗杀。同年9月23日，几内亚比绍第一届全国人民议会开幕；次日，大会宣布几内亚比绍共和国正式成立并颁布宪法，选举阿米卡尔·卡布拉尔的弟弟路易斯·卡布拉尔为国务委员会主席，并将东南地区的博埃村作为几内亚比绍的临时首都。

第二节 现代和当代史

一 路易斯·卡布拉尔执政时期

几内亚比绍独立后很快就得到了包括联合国在内的80多个国家和组织的承认。而葡萄牙在几内亚比绍的重大失败加剧了葡萄牙国内的政治和经济危机。1974年4月25日，葡萄牙发生军事政变，卡埃塔诺政权垮台，新政权决心通过和平手段来解决殖民地问题。自5月25日始，几内亚比绍和葡萄牙双方在伦敦开始谈判；6月13日谈判移至阿尔及尔举行，双方就停火、自治、公民投票等问题进行了艰难的谈判。由于几内亚和佛得角非洲独立党坚持斗争，葡萄牙当局不得不答应几内亚比绍政府的独立要求。8月26日，双方在阿尔及尔人民宫签署联合声明，葡萄牙外长苏亚雷斯和几内亚和佛得角非洲独立党执委、几内亚比绍武装部队副部长佩德罗·皮雷斯分别代表本国签字，联合声明共七条。葡萄牙当局宣布自9月10日起在法律上承认几内亚比绍共和国，葡萄牙武装部队将在1974年10月31日前全部撤出几内亚比绍共和国领土，双方在外交、财政、文化、经济和技术以及其它个方面进行合作。

几内亚比绍在几内亚和佛得角非洲独立党领导下成为一党制国家。几内亚和佛得角非洲独立党称其建立的共和国是实行社会主义制度，并在外交关系上遵循不结盟的原则，它既接受东方社会主义阵营的军事援助，又同时接受西方各国和阿拉伯国家的经济援助，并发展同葡萄牙的友好关系。但是，殖民主义者给几内亚比绍人民留下的是一个烂摊子。独立初期，几内亚比绍全国仅有十几家小型加工厂，工业产值只占国民生产总值的0.5%；出口总额只等于进口总额的8%；因连年战争，粮食都不能自给；人均国民生产总值仅为110美元。独立后，几内亚比绍政府为重建家园，发展民族经济和文化作了不少努力，也在经济和社会发展等方面均取得了一定成就。到1979年，几内亚比绍的国民生产总值达到1.4亿美元，工业总产值约900万美元，人均国民收入提高到约170美元，但仍然未能摘掉“世界上最不发达国家”这顶帽子。同时，由于总统路易斯·卡布拉尔在政治上排斥异己、独揽大权，在经济建设方面贪大求洋、脱离实际、轻视农业，加上连年的干旱，到1980年时，几内亚比绍的经济局势急剧恶化，农业产出跌至独立前的水平，国营零售网络发展运转不理想等等经济和社会问题，导致了几内亚比绍国内的政治社会矛盾日益尖锐。

1980 年 11 月 4 日，总理诺奥·贝尔纳多·维埃拉在武装部队的支持下发动军事政变，推翻了路易斯·卡布拉尔政权，宣布成立革命委员会接管一切权力，由维埃拉出任革命委员会主席。革委会声称，这次行动并不是政变，而是“调整运动”，即对路易斯·卡布拉尔当政时的政策进行调整。

作为当时几内亚比绍执政党的几内亚和佛得角非洲独立党创建于 1956 年 9 月 19 日，主要创始人是阿米卡尔·卡布拉尔，他出任了该党的第一任总书记。几内亚和佛得角非洲独立党领导几内亚比绍和佛得角两国人民进行了长期的反对葡萄牙殖民统治的民族解放斗争。1977 年 11 月，该党第三次代表大会确定几内亚和佛得角非洲独立党为几内亚比绍和佛得角两国共同的政党。1978 年，两国各自成立党的全国委员会。1980 年几内亚比绍军事政变后不久，1981 年 1 月 20 日，几内亚和佛得角非洲独立党佛得角全国委员会另立佛得角非洲独立党。从此，一党两国的状况宣告结束。同年 11 月，几内亚比绍召开党的全国委员会第一次特别代表大会，决定沿用原名，并通过了新的党章和党纲。1991 年 1 月 21 日举行第二次特别代表大会，决定深化民主、开放多党政治。

二 维埃拉执政时期（1980～1999 年）

1. 维埃拉与几内亚和佛得角非洲独立党

1980 年维埃拉军事政变后的一段时间内，虽然维埃拉掌管大权，但领导层的大变更使得几内亚比绍处于一个政治大动乱时期。与动荡局面相伴随的是几内亚比绍经济的进一步的恶化，这些都促使维埃拉吸收一些以前的反对者进入政府，同时又招揽许多接受过葡式教育的公务员以补充到政府各个部门中去。

1982年5月，维埃拉推迟了即将举行的选举，并对内阁进行重组，原革命委员会副主席、外交部副部长维托·萨迪·玛丽亚（Vitor Saude Maria）被指定为新总理。权力之争随即在维埃拉和萨迪·玛丽亚中展开。但这个问题的最终解决还是取决于维埃拉，1984年3月，萨迪·玛丽亚到葡萄牙大使馆寻求庇护，同时他的政治同僚们被几内亚和佛得角非洲独立党开除了党籍。

1984年几内亚比绍新一届全国人民议会之后，同年5月17日几内亚比绍新宪法出台，这是几内亚比绍全国第二部宪法（第一部宪法颁布于1973年9月24日）。新宪法规定几内亚比绍是民主、世俗、统一的反帝、反殖的主权共和国；目标是建立没有人剥削人的社会；全国人民议会是国家最高权力机关，并在几内亚和佛得角非洲独立党的领导下行使立法权，组织并监督执行党的方针、路线、政策；国务委员会主席为国家元首、政府首脑和武装部队最高统帅。随着新宪法的出台，几内亚比绍政府又进行了改组，在减少部长数量的同时，又大量吸收那些年轻的、高素质的公务员进入政府任职。这些改变使得维埃拉更加巩固了其政治地位。他作为几内亚比绍的国家元首，不仅是政府首脑、武装部队最高统帅，而且还是几内亚和佛得角非洲独立党的总书记，并且还针对国内经济问题来组织政府。

1985年11月，几内亚比绍第一副总统科尔·保罗·科雷亚（Col Paulo Correia）和一些高级军官由于涉嫌策划军事政变而被捕。据报道，1986年7月，6人因涉嫌参与这场阴谋政变而被起诉，并最终死于狱中；不久，又有12人因此被判处死刑，41人被判劳役。科雷亚与其他5人被处决。另外有6人虽已被判死刑，但是由于国际社会的压力，几内亚比绍政府不得不对他们重新从轻量刑。为了防止个人权力基础的出现，维埃拉用许多小的、低级别的行政职位取代了那些多职能部门。1988 年 12 月，几内亚比绍实行大赦，4 名曾因 1985 年策划军事政变而被捕入狱的犯人获释，其他与政变有牵连的犯人都于 1990 年 1 月获释。

20 世纪 80 年代中后期，几内亚比绍政府更进一步加快了经济自由化的步伐。1986 年 8 月，几内亚比绍政府废止了贸易限制，并允许私人公司开展进出口业务。同年 11 月举行的第四次几内亚和佛得角非洲独立党的代表大会上，维埃拉提出了更长远的计划和目标，即减少国家对贸易和经济的控制，同时增加引进外资。这些提议和举措都得到了几内亚比绍全国人民议会的支持。1987 年 4 月，几内亚比绍政府在国际货币基金组织和世界银行的支持下制订了结构调整三年方案，实行经济改革以深化经济自由化。改革的主要措施有紧缩政府开支、减少财政赤字、减少政府对经济的干预，推行国营企业合理化、鼓励出口、鼓励发展私人企业等。政府投资计划的调整和公共就业率的降低导致了几内亚比索贬值 41%。虽然维埃拉承诺政府对基本商品提供的补助金会抵消几内亚比索贬值而带来的负面影响，但是，几内亚比绍国内的政治局势却趋于紧张，期间有传闻称大约 20 名军官因涉嫌阴谋推翻总统而被捕。几内亚比绍实行的结构调整虽非一帆风顺，但经过一段时间的实验，几内亚比绍的经济状况还是有了一定的改善，市场商品较以前丰富了，农民的生产积极性也大为提高。1989 年，几内亚比绍经济增长率达到 6%，预算赤字也已控制在国民生产总值的 12% 以内。

1989 年上半年，几内亚和佛得角非洲独立党组建了一个 6 人修宪委员会。同年 6 月初，几内亚比绍地方选举开始，而所有的候选人都是由几内亚和佛得角非洲独立党提名或任命的。虽然与其它传闻相左，但是选举委员会仍然称 95.8% 的候选人都是合法的。6 月中期，473 名议员齐集一堂进行人民议会选举，并产生了该届的政府班子；7 月 20 日，政府组成。政府是几内亚比绍最高行政机关，由政府首脑、国务委员会副主席、各部部长和国务秘书组成；政府根据全国人民议会和国务委员会确立的政府行动总路线，负责领导并实施国家的政策。维埃拉仍被选为国务委员会主席兼政府首脑，开始了他的第二个5年执政期。1990年1月，维埃拉宣布组成两个委员会分别对几内亚和佛得角非洲独立党的路线、章程和针对土地所有者的法律进行审查，以此为同年11月份即将召开的第五次几内亚和佛得角非洲独立党代表大会作好准备。3月7日，政府进行了改组，其主要成员有：国务委员会主席兼政府首脑维埃拉，国务委员会第一副主席兼武装部队国务部长雅法伊·卡马拉，国务委员会第二副主席兼社会领域协调国务部长瓦斯科·卡布拉尔，经济财政国务部长曼努埃尔·桑托斯，国家安全和公共秩序部长若泽·佩雷拉，外交部长儒利奥·塞梅多，贸易旅游部长路易斯·奥利维拉·桑卡，国际合作部长贝纳迪诺·卡尔多佐。

2. 多党兴起

1990年4月，一个总部设在里斯本的流亡反对组织——几内亚比绍抵抗运动—巴法塔运动（简称抵运，RGB-MB）计划与几内亚和佛得角非洲独立党进行谈判，同时暗示，假如他们的改革要求不被满足，将有可能导致内战的爆发。之后不久，在寻求政治民主化的国际压力下，维埃拉原则上同意实行多党政治。这就要求1990年底在几内亚和佛得角非洲独立党特别会议后对几内亚比绍宪法进行修正，允许在1994年的下届总统大选中有两个或更多的候选人参选。6月，另一个境外反对党“几内亚国家独立解放阵线”（FLING）号召立即举行一次全体政党的大会。8月，维埃拉向外界通报了几内亚和佛得角非洲独立党中央委员会的一次会议情况，他表示，将来的人民议会的议员将由全国人民投票产生。10月，关于民主过渡的全国性会议召开，有350名政府代表、执政党代表和民间组织代表参加了这次大会。大会表决后支持进行全国公民投票以决定是否进行政治改革；同时，大会还支持建立一个过渡性政府来监督几内亚比绍民主化进程，并终止几内亚和佛得角非洲独立党的一党专政。

1990年11~12月间，有传言称几内亚比绍会发生政变，虽然几内亚比绍政府极力否认这一传言，但此期间还是谣言四起。11月初，维埃拉提早结束了他的台湾之行，[①]并取消了他对日本的访问回国；一些观察家把他的回国与几内亚比绍前总理萨迪·玛丽亚和前国防部长乌玛鲁·贾洛（Umaru Djalo）联系到了一起，这两人曾飞往葡萄牙寻求政治庇护。

1991年1月21日几内亚和佛得角非洲独立党举行第二次特别代表大会，决定深化民主、开放多党政治。会议上，维埃拉坚决表示多党制的最终确立将会在1993年的总统大选时完成；在向多党制过渡的时期内，几内亚比绍军队脱离几内亚和佛得角非洲独立党领导，而几内亚和佛得角非洲独立党不再是几内亚比绍社会、政治的统治力量。

1991年5月，几内亚比绍全国人民议会特别会议对宪法进行了修改，通过了建立多党制的法律，这就正式终结了几内亚比绍一党制的历史，并终止了几内亚和佛得角非洲独立党作为执政党的政治领导地位。同时，维埃拉表示议会选举将在1993年之前进行。新的调整协调了几内亚和佛得角非洲独立党与军队之间的关系，从而确保了自由市场经济的运作。为了防止地方主义和分离主义组织的出现，法律对新政党的注册作出了人数上的要求，即九个省份中每个省至少要有100名该政党成员登记在册，这就要求每个政党成员总数必须有2000人登记在册；而这一规定在1991年8月份被修改，注册人数名额分别降为之前的一半，

① 1990年5月26日，几内亚比绍与台湾建立所谓“外交关系”，31日，中国宣布中止同几内亚比绍的外交关系。

即50人和1000人。新法规确立后不久，几内亚比绍就涌现出了大量的反对党，例如，1990年秘密成立的、由拉斐尔·巴博萨（Rafael Barbosa）领导的“民主社会阵线”（FDS）；1991年中期，该组织分裂成由亚里斯泰兹·门内斯（Aristides Menezes）领导的“民主阵线”（FD）和由萨迪·玛丽亚领导的“团结社会民主党”（PUSD）。1991年11月，“民主阵线”成为第一个由几内亚比绍最高法院承认其合法性的政党，从而在形式上终结了几内亚比绍17年的一党政治的历史。

为了几内亚比绍的首次民主选举，几内亚和佛得角非洲独立党于1991年12月开会讨论了其策略。作为该策略的一部分，维埃拉在12月底对内阁进行了大幅度的改组，任命卡洛斯·科雷亚（Carlos Correia）为总理，而总理这一职位曾在1984年5月的时候被撤消；其他的内阁调整还包括任命桑巴·拉明·马内（Samba Lamine Mane）为国防部长，任命若昂·克鲁兹·平托（Joao Cruz Pinto）为司法部长；另外，维埃拉还任命阿布巴卡·巴尔德（Abubacar Balde）为内政部长，菲林托·德巴罗斯（Filinto de Barros）为财政部长。这次改组还罢免了第一副总统科尔·卡马拉（Col Camara）的职务，原因是他涉嫌参与走私军火，把武器卖给塞内加尔南部卡萨芒斯地区的游击队，这些游击队专门进行分裂活动。

1991年12月至1992年1月，又有三个反对党进行了登记注册：几内亚比绍抵抗运动—巴法塔运动（RGB—MB），简称“抵运”，由多明戈·费·戈麦斯（Domingos Femandes Gomes）领导；民主社会阵线（FDS）；团结社会民主党（PUSD）。1992年1月，民主社会阵线（FDS）再次分裂，24日，原民主社会阵线副主席昆巴·亚拉创建社会革新党，简称“社革党”（PRS）。1月底，四个反对党：抵运、民主社会阵线、团结社会民主党和由维托·曼丁哥（Vitor Mandinga）领导的民主团结党

(PCD) 联合同意设立一个“民主论坛”以便于各党派的协商。他们要求政府解散警察，并不再利用国家资源以达到自身的政治目的；他们还要求对新闻法进行修正，倡导新闻自由；另外，他们要求成立选举委员会并在各反对党协商之后公布大选日程。

1992 年 3 月，大约 30000 群众在比绍举行了一次反抗示威运动，而这次运动是首次在政府允许下进行的示威运动。不久之后，几内亚和佛得角非洲独立党组织召开了一次全国人民议会会议并宣布几内亚比绍总统大选与议会选举将分别于 1992 年的 11 月份和 12 月份举行；这次会议还选出曼努埃尔·塞特尼诺·达科斯塔（Manuel Saturnino da Costa）为新的党中央委员会的常务秘书，以取代自 1987 年起任该职务的瓦斯科·卡布拉尔（Vasco Cabral）。1992 年 5 月，在经过再次申请审批后，几内亚国家独立解放阵线（FLING）成为合法政党。同时，一个名叫“121 派”（Group of 121）的持不同政见的派别，从几内亚和佛得角非洲独立党中脱离出来并创建了一个新的政党——民主变革党（PRD），由原路易斯·卡布拉尔时期的卫生部长若昂·达科斯塔（Joao da Costa）领导。民主变革党号召在民主选举到来之前成立一个过渡政府，并要求解散警察。5 月中旬，流亡葡萄牙达 6 年之久的多明戈·费·戈麦斯返回几内亚比绍。不久，他与民主阵线（FD）、民主团结党（PCD）、民主社会阵线（FDS）、团结社会民主党（PUSD）的领导人一起同维埃拉举行会谈，商讨几内亚比绍的政治改革计划。会谈的结果是成立一个委员会以监督、促进即将举行的大选的组织筹备工作。

1992 年 7 月，几内亚解放阵线的创始人和领导者弗朗科斯·坎库拉·门迪（Francois Kankoila Mendy），在经历了 40 年的流亡生活后重返几内亚比绍。8 月，为了响应反对党提出的建立全国委员会以监督多党制民主整体转型的要求，维埃拉宣布成立“多党转型委员会”（Multi-Party Transition Commission），该委员会将为选举做好准备工作。所有的合法政党都向这个委员会派出了各自的代表，但是一个新近才被官方承认、由阿明·米歇尔·萨阿德（Amine Michel Saad）领导的“进步民主党”（PDP）却对该委员会进行了抵制，他们声称这个委员会的工作将会完全受到几内亚和佛得角非洲独立党的干扰和影响。1992 年下半年，又有几个政党获得了其合法地位：民主变革党（PRD），社会革新党（PRS），由前教育部长菲林托·瓦兹·马丁斯（Filinto Vaz Martins）领导的联合民主运动（MUDE）。

10 月，维埃拉再次改组内阁，他免去了 8 名几内亚比绍开国元勋的部长职务，并同时成立了一个新的政府部门——国土部，用以取代三个管理各省事物的常驻部门。

11 月，几内亚比绍政府宣布原定于该月举行的总统大选和议会选举推迟到 1993 年 3 月举行。选举延期的起因是对总统大选和议会选举哪个应该先举行产生了不同意见；与政府意见相反，反对党都坚持议会选举应该在总统选举之前进行。

1993 年 2 月，几内亚比绍全国人民议会通过决议，从立法上促进几内亚比绍向多元民主政体的转变；3 月，一个 4 人委员会被任命来监督即将举行的大选。然而，有报道称，在 3 月中期有一场旨在反对维埃拉政府的政变威胁并中断了几内亚比绍民主转型的进程。最初的报道称总统卫队的指挥官罗巴鲁·德平纳（Robalo de Pina）少校在一场兵变中被枪杀，兵变的起因是官兵们不满其微薄的收入和恶劣的生活条件。大约 50 人因与兵变有牵连而被捕，其中包括民主变革党的领导人若昂·达科斯塔。反对派人士称这次意外是由政府策划的，其意图是为了贬低反对者从而维护当局自身的权力。据报道，嫌疑犯将在 8 月份受审，但在 6 月份，被监禁的达科斯塔和另外 9 名民主变革党的成员被释放，只是严禁他们再参加政治活动。4 月，工会组织了一场为期 3 天的大罢工，要求增加工资和支付欠款。5 月，民主社会阵线进一步分裂，产生了一个新政党——民族集中党（PCN），但是它暂未获政府许可。7月，维埃拉宣布总统大选与议会多党选举将同时于1994年3月27日举行。8月，达科斯塔因为违反假释条例而再次被捕，为此，反对党立即作出了反应，称政府的行为是有其政治动机的，并同时威胁将抵制大选，这使得政府不得不释放了达科斯塔。1994年1月，当他受审时，他的共同被告都否认他与政变有所牵连。据说那些不利于他的指控都是由几内亚比绍国家安全局局长科尔·若昂·蒙特罗（Col Joao Monteiro）捏造的，而若昂·蒙特罗是主管军事调查委员会专门调查政变的。2月初，达科斯塔被宣布无罪释放。

3. 多党选举

在1994年3月27日预定大选日期前一个星期，维埃拉宣布由于财政和技术上的困难，大选再一次延期举行。这些困难包括选举登记过程的延迟、各地选举委员会的职能不完善等方面。另外，选民登记被安排在4月11～23日进行。几内亚比绍政府3月11日称大选定在7月3日举行，而从6月11日起将开始为期21天的竞选活动。5月初，民主阵线、民主社会阵线、联合民主运动、进步民主党、民主变革党和保护生态组织等六个反对党组成了一个选举联盟——变革联盟（UM）。不久，几内亚国家独立解放阵线、社会革新党、团结社会民主党、抵运和几内亚公民阵线（FCG）等五个反对党宣布成立一个非正式同盟，在此同盟中，这五个政党都可以在大选中推出自己的候选人。

1994年7月3日，几内亚比绍大选开始，但是由于计票出现问题，选举延续了两天时间。此次大选中，共有8名候选人竞选总统，1136名候选人竞选议会的100个席位。几内亚和佛得角非洲独立党以62个席位在全国人民议会选举中胜出，但在总统选举中，维埃拉获得46.3%的选票，紧随之后的是社会革新党候选人昆巴·亚拉获得21.9%的选票。由于这两个总统候选人的得票数都没有达到绝对多数，所以第二轮总统竞选定在8月7日进行。尽管亚拉得到了所有反对党的支持，但是最终他以48%的得票、4个百分点的微弱劣势败于得票52%的维埃拉。后来，亚拉对选举结果提出了质疑，他指责几内亚和佛得角非洲独立党在大选中有欺骗行为，还称国家安全人员对反对派支持者进行搜查，并对他们进行了恐吓。然而亚拉的这些指控均被否认。8月20日，他最终接受了大选结果，但同时宣布社会革新党不会参加新一届政府。国际观察员后来宣布几内亚比绍的这次大选是自由、公正的。由于受几内亚和佛得角非洲独立党内部纷争影响，维埃拉于1994年9月29日才宣誓就任总统，并在10月底最终任命曼努埃尔·塞特尼诺·达科斯塔为总理。直到11月份，新内阁才最后确定，而各部长都来自于几内亚和佛得角非洲独立党。

4. 大选之后的政治

1995年4月，民主阵线、民主社会阵线、团结社会民主党、进步民主党和民主变革党在变革联盟内部再次整合，并推选若昂·达科斯塔为变革联盟主席，阿明·米歇尔·萨阿德为总书记。“保护生态组织”虽然也是变革联盟的成员之一，但是由于其在立法机关有其两个代表，因此“保护生态组织”没有加入重新整合后的变革联盟，而且“保护生态组织”在11月份也成为了合法政党。8月份，从“抵运”中分离出来的一派自组为“社会民主党”（PSD），并获得了其合法地位。

1996年5月，全国人民议会否决了由“抵运”提出的一项指责政府的提议。在各反对党要求下议会进行投票要求政府辞职，原因是政府没有能力解决国家一系列的社会经济问题。11月初，全国人民议会否决了政府制订的加入“西非经济与货币联盟”（UEMOA）的计划，同时议会经济财政委员会作出一份报告认为，几内亚比绍加入西非经济与货币联盟将是非洲葡萄牙语国家中第一个加入法语国家一统天下的经济联盟组织，在加入之前，几内亚比绍应当有两年的过渡期。但是，到了11月底，议会在维埃拉的请求下，决定修改宪法。这样，几内亚比绍最迟将于1997年3月底加入西非经济与货币联盟；4月17日，几内亚比绍成为非洲法郎区的一员，而西非中央银行（BCEAO）取代几内亚比绍国家银行的发行货币的职能，非洲法郎将代替通行的比索。

1997年5月，维埃拉称几内亚比绍面临一场严重的政治危机，总理达科斯塔被免职；6月，卡洛斯·科雷亚（Carlos Correia）被任命为新总理并重组内阁。8月，几内亚比绍全国商会（UNTG）组织了一场为期4天的大罢工，其目的是要求政府提高公共收入以达到法郎区内其他国家的收入水平。在大罢工中，商会称几内亚比绍加入法郎区更加加剧了国内的通货膨胀，而同时政府又没有及时采取相应措施来抵消通货膨胀所带来的负面影响和提高人民的生活水平。不久，政府同意了从1998年1月开始几内亚比绍的工资收入将上浮50%。1997年10月11日，总理卡洛斯·科雷亚被罢免，一场从他6月份上任时便开始的制度危机也随之结束了。对于此事，反对党的议员们声称维埃拉在6月任命科雷亚为总理时并没有向议会其他议员进行通报，因此维埃拉的行为属违宪行为，这严重阻碍了几内亚比绍的司法进程。任命一事在8月份的时候还被闹上了几内亚比绍的最高法院。10月初，最高法院认定维埃拉任命科雷亚为总理一事确有违宪。随后，在与各政党领导人通报协商之后，卡洛斯·科雷亚取得了各反对党的支持，维埃拉于10月13日重新任命他为总理。

1998年1月，几内亚比绍军队在几内亚比绍北部边境地区的两个小城镇里展开清剿，战斗中共有10名塞内加尔卡萨芒斯地区的分裂主义分子被打死，并有40名同伙被逮捕。之前，几内亚比绍军队已经在当地边境线上展开军事部署以防止来自塞内加尔卡萨芒斯地区的分裂主义分子进入几内亚比绍。1月底，几内亚比绍查获了一处隐藏军火库。不久，许多几内亚比绍军官因涉嫌向卡萨芒斯分裂主义分子提供军火而被捕。2月初，几内亚比绍国防部长对外宣称解除几内亚比绍总参谋长安苏马内·马内（Ansumane Mane）准将的职务，原因是他在职期间玩忽职守，致使几内亚比绍军队的一个军火库中的武器于上个月流失在外。

1998年3月，由于反对党反对延迟议会选举，因此一个独立的全国选举委员会随即成立，而选举也定于7月份举行。4月，一个由前内政部部长阿布巴卡·巴尔德领导的新政党——民主与进步全国联盟（UNDP）成立。同时，安苏马内·马内公开指责国防部长和许多军官也卷入到向卡萨芒斯分裂主义分子贩卖军火之中，他还断言这种情况是在总统维埃拉长期默许的情况下进行的。

1998年5月，几内亚和佛得角非洲独立党第六次党代会召开，会议上，维埃拉再次当选为党主席，保罗·梅迪纳（Paulo Medina）当选为新一届常务秘书，党的总书记这一职位被取消。

5. 1998年政变

1998年6月，几内亚比绍军队前总参谋长安苏马内·马内率兵发动叛乱，他在一份声明中宣称成立以他为首的“巩固民主、和平和正义军事委员会”（military junta for the consolidation of democracy, peace and justice）（简称军委会），要求维埃拉总统和政府辞职，同时他也准备建立一个过渡政府，随后举行“自由和透明度高”的大选，并要求外国军队不要干预此次兵变。

这次叛乱的产生有着深刻的社会背景。总统维埃拉于1994年8月20日连任总统后，决心整顿国家经济，其重要措施是几内亚比绍加入非洲法郎区，以便借助于非洲法郎区各国及其坚挺的货币来促进几内亚比绍的经济发展。但是几内亚比绍使用非洲法郎后，其国民原本很低的购买力又大受损伤：军官的月工资才1.5万非洲法郎（合150法国法郎），部长的月工资为6万非洲法郎，而参加过独立解放战争的老战士的养老金每个月仅1500非洲法郎。从而招致广大居民的牢骚和怨言，尤其是军人，特别是老战士的强烈不满。

而引发这次几内亚比绍叛乱危机的直接原因是：安苏马内·马内因涉嫌私下向塞内加尔南方的卡萨芒斯反叛武装贩运军火而被维埃拉总统免去其军队总参谋长的职务，这导致了军人的反感。在几内亚比绍的独立解放战争中，马内和维埃拉是并肩作战的朋友，两人交往已达30多年，马内却因数千美元的走私案被革职，而国内涉及数百万美元的贪污大案却没有人去认真查处，因而，马内的处境得到了军人的普遍同情，在他振臂揭竿时，几内亚比绍90%的军人欣然响应。同时，几内亚比绍的一些反对党对这场兵变或公开或私下表示支持，这又反过来增加了几内亚比绍政坛的复杂局面。

战乱中，以马内为首的叛军与忠于维埃拉总统的军队展开了激战，双方动用了迫击炮等重型武器，叛军几乎掌握了国家的武器库，并占领了博拉兵营、比绍国际机场、广播电视台等战略要地。首都比绍市内的一些外国使馆在战火中遭到破坏，7月21日，一枚火箭弹击中了葡萄牙大使馆，使1名外交官的住宅被毁；23日数枚炮弹又击中了一家葡萄牙银行。无情的战火不仅使国家财产和基础设施遭到了巨大破坏，而且还造成大量无辜平民丧生，战乱为几内亚比绍人民带来巨大灾难，有超过3000外国人乘船疏散到塞内加尔，数十万人为躲避战火逃离家园沦为难民，这引发了严重的人道主义危机。国际救援组织马上为难民提供了食物和医疗用品。

国际社会对几内亚比绍此次战乱普遍持谴责态度。非统组织首脑会议对兵变予以强烈谴责；持同样立场的联合国安理会要求几内亚比绍尽快恢复宪法秩序；西非国家经济共同体明确表示支持维埃拉政府；西非防止冲突和民主过渡观察团也发表公报，谴责一切企图使用暴力破坏几内亚比绍正常宪法秩序的行径。由于这场内战对该地区稳定造成了严重威胁，几内亚比绍北、南两个邻国塞内加尔和几内亚应几内亚比绍政府的要求，迅速出动2000多士兵前往首都比绍，帮助维埃拉总统恢复宪法秩序，但是两国军队的干预未能奏效，相反反政府武装在军事上越来越占上风。到10月底，反政府武装已拥有全国90%的武装力量，并控制了全国近80%的领土。

在西非国家经济共同体和葡语国家共同体两个国际组织的联合斡旋下，几内亚比绍交战双方于1998年7月底达成了休战协定，8月26日在佛得角首都普拉亚正式签署了停火协定。由于双方在外国军队撤军和建立民族团结政府等问题上存在严重分歧，9月份在科特迪瓦最大城市阿比让举行的和平谈判未能取得任何结果，从而导致10月份内战再度爆发。反政府武装于10月18~21日短短的4天时间内，占领了包括几内亚比绍第二大城市巴法塔在内的东部大部分地区，从而使局势进一步恶化。

10月27日，尼日利亚国家元首阿布巴卡尔将军、冈比亚总统雅亚·贾梅以及葡萄牙、法国等国驻几内亚比绍大使敦促维埃拉总统和反政府武装领导人举行直接谈判，以便尽快结束内战。29日，交战双方领导人在冈比亚举行了直接和平谈判。30日晚，双方又到尼日利亚首都阿布贾继续举行和谈。在有关各方的努力下，几内亚比绍交战双方终于在外国军队撤军和部署西非维和部队等问题上达成了一致，维埃拉总统和反政府武装领导人、前武装部队总参谋长安苏马内·马内将军于当地时间11月1日深夜正式签署了结束长达5个月内战的和平协定（Abuja accord）。该协定的主要内容是：重申并延长双方8月25日在佛得角首都签署的停火协议；塞内加尔和几内亚撤出在几内亚比绍的军队，与此同时在几内亚比绍境内与塞内加尔交界处部署西非国家经济共同体的维和部队，开设安全走廊；立即开放所有海陆空港口，以便国际社会运送人道主义援助物资；自11月2日起10天之内组成包括反政府武装领导成员在内的全国团结政府；在西非国家经济共同体、葡语国家共同体以及国际社会的监督下，最迟在1999年3月底前举行总统大选和议会选举。

11月初，几内亚比绍政变双方协议成立一个联合行政委员会以推动和平协议的履行；11月底，该委员会认定新政府的结构应当包括10名部长和7名国务秘书。12月3日，弗朗西斯科·法杜勒（Francisco Fadul）被任命为总理；12月底，维埃拉和马内在关于两派部长职位的分配问题上达成了协定。同时，100名西非国家经济共同体维和部队于月底抵达了几内亚比绍。

1999年1月法杜勒宣布几内亚比绍总统大选和议会选举不会像阿布贾和平协定中所设想的那样在3月份举行，选举只有到年底才会举行。几内亚比绍政府、军事委员会和西非国家经济共同体三方达成一项协议，西非国家经济共同体所派的维和部队将增至710人；协议还明确了塞内加尔和几内亚军队撤出几内亚比绍的时间。然而，1月底，首都比绍再起冲突，这直接导致了约25万居民无家可归而沦为难民，境遇极其悲惨。2月9日，几内亚比绍政府与叛军再次达成停火协议，并为塞内加尔和几内亚两国立即撤军做好准备。2月17日，维埃拉与马内在多哥的洛美举行会谈，双方保证不再诉诸武力以解决问题。2月20日，新的全国团结政府成立。按照阿布贾和平协定，叛军和忠于总统的政府军于3月初开始各自解除武装。由于后勤的问题，塞内加尔和几内亚撤军日程有所延后，从2月28日至3月16日，两国军队才最终完成从几内亚比绍的撤军。4月，几内亚比绍议会发表声明宣称免除对马内涉嫌向卡萨芒斯反叛武装贩卖军火的指控，而这项指控直接导致了1998年由马内发起的武装叛乱；虽然这项声明要求恢复马内的武装部队总参谋长的职务，但同时也暴露出了维埃拉的总统卫队与武器贩运也有着牵连。

6. 过渡政府

1999年5月初，维埃拉宣布几内亚比绍总统大选和议会选举将于12月28日举行。但是，5月7日军委会武力推翻维埃拉总统；前一天，战斗在比绍打响，军委会武装占领了比绍机场的军火库，自3月份解除武装以来的各种武器就被存放于该军火库中。叛军声称他们之所以再次展开军事行动是因为维埃拉拒绝命令他的总统卫队解除武装，因此，叛军包围了总统府迫使其投降。随后，维埃拉逃往葡萄牙大使馆寻求庇护，并于5月10日签署命令宣布无条件投降。几内亚比绍人民议会议长马兰·萨尼亚（Malam Sanha）代理总统行使权力直到即将举行的总统大选，而包括维埃拉任命的几个部长在内的几内亚比绍团结政府仍然照常运转。5月，几内亚和佛得角非洲独立党高层开会，推选出曼努埃尔·塞特尼诺·达科斯塔为党的新主席以取代维埃拉，而弗拉维奥·普鲁恩卡（Flavio Proenca）被任命为常务秘书。5月底，政府、军方和政党之间召开的三方会谈决定起诉维埃拉，罪名是参与了向卡萨芒斯反叛武装贩运军火和由于执政不当致使几内亚比绍政治、经济危机频频发生。不久，维埃拉接受了对他的指控，但是，他要求因健康原因出国就医，之后再返回几内亚比绍受审。西非国家经济共同体部长级会议于5月在多哥举行，会议谴责了几内亚比绍发生的叛乱，并支持维埃拉出国就医；同时，会议决定撤出西非国家经济共同体的维和部队，最后一支维和武装将于6月初撤出几内亚比绍。同月，维埃拉被允许离开几内亚比绍前往法国就医，萨尼亚称之所以这样做完全是出于人道主义的原因，并强调维氏将会返回几内亚比绍接受审讯。同时，萨尼亚还宣布几内亚比绍的总统大选和议会选举将于11月28日举行。7月，几内亚比绍宪法修正案得以通过，该法案规定：几内亚比绍总统只能连任两届；废止死刑；几内亚比绍的主要领导人必须由几内亚比绍本土居民担任。9月，几内亚和佛得角非洲独立党召开特别会议开除了维埃拉的党籍，同时被开除出党的还有前总理卡洛斯·科雷亚和他任期内的5名部长，而在职的国防与祖国自由战士部长弗朗西斯科·贝南特（Francisco Bernante）被推选为党的主席。9~10月份，几内亚比绍相继发现了两处14人和22人的多人墓，人们认为这些人都是在维埃拉执政时期被处死的。10月底，几内亚比绍总检察长阿明·米歇尔·萨德宣称他已经掌握足够的证据可以对维埃拉提起公诉，指控他犯了反人类罪，同时他希望能够将维埃拉从葡萄牙引渡回国受审。

三 昆巴·亚拉执政时期（2000~2003年）

1999年11月28日，几内亚比绍举行总统大选和议会选举。但是，在首轮总统竞选中没有一位总统候选人的得票数超过总票数的50%，因此，社会革新党的昆巴·亚拉和几内亚和佛得角非洲独立党的马兰·萨尼亚于2000年1月开始了第二轮的总统竞选。在议会102个议席（议席从原来的100个增加为102个）的选举中，社会革新党获得38席，抵运获得28席、几内亚和佛得角非洲独立党获得24席、民主联盟（AD）获得4席、变革联盟获得3席、社会民主党获得3席、民主社会阵线和民主与进步全国联盟各获得1席。在这个月中，几内亚比绍前总统路易斯·卡布拉尔从葡萄牙返回几内亚比绍，这是路易斯自1980年被维埃拉推翻其政权流亡海外后首次踏上几内亚比绍的土地。

1999年12月，数千名曾参与武装反对维埃拉的几内亚比绍士兵在比绍举行抗议活动要求政府支付拖欠他们的军饷和战争津贴。当政府作出支付的承诺后，这些士兵结束抗议返回各自的兵营。11 月，世界银行宣布了一项为期 3 年、价值 4.25 亿美元的财政计划，该计划将用于几内亚比绍遣散、复员内战中的大批士兵并帮助几内亚比绍进行重建。

2000 年 1 月 16 日，几内亚比绍第二轮总统竞选开始，亚拉由于获得了 72% 的选票击败了得票 28% 的马兰·萨尼亚，并于 2 月 17 日宣誓就任几内亚比绍总统。

表 2-1 1999 年 11 月 28 日总统大选第一轮得票情况

候选人姓名	得票（%）
昆巴·亚拉(PRS)	38.8
马兰·萨尼亚(PAIGC)	23.4
福斯蒂诺·因巴利（PUSD/RGB—MB)	8.2
费尔南多·戈麦斯(独立候选人)	7.0
若昂·塔提斯·萨（独立候选人)	6.5
阿布巴卡·巴尔德（UNDP)	5.4
其他候选人	10.7
总数	100.0

资料来源：*Directory*, *GUINEA-BISSAU*.

表 2-2 2000 年 1 月 16 日总统大选第二轮得票情况

候选人姓名	得票（%）
昆巴·亚拉(PRS)	72.0
马兰·萨尼亚(PAIGC)	28.0
总　数	100.0

资料来源：*Directory*, *GUINEA-BISSAU*.

随后，亚拉任命卡埃塔诺·恩查马（Caetano N'Tchama）为总理并组成以社会革新党、抵运两党为主，多党参政的联合政府。国际观察家评论这次大选是“自由与公正的”。4 月，费尔南多·科雷亚（Fernando Correia）被任命为新的国防部长。5月，有报道称由于以马内为首的军人继续干政，几内亚比绍局势又再度紧张。同时，有消息说，海军总司令拉明·萨哥纳（Lamine Sagna）接受贿赂并允许一艘韩国渔船进入几内亚比绍海域非法捕鱼，为此他被亚拉总统免除了职务，但是他却拒绝放弃权力，这从而加剧了几内亚比绍的紧张局势。但不久，在亚拉与军方进一步合作与协商后，萨哥纳最终同意辞去其职务。同月，一个新政党——几内亚比绍社会联盟（ASG）宣告成立，其领导人是几内亚比绍前人权委员会主席费尔南多·戈麦斯（Fernando Gomes）。

11月，马内扬言对政府动武，战事一触即发，但最终多数将领倒戈支持亚拉政权，马内被击毙。

2001年1月23日，亚拉总统因未与抵运协商即宣布改组政府，抵运党籍政府成员集体辞职。之后两党谈判未果，抵运遂宣布成为反对党，执政联盟破裂。亚拉总统于1月25日再次改组政府，撤换抵运籍政府成员。3月19日，亚拉总统免去卡埃塔诺·恩查马总理职务，任命福斯蒂诺·法杜特·因巴利为政府总理，并组成新政府。

2001年12月3日，几内亚比绍内政部在首都比绍发表公报宣布，称该国刚刚挫败了一起企图推翻现总统昆巴·亚拉的军事政变。公报说，此次政变的头目是前陆军副总参谋长阿尔马米·卡马拉，他和前海军参谋长拉米内·马内等一批军人当晚已经被逮捕，国家安全部队正在追捕其余参与政变的在逃军人；这些军人阴谋策划推翻昆巴·亚拉总统已长达半年之久。

几内亚比绍自1998年发生政变以来，政局一直动荡不安，社会政治矛盾尖锐，经济形势每况愈下。2001年12月8日，总统昆巴·亚拉任命阿拉马拉·尼亚塞为总理，接替7日被解职的福斯蒂诺·法杜特·因巴利。3月份刚出任总理的因巴利正是由于未能使几内亚比绍摆脱经济和社会危机，引起议会及几内亚比绍民众的强烈不满才被解职的。尼亚塞曾在因巴利政府中担任内政部长，是几内亚比绍执政党社会革新党政治局委员。他在被任命总理后表示，新政府将致力于振兴经济、摆脱社会危机。他强调，连年危机使几内亚比绍国内基础设施破坏殆尽，恢复经济是当务之急。为此，他将尽快到国内各地考察，以寻求对策。同时，他还呼吁几内亚比绍国民本着和解的精神保持民族团结和国家稳定。在确定新总理人选之前，亚拉曾与国内各党派进行了广泛磋商。尼亚塞被任命为新总理后，该国反对党普遍表示将与新政府展开对话，以解决国家当前面临的紧迫问题。

尼亚塞于 11 日公布了一个由 25 名成员组成的新内阁，组成了以社会革新党为主的新政府。新内阁保留了上届政府的基本构架，被撤换的只有国防、卫生和农业 3 位部长以及负责旅游和国库的两位国务秘书，几内亚比绍执政的社会革新党在新内阁中仍占绝对优势。

2002 年 6 月 11 日，亚拉总统在会见外国使节、军队高层官员以及各社会团体负责人时透露，几内亚比绍政府于上个月挫败了一起兵变阴谋，有 6 名涉嫌人员被捕。据亚拉介绍，这起兵变是活动在几内亚比绍和冈比亚境内的一些“地下武装”所为。他还同时宣布，本着民族和解的精神，他将对 169 名涉嫌参与 2001 年 12 月兵变的人员实行大赦。在这 169 名人员中，有 8 名是塞内加尔南部分裂运动的武装——“卡萨芒斯民主力量运动”的成员。亚拉强调，这些人不日将在联合国的安排下离境，因为“几内亚比绍没有他们的立足之地”。

2002 年 11 月 15 日，几内亚比绍总统府发表公报说，由于当前局势不利于国家稳定和发展并防止议员进行颠覆和背叛国家的活动，因此根据“宪法赋予的权力”，亚拉总统决定从即日起解散议会，并“在未来 90 天内重新组织议会选举”。随着议会的解散，以阿拉马拉·尼亚塞为首的几内亚比绍政府也同时解散。尼亚塞是 2001 年 12 月接替被解职的前总理法杜特·因巴利上台的，他也是亚拉总统 2000 年 1 月上台后的第二位总理。尼亚塞和亚拉虽然都是几内亚比绍执政党社会革新党的要员，但两人在治国策略上存在的矛盾自当年 8 月便已公开化。11 月 14 日，亚拉就公开指责政府“无能”，并表示“鉴于当前严重的经济危机”，他将尽快解散国民议会和政府。

11 月 16 日，亚拉总统任命马里奥·皮雷斯为看守政府总理，并于 18 日组成看守政府。此后，亚拉总统数次对政府进行调整。主要成员有总理马里奥·皮雷斯（Mario Pires），国务部长佩德罗·达科斯塔（Pedro da Costa），内政部长安东尼奥·塞贾·曼（Antonio Sedja Man），国防部长马塞利诺·西蒙斯·洛佩斯·卡布拉尔（Marcelino Simoes Lopes Cabral），外交、国际合作和侨务部长若昂西尼奥·维埃拉·科（Joaozinho Vieira Co），司法部长文桑·戈麦斯·纳卢阿克（Venca Gomes Naluak），经济与财政部长奥古斯托·乌苏马内·索（Augusto Ussumane So）等等。

2003 年 3 月 17 日，几内亚比绍全国工会宣布，即日起举行为期一周的全国总罢工，抗议政府拖欠工资。两周前，全国工会组织与政府谈判时，政府承诺将在两周后发放拖欠半年多的公务员工资，但期限已到，政府无法兑现承诺，因此罢工难以避免。自 2002 年以来，几内亚比绍政局动荡加剧，社会治安恶化，经济衰退日益加重。原定于 4 月 20 日举行议会选举，但由于选举经费问题，选举只能延期举行。

9 月 1 日，几内亚比绍全国工会组织再次决定，举行为期一周的全国总罢工，以抗议政府拖欠工资、总统通过非正常渠道将资金划拨给军方等。首都比绍市全面停电、停水，医院停诊，学校停课，罢工对市民生活已产生严重影响。据组织者称，如政府不采取措施一定程度满足抗议者要求，一周后罢工还可能延续。人们普遍担心罢工是否会影响预定于10月12日举行的议会选举。几内亚比绍议会选举由于经费和操作方面的困难已多次推迟。

四 2003年至今

2003年9月14日凌晨，几内亚比绍武装部队总参谋长韦里西莫·科雷亚·塞亚布拉（Verissimo Correia Seabra）领导军队发动军事政变，宣布成立“恢复宪法和民主秩序军事委员会”（简称军委会），接管国家权力，塞亚布拉自任军委会主席。几内亚比绍军方人士说，几内亚比绍总统昆巴·亚拉和总理马里奥·皮雷斯均已被捕，并被关押在总参谋部。塞亚布拉当天还宣布，他即日起临时行使总统权力，同时承诺组织一个过渡政府和在条件成熟的时候组织大选。该委员会发言人因杜塔当天在几内亚比绍国家广播电台宣读了一份公报。公报指责皮雷斯政府没能及时控制连续不断的罢工和动荡的社会局势，由几内亚比绍政变军人成立的“恢复宪法和民主秩序军事委员会”将成立一个过渡政府管理国家，直到条件成熟后再举行全国大选。这个过渡政府将由2002年11月被昆巴·亚拉总统解散的议会中占有席位的各个政党组成。公报说，亚拉应对国家的无序状态和体制的混乱负责。国家面临着极大的危险，“一场内战迫在眉睫”，但是政府对军人和国际社会的告诫充耳不闻。同时，公报还说，几内亚比绍政变军人在采取行动时没有放一枪，以后也不会开枪。公报要求全体国民保持安静，并重申在全国范围内禁止车辆通行，直到实现新的社会秩序。目击者说，在首都街头没有听到任何枪声，局势显得十分平静。他们认为，这显然是一起不流血的政变。而政变的幕后正是该国的军方高层，以至于兵不血刃就夺取了政权。

政变发生之后，国际社会纷纷发表声明谴责这次政变，并要求释放总统昆巴·亚拉。无论是联合国、非洲联盟、西共体，还是几内亚比绍的前宗主国葡萄牙，在发表的谴责政变的声明里，都提醒不要诉诸武力，原则上要求立即恢复宪法秩序和合法性。自从亚拉于2002年11月重新控制议会以来，该国一直处于不稳定状态。2003年9月14日联合国秘书长安南发表声明，对几内亚比绍当天发生的军事政变表示谴责，呼吁尽快恢复该国的宪法秩序。安南说，政变有关各方应避免流血冲突，尽一切努力确保所有民众的安全。

15日是几内亚比绍军事政变后的第二天，交通管制已取消，边境、机场均已开放，市民生活基本恢复正常。但政府机关仍处于关闭状态，政府主要部门及邮政、电信等敏感部门仍有军警把守。上午，军事委员会召集各政党、工会和其他非政府组织领导人开会，听取对当前形势和成立过渡政府的意见，但各方对过渡政府总理人选未达成一致。政变发生后，几内亚比绍政界和百姓普遍反应平静，很多人甚至表示高兴和支持，对军方寄予厚望。同一天，一个由西共体执行秘书钱巴斯率领的西共体外交部长代表团到达比绍进行斡旋，但政变当局拒绝了西共体代表要求释放亚拉并让其重新执政的要求。

9月16日，几内亚比绍武装部队总参谋长、军事政变领导人塞亚布拉表示，军人“没有任何把持权力的企图”。塞亚布拉是在当日由“恢复宪法和民主秩序军事委员会”召开的一次同各政党、民间团体和司法部门等各界代表举行的会议上作上述表示的。这是几内亚比绍14日政变后成立的“军事委员会”召集各界代表举行的第三次会议。据报道，这次会议成立了一个由天主教比绍教区的主教坎纳特为首、由不同政治和社会阶层16名代表参加的委员会。会议要求该委员会在48～72小时之内向“军事委员会”提交一份组成过渡政府的成员名单。同一天，塞亚布拉对报界发表谈话说，14日的行动不是政变，而是在扭转“混乱的、难以容忍的局势”。他强调，如果军人们打算长期把持政权，就不会召集各界人士研究过渡的问题。当晚，亚拉在与西共体6国官员的会谈中签署了一项正式辞职的协议。

9月17日上午，亚拉在比绍的家中举行了辞职仪式，并发表电视讲话，发表了一篇包含9点内容的声明，宣布他决定“以团结的名义”辞去总统的职务，他号召全体国民遵守“纪律”，以便新政府能够实现“团结和国家复兴”；并表示他将接受一个由一位杰出的几内亚比绍人领导的文人组成的全国团结政府。他还强调，几内亚比绍的军人应该脱离政治，回到自己的军营中。他还呼吁要尽早地举行议会选举和总统选举。西共体国家代表参加了该辞职仪式。同时，“恢复宪法和民主秩序军事委员会”在首都比绍指出，当日已经辞职的前总统昆巴·亚拉享有自由，可以“自由地去做他自己想做的事情”，也可以重新从事政治活动。几内亚比绍武装部队的副总参谋长、“军事委员会”的第二号人物埃米利奥·科斯塔当日还对新闻界表示，亚拉也可以在首都的“大街上自由地散步”，“也可以到外国去旅行，如果他想去”。

9月18日，担任西非国家经济共同体主席的加纳总统库福尔、塞内加尔总统瓦德和尼日利亚总统奥巴桑乔抵达几内亚比绍首都比绍。随后，他们会见了政变后成立的恢复宪法和民主秩序军事委员会的成员。在与政变军人举行了长达3个小时的会晤后库福尔宣布，几内亚比绍政变军人同意建立一个全国过渡委员会。这个委员会除了主席由武装部队总参谋长塞亚布拉担任外，其他成员均由文职人员担任；全国过渡委员会将行使权力两年，此后举行全国大选。同时，库福尔说，西共体“希望军人们有一种责任感，不要长时间把持政权”，目前国家所面临的问题“是经济的问题，而非军事问题，因此，解决的方式不应当是军事方式”。

9月20日，据当地媒体报道，几内亚比绍政变当局正在讨论一份关于向一个文职过渡政府移交权力的提案，这份提案是由负责筹建几内亚比绍过渡政府的特别委员会提交给政变当局的。提案呼吁尽快成立过渡政府，并在过渡政府成立之后的6个月内举行议会选举。提案同时建议总统大选在议会选举结束后的1年之内举行。但是，政变当局和各党派之间在过渡政府的任职期限、人员组成及议会和总统选举等问题上存在较大分歧。政变军方的一位发言人表示，他们正在仔细研究这份提案，然后将提出他们的意见。经过国际社会斡旋，塞亚布拉21日同意将临时总统的职务交给文职人员担任。

9月23日，几内亚比绍政变军方宣布任命企业家、无党派人士恩里克·罗萨为几内亚比绍过渡总统，任命前内政部长、社会革新党总书记阿图尔·萨尼亚为过渡政府总理。现年48岁的罗萨在1994年曾领导过全国选举委员会。现年38岁的萨尼亚在2001年和2002年分别在政府中担任过内政部长和渔业部长。据悉，几内亚比绍政界普遍支持对罗萨的任命，但对萨尼亚的任命还存在分歧。22日，几内亚比绍17个政党就总理人选进行磋商时，有15个政党反对萨尼亚担任总理，理由是总理一职应由没有党派色彩的人担任，而萨尼亚是前总统亚拉所属的社会革新党总书记。28日，军委会与各政党和社会团体签署具有临时宪法性质的《政治过渡宪章》，成立由塞亚布拉任主席的全国过渡委员会，确定6个月内举行议会选举，之后1年内举行总统选举。10月3日，萨尼亚出任总理并成立了由11个部和5个国务秘书处组成的几内亚比绍过渡政府。过渡政府于10月6日开始上班。

2004年3月28日，几内亚比绍举行议会选举。几内亚和佛得角非洲独立党获102个议席中的45席，原执政党社会革新党获35席，团结社会民主党获17席。5月9日，罗萨总统任命几内亚和佛得角非洲独立党主席卡洛斯·戈梅斯为总理。12日，戈组成几内亚和佛得角非洲独立党政府。10月6日凌晨，部分曾参加联合国利比里亚维和行动的士兵在首都比绍发动哗变，要求发放拖欠的维和津贴以及其他军人薪饷，并杀害了塞亚布拉。在葡语国家共同体和西非国家经济共同体斡旋下，几内亚比绍政府与哗变军人于10日签署谅解备忘录，政府作出发放欠饷和津贴、提高军人待遇等承诺，哗变军人同意返回军营。11月11日，新任总参谋长等军方领导人就职。

几内亚比绍于2005年6、7月间举行了总统选举。经几内亚比绍最高法院批准，几内亚比绍前领导人维埃拉作为独立候选人也参加了6月19日举行的总统大选。几内亚比绍全国选举委员会公布的第一轮总统大选的正式结果为执政的“几内亚和佛得角非洲独立党”候选人萨尼亚和独立候选人、前总统维埃拉得票分别排在前两位，社会革新党候选人、前总统亚拉位居第三。根据几内亚比绍选举法，得票最多的前两位候选人将在第一轮选举的正式结果公布21天后进入第二轮角逐，而亚拉已失去继续参选资格。7月28日，几内亚比绍全国选举委员会公布的第二轮总统选举结果，维埃拉赢得55.25%的选票，超过竞争对手、执政的几内亚和佛得角非洲独立党候选人萨尼亚获得的44.75%的选票，从而赢得了大选。10月1日，维埃拉宣誓就任几内亚比绍新一届总统。10月28日维埃拉宣布解散政府，并于11月2日任命阿里斯蒂德斯·戈梅斯为总理。11月9日，戈梅斯组成几内亚和佛得角非洲独立党、社会革新党等多党联合政府。

第三节 重要人物介绍

一 阿米卡尔·卡布拉尔（Amilcar Cabral）

阿米卡尔·卡布拉尔（1924－09－12～1973－01－20）是非洲民族独立斗争的杰出领导人，是几内亚比绍共和国的缔造者。年轻时卡布拉尔就读于佛得角的圣文森特岛，21岁赴里斯本大学农学院学农艺。在此期间卡布拉尔广交朋友，与非洲其他地方的留学生结下了深厚友谊。1950年，卡布拉尔完成学业，进入殖民当局的农业服务机构充任土壤学、人口统计以及水利工程方面的工程师。1952～1954年，卡布拉尔组织在几内亚比绍全境进行的农业普查，掌握了大量关于土地和人口资源以及居民生活状况的材料，这些材料对日后组织几内亚和佛得角非洲独立党大有益处。1954年，卡布拉尔筹组起第一个民族主义团体"再生协会"。1956年9月19日，卡布拉尔与其他5人一起组建几内亚和佛得角非洲独立党。嗣后，卡布拉尔赴安哥拉，同内图一道组织安哥拉人民解放运动。在1959年比港大屠杀发生后，卡布拉尔返回几内亚比绍，与党讨论采取武装斗争以争取独立的问题。自1963年开始，几内亚和佛得角非洲独立党在卡布拉尔的领导下发动武装起义，到1973年占领几内亚比绍约2/3的国土并宣布独立。卡布拉尔因其卓越领导而受到国际赞誉，先后获得纳赛尔奖和约里奥·居里勋章，并被美国林肯大学和前苏联科学院授予名誉博士学位。1973年1月20日，卡布拉尔遭到暗杀。卡布拉尔曾于1960年和1972年两次率几内亚和佛得角非洲独立党代表团访华。他的论著和演讲汇集成《几内亚革命》和《落叶归根》两书。

二 路易斯·卡布拉尔（Luis Cabral）

路易斯·卡布拉尔（1931～ ）是阿米卡尔·卡布拉尔的弟弟，几内亚和佛得角非洲独立党的创始人之一。早年以会计为业，几内亚和佛得角非洲独立党成立后，葡萄牙秘密警察四处搜捕，路·卡布拉尔逃亡几内亚；1961年，路·卡布拉尔参与创建几内亚比绍全国劳动者联盟这一党的外围组织，并担任总书记；1965年，成为党的军事委员会成员；1970年当选斗争执行委员会常委；1973年，几内亚比绍独立后，路·卡布拉尔出任国务委员会主席并担任几内亚和佛得角非洲独立党副总书记；在路·卡布拉尔执政期间，他在政治上排斥异己、独揽大权，在经济建设方面脱离实际，轻视农业，加上连年干旱，几内亚比绍国内的政治社会矛盾日益尖锐；1980年11月路易斯·卡布拉尔政府被维埃拉推翻。

三 诺奥·贝尔纳多·维埃拉（Joao Bernardo Vieira）

诺奥·贝尔纳多·维埃拉（1939～ ）又被人们称为“尼诺”（Nino），1939年出生在几内亚比绍首都比绍市的一个工人家庭。中学毕业后当电工。1960年参加几内亚和佛得角非洲独立党。几内亚比绍独立前，他多年参与领导人民革命武装反抗葡萄牙殖民军的英勇斗争，是当时广为传颂的传奇领导人之一。1961～1964年期间维埃拉是南部卡提奥省的军事负责人；1964年在几内亚和佛得角非洲独立党第一次代表大会上，当选为政治局委员并任南线司令；1965年任党的战争委员会委员；1967～1970年为几内亚和佛得角非洲独立党政治局驻南线代表；1973年当选为几内亚和佛得角非洲独立党常设书记处成员；同年9月24日，几内亚比绍共和国成立，他出任第一届全国人民议会议长兼武装部队部长；1978年任部长会议主席；

1980年11月领导武装力量，发动“调整运动”，推翻了以路易斯·卡布拉尔（Luis Cabral）为国务委员会主席的政府，接管政权，担任革命委员会主席、政府首脑和武装部队最高统帅；1981年11月当选为几内亚和佛得角非洲独立党总书记。维埃拉接管政权后，纠正前政权在国家建设方针方面的偏向，调整经济政策。从农业国的国情出发，优先发展农业。1982年，维埃拉访华。1987年，维埃拉政府同国际货币基金组织合作，对经济结构进行调整，根据国家发展的实际需要和经济效益，调整工业和基础项目，整顿商业。在对外方面，维埃拉政府奉行反帝、反殖、不结盟和和平共处的外交政策，主张发展同所有国家特别是同葡萄牙语国家和邻国的友好合作关系，同时坚定地支持南部非洲人民的解放斗争和阿拉伯人民为收复被以色列侵占的土地的正义斗争。1984年5月维埃拉当选国务委员会主席；1989年6月连任。1994年8月，维埃拉在首次多党选举中获胜，出任总统。1999年维埃拉政权被推翻，维埃拉流亡葡萄牙。2005年5月，几内亚比绍最高法院批准维埃拉作为独立候选人参加6月19日举行的总统大选。7月28日，他在第二轮总统角逐中击败执政的几内亚和佛得角非洲独立党候选人萨尼亚，当选总统。2005年10月1日，埃拉宣誓就职。

四 恩里克·佩雷拉·罗萨（Henrique Pereira Rosa）

恩里克·佩雷拉·罗萨2003年9月23日被军委会任命为过渡总统。1946年1月18日生于几内亚比绍巴法塔省。曾长期从事海洋保险业、国际贸易和农牧业。1980年起历任比利时驻几内亚比绍名誉领事、瑞典—几内亚比绍基金会主席、几内亚比绍公民社会和平运动工作委员会协调员、几内亚比绍保险公司董事会主席、几内亚比绍工业协会理事会副主席、几内亚比绍人权协会名誉委员等。已婚，有4个子女。

五　昆巴·亚拉（Kumba Yala）

昆巴·亚拉（1953～）是前任几内亚比绍共和国总统，1953年3月15日生，巴兰特族，毕业于里斯本大学文学系哲学专业和里斯本天主教大学神学专业，曾在前民主德国柏林卡尔·马克思高等学院深造。早年加入几内亚和佛得角非洲独立党，1983～1989年，历任几内亚和佛得角非洲独立党青年组织党委书记、哲学教员、中央党校哲学专业教授、国务委员会副主席的私人教员、中央书记处和组织部干部处处长。1989～1990年，任自然资源和工业部长办公室主任。1990年因与党内主要领导有政治分歧被停职并被开除党籍。同年创建民主社会阵线党，后又因党内分裂退党。1992年1月，创建社会革新党并任主席，2000年5月，辞去党主席职务。1994年当选议员并兼任社会革新党议会党团领袖。2000年1月当选总统，2月17日宣誓就职。曾于2002年12月访华。已婚，有7个子女。2003年9月政变中被迫辞职下台。

第三章

政治与军事

第一节　国体与政体

一　国家性质与政府体制

几内亚比绍是多党制共和国，一院制。按照 1999 年 7 月通过并颁布的几内亚比绍共和国宪法修正案规定，几内亚比绍实行半总统制，国家元首是总统，政府首脑为总理。

1973 年几内亚比绍独立后宣布其共和国是一党制、社会主义共和国。1991 年以前，几内亚比绍实行几内亚佛得角非洲独立党一党专政制度。1991 年 5 月，几内亚比绍全国人民议会特别会议通过了建立多党制的法律。1994 年 7 ~ 8 月，几内亚比绍举行首次多党总统选举，维埃拉作为几内亚佛得角非洲独立党候选人当选总统。昆巴 · 亚拉在 2000 年 1 月总统大选中当选，2003 年 9 月政变后，恩里克 · 罗萨出任几内亚比绍过渡总统。2005 年 6 月，几内亚比绍前领导人维埃拉作为独立候选人参加几内亚比绍总统大选并最终赢得大选，成为几内亚比绍新一届总统。

二 宪法

1. 现行宪法的主要原则

(1) 几内亚比绍实行半总统制。总统是国家元首，总理、政府成员均由总统任命。总统每届任期 5 年，可连任 1 次。

(2) 共和国总统、国民议会议长、政府总理以及最高法院院长和武装部队总参谋长等国家重要职务只能由父母均在几内亚比绍出生的纯正几内亚比绍血统公民担任。

(3) 国家法律面前，所有公民一律平等，都享有相同的权利和都负有相同的义务；严禁一切歧视，包括种族歧视、性别歧视、宗教歧视、智力或文化水平歧视等。

2. 宪法的演变

1973 年 9 月 24 日，几内亚比绍共和国在解放区宣告成立并颁布了第一部宪法。1984 年 5 月 17 日，几内亚比绍新一届全国人民议会之后几内亚比绍新宪法出台，这是几内亚比绍全国第二部宪法。新宪法规定几内亚比绍是民主、世俗、统一的反帝、反殖的主权共和国；目标是建立没有人剥削人的社会；全国人民议会是国家最高权力机关，并在几内亚和佛得角非洲独立党的领导下行使立法权，组织并监督执行党的方针、路线、政策；国务委员会主席为国家元首、政府首脑和武装部队最高统帅。1991 年 5 月，几内亚比绍全国人民议会特别会议对宪法进行了修改，通过了建立多党制的法律，这就正式终结了几内亚比绍一党制的历史，并终止了几内亚和佛得角非洲独立党作为执政党的政治领导地位。1999 年 7 月通过并颁布宪法修正案。

三 国家元首

根据几内亚比绍宪法，几内亚比绍总统是国家元首，总理、政府成员均由总统任命。总统每届任期 5 年，可连任1次。历届总统：

诺奥·贝尔纳多·维埃拉 1980年11月，他领导武装力量发动“调整运动”，推翻了以路易斯·卡布拉尔为国务委员会主席的政府，并亲自出任政府首脑和武装部队最高统帅。1981年11月，他当选为几内亚和佛得角非洲独立党总书记。1994年8月，维埃拉在首次多党选举中获胜，出任总统。1999年5月7日，维埃拉在军事政变中被推翻，并流亡葡萄牙。2005年在总统大选中获胜并于10月1日宣誓就职。

恩里克·佩雷拉·罗萨 2003年9月几内亚比绍政变后，被军委会任命为过渡总统。

昆巴·亚拉 1992年1月，创建社会革新党并任主席，2000年5月，辞去党主席职务。1994年当选议员并兼任社会革新党议会党团领袖。2000年1月当选总统，2月17日宣誓就职。曾于2002年12月访华。已婚，有7个子女。2003年9月政变中被迫辞职下台。

表3-1 几内亚比绍独立后历任国家元首、政府首脑

职　务	姓　名	任职起止时间
国务委员会主席	路易斯·卡布拉尔	1973.9~1980.11
革命委员会主席兼部长会议主席	诺奥·贝尔纳多·维埃拉	1980.11~1982.5
革命委员会主席	诺奥·贝尔纳多·维埃拉	1982.5~1984.5
国务委员会主席	诺奥·贝尔纳多·维埃拉	1984.5~1994.7
总　统	诺奥·贝尔纳多·维埃拉	1994.9~1999.5
总　统	昆巴·亚拉	2000.2~2003.9
总　统	恩里克·佩雷拉·罗萨	2003.9~2005.7
总　统	诺奥·贝尔纳多·维埃拉	2005.10~

资料来源：钱其琛主编《世界外交大辞典》（上），北京，世界知识出版社，2005，第878页。

第二节　国家机构

中央行政机构负责制定和执行全国政策与规划的机关。根据几内亚比绍宪法，几内亚比绍总统是国家元首，而总理、政府成员均由总统任命。

2005年10月29日，新当选的几内亚比绍总统维埃拉以“国家处于深刻的危机中，并引发了许多权力部门之间的关系紧张和运转失衡”为由解散了以卡洛斯·戈梅斯为总理的政府。11月2日，维埃拉总统任命阿里斯蒂德·戈梅斯为政府新总理，以接替被免职的卡洛斯·戈梅斯。

阿里斯蒂德·戈梅斯现年50岁，曾在法国留学并获得经济学博士学位。他是前执政的几内亚比绍和佛得角非洲独立党成员。被任命为总理后，他立即宣布将组成一个吸纳全国各政党领导人的民族团结政府，以便共同寻求解决国家目前所面临的问题。本届政府于2005年11月9日组成。成员名单如下：[①]

总理阿里斯蒂德·戈梅斯（Aristides Gomes）

国防部长埃尔德·普罗恩萨（Hélder Proença）

公共工程、建筑与城市化部长卡利托斯·巴拉伊（Carlitos Barai）

司法部长纳穆阿诺·迪亚斯·戈梅斯（Namuano Dias Gomes）

自然资源部长阿里斯蒂德斯·奥坎特·达席尔瓦（Aristides Ocante da Silva）

---

① 中华人民共和国外交部网 http：//www. fmprc. gov. cn/chn/wjb/zzjg/fzs/gjlb/1530/1530x0/default. htm.

部长会议、社会联络和议会事务部长鲁伊·迪亚·德索萨(Rui Diã de Sousa)

财政部长维托尔·曼丁加(Vítor Mandinga)

外交、国际合作和侨务部长安东尼奥·伊萨克·蒙泰罗(António Isaac Monteiro)

经济部长伊苏福·萨尼亚(Issufo Sanhá)

教育和高教部长切尔诺·贾洛(Tcherno Djaló)

农业与农村发展部长索拉·恩基林·纳比奇塔(Sola N'Quilin Na Bitchita)

社会救助、家庭与反贫困部长阿德利纳·纳坦巴(Adelina Na Tamba，女)

商业、工业与手工业部长帕斯库亚尔·多明戈斯·巴蒂卡(Pascoal Domingos Baticã)

公职与劳工部长卡洛斯·科斯塔(Carlos Costa)

渔业和海洋经济部长阿卜杜·马内(Abdú Mané)

运输和通讯部长阿德米罗·内尔松·贝洛(Admiro Nelson Belo)

国土管理部长布赖马·恩巴洛(Braima Embaló)

旅游与国土规划部长弗朗西斯科·孔杜托·德皮纳(Francisco Conduto de Pina)

公共卫生部长安东尼亚·门德斯·特谢拉(Antónia Mendes Teixeira，女)

内政部长埃内斯托·德卡瓦略(Ernesto de Carvalho)

祖国解放战士国务秘书尼亚塞·纳曼(Nhassé Na Man)

青年、文化与体育国务秘书马里奥·马丁斯(Mário Martins)

能源国务秘书奥古斯托·波克纳(Augusto Poquena)

行政改革国务秘书若泽·布赖马·达费(José Braima Dafé)

社会联络国务秘书若昂·德巴罗斯（João de Barros）

国库国务秘书若泽·乔（José Djó）

计划与地区一体化国务秘书普尔纳·比亚（Purna Bia）

公共秩序国务秘书巴西罗·达博（Baciro Dabó）

国际合作国务秘书吉布纳·桑巴·纳瓦纳（Tibna Sambé Nawana）

第三节　立法与司法[①]

一　立法

几内亚比绍全国人民议会行使立法权，每年召开4次例会，就国内外重大问题制定法律，并负责监督国家法律的执行。常设机关为常务委员会，在议会闭会和被解散期间，行使议会职权。议员任期为5年。本届议会于2004年5月7日组成。共有议员102名。议长弗朗西斯科·贝南特（Francisco Benante，几内亚和佛得角非洲独立党）。

二　司法

最高法院是最高司法机关，国家检察院是最高检察机关，最高法院院长和总检察长均由共和国总统任命。最高法院院长玛丽亚·多塞乌·席尔瓦·蒙泰罗（女）（Maria do Céu Silva Monteiro），2004年2月6日就职。总检察长奥克塔维奥·伊诺森西奥·阿尔维斯（Octávio Inocêncio Alves），2003年11月15日就职。

① 中华人民共和国外交部网 http：//www.fmprc.gov.cn/chn/wjb/zzjg/fzs/gjlb/1530/1530x0/default.htm.

第四节　政党[①]

几内亚比绍共和国现有 20 多个政党（见表 3－2），主要是以下三个。

表 3－2　几内亚比绍政党名称索引

英文简称	英　文　全　称	中　文　译　名
AD	Alianca Democratica	民主联盟，民盟
ASG	Alianca Socialista da Guine-Bissau	几内亚比绍社会联盟
FCG	Foro Civico da Guine	几内亚公民阵线
FCGSD	Fórum Cívico Guineense-Social Democracia	几内亚比绍社会民主—公民论坛
FD	Frente Democratica	民主阵线
FDS	Frente Democratica Social	民主社会阵线
FLING	Frente da Libertação para a Indepen-dência Nacional da Guiné	几内亚国家独立解放阵线
MDG	Movimento Democrútico Guineense	几内亚比绍民主运动
MUDDS		民主联合和社会发展运动
MUDE	Movimento para a Unidade e a Democracia	联合民主运动
LGP	Liga Guineense para a Protecção	几内亚比绍保护联盟
LIPE	Liga para a Protecao da Ecologia	保护生态组织
PAIGC	Partido Africano da Independencia da Guine e Cabo Verde	几内亚和佛得角非洲独立党
PC	Partido de Convergência	汇合党
PCD	Partido da Convergencia Democratica	民主团结党
PCN	Partido da Convencao Nacional	民族集中党

① 中华人民共和国外交部网 http://www.fmprc.gov.cn/chn/wjb/zzjg/fzs/gjlb/1530/1530x0/default.htm.

续表 3-2

英文简称	英文全称	中文译名
PD	Partido Democrático	民主党
PDP	Partido Democratico do Progresso	进步民主党
PDS	Partido Democrático Social	民主社会党
PDSSG	Partido Democrático Socialista para a Salvação Guineense	几内亚比绍拯救民主社会党
PMP	Partido do Manifesto do Povo	人民宣言党
PP	Partido do Progresso	进步党
PPG	Partido Popular Guineense	几内亚比绍人民党
PRD	Partido de Renovacao e Desenvolvimento	民主变革党
PRN	Partido da Reconciliação Nacional	全国和解党
PRP	Partido da Renovação e Progresso	革新与进步党
PRS	Partido da Renovacao Social	社会革新党,社革党
PS	Partido Socialista	社会党
PSD	Partido Social Democrata	社会民主党
PST	Partido da Solidariedade e Trabalho	团结劳工党
PUN	Partido da Unidade Nacional	民族团结党
PUSD	Partido Unido Social Democratico	团结社会民主党
RGB-MB	Resistencia da Guine-Bissau/Movimento Ba-Fata	几内亚比绍抵抗运动,抵运
UCG	União dos Compatriotas Guineenses	几内亚比绍爱国者联盟
UM	Uniao para Mudanca	变革联盟
UNDP	Uniao Nacional para a Democracia e o Progresso	民主与进步全国联盟

一　几内亚和佛得角非洲独立党（Partido Africano da Independencia da Guine e Cabo Verde）

几内亚和佛得角非洲独立党，执政党，1956 年 9 月 19 日创立。党员约 30 万人。成立初期的几内亚和佛得角非洲独立党是一个包括小资产阶级知识分子、小业主以及手工工人在内的民族主义组织，主要成员为几内亚比绍和佛得角的爱国者。该党早期领导人包括几内亚比绍最著名的民族解放运动领袖阿米卡尔·卡布拉尔及其弟弟路易斯·卡布拉尔与佩雷拉等人。该党宗旨是实现民族团结，捍卫和巩固独立，为创建在人民团结一致、社会公正和法治国家基础上的民主社会而战斗。自成立起，该党便采取了一系列旨在促使葡萄牙发起殖民占领的和平请愿手段，但在1959年比绍大屠杀发生后，该党放弃了和平斗争，转而将武装斗争作为独立的唯一手段。自此后，几内亚和佛得角非洲独立党在几内亚比绍和佛得角进行了艰苦卓绝的武装斗争，并于1973年建立了几内亚比绍共和国，迫使葡萄牙殖民当局撤军。1977年11月，几内亚和佛得角非洲独立党确定为几内亚比绍和佛得角两国共同的执政党。1981年1月，佛得角另立新党，11月，几内亚比绍党决定沿用原名，从此两国一党的状况宣告结束。在1999年11月举行的总统和议会选举中失利，沦为反对党。2002年2月，该党举行特别代表大会，选举产生新的领导人，主席为卡洛斯·戈麦斯（Carlos Gomes）。在2004年3月举行的议会选举中获相对多数，重新成为执政党。

二 社会革新党（Partido da Renovacao Social-PRS）

社会革新党简称社革党，反对党。创建于1992年1月24日。党员约50万人。在工人、农民中影响较大。其宗旨是一切为了人民。主张优先进行国家建设、建立民主法制、实施良政，倡导民族团结与和解。在2004年3月举行的议会选举中位居第二。2002年11月，党主席阿拉马拉·尼亚塞辞去党内职务。代主席为阿尔贝托·南贝阿（Alberto Nambeia），总书记为安东尼奥·阿图尔·萨尼亚（António Artur Sanhá）。

三　团结社会民主党（Partido Unido Social Democrata）

团结社会民主党，参政党。1992 年成立。党的基本路线是坚持走社会主义道路。宗旨是建立公正、诚信和均富的社会。目前党主席职位空缺。总书记为马马杜·阿里·贾洛（Mamadú Ali Djaló）。

第五节　军事

一　建军及军队发展简况

几内亚比绍军队称人民革命武装部队（People's Revolutionary Armed Force，FARP），创建于 1964 年 11 月 16 日。具有海、陆、空三个军种。共和国总统为武装部队最高统帅。政府设国防部，下辖总参谋部，总参谋长由总统根据政府建议任免。实行义务兵役制，士兵服役期为 2～3 年，军官为 10 年以上。

二　国防预算

在 20 世纪 90 年代，几内亚比绍的国防预算和军费开支都不算很高。这主要因为几内亚比绍自身经济的落后，加之在该时期内几内亚比绍的政治局势相对比较稳定，但是，1998 年的几内亚比绍内战导致该国防御开支实质性增长；进入 21 世纪后，几内亚比绍的国防预算和军费开支受到国内政治局势变化和经济衰退的影响，国防预算和军费开支逐步增多（见表 3－3）。2005 年几内亚比绍的国防支出为 860 万美元。

三 国防体制、军队编制与兵役制度

几内亚比绍武装力量由正规军和准军事部队组成。正规军分为陆、海、空三个军种。准军事部队为宪兵，隶属于国防部，由现役人员组成。军官军衔分3等7级。将官只设准将，校官分为上校、中校、少校，尉官分为上尉、中尉、少尉。现任军队总参谋长巴蒂斯塔·塔格梅·纳·瓦伊（Batista Tagme Na Waie）。

表3-3 几内亚比绍军费开支表

年度	军费开支（万美元）	军费占国内生产总值百分比（%）	年度	军费开支（万美元）	军费占国内生产总值百分比（%）
1992	810*	3.67	2001	560*	2.8
1993	860	3.66	2002	560*	2.8
1994	800	3.22	2003	840	2.8
1995	800	3.04	2004	890	3.1
1996	800	—			

说明：*表示国防预算。

资料来源：全民国防教育网 http://www.gf81.com.cn/15/aff17.htm，https://www.cia.gov/cia/publications/factbook/geos/pu.html#Military.

三军总兵力7250人，预备役军人2000人。其中陆军分编5个步兵营、1个装甲旅、1个炮兵营、1个通讯营、1个侦察大队、1个工兵连；海军350人；空军100人。①陆军武器装备：坦克及装甲车辆95辆；火炮68门以上；导弹：防空导弹若干枚。海军武器装备：海军各型舰艇约10艘。空军武器装备：空

① 中华人民共和国外交部网站 http://www.fmprc.gov.cn/chn/wjb/zzjg/fzs/gjlb/1530/1530x0/default.htm.

军各型飞机6架。作战飞机：战斗机3架；支援保障飞机：直升机3架。[①]

四　对外军事关系

1998年6月几内亚比绍兵变后，几内亚出兵协助维埃拉政府，后及时撤兵；同时，应几内亚比绍总统维埃拉要求，塞内加尔出兵相助。1999年1月，西非维和部队进驻后，塞军逐渐撤离。

1998年几内亚比绍发生兵变后，法国支持塞内加尔和几内亚出兵几内亚比绍并提供军用物资。1999年5月，军委会因不满法偏袒维埃拉而焚烧法国驻几内亚比绍使馆，两国关系一度紧张。

1999年10月、2001年11月和2004年9月，几内亚比绍军委会统帅安苏马内·马内、总参谋长韦里西莫·科雷亚·塞亚、国防部长丹尼尔·戈梅斯分别率团访华。

① 全民国防教育网 http：//www. gf81. com. cn/15/aff17. htm.

第四章

经　济

第一节　概述

一　经济现状

几内亚比绍是一个农业国，工业基础薄弱，是联合国公布的最不发达国家之一。世界银行公布的数据表明，按平均收入水平，几内亚比绍位于最不发达国家的第十六位。几内亚比绍通用货币名称为非洲金融共同体法郎（franc de la Communaute financiere d'Afrique），简称非洲法郎（F CFA）。几内亚比绍 2004 年的国内生产总值（GDP）为 2.89 亿美元，人均 GDP 为 189 美元，当年的 GDP 增长率为 2.6%。2005 年，几内亚比绍国内生产总值（GDP）为 3.01 亿美元，人均 GDP 仅为 181 美元，GDP 增长率为 2.3%。当年的汇率为 1 美元兑换 528 非洲法郎。2004 年的通货膨胀率达 2.3%。

从 1998~2002 年度经济指标统计表中我们可以看出这几年几内亚比绍的经济走向呈现出波浪型。这表明，从 20 世纪 90 年代中后期至今，几内亚比绍的经济发展很不稳定，主要是因为其国内政治局势不稳导致社会经济发展缓慢。在发生政变的年份中，几内亚比绍的 GDP 指数明显低于局势平稳的年份，例如 1998 年。

表 4-1 1998~2002 年年度经济指标统计

	1998	1999[a]	2000[a]	2001[b]	2002[b]
GDP 市场价格(亿非洲法郎)	121.3	131.7	135.6[b]	148.8	157.8
GDP 市场价格(百万美元)	205.6	213.9	190.4	203.8	231.0
GDP 实际增长(%)	-28.1	7.8	9.3	4.5	1.5
消费价格上涨(年平均%)	7.6	-2.1[c]	9.1	5.0	4.0
人口(千人)	1171	1215	1258[b]	1302	1347
出口(离岸百万美元)	26.8	51.2	80.0	68.0	71.0
进口(到岸百万美元)	22.9	44.0	55.2	58.0	59.0
经常账目赤字(百万美元)	-30.0	20.0	33.5	28.0	30.0
外汇储备(包括黄金,百万美元)	35.8	35.3[c]	66.7[c]	69.5[c]	84.4
外债总额(百万美元)	965.6	933.7[c]	941.5[c]	n/a	n/a
债务率(%)	24.8	15.7[c]	8.6[c]	n/a	n/a
汇率(非洲法郎:美元)	590.0	615.7[c]	712.0[c]	733.0[c]	685.1

说明：a 官方统计数字；b 数据来源：*The Economist Intelligence*；c 真实数据。

资料来源：The Economist Intelligence Unit Limited 2002，*Country Report October 2002*.（Page 43）

二 经济结构和经济制度及其发展

几内亚比绍原是葡萄牙殖民地，长期的殖民统治给几内亚比绍留下了非常薄弱的经济基础。1973 年几内亚比绍宣告独立，独立初期，全国仅有十几家小型加工厂，工业产值只占国民生产总值的 0.5%；出口总额只等于进口总额的 8%；因连年战争，粮食已不能自给；人均国民生产总值仅为 110 美元。独立后，几内亚比绍政府为重建家园，发展民族经济作了不少的努力。到 1979 年，国民生产总值达到 1.4 亿美元，工业总产值约为 900 万美元，人均国民收入提高到约 170 美元。但是，独立后的很长一段时间内，国家主要领导人在经济建设方面脱离实际，忽视了经济基础脆弱、缺乏技术力量和管理人才的特点，采取了过激的变革措施；政府实行高度集中的计划经济，通过借外债对工业进行大量投资，想在较短的时间内引进一大批现代化企业，结果把来之不易的资金投入原料不足、缺乏市场、建成了也难以生产的项目上。例如，建设一个氧气厂，生产能力很大，一个月的产量就足供国内用1年。氧气不能出口，其余时间只好停产。又如，在外省建设的一个碾米和榨油厂，生产能力每年碾米5万吨，榨花生7万吨，把全国生产的稻谷和花生全部运到这里，才能满足生产需要，而要把全国产品都运到这里显然是办不到的。另一方面，国家经济的主要部门——农业却得不到应有的重视，用于农业的投资仅占总投资的7%，农业政策不当，农产品收购价格过低，不能调动农民生产的积极性，一些农村青年弃农进城寻找其他工作。加之连年干旱，农业生产一蹶不振，粮食产量逐年下降。

作为全国领导人的路易斯·卡布拉尔在政治上排斥异己、独揽大权，在经济建设方面又贪大求洋、脱离实际、轻视农业，加上连年干旱，几内亚比绍国内的政治、经济和社会矛盾日益尖锐。1980年11月，维埃拉发动“调整运动”推翻了路易斯·卡布拉尔的统治，并对卡布拉尔当政时的政策进行了调整。在经济方面，新政权制定了一些发展农业的具体政策，并对工业和基本设施建设项目重新安排，关闭了一些亏损严重的国营企业，注意发挥私人企业的作用，调动个人积极性。维埃拉政府还实行紧缩政策，恢复财政平衡，制止通货膨胀，这些政策使国家的经济状况大为好转。1981年上半年出口额比上年同期增加50%，粮食产量也由1980年的2.5万吨增加到5万吨。1981年11月，执政的几内亚和佛得角非洲独立党召开特别代表会议，明确宣布几内亚比绍优先发展农业，决心充分利用良好的自然条件来实现粮食自给。此外，几内亚比绍政府还进一步实行开放政策，采取措施吸引外资以加速恢复和发展民族经济，同时采取了调整工业和基础设施建设项目、改革商业体制、整顿国营企业等措施。1983年，政府采取贸易自由化，鼓励私人经济等一系列改革措施，并收到了一定成果。1984年农业生产和出口都有增长。但到1986年底许多商品生产停滞，导致了出口值下降，这直接影响到几内亚比绍外汇储备的减少并难以向外购进燃料和配件。

1987年，几内亚比绍政府在世界银行和国际货币基金组织的支持下制订了结构调整3年方案，实行经济改革，旨在取消对市场和价格的官方控制，大力发展私有经济，进一步实行贸易自由化、紧缩财政、制止通货膨胀。改革的主要措施有紧缩政府开支，减少财政赤字，减少政府对经济的干预，推行国营企业合理化，鼓励出口，鼓励发展私人企业等。经过一段时间的实验，几内亚比绍经济状况有了一定的改善，市场商品较以前丰富，农民的生产积极性大为提高，经济增长率1989年达到6%，预算赤字也已控制在国民生产总值的12%以内。

但由于市场启动乏力，1992年中出口创汇最多的渔业和腰果产值下降，农业减产三成还多，导致必须大量进口大米而使外贸赤字增加，国民生产总值呈下降趋势，货币贬值，当年的国民生产总值1.76亿美元，外债高达5.56亿美元。此时，世界银行又中止了对几内亚比绍经济结构调整的财政支持，并停止专项拨款；原宗主国葡萄牙也要求它每年偿还500万美元的债款，否则将中断双方财政合作协议、停止经济援助。这犹如雪上加霜，加之90年代初期，多党民主风潮时期，几内亚比绍政局动荡，使得几内亚比绍的经济在宏观上危机深刻、微观上极为萧条。

1994年，政局重新稳定后，又开始执行经济结构调整计划，国际货币基金组织等国际金融机构也向几内亚比绍提供了不少贷款，这使得几内亚比绍的经济有所恢复，但财政、金融危机依然严重。1994年的汇率为1美元兑换12770比索，通货膨胀率高达110%。

表 4-2　1982~1988 年经济指标统计（年增长率）

单位：%

	1982	1983	1984	1985	1986	1987	1988	1982/1988
消费	12.1	-3.4	7.6	5.4	-4.4	2.6	4.0	1.8
私人消费	8.0	-5.8	12.9	5.2	-2.3	0.1	3.9	2.1
公众消费	22.2	4.2	-3.3	6.1	-9.5	9.0	4.3	1.2
投资	28.0	-2.8	5.5	10.1	-23.4	18.2	3.9	0.9
国内供应	15.4	-3.3	7.1	6.5	-8.9	5.6	4.0	1.6
货物和服务平衡	60.9	-3.2	11.4	11.9	-19.4	6.5	4.0	0.8
出口	-10.6	-7.3	36.6	-27.5	-0.8	20.1	2.8	1.9
进口	38.5	-4.1	16.3	2.9	-16.4	8.9	3.7	1.3
GDP	4.2	-3.4	5.4	4.3	-4.4	5.5	4.0	1.8
农业	5.7	-2.0	-3.2	6.7	6.0	6.0	4.0	2.7
其他	2.5	-4.9	8.0	1.8	-16.2	5.0	3.9	

资料来源：*Country presentation by THE GOVERNMENT OF GUINEA—BISSAU*, *UN CONFERENCE ON THE LEAST DEVELOPED COUNTRIES*（*Paris*, 3—14 *September 1990*），第 26 页。

1997 年 3 月，几内亚比绍决定加入西非经济货币联盟（UEMOA）希望利用联盟内部自由、对外一致的优势发展落后的经济；5 月，原货币比索开始兑换非洲法郎（FCFA）；7 月底，比索作废。几内亚比绍将货币改为非洲法郎，以期使货币稳定，财政状况改善。1997 年的汇率为 1 美元兑换 577.82 非洲法郎，而国内生产总值为 1590 亿非洲法郎（折合 2.7 亿美元）；另据世界银行 1998~1999 年发展报告，1997 年人均国民生产总值为 14 万非洲法郎（约合 240 美元），在世界上排名第 123 位，当年的通货膨胀率为 63.2%。1998 年，国家又陷入内战，25 万人流离失所，经济遭受严重破坏。据统计，内战使几内亚比绍经济倒退约 10 年。

表 4-3　1994～1998 年国内生产总值及增长率

单位：亿非洲法郎

	1994	1995	1996	1997	1998
总　值	1259	1240	1394	1590	—
年增长率 %	3.2	4.4	4.6	5.1	-5.0

资料来源：英国经济学家情报部《国家报告——刚果（布）、圣多美和普林西比、几内亚比绍、佛得角》，1999 年第 2 期第 28 页。

另据非洲发展银行 1999 年发展报告，1998 年几内亚比绍国内生产总值为 2.86 亿美元，1980～1990 年的年均增长率为 9.7%，1991～1998 年为 2.2%。1999 年，几内亚比绍经济呈恢复性增长，当年的汇率为 1 美元兑换 615 非洲法郎，而国内生产总值为 2.14 亿美元，人均国内生产总值为 176 美元，国内生产总值增长率为 8.7%，通货膨胀率为 5.5%。许多的政府部门从 1999 年内战开始就陷于瘫痪状态，大多数已不能提供公共服务。改组计划得到了来自葡萄牙、荷兰、欧盟和世界银行的支持，该计划从 2003 年 1 月开始实施。

2002 年，几内亚比绍国内发生严重旱灾，农作物大面积歉收，经济面临极大困难。2002 年 7 月 29 日，政府向议会通报说，世界银行通过国际开发协会（IDA）[①]向几内亚比绍提供一项为期 5 年、价值 3100 万美元的“恢复私有制及发展贷款”，其中的 1300 万美元将用于发展基础性设施。2000 年底，几内亚比绍被世界银行和国际货币基金组织列入“重债穷国减债计划”，但由于无法达到所规定的经济发展指标，该计划长期得不到落

① 国际开发协会（International Development association，IDA）是世界银行的附属机构，为“低收入发展中国家”提供用以促进其经济发展的无息优惠贷款。

实，援助资金迟至2004年初才被解冻。2004年，几内亚和佛得角非洲独立党政府上台以来，重视发展农业，推行以水稻、腰果为主的多样化种植战略，积极促进私营经济发展，同时开源节流，加大渔政稽查力度。但因近两年连续遭受严重旱灾、蝗灾、水灾，农作物大面积歉收，经济十分困难。

第二节 农牧业

一 农业

1. 农业现状

由于几内亚比绍地势平坦，内陆河流纵横，利于农田灌溉，并且气候适宜，每年雨季降水量充足，其自然环境对发展农业比较有利，因此，它是一个较为典型的农业国。农业是几内亚比绍国民经济的主要组成部分，占整个经济的一半左右。国内80%以上的人口和3/4的劳动力均以农业和牧业为主，其中巴兰特人一直以“出色的种稻能手”著称。全国可耕地面积占国土总面积的1/3，约90万公顷，已耕地约45.4万公顷。据非洲发展银行1999年发展报告所显示，1997年几内亚比绍农牧业生产总值为1.43亿美元，占国内生产总值的53.8%。1998年，农业（包括林业与渔业）的生产总值占国内生产总值的62.4%，1999年约占62.3%。2004年，几内亚比绍农业产值约占国内生产总值的56.8%，农业人口约占全国劳动力的85%。

主要粮食作物有水稻、木薯、豆类、马铃薯、甘薯、高粱、玉米等，其中，稻谷种植面积最大，约占已耕地的1/3左右。大米是几内亚比绍人的主食。通巴里南部地区的稻谷产量占全国稻谷总产量的70%左右。1998年内战前，每年稻谷产量约为7万吨，在收成好的年份里部分稻谷还用于出口以赚取外汇。1977年、

1979～1980年和1983年的旱灾使得稻谷产量大幅下降，致使1986、1987年粮食缺口约为1.7万吨；到1989年，由于1988～1989年间的蝗灾和旱灾，几内亚比绍缺粮达16.57万吨。1990年也是个少雨的年份，谷类产量从1990年的25.04万吨降至1991年的10.47万吨，降幅达58.2%。但在1998年，谷类产量恢复到了18.3万吨。90年代末期以来，大米的进口量大幅增加，占到国内大米消费量的40%左右，这使得国内大米生产更为萧条。

虽然几内亚比绍地理、气候等条件都很适宜发展农业生产，但是由于生产方式的落后，始终以人力劳动为主，缺乏现代化生产手段，加上国家财力有限，经常遭受干旱、虫害等自然灾害；同时，弃农经商的人数不断增多，导致农业的发展受到很大制约，粮食不能自给，进口量一直保持在5～8万吨。农业种植技术原始、粗放，产量低。以水稻为例，当地传统种植方法每公顷仅1～2吨，以传统种植方法生产，根本无法满足国内粮食需求。全国粮食年需求量至少在15万吨，主要粮食作物稻谷、高粱、玉米等原粮产量仅14万吨，按照“粗”、“精”比1∶0.6（即原粮和精粮比）计算，自产精粮约8万吨，缺口在7万吨左右。

为了增加出口以赚取外汇，几内亚比绍政府十分重视发展各种经济作物，其主要的经济作物有：花生、腰果、棉花、棕榈仁、椰干等。花生是几内亚比绍传统出口作物。1977年，花生出口量为16335吨，占出口总产值的60%；但到了1992年时，降至400吨，约20万美元。据国际货币基金组织的统计，1993年几内亚比绍暂时停止对外出口花生，之后它慢慢恢复了花生的出口。几内亚比绍的棕榈产品主要集中在其沿海地区和小岛上。1983年，棕榈仁的出口量为10600吨，价值130万美元；但到1994年，降至800吨，约为10万美元。腰果也是主要经济作物之一，得以大面积耕种，1987年产量为6000吨；1994年增至

46500 吨，出口创汇 3100 万美元，占几内亚比绍当年出口总值的 93.4%；1996 年，腰果出口值降为 1860 万美元，占当年出口总值的 86.1%；1997 年出口值约为 4560 万美元；1998 年腰果出口产值再次下滑，约 2240 万美元。腰果大部分都销往了印度。几内亚比绍人以食用大米为主，占出口总值 95% 以上的腰果出口，均以不同形式换了大米。

在政府的发展计划中，农业一直居于优先发展的地位，其目标就是要实现粮食的自给自足。一座年产量达 1 万吨、足以满足国内需要的榨糖厂已在甘比尔地区（Gambiel）建设投产，而该糖厂所需原料都来自一处占地 6000 公顷的种植园；卡梅鲁地区（Cumere）的一处工农复合型种植园每年可加工 5 万吨大米和 7 万吨花生。据估计，以上这些计划与兴建一座热电站一起共需要 2 亿美元的投资，而这笔投资大部分来自于国外。虽然几内亚比绍历届政府均以保障全国人口的粮食供应（主要是粮食进口）当作头等大事来抓，但未从根本上解决全国人口“吃饭”问题，每年都不同程度地闹“粮荒”。粮食不能自足，农业生产落后，主要原因在于：（1）自然条件。几内亚比绍地处热带，生存“温饱”不存在问题，同时地广人稀，果木丰富，常年出产木薯、木瓜、芒果、腰果，几乎到处可以找到维持生命的物资，自然条件的优越使人们不太看重农业的重要性。（2）国家政策。几内亚比绍是全球最穷国，基础设施极差，人力资源贫乏，农业投入不够，没有组织化的农业生产，耕作方式原始。（3）国际援助。长期以来，国际组织和友好国家在几内亚比绍粮食紧缺的时候，都不同程度地提供粮食援助。历年来国际社会援助的粮食保持在 5000～15000 吨（主要取决于腰果的产量和出口情况）。

2. 土地使用

独立时，政府把在几内亚比绍的葡萄牙人的财产没收充公，并由国家控制对外贸易，而国内的零售业由“人民商店

(people's shops)”经营，但由于这些职能机构的腐化与效率低下，1980年卡布拉尔统治时国内出现消费品严重短缺，这直接导致了当年卡布拉尔政权的垮台。1983～1984年，政府把一部分国有贸易公司私有化；同时为了促进农业生产，把产品价格上涨了70%左右。虽然政府采取了一些举措，但绝大多数产品的买与卖仍旧由政府把持、操控。直到1987年，为了加深国内市场机制的自由化程度，政府加快开放了除基本物资之外大多数农产品的价格控制。1992年，政府解散了人民民兵部队（the people's militia)，这是一个曾负责监控国内经济运作的准军事组织。由于传统习惯，以及没有出台土地政策和法规，谁开垦谁占有，几内亚比绍现有土地几乎全部被私人占有。政府要征用土地时，始终会遇上土地所有权问题，而土地使用者从不向国家交纳土地使用税。几内亚比绍政府目前正在采取措施加强对国土资源的管理，拟把全国土地收归国有，合理开发和使用国土资源。

3. 农业前景①

土地资源：几内亚比绍陆地面积3.6万平方公里，平均人口密度为34人/平方公里，农村人口占75%，城市人口主要集中在首都比绍。农村广大地区人口稀少，土地广袤，地势平坦，土壤肥沃，有大量适合耕种的土地，全国各地都随处可见面积上百公顷的平地，且境内河流密布，地下水丰富。

自然资源：几内亚比绍6～10月是雨季，11～5月是旱季，全国年均降雨量在2000毫米左右，平均气温在25℃，日照充足，粮食、蔬菜和其它作物旱雨季皆可生长。发展农业具有优越的自然条件。

---

① 中华人民共和国驻几内亚比绍大使馆经济商务参赞处网站 http://gw.mofcom.gov.cn.

市场环境：几内亚比绍原是西非经济货币联盟唯一出产稻谷的国家，而目前自产大米仅能部分满足本国需求。几内亚比绍以及周边国家，大米是主要粮食，各成员国都采取降低关税等措施，保障大米的进口，如几内亚比绍把大米的进口关税从20%降到10%。长期以来，本国自产农产品短缺，市场销售的粮食和大宗蔬菜（如大米、面粉、土豆、洋葱、圆白菜等）皆是进口产品。如果未来生产饱和，除了本国消费外，还可出口到周边国家。按照联盟内部规定，出产于本地区的商品在成员国之间流通不纳关税。

鼓励政策：为引进外资，几内亚比绍政府成立了私营投资促进总局，为国外投资者提供全方位帮助。与其他行业一样，政府提供各种优惠措施，鼓励外资投向农牧业，如土地使用的优惠、减免税赋、农机具和其他生产资料的进口免除关税等。几内亚比绍目前法律法规不健全，各种优惠和便利条件都可以谈判和协商。

表4-4 几内亚比绍主要粮食生产情况

	收获面积(1000公顷)			单产(千克/公顷)			产量(1000吨)		
	1999	2000	2001	1999	2000	2001	1999	2000	2001
稻 谷	68	70 *	55F	1181	1487	1818	80	104 *	100F
玉 米	15	15F	27F	1811	1713	963	27	26	26F
粟 子	15F	23F	23F	828	917	917	12	21 *	21F
高 粱	15F	15F	18F	965	753	833	15	11	15F
带壳花生	16F	16F	16F	1188	1188	1188	19F	19F	19F
籽 棉	3F	3F	3F	1212	1212	1212	4F	4F	4F
甘 蔗	5F	5F	5F	27500	27500	27500	6F	6F	6F

说明：* 非官方数字；F 粮农组织估计数。

资料来源：FAO Production Yearbook Vol. 55 - 2001, pp. 76 - 172.

纯粹的农业生产，投入大，经济效益不高，经营方式必须以粮为主，多种经营，发展加工业和养殖业，如加工稻谷、腰果、木薯、水果，养殖牛、羊、猪等，探讨农、工、商一体化经营是企业发展的必由之路。

二　渔业

几内亚比绍沿海海岸线长 220 公里，其沿海岛屿约有 60 个，沿海大陆架长 160 公里。由于其海域受冷暖海水交流的影响，水温很适宜鱼类的繁殖和生长，加之又是多条内河的入海口，多营养物质，因此，几内亚比绍的渔业资源很丰富，约 140 万吨，年捕捞潜力估计可达 25 ~ 35 万吨，其中有鳞鱼约 20 万吨，头足类软体鱼约 2000 吨，对虾约 5000 吨，龙虾约 5000 吨，蟹类约 500 吨。目前实际年捕捞量在 20 万吨左右。几内亚比绍海域鱼类种类较多，鱼类 170 多种，经常捕获的主要经济鱼种有 50 种左右，包括鲍、花鲷、鳎、对虾、章鱼等。几内亚比绍是大西洋东部国家渔业委员会的成员国。几内亚比绍政府对专属经济范围内的海域实行严格的渔业管理，执行禁渔区线制度，幼鱼比例检查制度和海上监护制度。在禁渔区线以东严禁外国持证渔船进入捕鱼，违者罚款。渔获物中体长 15 公分以下的幼鱼不得超过 30%，否则罚款。几内亚比绍全国有 4000 ~ 5000 人以捕鱼为生，渔船为载重量 1 吨左右的小舢板或独木舟，主要在国内水域从事作业，政府对禁渔区以西的专属经济区范围内的海域，向外国渔船出售捕鱼许可证，收费标准一般为渔船每吨位年收费 220 ~ 360 美元。海产品的出口和向外国人发放捕鱼许可证是几内亚比绍外汇收入的重要来源。从 20 世纪 70 年代末开始，几内亚比绍渔业迅速发展起来。但是，由于缺乏现代化捕捞工具，当地渔民多为手工操作，因此水产品的产量不高。1989 年，几内亚比绍共有 1200 艘捕鱼船，其中 20% 装有马达，这些渔船每年可以捕1万多吨。1995年的捕捞量还不足估计产量（25万吨）的10%。据几内亚比绍渔业部门1996年的调查估计，渔船的数量当年增至2500艘，其中25%装上了马达，能每年捕鱼5.2万吨。

表4-5 1996~2000年几内亚比绍渔业产量数据*

单位：吨

	1996	1997	1998	1999	2000
内陆水域	250	250	200	200	200
大西洋水域	6750	7000	5800	4800	4800
总捕捞量	7000	7250	6000	5000	5000

说明：*粮农组织估计数。

资料来源：FAO，*Yearbook of Fishery Statistics*，2001，p. 440.

外国渔船队常年在几内亚比绍海域捕捞，而几内亚比绍政府通过向他们发放捕捞许可证来收取酬金。1980年，几内亚比绍政府和欧盟（当时的欧共体）签订了一项渔业协定，允许西班牙、葡萄牙、法国、意大利等欧盟国家的渔船进入几内亚比绍海域捕鱼，而欧盟则向几内亚比绍提供援助以为回报。该协定自签订以来进行了多次修订，在1997年6月，几内亚比绍与欧盟重新签订了一份为期4年的渔业协定。按照该协定，欧盟渔船每年可捕捞1.26万吨，酬金为1000万美元。2003年3月，欧盟与几内亚比绍双方续签了现行的渔业协议，其有效期为1年，即从2003年1月1日至2003年12月31日，欧盟每年提供296万欧元的财政资助。协议中包括了来自法国、西班牙、葡萄牙、意大利和希腊的渔船以及欧盟的捕虾船、捕头足类和金枪鱼渔船。同时，几内亚比绍还将每年获得来自欧盟的37万欧元，作为欧盟鼓励在当地水域减少捕捞准许量的资金。据悉，鼓励减少捕捞准许量的措施之一是冻结对一些捕捞许可证的批准，因为这些渔船不能像那些在欧盟协议框架以内作业的渔船那样在同样的限制下进行作业。[①]

1990 年，非洲发展银行（ADB）同意向几内亚比绍贷款1500 万美元用于一项发展南部卡西内地区（Cacine）渔业出口的计划。1993 年，几内亚比绍和塞内加尔两国政府签订协议联合管理两国的海域，而渔业资源由一个两国联合管理机构进行分配；协议还规定该机构于 1995 年正式成立。几内亚比绍近年的渔业产值增长较快，1997 年税收已达 9.1 亿非洲法郎（1.56 亿美元），是 1995 年的两倍。另外，中国也有渔船在几内亚比绍海域内捕鱼。中国中水公司同几内亚比绍渔业合作始于 1984 年，现有渔船 21 条，以捕捞各种硬体鱼为主，产量稳定，取得了较好的经济效益。目前，在几内亚比绍海内各类捕捞船 108 条，其中[②]：

中　国：21 条船（虾证 13，软体鱼证 8）

西班牙：36 条船（虾证 13，金枪鱼证 22，软体鱼证 1）

法　国：18 条船（金枪鱼证 18）

希　腊：2 条船（硬体鱼证 2）

意大利：4 条船（虾证 4）

葡萄牙：4 条船（虾证 4）

俄　国：1 条船（硬体鱼证 1）

巴拿马：4 条船（硬体鱼证 4）

塞内加尔：9 条船（虾证 8，硬体鱼证 1）

加　纳：1 条船（硬体鱼证 1）

大几内亚：2 条船（虾证 2）

当　地：6 条船（虾证 5，硬体鱼证 1）

---

① 《中国海洋报》水产周刊·市场经营，2003 年 3 月 21 日。

② 中华人民共和国驻几内亚比绍大使馆经济商务参赞处网站 http://gw.mofcom.gov.cn.

三 畜牧业

几内亚比绍政府很重视动物资源和畜牧业的发展。温湿的气候非常有利于草木植物的生长，广阔的热带草原和丘陵山坡是天然的优质草场。全国约有300万公顷牧场，农业人口的20%从事传统的畜牧业，内地的巴兰特族和穆斯林就以放牧为生。政府除颁布了专门的法令保护森林中的各种珍贵动物外，还从国外引进良种肉牛和奶牛。猪、羊和家禽是主要畜产品。畜牧业产值约占国内生产总值的15%。近年来家畜存栏数见表4-6。

表4-6 几内亚比绍家畜存栏数

单位：千只

	1989~1991	1999	2000	2001
牛(千头)	407	500	512	515*
猪(千头)	290*	345*	345*	350*
绵 羊	239*	285*	280*	285*
山 羊	212*	325*	325*	325*

说明：*粮农组织估计数。

资料来源：*FAO*, *Production Yearbook* Vol. 55-2001, p. 212, p. 215.

四 林业

几内亚比绍森林资源丰富，拥有林地面积近24600平方公里。森林覆盖面积占国土面积的56%。其中，干旱、密集林地1730平方公里，退化林地9370平方公里，热带草原性林地9260平方公里，棕榈、芒果和湿地林4220平方公里。全国森林资源储量4880万立方米，其中质地优良、可做工业和建筑用的木材资源种类不多，储量有限，主要有红木、香木、血木、白木、棕榈树等，可供砍伐的资源约40万立方米（417000立方米），是建筑、造船、家具制作和木雕的理想材料。几内亚比绍林业资源可分为以下3种：（1）果木类，如腰果、芒果、棕榈、柠檬等，属于最重要的林业资源；（2）柴火类林木，一般生长期短，树干矮小，多用作烧制木炭，或做柴火直接燃烧；（3）建筑和工业用材，这类林木一般生长期长，树干粗大，木质较好，可做家具和用于建筑，几内亚比绍出口的木材（原木）皆属这类。2001年出口原木1540立方米，出口值38万美元，出口地为葡萄牙。①

几内亚比绍林业以伐木和锯材为主，原木和锯材历来是重要的出口物资，吸引着很多欧洲贸易伙伴，如葡萄牙、瑞典、荷兰、法国等，这两项的出口是外汇的主要收入之一。但由于长期砍伐，森林资源遭到了很大破坏。在1988~1991年的发展计划中，政府把林业摆在了一个优先发展的位置，一个有关再造林计划得以实施。1986年，一度由于资源被严重破坏而中止的木头出口得以恢复。1991~1993年的原木产量分别为56.9万、57.2万、57.4万立方米，锯材产量一直停留在1.6万立方米左右。1995年原木和锯材总产值为150万美元，而1997年则降为60万美元。

近年来，由于几内亚比绍私有化进程加快，加上国家经济十分困难，为增加财政收入，大量发放林业开发许可证，而公司为了获利，只管砍伐，不管种植；国家监管力度远远不够，乱砍滥伐不能受到应有的控制和惩罚，价值较高的木材资源越来越少。几内亚比绍境内目前共有10家木材资源开发商，所有的林地开

① 中华人民共和国驻几内亚比绍大使馆经济商务参赞处网站 http://gw.mofcom.gov.cn.

表 4-7 几内亚比绍木材生产及消费情况

单位：千立方米

	生产量				消费量			
	1998	1999	2000	2001	1998	1999	2000	2001
原木	589	592	592	592	578	589	585	585
锯材	16	16	16	16	15	13	15	15

资料来源：FAO *Forest Products Yearbook*, 2001. p. 2, p. 74, p. 226.

表 4-8 几内亚比绍林产品进出口情况

单位：千美元

	进口				出口			
	1998	1999	2000	2001	1998	1999	2000	2001
林产品	—	—	—	—	2083	610	1013	1013

资料来源：FAO *Forest Products Yearbook*, 2001. p. 2, p. 74, p. 226.

发权已被买断，甚至还发生开发交叉地带，公司间曾因此发生冲突。按几内亚比绍林业有关法律规定，每砍伐100立方米的木材资源，应种植4公顷的同类树种。索科特雷姆（SOCOTRAM）是几内亚比绍的唯一国有林业开发公司（目前已经处于半倒闭状态），在90年代前5年根据所伐木材量，应种植2000公顷的树苗，可实际只种了147公顷，而其他私营公司则根本不考虑种植。由于人口大量增加、放火毁林、乱砍滥伐，森林资源衰退已十分严重，引起国际社会和几内亚比绍政府的严重关切。为保护已经十分脆弱的森林资源，政府决定，停止发放林业开发许可证，将现有10家林业开发商减为2家。加强对森林资源的管理，防止乱砍滥伐、放火毁林，使日渐衰竭的林业资源得以逐步恢复。

第三节　工矿业

一　工业

几内亚比绍矿产资源尚未开发。主要矿藏为铝矾土，蕴藏量约2亿吨；磷酸盐，储量约1.1亿吨；沿海还有石油，一直未进行大规模开发，其开采也刚开始进行。几内亚比绍工业基础薄弱，以农产品和食品加工为主，有碾米、木材加工、花生脱壳、榨油等工厂。加工业约占工业总产值的75%。此外，还有发电厂、建材厂等。工业企业不足100家，大多数集中在首都比绍。1992～1994年植物油产量分别为2650万、3350万和3580万升；1996年和1997年植物油产量分别为430万升和410万升。2003年工业产值约占国内生产总值的13.4%，从事工业的人口只占劳动人口的1%。

自独立后，政府很注意吸引外资，同葡萄牙等国曾合办过一些企业，如果汁厂、啤酒厂、汽车装配厂等，但由于经营不善，先后倒闭。期间爆发的几次内战又使工业遭到不少破坏。1986年，在政府鼓励发展私人资本的情况下，一家年产500辆汽车的汽车装配厂重新投入生产。1987年，几内亚比绍政府与葡萄牙、美国签订协议建立一项试验性的信托基金以鼓励、促进私营企业的发展。1989年7月，几内亚比绍与葡萄牙签订协议，一家葡方公司投资几内亚比绍的一家塑料厂使之重新投产，而该厂曾于1984年停止生产。

据世界银行调查，1990～1998年，几内亚比绍的工业GDP以平均每年1.4%下降。1996年，工业产值只占国内生产总值的11%。1997年，制造业占国内生产总值的7%，工业产值约占国内生产总值的11.3%，从事工业的人口只占劳动人口的1%。1998年的内战使工业遭受了严重打击。1999年，工业产值约占国内生产总值的11.7%。

几内亚比绍能源主要来自水电。1987年，一座由前苏联投资的装有柴油发电机的电站开始兴建。这座电站完工发电与比绍的热电厂和购置350万千瓦的发电机组是一项发展计划的主要组成部分，这项计划的目标是要把发电能力提升至1540万千瓦。欧洲投资银行（EIB）于1992年同意为该计划提供750万埃居(ECU)。1992~1994年全国总发电量分别为4400万、4400万、4490万千瓦小时；1996~1998年的发电量分别为4760万、4820万、4010万千瓦小时。在1998年，几内亚比绍进口石油和石化产品约占该年进口总值的9.8%。

表4-9 1999~2003年工业部分产值数据表

	1999	2000	2001	2002	2003
植物油(百万升)	3.2	3.4	3.6	3.6	3.7
乳制品(百万升)	1.0	1.1	1.1	0.9	0.9
发电量(百万千瓦小时)	54*	58*	60*	—	—

说明：* 临时或估计数据。

资料来源：*Guinea-Bissau: selected issues and statistical appendix*, p.36. *Industrial commodity statistics yearbook* 2002, *p*.789.

二 矿业

几内亚比绍矿业有待发展，对铝矾土、石油和磷酸盐的勘探一直在进行。1972年，有报道称在博埃地区(Boe)有一个储量为2亿吨的铝土矿，但对它的开发、采掘尚未盈利。一支法国勘探队在1981年宣称在卡谢乌（CACHEU）和奥约（OIO）等地探明磷酸盐的储量达两亿吨。几内亚比绍的石油勘探开始于1960年。1984年，政府与一些外国石油公司就石油勘探达成协议，允许这些公司在沿海4500平方公里的范围内进行探查；1985年，在放宽有关天然气、石油的法令颁布后，政府对沿海40多个地区的石油开采发放了许可证。1990年，美国派克顿石油公司（Pecten）开始在自己的许可范围内钻井采油。由于沿海地区可能蕴藏着大量石油，因此几内亚比绍与几内亚对该地区的争夺一直持续到1985年。90年代初，几内亚比绍与几内亚共同组成的联合委员会成立，其目的是促进两国相邻海域的资源开发。几内亚比绍与塞内加尔的一处海上交界处的管辖争论直到两国1993年10月签署一项协议才告结束。该协议规定，两国对该地区进行共同管理；对该海域的石油开发在头20年内塞内加尔与几内亚比绍分别获取85%和15%的石油。几内亚比绍在1995年12月正式批准了上述协议。1996年，加拿大石油公司佩特罗班克（Petrobank）与几内亚比绍国家石油公司达成协议，合资共同开发沿海一处地区的石油，该地区占地约28万公顷，加拿大首批投资款达100万美元。目前，在几内亚比绍的海域进行石油勘探和开采的公司还有埃索（Esso）、埃尔夫（Elf）、班顿石油（Benton Oil）等国际著名石油和天然气公司。

三　建筑业

几内亚比绍内战时期基础设施和民用建筑都遭受了严重的毁坏，目前因为经济困难，重建的工作进展缓慢。政府没有资金用于基础设施建设，目前启动的大小建设项目主要是国际援助和一些私营业主的小额投资。除沙、石料、木材等材料外，其它建材均靠进口。由于进口的各种税费较高，因此，建材价格也相对较高。

（一）市场规模

目前，几内亚比绍建材市场处于缓慢上升阶段，尤其通用建材需求量有所增加。月均消耗量大约为：水泥5000吨左右，钢材1500吨，瓷砖2500平方米，各类涂料3000公斤，月均消耗量随经济情况变化有所变动。

（二）各种税费与建材价格①

各种税费较高，主要是两个方面，一是码头各种费用，包括码头使用费3美元/吨、装卸费100美元/20英尺集装箱/只（150美元/40英尺集装箱/只）、搬运费100美元/20英尺集装箱/只（150美元/40英尺集装箱/只），如果要在码头或仓库停放，搬运费则为200美元/20英尺集装箱/只（300美元/40英尺集装箱/只）；二是海关税和销售税及其他费用为货物价值的37.5%，其中海关税20%，消费税15%。

几内亚比绍建材价格随进口量的多少波动较大，当前价格分别为：水泥6.8美元/50公斤袋；钢材直径10毫米，长6米，3.8美元，直径16毫米，长6米，6美元；瓷砖11美元/平方米；涂料1.5美元/公升。青石子68美元/立方米，红石子30美元/立方米，沙18美元/立方米。

（三）现有商家

几内亚比绍目前有4家规模较大的建材供应商：（1）卓玛乌（JOMAV），这是一家当地人开的公司，主要经营水泥、钢材、涂料、地砖等，信誉较好；（2）努内斯依拉茂（NUNES & IRMÃO）是一家葡萄牙人的公司，在几内亚比绍已有50多年的历史，提供卫生洁具、各种涂料和内装修材料等，质量有保证，但价格较高；（3）卡萨科里亚（CASA CORREIA）也是葡萄牙人开的公司，主要经营内装修材料；（4）几利易佩克斯（GUINNE-IPEX）是一家印度人开的公司，在几内亚比绍有4家分店，经

① 中华人民共和国驻几内亚比绍大使馆经济商务参赞处网站 http://gw.mofcom.gov.cn.

营所有类建材，但质量不如前 3 家可靠。（5）博克斯进出口公司（BXO-IMPORTAÇÃO E EXPORTAÇÃO E REPRESENTAÇÃES LDA），主要从事建材的进口代理，几内亚比绍市场的水泥多数皆由其代理进口。以上 5 家建材经销商占有几内亚比绍建材市场 95% 以上的份额。

（四）建材进口地

水泥一般来自摩洛哥、葡萄牙、塞内加尔等国，钢材来自葡萄牙、印度，比利时等国，涂料来自葡萄牙、法国、印度，西班牙，内装修材料主要来自葡萄牙、西班牙等国。

（五）存在的问题

几内亚比绍的建筑业也存在着很多的问题，其中包括：（1）由于当地经济非常困难，所以私人或公司购买力差；（2）国内的建材市场容量有限；（3）对于向几内亚比绍做建材的商人来说，出口批量不宜太大；（4）同时，建材进入几内亚比绍时间适宜安排在旱季，即 11 月至次年 5 月，这是因为雨季雨多、雨大，如果装卸不及时加之仓库存储条件差，容易造成损失。

第四节　交通与通信

一　交通

陆运和水运在几内亚比绍的经济中都占有重要地位，空运只限于国际联系。

陆运以公路为主，没有铁路。公路多集中于北部，而南部多为山地，交通不便。公路总长 3500 多公里，其中二级、三级公路（沥青路面）约 550 公里，有客车 6300 辆、货运卡车 4900 辆。大部分路面长期失修，雨季无法通车。1989 年初，非洲阿拉伯经济发展银行和欧共体向几内亚比绍提供3130万美元进行道路建设。1990年由欧共体和意大利援建的从圣多明戈斯（Sao Domingos）到塞内加尔的门派克（M'Pack）公路竣工通车。几内亚比绍同冈比亚和几内亚的边境贸易主要依靠陆路运输。

几内亚比绍85%的居民都居住在距离水运通航点不足20公里的地方，因此，河运与近海海运是更为重要的交通和运输渠道，发展前景很大。水运从热巴河可上溯150公里，也可沿海湾向东进入卡谢乌河下游，向西进入科鲁巴尔河下游。但现时基础设施少，缺乏客货运船只，通航里程仅为1800公里。1984年，一项旨在扩大比绍港和修缮四个内河港口、耗资4740万美元的工程开工。1986年，为了提高大米向北部地区的销售量，在恩帕达（N'Pungda）修建了一处新的内河港。国际海运可通到周边邻国和葡萄牙等欧洲国家。

空运不发达，首都比绍有国际机场，可起降波音747等大型客机，与里斯本、巴黎、几内亚、佛得角、塞内加尔和加那里群岛有定期航班，年旅客量约两万人次。国内空运不多，无定期航班。几内亚比绍航空公司是惟一的国营航空公司。1991年，几内亚比绍和葡萄牙签订一项航空协定，葡萄牙国家航空公司向几内亚比绍航空公司提供设备和技术以提高国内空运能力，同时把里斯本至比绍的航班次数从以前的每周两次增至三次。

首都比绍是全国海、路、空运输中心。横贯全国的公路干线从比绍市向西，经巴法塔到达西部国境的皮切，是全国陆路运输的大动脉。比绍有深水海港，可泊万吨货轮，有两个码头，年吞吐量约为50万吨，其港口停泊和货物装卸费用昂贵，被当地外国公司称为世界上收费最高的港口之一。空运业几乎全部都集中在比绍。

表 4－10　20 世纪 90 年代几内亚比绍交通

公路交通			
	1994	1995	1996
客车（辆）	5940	6300	7120
商用车（辆）	4650	4900	5640
航　运			
	1996	1997	1998
船只（艘）	21	21	23
总排水量（grt）	5891	5617	6079
国际海事货运			
	1991	1992	1993
载货量（万吨）	4	4.5	4.6
卸货量（万吨）	27.2	27.7	28.3
民用航空			
	1994	1995	1996
飞行里程（百万公里）	1	1	1
载客量（万人）	2.1	2.1	2.1

公路交通资料来源：International Road Federation, *World Road Statistics.*

航运资料来源：Lloyd's Register of Shipping, *World Fleet Statistics.*

国际海事货运资料来源：UN Economic Commission for Africa, *African Statistics Yearbook.*

民用航空资料来源：UN, *Statistics Yearbook.*

二　通信

几内亚比绍是全球极少数尚未拥有移动通讯网的国家之一，这与葡萄牙电讯（PORTUGAL TELECOM）长期以来对几内亚比绍电讯业的垄断和控制相关。2003 年，几内亚比绍政府决定成立新的电讯公司——GUINETEL，成立之初政府出资 90%，其余 10% 向员工筹措。几内亚比绍政府计划 6 个月后将 40% 的资本面向国外实力较强的投资者开放，20% 向本国企业开放，其余 30% 由几内亚比绍政府控制。目前几内亚比绍电讯业由葡萄牙电讯（PORTUGAL TELECOM）控股的几内亚电讯公司（GUINÉ TELECOM）垄断经营。按照葡萄牙电讯与几内亚比绍前政府签订的合同，葡萄牙电讯应从 1989 年始垄断经营几内亚比绍电讯业 20 年，至 2009 年结束。为摆脱葡萄牙电讯的垄断和控制，几内亚比绍政府在与葡萄牙电讯谈判未果的情况下，几内亚比绍政府决定成立上述新公司，自行对移动通讯网建设项目进行国际招标。2003 年 8 月 19 日，几内亚比绍政府在首都比绍举行移动通讯网建设项目招标发布会，宣布自即日起对几内亚比绍移动通讯网项目进行国际招标，以在全国建立 GSM 移动通讯网。2003 年，几内亚比绍全国每千人拥有电话约 10 部，开通了约有 3500 部移动电话。几内亚比绍的因特网发展较快，2002 年因特网用户约 4000 户，2005 年，因特网用户约为 26000 户。

第五节　财政金融

几内亚比绍财政困难，连年赤字。近几年来由于受到国内外各种因素的影响，几内亚比绍的财政收入一直处于低谷。2003 年，几内亚比绍的财政收入仅为 297 亿非洲法郎，而财政支出却达到 430 亿非洲法郎。2004 年 10 月，几内亚比绍外汇储备约为 2.2 亿美元。2005 年，外汇储备（不含黄金）0.8 亿美元。2003 年外债总额 7.45 亿美元。近年财政收支情况见表 4-11。

表 4-11　几内亚比绍 2000～2003 年财政收支情况表

单位：亿非洲法郎

	2000	2001	2002	2003	2004	2005
收　入	315	456	304	297	435	289
支　出	306	335	475	430	551	443
差　额	9	121	-171	-133	-116	-154

资料来源：中华人民共和国外交部网站 http：//www.fmprc.gov.cn/chn/wjb/zzjg/fzs/gjlb/1530/1530x0/default.htm.

第六节　对外经济关系

一　外贸概况

几内亚比绍对外贸易一直存在着严重的不平衡，几乎年年逆差。1986 年，出口额仅为 750 万美元，由于几内亚比绍货币比索贬值，1990 年出口额升至 2150 万美元。根据 2005 年度《经济季评》的数据，几内亚比绍 2003 年的出口额为 6870 万美元；2004 年的出口额为 8800 万美元。

与此同时，几内亚比绍对工业制成品、机器设备、燃料和食物的需求大幅上升，因此 20 世纪 80 年代平均每年的进口额为 6000 万美元左右。但是，由于 90 年代国际汇率的调节和许多国有企业的倒闭使得几内亚比绍工业原材料的进口曾经急剧下降。进入 21 世纪后，由于政府调节了财政和货币政策，几内亚比绍 2003 年的进口额达到 6880 万美元，2004 年进口额为 10180 万美元。

表 4－12　几内亚比绍近年外贸情况如下

单位：百万美元

	2002	2003	2004
出口额	50.7	68.7	88.0
进口额	67.9	68.8	101.8
差　额	－17.2	－0.1	－13.8

资料来源：中华人民共和国外交部网站 http：//www.fmprc.gov.cn/chn/wjb/zzjg/fzs/gjlb/1530/1530x0/default.htm.

二　外贸关系

1. 主要外贸对象国

几内亚比绍主要贸易伙伴是：燃料主要从葡萄牙和塞内加尔进口，建材从葡萄牙、西班牙、摩洛哥进口，食品主要从葡萄牙、西班牙、塞内加尔、冈比亚进口，其中大米来自中国、泰国、越南、巴基斯坦等亚洲国家（大多数为转口进入）。汽车主要来自西班牙、日本、南非。家用电器大多来自欧洲，生活日用品一般来自欧盟和邻国。主要出口国是印度、乌拉圭、尼日利亚、意大利、葡萄牙、塞内加尔等。

表 4-13 几内亚比绍主要贸易伙伴（2004 年）

单位：%

主要出口对象国	占出口比例	主要进口来源国	占进口比例
印 度	51.7	塞内加尔	44.3
乌拉圭	23.7	葡萄牙	13.6
尼日利亚	12.9	中 国	4
意大利	3.4	意大利	3.4

资料来源：中华人民共和国外交部网站 http：//www.fmprc.gov.cn/chn/wjb/zzjg/fzs/gjlb/1530/1530x0/default.htm.

2. 外贸分布情况、主要进出口商品

据几内亚比绍官方统计，1997~2001 年年均进出口总值约 10200 万美元，其中进口约 5500 万美元，食品类为 1900 万美元，占进口量的 35%。建材进口量和所占比例均呈上升趋势，1999 年为 94 万美元，占当年进口量的 3%；2000 年为 501 万美元，占当年进口量的 10%；2001 年为 899 万美元，占当年进口量的 16%。其它类商品如汽车、机电产品、饮料和香烟、家庭日用品、燃料等，其进口额所占比例在 7%~15% 不等。年均出口额约 4700 万美元。出口产品主要是腰果，占出口总量的 97% 以上，其余为少量木材、鱼虾等。

在几内亚比绍从事燃料进口的公司主要是佩祖玛（PEDROMAR）、壳牌（SHELL）和埃尔夫（Elf），全国的柴油、汽油、液化气均为这三家进口。其中佩祖玛（PEDROMAR）是与葡萄牙合资的公司，资金雄厚，进口渠道畅通，在比绍码头建有大型储油罐，代理壳牌（SHELL）和埃尔夫（Elf）的柴油储存。以上三家公司垄断经营几内亚比绍燃料市场；麦夫格罗（MAVEGRO）、斯特亚（STEIA. S. A.）、保佳（BALCAR）、格路卡－通用（GRUCAR-GM）是四家从事汽车、汽车零配件和一般家用电器的进口公司，其中麦夫格罗（MAVEGRO）为荷兰人开的公司，在几内亚比绍已经营近20年。代理日产（NISSAN）汽车的销售、维修和零配件供应，同时兼营名牌摩托车、发电机、家电、生活日用品等，其余三家公司分别销售日本丰田、三菱和美国通用汽车。卓玛乌（JOMAV），努内斯依拉茂（NUNES & IRMÃO），卡萨科里亚（CASA CORREIA），几利易佩克斯（GUINNE-IPEX），博克斯进出口公司（BXO-IMPORTAÇÃO E EXPORTAÇÃO E REPRESENTAÇÕES LDA），是主要的建材进口商，从事水泥、钢材、涂料、管线、各种贴面材料、卫生洁具等建材的进口。环球贸易（GLOBO TRADING）和富罗比斯（FLORBIS）是两家从事家具、灯具、家用电器进口的公司。穆斯塔法加罗（MUSTAPHA JALLOW）、拉玛那达加罗（LAMARANA DJALO）、尤尼考麦克斯（UNICOMEX）、阿富利加比绍（AFRIJOR BISSAU）、寇格圭（COGEGUI）、达灵（DARLING）等是较大的一般商品进出口公司，主要从事大米、面粉、洋葱、土豆、食用油、各种饮料及其它食品、生活日用品的进口，同时在腰果收获季节，从事腰果收购。

腰果、花生米、原木、冻虾、冻鱼等是几内亚比绍的主要出口产品。农产品出口占出口总额的96%以上，其中，腰果是几内亚比绍出口最多的产品，其出口值占出口总值的一半以上。几内亚比绍国内几乎所有的运输工具、石油制品和机械设备都依赖于进口，而食物和生活消费品在进口中占重要比例。

表 4-14 几内亚比绍进出口物品构成（1996~1998）

单位：百万美元

主要进口物(c. i. f.)	1996	1997	1998
食物和动物	25.1	31.1	17.1
大 米	13.9	22.2	10.2
糖	1.4	0.7	0.5
油	2.2	2.1	0.6
奶制品	2.0	2.5	2.7
饮料和烟草	4.0	6.7	1.5
其他消费品	4.6	8.5	1.7
耐用型消费品	1.6	3.0	0.5
非耐用型消费品	2.2	4.1	0.6
石油和石油产品	9.3	9.5	6.2
柴油和汽油	6.5	6.6	6.0
建筑材料	7.7	8.5	1.2
运输工具	9.4	12.5	4.1
客 车	2.5	3.3	1.6
货 车	5.8	7.8	2.0
电力设备和机械	6.5	8.5	4.5
总产值(含其他)	68.9	88.6	63.1
主要出口物(f. o. b.)			
棉 花	1.3	0.1	1.5
腰 果	18.6	45.6	22.4
鱼 类	0.7	0.5	0.5
小 虾	0.6	0.4	0.5
木材制品	0.8	1.2	0.5
原 木	0.5	0.4	0.3
总产值(含其他)	21.6	48.5	26.7

说明：1998 年的数据均为临时数据。

资料来源：IMF, Guinea-Bissau: Statistical Annex (October 1999).

三　外国援助

几内亚比绍2000年共接受双边、多边及其他官方发展援助8040万美元。[①] 近年主要外国援助情况如表4－15。

表4－15　近年主要外国援助情况表

单位：百万美元

	2001	2002	2003
双边援助	30.4	25.8	79.8
意大利	0.1	0.0	56.9
葡萄牙	13.4	6.6	6.7
法　国	3.9	4.0	3.0
美　国	0.1	3.8	2.3
荷　兰	8.0	3.6	4.2
多边援助	28.2	33.6	40.8
欧　盟	18.0	22.3	16.2
世界银行	5.5	5.1	11.1
联合国开发计划署	1.0	2.3	2.2
非洲开发基金	1.2	－0.4	5.2
援助总额	58.6	59.4	120.6
其中赠款	57.0	60.8	110.0

资料来源：中华人民共和国外交部网站 http：//www.fmprc.gov.cn/chn/wjb/zzjg/fzs/gjlb/1530/1530x0/default.htm.

2006年1月，联合国粮农组织与几内亚比绍农业与农村发展部签署西非片区禽流感控制与预防紧急援助协议，援助金额40万美元。该项目包括几内亚比绍、几内亚、塞内加尔、多哥

① 中华人民共和国外交部网站 http：//www.fmprc.gov.cn/chn/wjb/zzjg/fzs/gjlb/1530/1530x0/default.htm.

等13个国家。主要目的是针对该地区一旦发现高致病性禽流感，加强禽流感等传播资料的收集能力，对迁移性候鸟和野生鸟类贸易集市制定相应紧急行动方案。项目实施期为18个月。2月，欧盟委员会代表团对几内亚比绍进行了访问，并与联合国驻几内亚比绍常设机构达成协议，将实施6个新援助项目，援助金额达310万欧元。这些资金将用于为减轻几内亚比绍贫困的社会发展项目：交通通讯项目；改善绝对贫困人群的生活条件项目；促进经济可持续发展项目；加强农民组织自我管理；建立粮食安全体系等。上述项目由联合国驻几内亚比绍常设机构负责执行。

四 在几内亚比绍开展贸易存在的难度和机遇

1. 购买力低

几内亚比绍是重债贫穷国，人均国内生产总值为179美元，80%人口生活在农村，每天生活开支不足0.5美元。战后政局一直动荡，经济不但没有发展，而且严重倒退，人民收入十分有限，普遍贫穷。目前国家一般公务员月平均收入约20000西非法郎（约合27美元），而且工资经常被拖欠。80%的农村人口几乎生活在原始状态，收入微乎其微。

2. 金融体系不健全，税率等其它有关费用较高

几内亚比绍目前只有西非银行一家，且为成立不久的私营银行，资本有限，账务处理手续费很高，资金的安全难以保障。几内亚比绍流通货币是西非法郎，属自由兑换货币，通过正规渠道把资金向境外转移，政府有各种要求和规定。如果要快速把资金转汇到国内，可通过西联汇款（WESTERN UNION）驻几内亚比绍代表处办理，收费较高，如：汇出110～120万非洲法郎收费5.4万非洲法郎，汇出300～330万非洲法郎收费13.8万非洲法郎，汇出480～510万非洲法郎收费21万非洲法郎。若开立外汇

账户，须经财政部审批。此外，进口商品各种税费较高，一是码头各种费用，包括码头使用费 3 美元/吨、装卸费 100 美元/20 英尺集装箱/只（150 美元/40 英尺集装箱/只）、搬运费 100 美元/20 英尺集装箱/只（150 美元/40 英尺集装箱/只），如果要在码头或仓库停放，搬运费则为 200 美元/20 英尺集装箱/只（300 美元/40 英尺集装箱/只）；二是一般商品海关税和销售税及其它费用为货物价值的 37.5%。

3. 市场容量有限

几内亚比绍市场商品结构单一，且容量十分有限，尤其是汽车、拖拉机、发电机、电脑等产品虽有一定的需求量，但购买力有限，很难形成规模，其它如电视机、冰箱、洗衣机、影碟机、空调等，因目前经济困难、电力严重短缺，市场看淡。

4. 商人信誉不高

几内亚比绍实力雄厚的公司和商人屈指可数，大部分公司和商人在战乱期间受损，公司之间以及公司与国家之间大部分都存在债务纠纷，商人支付能力有限。

5. 存在机遇

几内亚比绍是 WTO、西非经货联盟成员国，对贸易，尤其是进口没有过多限制。开拓几内亚比绍商品市场虽存在各种各样困难，甚至存在较大风险，但在几内亚比绍开展贸易的内、外环境在朝着好的趋势转化。首先，比较前几十年来说，这几年政局趋于稳定，为在几内亚比绍开展贸易活动提供了先决条件。随着政局、安全趋于好转，国际社会也将启动对其援助，一些基础设施项目有可能上马，建材需求量将逐步增加。其次，几内亚比绍政府计划把各种税费降到西非经货联盟的平均水平，达到世界银行、国际货币基金组织的要求，促进贸易增长和经济发展。

第七节　旅游业

虽然由于受自然条件和经济发展的限制，几内亚比绍旅游业落后，旅游设施很不完善，但是，几内亚比绍政府努力采取措施，充分利用几内亚比绍优越的自然条件来发展旅游业。

首都比绍（Bissau），位于大西洋岸热巴河河口湾的比绍岛上，平均气温为27℃，风景秀丽宜人，四季鲜花盛开、树木常绿，有堤道连接大陆，居于全国海岸线中央的优越地理位置使其成为全国最大的城市和港口，也是全国政治、经济、文化中心，现有人口近40万。比绍的历史就是一部葡萄牙殖民侵略的历史。公元1446年，葡萄牙殖民者努诺·特里斯塔奥在占领了博拉马岛之后，以比绍为据点向内地扩张。他向当地黑人问路道："前面的村庄叫什么名字？"黑人用当地方言巴兰特语回答说："比绍"，意思是"往前走"，而葡萄牙人则以为"比绍"就是这里的名称。从此，比绍这个名字一直沿用下来。比绍有碾米、锯木等小型加工工业，渔业资源丰富，有国际机场可供大型飞机起降，港口可停泊万吨轮。比绍市的建筑多为葡萄牙式的色彩鲜艳的尖顶楼房，街道十分整洁。在热巴河入海口处的比基吉迪码头的附近，有一尊造型是一只握紧的拳头的雕塑，它是为纪念1959年8月3日该码头工人大罢工而塑造的，象征着人民团结起来，反对殖民主义的压迫。市区东南部都是繁华的商业区，全市的大商店都集中在这里。总统府、国家机关、天主教堂、清真寺、外国公司、银行、邮局等设施也在附近。1987年初，几内亚比绍政府实行贸易自由化政策，允许私人经商，并把比绍市的国营百货商店和建材商店批发给私人出售。之后市场比以前活跃，街头摊贩日益增多，各式各样的商品琳琅满目，私人杂货店、饭店、洗衣店等各种服务性行业也相继出现，并陆续开设了多家外汇商店。

第八节 国民生活

根据2002年联合国开发计划署人类发展指数统计，几内亚比绍在世界173个国家中排名第167位，是世界人均收入最低国家之一。几内亚比绍2004年的国内生产总值（GDP）为2.89亿美元，人均GDP约为189美元，而通货膨胀率为2.3%。全国有劳动人口45万人，其中领国家固定工资的职工仅有2.5万人，占全国总劳动人口的5.5%。由于受到政治经济等各个方面的影响，几内亚比绍的文化教育事业发展缓慢，学生失学率很高。同时，由于医疗卫生条件落后，几内亚比绍婴儿死亡率为13%，人均寿命仅45岁。2004年，几内亚比绍每千人拥有固定电话9.2部、移动电话（2003年12月开通）1部。

市场主要商品价格为：汽油0.79美元/公升；柴油0.45美元/公升；液化气1.47美元/公斤；大米0.41美元/公斤；面粉0.41美元/公斤；食用油0.83美元/公升；可口可乐0.35美元/罐；啤酒0.37美元/瓶；水泥7美元/50千克袋，瓷砖11美元/平方米；钢材直径10毫米、长6米，3.8美元/根，直径16毫米、长6米，6美元/根；涂料1.5美元/公升。[①]

① 中华人民共和国驻几内亚比绍大使馆经济商务参赞处网站 http://gw.mofcom.gov.cn.

第五章

文教卫生与新闻出版

第一节　文化教育

独立以来，几内亚比绍政府积极发展本国的教育事业，大力开展扫盲运动，提高人民的文化水平。为此，几内亚比绍政府每年都拨出财政预算的13%以上作为国民教育经费，现在的教育经费更占到国家财政预算的17%左右，以发展文化教育事业。但是由于基础太差，教育事业发展缓慢，仍处于落后状态。全国有小、中学和中等师范、护士、法律等技术、职业培训学校，中学绝大部分集中在比绍市。卡布拉尔大学为几内亚比绍第一所公立大学，2004年1月正式开学。2003年成立的科利纳斯德博埃大学为几内亚比绍第一所私立大学。几内亚比绍政府每年派出一定数量的留学生去外国学习，其中前苏联、古巴、巴西、葡萄牙等国提供的奖学金名额较多。前苏联、古巴、葡萄牙等国还派教员来几内亚比绍任教。尽管如此，全民文化素质仍处于较低水平，文盲约占全国人口的80%。同时，近年来由于执行结构调整计划及内战等原因，经济极为困难，教师罢工此起彼伏，使得教育部门受到严重打击。1999～2001年间，政府教育支出仅占GDP的2.1%。仅有38%的儿童能够读到小学五年级。小学生失学率达 47%，中学生失学率达 75%。2003 年，成人文盲率为 60%。①

第二节　新闻出版

1975 年 3 月创刊的《前进报》是几内亚比绍政府机关报，每周出版 2 ~ 3 期，发行量 5000 份。1991 年实行新闻自由政策后，一些地方报纸和杂志开始发行，如《比绍日报》、《消息报》等。几内亚比绍国家通讯社是官方通讯社，创建于 1972 年 3 月。几内亚比绍国家广播电台成立于 1974 年 9 月。用葡萄牙语、克里奥尔语及其它地方语言播音，每天播出 14 小时。几内亚比绍国家电视台于 1989 年 11 月 14 日正式开播，每天均播出电视节目。

第三节　体育

几内亚比绍群众性体育活动较为普及，尤其是足球，可谓国家第一体育项目，普及面很广。全国经常举办足球联赛、选拔赛和地区间的比赛，国家队也参加非洲地区性的比赛。独立以来，几内亚比绍已举办了十多届“阿米卡尔·卡布拉尔杯足球赛”，参赛国主要为西非地区国家。每逢足球比赛，人们都争先恐后前去观看。在比绍市内，还经常可以看到一些儿童光着脚在道路两旁踢球。比绍市由中国援建的“9 月 24 日国家体育场”可容纳观众 1.5 万人，是比绍市较为宏伟的建筑之一。政府文体国务秘书处下设体育总局，负责全国范围体育活动

① 中华人民共和国外交部网站 http://www.fmprc.gov.cn/chn/wjb/zzjg/fzs/gjlb/1530/1530x0/default.htm.

的规划、组织、领导和协调工作。还设有单项体育协会，如足球协会、网球协会等。但由于财政困难，政府对体育事业的投资很少，体育协会、组织和俱乐部缺少活动经费和必要的运动器械，一些旧的体育设施无条件修缮、改建或更新，阻碍着几内亚比绍体育事业的发展。

第四节　医药卫生

由于气候炎热、多雨潮湿，又加上医疗卫生条件落后，几内亚比绍疾病较多，主要有疟疾、霍乱、麻风病等病。政府为改善和提高医疗卫生条件以及服务质量，从 1989 年 1 月 1 日起实行全民免费医疗。全国有中心医院 2 所，省、县级医院 16 所，卫生所 130 个，共有 1187 张病床（每千人拥有 0.88 张病床），150 名医生（含国际合作者）。40% 的人能享受医疗服务。婴儿死亡率为 13%。人均寿命 45 岁。1998 年内战使几内亚比绍人民流离失所，大批难民逃往国外，食品、药物紧缺，医院遭到严重破坏，部分地区流行霍乱、腹泻及脑膜炎等各种传染病。2005 年，几内亚比绍爆发霍乱，25111 人感染，其中 399 人死亡。

在非洲西部，有大约 100 万人因为 2 型人类免疫缺陷病毒（HIV－2）而成为艾滋病感染者。一项最新的研究成果表明，HIV－2 最早出现于 1940 年代前后的几内亚比绍，而自 1963 年起长达 10 年的战乱则为它的流行起到了催化剂作用。尽管通过战争几内亚比绍获得了独立，战争给当地居民带来的负面影响是不可避免的。科学家发现，1950 年代中期之前感染 HIV－2 的居民还寥寥无几，但是 1955 年后，随着战争的爆发，战争造成的社会瓦解和暴力让 HIV－2 的传播变得容易。输血、为当地军队提供性服务的人都会促进 HIV－2 的流行，因此感染者数量逐年呈指数增加趋势。随着战争的进行，1966 年几内亚比绍出现了第一例因输血感染 HIV－2 的病人，之后艾滋病传播迅速，到现在约 10% 的几内亚比绍人口 HIV 呈阳性。2005 年，超过 4% 的人口，包括约 5 万名成人感染艾滋病。2006 年，国际卫生组织代表与几内亚比绍卫生部长签署了一份 2006～2007 年度工作计划，援助几内亚比绍 380 万美元，用于发展该国的医疗卫生事业。①几内亚比绍卫生部长安东尼奥·彼得罗称，该计划是对 2004～2007 合作计划的补充，主要用于加强医疗卫生机构根据国家医疗卫生总体需要而进行资源配置的协调；支持医疗咨询和医药销售管理的政策研究，改善医疗卫生服务体系；支持国际间防治艾滋病和疟疾病工作。

① 中华人民共和国驻几内亚比绍大使馆经济商务参赞处网站 http：//gw. mofcom. gov. cn/aarticle/jmxw/200602/20060201556186. htm.

第六章 外交

第一节 外交政策及对当前重大国际问题的态度

一 外交政策与对外关系

作为一个小国，几内亚比绍共和国政府奉行反帝、反殖、不结盟、独立自主、和平和睦邻友好的外交政策。支持民族解放运动，支持被压迫人民的正义斗争，主张世界各国和平共处，坚持平等互利、互不干涉内政、不用武力解决国际争端；主张建立国际政治和经济新秩序；主张国家外交应该为发展服务，愿根据联合国宪章和非洲统一组织宪章的精神和原则，同世界上不同社会制度和不同发展水平的国家建立平等互利的友好合作关系；呼吁实现全面彻底的裁军；积极支持非洲统一和实现经济一体化，支持并参与“非洲发展新伙伴计划”，重视发展与非洲国家的合作，积极参与西非地区事务，支持西非一体化进程，强调睦邻友好，重视发展同塞内加尔、几内亚等周边国家关系；积极加强同葡萄牙、法国等西方国家及国际金融组织关系。2003 年 9 月发生军事政变以来，几内亚比绍将争取国际社会的理解和经济援助作为外交重点。几内亚比绍是联合国、世界

贸易组织、不结盟运动、伊斯兰会议组织、非洲联盟、西非国家经济共同体、西非经济货币联盟、葡语国家共同体等组织成员国。目前，几内亚比绍与近60个国家建交。1974年9月17日，几内亚比绍加入联合国，在联合国中表现积极。欧盟、联合国开发计划署、联合国粮食计划署、联合国儿童基金会、世界卫生组织、世界粮农组织等国际组织和机构在比绍都设有代表处。

二　对当前重大国际问题的态度

关于国际形势：认为“9·11”事件后，国际形势发生了深刻而复杂的变化，国际关系中的不稳定因素有所增加。一个由少数西方大国主宰、发展不平衡的世界难以维持长久的和平与安定。

关于联合国安理会改革：赞成安理会进行改革。认为安理会改革应该反映国际形势发展变化，安理会应具有更广泛的代表性，尤其应该加强包括非洲在内的发展中国家的代表性。

关于非洲形势：认为虽然某些国家的和平进程取得重要进展，非洲国家联合自强趋势得到加强，但非洲远没有实现稳定与发展，部分地区冲突仍在持续，贫困化加剧。呼吁国际社会帮助非洲走出困境。

关于非洲联盟：认为非盟的成立标志着非洲国家联合自强的努力进入了新阶段。非盟将推动非洲国家更好地依靠自身力量处理本地区事务，维护自身利益。

关于经济全球化：认为经济全球化是不可逆转的客观趋势，是一把“双刃剑”。大多数发展中国家贫穷落后，不仅无法真正参与经济全球化进程，反而在全球化冲击下被边缘化，南北差距进一步扩大。呼吁国际社会特别是发达国家帮助发展中国家消除贫困，实现共同发展。

关于债务问题：认为债务问题和贫困是发展中国家经济发展

的最大障碍。呼吁西方国家加大减债力度，增加投资。认为西方国家应为殖民时期的掠夺负疚。

关于打击国际恐怖主义：坚决谴责并支持打击一切形式的恐怖主义，认为恐怖主义对世界和平与稳定构成了严重威胁，贫困和不公正是恐怖主义的根源。主张打击恐怖主义应在联合国主导下，采取综合治理、标本兼治的方法，确定明确目标，不能将其与特定的民族或宗教混为一谈。

第二节 同葡萄牙的关系

几内亚比绍共和国同葡萄牙保持传统特殊关系。两国签有友好总协定，合作范围涉及农业、工业、通讯、航空、渔业、水电、文化教育、新闻、体育、司法和行政管理等。两国设有混委会。葡萄牙是几内亚比绍的主要贸易伙伴之一和最大援助国。1980~1999 年，葡萄牙向几内亚比绍提供贷款 7000 余万美元。几内亚比绍 1999 年底大选期间，葡萄牙提供 1.6 亿非洲法郎援助。2000 年，两国签署 3 年合作协议，葡萄牙允诺向几内亚比绍提供 4000 万美元援助。亚拉当选总统后曾多次赴葡访问或治病。2003 年 9 月几内亚比绍军事政变后，葡萄牙派员协助几内亚比绍过渡政府工作，并多次提供援助，现有 100 多名葡萄牙专家在几内亚比绍工作。2003 年 11 月，过渡总统罗萨正式访问葡萄牙。2004 年 5 月，葡萄牙外长戈维亚出席几内亚比绍新政府就职仪式。12 月，戈梅斯总理出访葡萄牙。同月，葡萄牙与几内亚比绍签署了两国 2005~2007 年度合作计划协定，葡萄牙允诺在 3 年内向几内亚比绍政府提供 1350 万欧元援助和投资。2005 年 7 月，戈梅斯总理访问葡萄牙。8 月，当选总统维埃拉对葡萄牙进行私人访问。10 月，葡萄牙外长阿马拉尔代表葡萄牙总统桑帕约出席维埃拉总统就职仪式。2005 年，葡萄牙为几内亚比绍灭蝗、防治霍乱和总统大选等提供了多笔援助。葡萄牙每年向几内亚比绍提供一定数额的奖学金名额。

第三节　同美国的关系

自1976年建交以来，几内亚比绍共和国和美国关系逐渐改善。美国国际开发署在比绍设有代表处，在农业、水利、医疗卫生、教育和沿海安全等方面提供援助。1988年，美国第一次向几内亚比绍派遣和平队。1998年几内亚比绍内战后，美国国际开发署驻比绍代表处撤离，迄未恢复。2005年12月美国确认2005年共有37个非洲国家符合美“非洲发展与机会法案”① （AGOA，African Growth and Opportunity Act）要求，其中包括几内亚比绍。

第四节　同法国的关系

几内亚比绍共和国和法国于1975年建交。维埃拉曾五次访问法国。几内亚比绍议长、总理、外长等也先后访问法国。1987~1992年，法国提供援助约4200万美元。1997年5月，法国向几内亚比绍提供200万法国法郎的预算援助，用于调整几内亚比绍公共机关的拖欠工资。1998年几内亚比绍发

① IAGOA签署于2000年，是美国为非洲国家提供的一种鼓励进入美国市场的措施，被列为美国“贸易与发展法案2000”的第一章。自颁布以来，美国会已对此进行过两次修改。美国希望通过该法案促使非洲国家制定有关自由贸易的法律或经济政策，开放本国经济，建立市场经济制度，减少贫穷，保护劳工权益。而达到AGOA的要求的国家，无疑是获得了进入美国市场的通行证，将实现与美国的利益共享，风险共担，对本国贸易和经济的增长有极大的促进。

生兵变后，法国支持塞内加尔和几内亚出兵几内亚比绍并提供军用物资。1999年5月，军委会因不满法国偏袒维埃拉而焚烧法国驻几内亚比绍使馆，两国关系一度紧张。法国并谴责武力推翻维埃拉总统。亚拉总统执政后，法国表示愿恢复与几内亚比绍新政权的全面合作。2000年11月，几内亚比绍副总理因巴利访问法国。2001年1月，几内亚比绍总理恩查马赴法国治病。2003年几内亚比绍军事政变后，法国向几内亚比绍过渡政府数次提供援助。2005年1月，法国向几内亚比绍提供50万欧元援助，用于弥补几内亚比绍2004年的预算赤字。8月，当选总统维埃拉对法国进行了私人访问。

第五节　同非洲葡语国家及周边国家的关系

几内亚比绍共和国非常重视发展同安哥拉、佛得角、莫桑比克、圣多美和普林西比这些非洲葡语国家的关系。几内亚比绍是非洲葡语5国首脑会议成员，自1979年以来，5国举行了多次首脑会议，签订了政治、经济、文化、贸易、航运、邮电、侨务、领事和财政等合作协定或议定书。几内亚比绍还是葡语国家共同体创始国之一。2006年7月12~17日，葡语国家共同体组织第六届成员国首脑会议在几内亚比绍首都比绍市举行。几内亚比绍、葡萄牙、莫桑比克、安哥拉、佛得角总统等领导人出席了会议。本次峰会的主题为："新千年的目标——葡共体的挑战与贡献"。各国在首脑会议上通过了咨询观察员章程和观察员联合会章程、企业家协会委员会、青年论坛、卡路斯特基金会等18个葡共体内部组织机构并任命了5位热心大使。会议选举几内亚比绍总统维埃拉为葡共体首脑会议主席，并接纳赤道几内亚等国为该组织的观察员国。会后发表了《比绍宣言》。

《宣言》提出了以完成联合国千年发展计划为目标，集中力量到2015年将葡共体内贫困人口减少一半；继续坚持各国民主进程建设；在葡共体内部加强外交部门的沟通与组织协调，提高共同行动效率；起草制定葡共体《合作整体战略文件》，加强体内多边合作；加强葡共体内部组织建设，在执行秘书处内增设职能部门；在国际上加强与联合国等国际组织的联系，与各种区域和次区域组织发展合作关系等一系列举措。此次会议后，几内亚比绍将担任葡共体新一届轮值主席国，任期两年。①

几内亚比绍和佛得角人民曾在几内亚和佛得角非洲独立党的统一领导下携手进行了争取民族独立的斗争。两国独立后，继续保持两国一党的局面。1980年，维埃拉发动名为“调整运动”的政变后，遭到佛得角政府的谴责，两国关系恶化，佛得角另立新党——佛得角非洲独立党。1982年两国关系正常化。1998年佛得角非洲独立党主席访问几内亚比绍，同几内亚和佛得角非洲独立党签署两党合作声明。2001年12月，佛得角总统佩德罗·皮雷斯派特使前往几内亚比绍，对几内亚比绍政府挫败未遂政变表示支持。2002年5月，佛得角总统佩德罗·皮雷斯派特使访问几内亚比绍，提出希望两国加强合作，尤其是在民用航空领域内的合作。2003年几内亚比绍军事政变后，佛得角外长参加西共体代表团赴几内亚比绍斡旋。2004年4月，佛得角总统皮雷斯访问几内亚比绍。5月，佛得角总理内韦斯出席几内亚比绍新政府就职仪式。6月，佛得角外长博尔热斯访问几内亚比绍。2005年3月，佛得角总统皮雷斯再次出访几内亚比绍。7月，戈梅斯总理访问佛得角。

几内亚比绍同几内亚来往密切。几内亚曾经积极支持几内亚比绍的独立斗争。1980年几内亚比绍政变后，几内亚首先承认

---

① 中华人民共和国驻几内亚比绍大使馆经济商务参赞处网站 http://gw.mofcom.gov.cn/aarticle/jmxw/200607/20060702670594.html.

几内亚比绍新政府并给予粮援。两国元首关系甚密，互访频繁。1985 年 2 月 14 日，经海牙法庭仲裁，两国海域争端得到圆满解决。1998 年 6 月几内亚比绍兵变后，几内亚出兵协助维埃拉政府，后及时撤回。2001 年 5 月和 2002 年 11 月，几内亚比绍总统亚拉两次访问几内亚。2003 年 11 月，几内亚比绍过渡总统罗萨对几内亚进行工作访问。2004 年 1 月，罗萨总统赴几内亚出席几内亚总统孔戴连任就职仪式。2005 年 8 月，当选总统维埃拉对几内亚进行私人访问。

塞内加尔也曾积极支持几内亚比绍的独立斗争。独立以后，几内亚比绍同塞内加尔签有友好条约和经贸等十几项协定。但是，两国对海域划分有争议，曾就此诉诸日内瓦国际仲裁法庭和海牙国际法院。几内亚比绍与塞内加尔南部要求独立的卡萨芒斯地区接壤，两地很多居民同宗同族。几内亚比绍曾数次派人出席有关该问题的地区会议及谈判，并促成塞政府与卡地区反政府武装卡萨芒斯民主力量运动（简称卡民运）达成停火协议。1998 年 6 月几内亚比绍发生兵变后，应几内亚比绍总统维埃拉要求，塞内加尔出兵相助。1999 年 1 月，西非维和部队进驻后，塞内加尔军逐渐撤离。亚拉总统上台后，重申卡地区属塞内加尔领土，双方成立边境定期接触机制。2000 年 5 月，塞内加尔总统瓦德访问几内亚比绍。8 月，亚拉总统访问塞内加尔。2001 年 11 月，塞内加尔总统特使访问几内亚比绍。塞内加尔总统瓦德于 2002 年 1 月和 5 月两次派特使访问几内亚比绍。2002 年 11 月和 2003 年 8 月，亚拉总统两次出访塞内加尔。2003 年 9 月几内亚比绍军事政变后，塞内加尔总统、外长均曾赴几内亚比绍斡旋。10 月，几内亚比绍过渡总统罗萨访问塞内加尔。2004 年 4 月，塞内加尔总统瓦德访问几内亚比绍。2005 年 7 月，罗萨总统访问塞内加尔。8 月，当选总统维埃拉对塞内加尔进行私人访问。2006 年 4 月，维埃拉赴塞内加尔出席塞内加尔独立日庆典。

第六节　同中国的关系

一　双边政治关系

中国和几内亚比绍虽远隔重洋，但两国人民之间的友谊源远流长，可以追溯到几内亚比绍人民争取民族独立斗争时期。自几内亚和佛得角非洲独立党领导争取民族独立的武装斗争之初，中国即向该党提供政治、财政等援助，并为其培训了数十名干部。1974 年 3 月 15 日，两国建交。中国曾经承担的经济援助项目有：稻谷技术推广站、竹藤编技术、体育场、扩建卡松果医院等。1979～1989 年，中国向几内亚比绍共派出 7 批医疗队。20 世纪 70～80 年代，中国和几内亚比绍交往较多。中方重要出访有：王汉斌副委员长（1989 年 9 月）。几内亚比绍重要来访有：外长维克多·萨乌德·马里亚（1975 年 7 月）、国家元首、革命委员会主席若奥·贝尔纳多·维埃拉（1982 年 4 月）、副议长保罗·科雷亚（1985 年 4 月）、议长卡门·佩雷拉（1986 年 4 月）。但是，在两国关系发展中也遇到过一段曲折。1990 年 5 月 26 日，几内亚比绍与台湾当局建立所谓“外交关系”，31 日，中国宣布中止同几内亚比绍的外交关系。

1998 年 4 月 23 日，中国和几内亚比绍两国恢复了外交关系后，两国关系又翻开了新的一页，双方在政治、经贸、卫生等各个领域的合作进展顺利。复交后，双方关系发展较快。多年来，中国政府在力所能及的范围内向几内亚比绍提供了一些援助，建成了一些项目，对几内亚比绍的经济和社会发展起到了积极作用。中国和几内亚比绍双方本着平等互利、共同发展的原则进行的互利合作也取得了令人满意的成果。在这一时期，几内亚比绍访华的主要有：外长费尔南多·德尔芬·达席尔瓦（1998 年 4

月)、财政国务秘书鲁伊·巴罗斯(1999年6月)、军委会主席安苏马内·马内(1999年10月)等。2000年11月,几内亚比绍在北京设立大使馆。

进入21世纪后,两国人员交往增多。几内亚比绍方访华的主要有:经济与地区发展国务部长埃尔德·瓦斯(2000年4月)、渔业国务秘书奥古斯托·波凯纳和财政国务秘书鲁伊·巴罗斯(2000年6月)、内政部长安东尼奥·阿图尔·萨尼亚(2000年7月)、总统政治与外交事务顾问弗朗西斯卡·图尔平(2000年8月)、军队总参谋长韦里西莫·塞亚布拉(2001年12月)、总统特使、外交、国际合作和侨务部长菲洛梅娜·玛斯卡雷妮娅斯·蒂波特(2002年1月)等。2000年10月10~12日,几内亚比绍外交与侨务部长马马杜·亚亚·贾洛来华出席了"中非合作论坛——北京2000年部长级会议"。几内亚比绍农业、林业和畜牧业部长路易斯·奥伦多2002年7月访华。2001年2月,中国外交部副部长吉佩定访问几内亚比绍。

2002年,10月30日至11月2日,中国对外贸易经济合作部部长助理陈健率中国政府经贸代表团访问几内亚比绍。访问期间,几内亚比绍总统昆巴·亚拉、总理阿拉马拉·尼亚塞等领导人分别会见了中国代表团。同时,双方还签署了《中华人民共和国政府和几内亚比绍共和国政府经济技术合作协定》和第二期竹藤编技术合作的换文。

2002年11月21日,几内亚比绍社会革新党第一副主席贾洛致电胡锦涛,祝贺他当选中国共产党第十六届中央委员会总书记,同时对其他新当选的领导人表示热烈祝贺。贺电祝愿两党间的友好合作关系不断加强。贺电强调"台湾是中国领土不可分割的一部分",表示"坚决支持中国共产党和中国人民所制定和倡导的'和平统一、一国两制'的基本方针"。几内亚比绍抵运主席埃尔德·瓦斯也通过贺电对胡锦涛当选为中共中央总书记致以热烈的祝贺。贺电表示相信："中共十六届一中全会上新当选的领导人将会继续推进中国和几内亚比绍两国人民和两国政府间传统关系的发展。"

2002 年 12 月 14 ~ 19 日，应中国国家主席江泽民的邀请，几内亚比绍总统昆巴·亚拉对中国进行工作访问。江泽民主席与之会谈，朱镕基总理会见。亚拉总统对中国长期以来给予几内亚比绍无私真诚援助表示感谢。他说：早在争取民族独立的斗争中，几内亚比绍人民就得到了中国人民的帮助和支持。中国是几内亚比绍真诚和伟大的朋友。虽然几内亚比绍在与中国关系问题上曾犯过错误，但我们最终决定回到正确的道路上来，坚决与台湾当局断绝一切关系。亚拉总统再次重申，坚持一个中国的政策，支持中国领土完整和祖国统一大业是几内亚比绍政府的既定方针。亚拉总统说，几内亚比绍政府珍视与中国的友谊，钦佩中国改革开放以来取得的伟大成就，愿在几内亚比绍建设国家的事业中学习和借鉴中国的宝贵经验，真诚希望与中国朋友共同努力，进一步扩大和加强两国友好合作关系，使几内亚比绍和中国的友谊不断得到巩固和深化。与中国的友谊已经成为几内亚比绍国家利益的一部分。几内亚比绍政府和人民真诚地欢迎中国企业家前去投资，参与几内亚比绍的经济建设，使几内亚比绍经济发展与中国更加紧密地结合在一起。同时，江泽民主席和朱镕基总理都表示中国政府将积极鼓励有实力、有信誉的中国企业赴几内亚比绍开展多种形式的互利合作，共同推动双边经贸合作取得新的进展，将中国和几内亚比绍关系提高到一个新的水平。访问期间，双方签署了《中华人民共和国政府和几内亚比绍共和国政府经济技术合作协定》。会谈会见中，中方领导人积极评价两国关系及双方在各领域的友好合作，表示愿与几内亚比绍共同努力，推动两国关系提高到新的水平。[1]

---

① 2002 年 12 月 17 日《人民日报》第一版。

2003年12月，中国国务院总理温家宝在埃塞俄比亚首都亚的斯亚贝巴出席“中非合作论坛第二届部长级会议”开幕式期间，会见了几内亚比绍过渡政府总理萨尼亚。10月，应中国政府邀请，几内亚比绍过渡政府外交、国际合作和侨务部长若昂·若泽·席尔瓦·蒙泰罗率团出席在澳门召开的“中国—葡萄牙语国家经贸合作论坛（澳门）2003年部长级会议”。8月和10月，几内亚比绍社会革新党第一副主席马马杜·贾洛和商业、旅游与手工业国务秘书苏莱马内·贾西先后访华。

2004年1月16日，中国新任驻几内亚比绍大使田广凤向过渡总统罗萨递交国书。3月，应几内亚比绍共和国政府邀请，中国商务部副部长魏建国率领中国政府经贸代表团对几内亚比绍进行了访问。期间，魏建国副部长先后拜会了几内亚比绍总理萨尼亚、总统罗萨和过渡委员会主席塞亚布拉。魏副部长与几内亚比绍外长蒙泰罗举行了工作会谈，就进一步扩大两国经贸合作广泛交换了意见，并代表各自政府签署了关于中国政府向几内亚比绍政府提供无偿援助的协定等有关文件，访问取得圆满成功，有力促进了双方经贸合作和友好关系的发展。

9月，应几内亚比绍共和国政府邀请，中国外交部部长助理吕国增对几内亚比绍进行工作访问。访问期间，吕国增分别会见了几内亚比绍政府总理戈梅斯、议长贝南特等几内亚比绍领导人，同代外长德皮纳举行了工作会谈，并签署了双方会谈纪要和中华人民共和国政府与几内亚比绍共和国政府经济与技术合作协定。戈梅斯总理等几内亚比绍领导人欢迎中国客人的来访，积极评价两国间的友好合作关系，感谢中国政府和人民向几内亚比绍政府和人民提供的帮助，表示几内亚比绍政府坚持一个中国原则，不与台湾发展关系，支持中国的统一大业。吕国增分别转达了吴邦国委员长和温家宝总理对贝南特议长和戈梅斯总理的问候，对几内亚比绍政府坚持一个中国原则表示赞赏，并表示，中国视几内亚比绍为真正的朋友与伙伴，愿意在力所能及的范围向几内亚比绍提供援助。

2004年，几内亚比绍访华的领导人有：外交、国际合作和侨务部长桑布（6月）、过渡政府渔业部长乌斯纳·夸德（3月）、政府国防部长戈梅斯（9月）、几内亚和佛得角非洲独立党第二副主席、几内亚比绍全国人民议会第一副议长萨图·卡马拉·平托（11月）。

2005年9月20日，中国外交部长李肇星在纽约会见几内亚比绍外长桑布时表示将积极努力，进一步发展中国同几内亚比绍的双边关系和在多边领域的合作。

中国驻几内亚比绍大使：田广凤。馆址：BAIRRO DE PENHA，BISSAU，C. P. 66。地区号：00245。电话：256200。传真：256194。电子邮箱：chinaemb_ gw@ mfa. gov. cn。

几内亚比绍于2000年11月在北京首次设立驻华使馆。几内亚比绍驻华大使：尼古劳·多斯桑托斯（Nicolau dos Santos）。馆址：北京市朝阳区塔园外交公寓2-2-101。电话/传真：65327106。①

表6－1 中国驻几内亚比绍历任大使表

姓　名	任职时间	姓　名	任职时间
钱其琛（兼）	1974. 09～1975. 10	石午山	1987. 12～1990. 05
贾怀济	1976. 02～1979	洪　虹	1998. 07～2001. 09
刘英仙	1980. 04～1983. 11	高克祥	2001. 09～2004. 01
胡景瑞	1984. 02～1987. 06	田广凤	2004. 01～

资料来源：中华人民共和国外交部网 http：//www. fmprc. gov. cn/chn/wjb/zzjg/fzs/gjlb/1530/1530x0/default. htm.

① 中华人民共和国外交部网 http：//www. fmprc. gov. cn/chn/wjb/zzjg/fzs/gjlb/1530/1530x0/default. htm.

二 双边经贸关系、经济援助和经济技术合作

（一）双边经贸关系和经济援助

自1974年3月至1990年5月，两国多次签署经济技术合作协定。中国为几内亚比绍援建了体育场、医院、稻谷技术推广站等。1998年4月两国复交后，由于几内亚比绍于同年6月陷入战乱，双边合作于翌年5月几内亚比绍政局趋于稳定后才逐步重新展开。目前，中国和几内亚比绍关系发展顺利，两国在农业、渔业、建筑业、发电设备技术合作、竹编技术合作、文教、卫生等领域内进行的互利合作成果显著。

中国与几内亚比绍未签订过政府间贸易协定，双边贸易通过现汇支付。由于几内亚比绍经济困难，外汇短缺，市场狭小，加之几内亚比绍出口品种有限，因此两国贸易额不大。据中国海关总署统计，2001年，中国同几内亚比绍贸易总额为830万美元，均为中方出口。2002年，双边贸易额为450.4万美元，基本上是中国对几内亚比绍出口。2004年，双边贸易额为602万美元，同比减少51.3%，其中中方出口599万美元，进口3万美元。2005年，两国贸易额为579万美元，均为中方出口。2006年1~6月，两国双边贸易额约为100万美元，均为中方出口。中国对几内亚比绍的主要出口商品是轻工产品、谷物、机电产品、纺织品等。个别年份，中国从几内亚比绍进口腰果、原棉和原木，但数量不多。

截至2004年底，经中国商务部备案在几内亚比绍设立的中国企业投资项目有两个，协议投资总额426.7万美元，协议中方投资额426.7万美元。

中国公司在几内亚比绍开展承包劳务业务始于1984年，截止到2004年底，中国公司累计在几内亚比绍签订工程承包和劳务合作合同额33505万美元，完成营业额33296万美元，主要是

表 6－2　中国与几内亚比绍近几年贸易统计

单位：万美元

年　份	进出口总额	出口额	进口额	差　额
1998	145	145	0	145
1999	338	318	20	298
2000	485	467	18	449
2001	830	830	0	830
2002	450	450	0	450
2004	602	599	3	596
2005	579	579	0	579

资料来源：中华人民共和国商务部西亚非洲司网 http://xyf.mofcom.gov.cn/date/2/dyncolumn.html.

中国水产总公司在几内亚比绍开展渔业合作承包业务。目前，中水公司在几内亚比绍海域作业的渔船共有 24 艘。该公司与几内亚比绍政府合作始自 1985 年，一直是通过购买捕鱼许可证在几内亚比绍海域进行捕捞作业。

多年来，为帮助几内亚比绍政府和人民在各种困难时期解决实际困难，中国政府不断向几内亚比绍政府和人民提供大量的资金和物资援助。几内亚比绍政府和人民对中国政府和人民的深情厚谊表示衷心的感谢。

2003 年，中国政府向几内亚比绍政府无偿提供大米和美元现汇援助，以帮助几内亚比绍政府和人民克服所面临的经济困难。2004 年 2 月，中国政府向几内亚比绍政府无偿提供价值 500 万元人民币的大米。2006 年 3 月，中国驻几内亚比绍使馆向几内亚比绍总统府赠送了一批办公设备，包括 10 台电脑、10 台激光打印机、10 台稳压电源器。2006 年 5 月，中国政府向几内亚比绍政府提供一笔美元现汇及一批物资，以帮助几内亚比绍政府于 2006 年 7 月份主持举办葡语国家首脑会议和北部清剿行动安置难民。

(二) 经济技术合作

(1) 竹草编技术合作项目

竹编技术合作项目目前正在进行第二期合作，合作期限两年，由中方派遣技术人员，并提供必要工器具和原辅材料。现有竹编技术员 1 人，藤编技术员 1 名，草编技术员 1 名，翻译 1 名。该项目主要是为几内亚比绍青年培训竹藤编技术，同时解决部分就业。

(2) 农技合作项目

几内亚比绍独立后，中国开始向其提供农业技术和物资援助，派遣农技专家，并在几内亚比绍东部建立了一个面积约 180 公顷的示范农场，即卡兰塔巴农场（CARANTABA）。排灌渠道、农田改造由中方提供技术和材料，建成后又不断提供农机具、农药化肥等生产资料，同时派遣农业技术人员提供技术指导。农场建成后至今，每两年一届，一直沿用这种方式。在我大量援助下，水稻产量比当地传统种植高 2~3 倍，取得了良好的示范效果。目前，示范点已扩大至 3 个，面积达到 461 公顷，同样取得良好效果。项目的具体操作是，技术组从技术、物资上重点保证卡兰塔巴农场（CARANTABA）的丰产，对另外两点即康图波尔（COMTUBOEL）和坎坡萨（CAMPOSA）提供技术支持和适当提供农业生产资料，对各点周围的农户，提供技术指导，以点带面。几内亚比绍政府对农技合作项目很重视，视之为对外合作的样板，不时请电台、电视台进行宣传报道。2003 年 8 月，为帮助几内亚比绍政府扑灭东北部最近发生的大面积蝗灾，中国政府决定紧急向几内亚比绍政府提供一笔现汇援助。几内亚比绍政府和人民对中国政府在第一时间、第一个向几内亚比绍政府提供紧急救灾援助表示真诚感谢。

中国与几内亚比绍农业技术合作项目自 1998 年开始，中方派遣技术人员到几内亚比绍，对稻谷种植技术推广站的农业生产进行技术指导和对人员进行培训，并提供项目所需的部分农机具和生产资料。由于中国技术人员带来了国内的良种和先进种植技术，水稻单产比当地传统种植高 2 ~ 4 倍，示范效果显著，几内亚比绍政府很看重该项目，将其视为国际合作的样板。中国技术组指导的有 4 个稻区，总面积约 600 公顷，地处几内亚比绍东部，距离首都比绍 150 公里。

2004 年 3 月 18 日，中国驻几内亚比绍大使田广凤与几内亚比绍部长会议和社会联络部长佩雷拉分别代表各自政府在比绍签署换文确认，中方将派遣三名专家对几内亚比绍进行实地考察，以帮助其实施培训沼气技术项目。

(3) 发电设备项目

项目由中方提供 4 台 1500 千瓦柴油发电机组，并负责安装调试。2002 年 11 月 18 日正式开工。在双方共同努力下，中方施工组克服了施工和安装条件差等困难，保证了项目正常实施，并于 2003 年 2 月完成全部工程的施工、安装、调试任务。经验收，该项目被评为优良工程。机组投入运行后，有效缓解了首都比绍电力短缺状况。根据几内亚比绍政府要求，中方派遣技术人员和翻译到几内亚比绍，对中方提供的发电机组维修保养和正常运行提供技术指导，并培训几内亚比绍技术人员，合作期限为两年。4 月 5 日，中国援建几内亚比绍发电设备项目在比绍举行交接仪式。几内亚比绍总理皮雷斯在仪式上对中国政府长期以来为几内亚比绍国家发展提供的无私援助表示感谢，并表示几内亚比绍政府始终把能源、供水、交通等直接关系人民生活的部门作为优先考虑和发展重点，新机组投入使用，将会改善比绍水电供应和企业正常经营所需的外部条件。

(4) 老战士住宅项目

中国援建几内亚比绍老战士住宅项目占地面积 37138 平方米，总建筑面积 14229 平方米，11 幢住宅楼，每栋三层，共 132

套，另外还有小区内道路等附属工程。该项目考察、设计和施工均由中方承担，2002 年 3 月正式开工，中方技术人员克服当地气候恶劣、原材料缺乏、疾病肆虐、经常停水缺电等不利因素的影响，经过 18 个月的艰苦奋战，于 2003 年 9 月竣工并通过内、外验收。该项目实施期间，几内亚比绍前总统昆巴·亚拉四次视察工地，前总理等政府官员也多次考察。该项目由中国江苏国际经济技术合作公司施工，对内评为优良工程。项目建成后，是几内亚比绍质量最高、外观最好的住宅小区。2003 年 10 月 15 日，中国政府援建几内亚比绍老战士住宅项目举行了交接仪式。几内亚比绍过渡总统恩里克·罗萨、过渡委员会主席塞亚布拉、过渡政府总理萨尼亚、全体内阁成员、驻几内亚比绍各使团和国际组织代表等应邀出席仪式。几内亚比绍政府对中国政府援建老战士住宅项目表示感谢。由于几内亚比绍政府财政困难，加之比绍市供电和供水均成问题，老战士住宅小区一直无法正常使用，因此，2004 年 1 月 29 日，田广凤大使代表中国政府与几内亚比绍老战士国务秘书萨尼亚在比绍办理换文，确认中国政府将向几内亚比绍老战士住宅小区提供发电机组和水泵，以解决该小区内居民生活用电和用水问题。2006 年 2 月，中国政府再次同意为几内亚比绍老战士住宅小区修建发电设施和打井供水，解决水电问题。目前该供水、电项目施工组已抵达几内亚比绍开始前期准备工作，预计该项目可在 8 个月内完工。届时几内亚比绍老战士就可以入住由中国政府为其修建的住宅小区，安度晚年。

（5）人民宫项目

2003 年 11 月 27 日，中国政府援建几内亚比绍人民宫项目举行隆重奠基仪式。几内亚比绍总统恩里克·罗萨和高克祥大使共同为项目开工奠基。援建几内亚比绍人民宫项目是该国议会的办公和会议场所，包括会议厅主体和南北两个配楼，主体结构为砼框架，总建筑面积 6315 平方米，总造价 5000 万元人民币。该项目2003年底前正式开工。2004年6月14日，几内亚比绍议长弗朗西斯科·贝南特、第一副议长萨图·卡马拉和第二副议长亚雅·贾洛在中国驻几内亚比绍大使田广凤陪同下视察了中国援建的人民宫工程。7月，由中国专家组成的质量检查组远赴几内亚比绍，对人民宫项目进行中期质量验收。

2005年1月5日，在中国驻几内亚比绍大使田广凤的陪同下，几内亚比绍外长桑布视察了中国援建的人民宫项目工地并看望了中国工程技术人员。3月23日，中国援建几内亚比绍人民宫项目交接仪式在比绍举行。几内亚比绍共和国总统罗萨和田广凤大使为项目交接剪彩。几内亚比绍议长贝南特、总理戈梅斯、最高法院院长蒙特罗、武装部队总参谋长瓦伊将军、军委会主席比乔夫拉将军、政府内阁成员、议员、各政党负责人、社会团体代表、驻几内亚比绍外交使节和国际组织代表、中国驻几内亚比绍使馆政务参赞张汉武和使馆工作人员、中国援助几内亚比绍专家组、中资公司代表约600多人参加了仪式。罗萨总统在仪式上积极评价中国和几内亚比绍的传统友谊，高度赞扬中国政府和人民长期以来向几内亚比绍政府和人民提供的无私援助，称赞中方援建的人民宫项目是两国友谊的象征。田广凤大使说，中国政府珍视中国和几内亚比绍的传统友谊，理解几内亚比绍在国家重建过程中面临的暂时困难，相信在几内亚比绍政府的领导下，几内亚比绍人民一定能够在国家建设中取得新的成就，并表示中国政府愿尽己所能为几内亚比绍国家重建提供援助。建成的人民宫后成为几内亚比绍最为瞩目的建筑。

三　文化、科技、教育与军事等方面的双边交往与合作

1982年，中国和几内亚比绍两国政府签署文化协定，两国文化代表团曾互访。自1977年起，中国每年向

几内亚比绍提供奖学金名额。截至2005年9月，中国共接收几内亚比绍奖学金留学生29名。

中国和几内亚比绍签有中国向几内亚比绍派遣医疗队议定书。中国自1976年起向几内亚比绍派遣医疗队，迄今共派出10批，154人。目前有7名医疗队员在首都比绍工作，有内、外、妇、针灸、麻醉科等，工作地点在国家中心医院。为使医疗队更好工作，中国政府每年还提供一定数量的药品、器械，影响较大。2002年7月23日，几内亚比绍卫生部部长安东尼奥·塞里佛·恩巴洛在合作局局长西芒·门德斯医院院长的陪同下来到中国驻几内亚比绍大使馆，接见了中国医疗队新老队员，并为医疗队老队员颁发了荣誉证书和纪念品。2003年12月22日，中国驻几内亚比绍大使高克祥和几内亚比绍卫生部长玛丽娅玛·巴·比亚戈（Mariama Bá Biagué）分别代表两国政府就卡松果医院维修考察等事务在比绍换文确认。

1999年10月、2001年11月和2004年9月，几内亚比绍军委会统帅安苏马内·马内、总参谋长韦里西莫·科雷亚·塞亚布拉和国防部长丹尼尔·戈梅斯分别率团访华。2004年5月26日，中国驻几内亚比绍大使田广凤和几内亚比绍外交、国际合作与侨务部长苏亚雷斯·桑布分别代表两国政府在比绍签署了关于维修总统卫队宿舍、军官住宅和军人俱乐部考察换文。

四 重要双边协议及文件

1974年3月15日，中国和几内亚比绍两国政府签署建交公报。

1998年4月23日，两国政府签署了《中华人民共和国和几内亚比绍共和国关于恢复外交关系的联合公报》和《中华人民共和国政府和几内亚比绍共和国政府关于恢复外交关系的谅解备忘录》。

主要参考文献

一 书目

1. 钱其琛主编《世界外交大辞典》，北京，世界知识出版社，2005。

2. 中国大百科全书出版社编译《不列颠简明百科全书》，北京，中国大百科全书出版社，2005。

3. 斯德哥尔摩国际和平研究所编，《SIPRI 年鉴·军备、裁军和国际安全》，中国国际问题研究所译，北京，世界知识出版社，2005。

4. 联合国贸易和发展会议编《2002 年最不发达国家报告》（联合国资料），2002。

5. 李树藩、王德林主编《最新各国概况》，长春，长春出版社，2002。

6. 联合国贸易和发展会议编《2002 年最不发达国家报告》（联合国资料），2000。

7. 葛佶主编《简明非洲百科全书（撒哈拉以南）》，北京，中国社会科学出版社，2000。

8. 中国大百科全书出版社编译《不列颠百科全书》（国际中文版），北京，中国大百科全书出版社，1999。

9. 英国经济学家情报部《国家报告——刚果（布）、圣多美和普林西比、几内亚比绍、佛得角》，1999。

10. 英国《经济季评》，1995/1996 年度报告、1999/2000 年度报告、2002 年度报告、2005 年度报告。
11. 2003 年 3 月 21 日《中国海洋报》水产周刊·市场经营。
12. International Monetary Fund：*International Financial Statistics*，June 2006.
13. *Guinea-Bissau [microform] (2005), ex post assessment of performance under IMF-supported programs, 1993 - 2003 / prepared by a staff team from the African, Fiscal Affairs, and Policy Development and Review Department*, Bethesda, Maryland：LexisNexis.
14. *Guinea-Bissau [microform] (2005), selected issues and statistical appendix*, Bethesda, Maryland：LexisNexis.
15. *Industrial commodity statistics yearbook 2002 (2005)*, Bethesda, MD：LexisNexis.
16. *Guinea-Bissau [microform] (2005), staff report for the 2004 Article IV consultation / prepared by the staff representatives for the 2004 consultation with Guinea-Bissau*, Bethesda, Maryland：LexisNexis.
17. *Guinea-Bissau [microform] (2005), selected issues and statistical appendix / prepared by a staff team consisting of Harry Snoek*, Bethesda, Maryland：LexisNexis.
18. Einarsdóttir, Jónína (2004), *Tired of weeping：mother love, child death, and poverty in Guinea-Bissau*, . Madison, WI：University of Wisconsin Press.
19. Joshua B. Forrest (2003), *Lineages of state fragility：rural civil society in Guinea-Bissau*, Ohio University Press.
20. Walter Hawthorne (2003), *Planting rice and harvesting slaves*：

transformations along the Guinea-Bissau coast, 1400 – 1900, Portsmouth, NH: Heinemann.

21. The Economist Intelligence Unit Limited 2002, *Country Report October 2002*.
22. Adekeye Adebajo (2002), *Building peace in West Africa: Liberia, Sierra Leone, and Guinea-Bissau*, Boulder, Colo.: Lynne Rienner Publishers.
23. *FAO trade yearbook 2002*, Bethesda, Maryland: LexisNexis.
24. *FAO, Yearbook of Forest Products 2001*, Bethesda, Maryland: LexisNexis.
25. *FAO, Yearbook of Production* 2001, Bethesda, Maryland: LexisNexis.
26. *FAO , Yearbook of Fishery Statistics 2001*, Bethesda, Maryland: LexisNexis.
27. Inger Callewaert (2000), *The birth of religion among the Balanta of Guinea-Bissau*, Lund, Sweden: Department of History of Religions, University of Lund; [Stockholm: Almqvist & Wiksell].
28. Jónína Einarsdóttir. (2000), "*Tired of weeping*": *child death and mourning among papel mothers in Guinea-Bissau*, Stockholm: Department of Social Anthropology.
29. John P. Cann; foreword by Bernard E. Trainor (1997), *Counterinsurgency in Africa: the Portuguese way of war, 1961 – 1974*, Westport, Conn.: Greenwood Press.
30. Richard Andrew Lobban, Jr. and Peter Karibe Mendy (1997), *Historical dictionary of the Republic of Guinea-Bissau*, Lanham, Md.: Scarecrow Press.
31. Laura Bigman (1993), *History and hunger in West Africa: food*

production and entitlement in Guinea-Bissau and Cape Verde, Westport, Conn.: Greenwood Press.

32. Joshua B. Forrest (1992), *Guinea-Bissau: power, conflict, and renewal in a West African nation*, Boulder: Westview Press.
33. The government of Guinea-Bissau (1990), *Country presentation*, Geneva: United Nations, 1990.
34. Rosemary E. Galli and Jocelyn Jones (1987), *Guinea-Bissau: politics, economics, and society*, London: F. Pinter; Boulder: L. Rienne.
35. Carlos Lopes; translated by Michael Wolfers (1987), *Guinea-Bissau: from liberation struggle to independent statehood*, Boulder, Colo.: Westview Press; London; [Totowa], N. J.: Zed Books.
36. Stephanie Urdang (1979), *Fighting two colonialisms: women in Guinea-Bissau*, New York: Monthly Review Press.
37. Gjerstad, Ole (1978), *Sowing the first harvest: national reconstruction in Guinea-Bissau*, Oakland, CA.: LSM Information Center.
38. Lars Rudebeck (1974), *Guinea-Bissau: a study of political mobilization*, Uppsala: Scandinavian Institute of African Studies; [Stockholm: distributed by Almquist & Wiksell].

二 网站

1. 中华人民共和国外交部（几内亚比绍）网站：http://www.fmprc.gov.cn/chn/wjb/zzjg/fzs/gjlb/1530/1530x0/default.htm
2. 中华人民共和国驻几内亚比绍大使馆经济商务参赞处网站：http://gw.mofcom.gov.cn/index.shtml

3. 中华人民共和国商务部西亚非洲司网站：http：//xyf. mofcom. gov. cn/index. shtml

4. 全民国防教育网站：http：//www. gf81. com. cn/15/aff17. htm

5. The World factbook-Guinea Bissau：https：//www. cia. gov/cia/publications/factbook/geos/pu. html

6. 人民网 http：//www. people. com. cn/

7. 新华网 http：//www. people. com. cn/

8. 新浪网：http：//news. sina. com. cn/

9. 江苏广播电视网 http：//www. jsgd. com. cn

圣多美和普林西比

（Sao Tome and Principe）

李广一 主编

列国志

第一章

国土与人民

第一节 自然地理

一 地理位置

圣多美和普林西比民主共和国（简称圣普或者圣多美和普林西比）位于大西洋中的赤道地区，加蓬西北、尼日利亚南，由几内亚湾的两大岛屿——圣多美岛和普林西比岛以及周围的 14 个小岛组成，是世界上最小的国家之一。

圣、普两岛相距 150 多公里，海岸距离非洲大陆最近仅有 200 公里。圣多美岛面积约为 859 平方公里，普林西比岛面积约为 142 平方公里，罗拉斯岛、卡罗索岛等小岛的面积更小。这些小岛均是火山岛。[①]圣多美和普林西比全国海岸线长 220 公里。从空中俯瞰，这 16 个岛屿自东北向西南排列整齐，圆锥形岛屿在碧蓝大海的映衬下，宛如蓝色绒毡上一颗颗硕大的翠珠。各岛奇峰翠谷，绚丽多姿，热带植物茂密葱绿，自然景色瑰丽迷人，有“绿岛”之称。

圣普群岛是几内亚群岛的一部分。几内亚群岛在几内亚湾呈

① 《世界知识年鉴》(2001～2002 年)，第 528 页。

线状分布，较大的岛有4个，除圣多美岛和普林西比岛外，位于普林西比东北方向的岛叫做费尔南德波岛（Fernando Po，目前被称为Bioko比埃科岛，属于赤道几内亚），位于圣多美西南方向的岛叫做安诺本岛（Ano Bom）。

二　行政区划

圣普人口较少，2005年全国人口187000余人。国土面积仅为1001平方公里，是非洲最小的国家塞舌尔的2倍多。全国分为两个省（圣多美、普林西比。普林西比自1995年4月29号开始建立了自治政府），7个县（地方行政区）：阿瓜格兰特（Agua Grande）、梅索西（Me-Zochi）、坎塔加洛（Cantagalo）、考埃（Caue）、伦巴（Lemba）、洛巴塔（Lobata）和帕盖（Pague）。除帕盖在普林西比岛以外，其余均在圣多美岛。

阿瓜格兰特行政区包括首都在内，共有56300常住人口，这些人口的居住地距离圣多美市中心步行均不超过1小时。与此比邻的三个行政区（人口达到81000人，占总人口的48%），梅索西、坎塔加洛、洛巴塔，包括岛上东北部所有的地区，步行到圣多美市的距离均不超过1天，坐车不超过1小时，这三个区的人口达到81000人，占总人口的48%。这样，全国超过80%的人口均居住在首都周围，可以分享到都市的好处，同时也是都市化的人口。

首都圣多美市（东经6°4′，北纬0°2′），人口约6万人，坐落在圣多美岛东北部的恰维斯湾畔，是全国的政治和经济中心。这里依山傍海，风光秀丽，是具有田园风光的游览胜地。因该地为火山岛，故圣多美市有“火山城市”之称。

三　地形特点

据地质学家考证，大约3000多万年以前，即地质史第三纪（白垩纪）期间，这里的一次大西洋海底火山喷发，在非洲边缘隆起一座火山，即喀麦隆火山，在海洋里则堆积起现在属于赤道几内亚的 10 个岛屿及组成圣多美和普林西比的 16 个岛屿。海底再次下沉时，整个地层向西南倾斜。这些地层倾斜的一些明显标记已被现代的地理学所证实。例如，在圣多美西南海岸的海水比西北海水深 900 多米。同时，几内亚群岛各岛屿地层构造十分相似。这些岛屿上的高山均是由南部海底上升的断层构成的，而北部地区的地势就相对平缓，主要是由倾斜地层构成的。

圣多美和普林西比诸岛上的岩石均为玄武岩构造的火山岩，地势均由沿海低地向中部升高。这些岛屿小而高峻，表层土壤肥沃，受益于适宜的气候和丰富的降水，覆盖着茂密葱绿的林木。圣多美岛就有高逾千米的山峰 10 余座，其中最高的圣多美峰海拔高达 2024 米，海岛沿岸多是悬崖峭壁。普林西比岛上的普林西比峰高达 948 米。圣多美岛南部的山脉主要有两个走向：一种从北向南；一种是从西北向东南。这些山峰均由受侵蚀严重的玄武岩构成，散乱的山峰和险峻的峡谷使整个地貌崎岖而迷人。

岛上的许多山峰是火山口，一般认为是一些死火山，但在最近的地质年代，这些火山曾再次活动。罗拉斯岛是这些岛屿形成的最好例子，那里有两个保存完好的火山口。生长繁茂的绿色植物很好地遮盖了火山口的痕迹，但这并不影响火山活动的另外一些痕迹——岩石山峰和圆锥形山脉——清楚地说明这一事实。另外，还有一些令人称奇的地理景观——响岩和颈状岩石，它们都是由炽热的岩浆在逐渐冷却过程中形成的。在岛屿南部，这些罕见而陡峭的山峰创造了千姿百态神奇的自然景观，最令人称奇的例子就是格兰达峰（Cao Grande），在遥远的海上，它看起来像引颈眺望的少女，已成为提醒往来船只不要靠近南部海域以免触礁的标志物。

普林西比岛上热带气候带来的大量降雨改变了岛上的原始地

貌，岛上山脉走向深受河流和瀑布的侵蚀，其地理特点亦有自己独特的地方。这个岛上的岩石明显分成两种：北部是古老的玄武岩，玄武岩构成的地表地势平坦，而南部则是响岩（phonolite）。南部的山脉也都是由响岩构成，陡峭而崎岖。岛上的山脉大致是东西走向，同圣多美岛并不相同。

四　河流

圣多美和普林西比岛屿上山峰陡峭，地势崎岖，山上许多飞瀑汇成条条小河奔流入海。由于落差大，水流湍急，河流不适合航行，但适于建造小型水电站。

在圣多美岛上，东部流淌的格兰德河（Io Grande）是这里最大的一条河流，发源于圣多美峰，总长度23.4公里。岛上还有六条大一些的河流（当地人称河流为阿瓜斯 Aguas），这些河的流量和长度大致相同，其中最有名的有两条，即阿拜德河（Abade）与乔格河（Manue Jorge）。普林西比岛上最长的河流为帕帕加奥河（Papagaio），这条河流经圣托·安东尼奥镇（Santo Antonio），长约8.9公里。岛上还有三条较大一些的河流。葡萄牙人过去曾利用水流湍急、四季不涸的河流作为动力，在沿河两岸建立了许多榨糖厂，目前这些河流是大种植园的边界，依旧是一些加工工场的动力来源。

海岸的大部分地方多为岩石，并不适合人类居住，但有许多沙滩。岛屿边缘的海湾多呈掌状（Palm-fringed bay）。过去这里是远洋船只靠岸补充淡水的抛锚点，风景秀丽，将来必定会成为外来旅游者的天堂。占据优势地位的亚热带东南信风，平静的大西洋或者赤道无风带，交替影响着强劲的几内亚湾海流，对岛屿的发展带来了决定性的影响。一方面，这里成为进入几内亚湾海上贸易的理想中转站。商船在岛上的北部停泊，随着向东流动的海流驶向大陆，盛行东南风使这个航程大大缩短。另一方面，这里占优势地位的东南风，使到印度洋去的船只很难在这里靠岸，强劲的海流也为去尼日尔河三角洲的商船造成了不小的麻烦。因此，除了奴隶贸易时代，几内亚群岛从未成为海上交通的常规停泊点。

五　气候和土壤

气候　圣多美和普林西比属赤道国家（面积10多平方公里的罗拉斯岛恰好位于赤道线上），圣多美岛和普林西比岛均位于赤道附近，属热带雨林气候，终年湿热，雨量充沛，年平均气温为27℃左右。每年3月最为炎热，7月最为凉爽。两岛划分季节的标志不在于气温的高低，而在于降雨的多少。岛上有两个冬季（或称雨季），一个风季和一个热季。冬季分别开始于每年3月和9月的春分和秋分。每年的5~8月是“风季”，9月至次年2月是“热季”。季节的改变同热带湿润的海洋气团和干热的大陆撒哈拉沙漠气团移动有关。上半年锋面向北移动，在整个6~9月，南风越吹越强，气候干燥而凉爽，几乎每天均可以看到蓝天白云，这时很少有暴风雨，极少有雨或无雨，但昼夜温差很大。这个季节称为凉季或旱季。当热带气团锋面从9月开始向南移动（降水便逐渐丰富，10月是一年中降水最多的月份），来自撒哈拉的沙漠气团位于湿热的海洋气团之上，导致气温上升，常伴有暴风和暴雨天气。整个1月，降雨逐渐减少，空气湿度过高，使人觉得十分不舒服。这个短暂的季节，当地人称为热季或者大雨季（gravanito）。

圣多美和普林西比各岛降水量、气温、植被因地势高低、朝向不同而异。尽管圣多美岛的面积狭小，但这里众多的高山对当地的气候产生了重要的影响，从而使岛上不同的地方气候迥异。

从南方来的潮湿气团被山脉抬升，在沿圣多美峰四周的地方，降水丰富。山脉同时造成了一些“雨影区”，在北部台地的沿岸，降水量就成比例地减少。圣多美峰及其周围年降水量4000毫米，同时整个南部和西南部的降水量超过3000毫米，北部降水是840毫米。普林西比岛的情形与圣多美相似，南部山区降水年平均超过3860毫米，而北部海滨年平均只有1090毫米。尽管这里不会出现长期不下雨的现象，但任何显著低于平均水平的年降水量，会对当地的热带作物种植业带来十分不利的影响。

全国海拔低的地方年平均气温为25℃，1500米以上平均年气温为18℃。全国年降雨量3000毫米，各岛西南坡因受大西洋湿热气候影响，年降雨量可达5000毫米，东南沿海低地则长年降雨。圣多美和普林西比的气候特别适合热带植物的生长，1500米以下的植被是郁郁葱葱的热带雨林，再往上则是高山树林，经年云雾缭绕。与降雨同样重要的是遍布岛上高温。一年中降雨最多的月份也是最热的月份。通常情况下，温度随海拔的上升会下降，从而导致降雨图、气候图同当地的等高线图十分接近。

土壤 这里的土地都是粘土，温暖、潮湿，由富含铁和其它矿物成分的玄武岩受雨水侵蚀而成，富含矿物质，异常肥沃。早在16世纪，葡萄牙人就这样描绘（圣多美和普林西比）：土壤呈现红色或者黄色，异常肥沃。一个人靠在手杖上同邻居说话，意外地发现自己的手杖已经生根，而谈话还没有结束。由于这里的气候十分湿润，降雨通常发生在夜间，因而这里的土壤从不会干燥成粉末状，永远保持一种软蜡状，在这样的土壤条件下，无论种植什么都会丰收。但由于岛屿上山脉众多，只有不到一半的土地适合于耕种

一般而言，由于各地受雨水的冲刷的程度不同，不同地区土壤的矿物和腐殖质成分也略有不同。岛上土壤分布图同岛上的降水图大体接近。圣多美岛上，北部降水较少，因而干燥贫瘠的土地所含的矿物质和腐殖质就少。较肥沃的土壤大多分布在岛屿的

中部，这里有数百万年形成的腐殖质，十分肥沃，特别适合热带雨林的生长。然而在一些山脉上，尽管这里也能生长热带雨林，但土壤形成相对较晚，受侵蚀多，相对贫瘠。

岛上居民的生活和活动也影响了当地的生态环境。由于大片森林被砍伐，改种植经济作物，许多地区（特别是靠近海滩）的土地已经裸露出了岩石和荒芜的土壤，仅能生长一些野草和耐旱耐贫的面包树。

第二节　自然资源

一　矿物

受地域和气候的影响，圣多美和普林西比各岛上四季常青，生物资源丰富，但除了玄武岩外岛上没有任何矿产资源。

不同年代的海底有不同的沉积物，这些均在圣多美岛的一些海域有所显示。圣多美岛周围发现不少含油地层，这些海底储藏的石油已成为圣普未来发展的重要资源。20 世纪 80 年代后期，在近海找到了储量丰富的碳氢化合物（天然气）。1997 年 5 月，圣普政府同美国和南非的一些公司签署了一个在圣多美领海勘探和开采石油、天然气及其它矿产资源的协议。这个协议的有效期为 25 年。1998 年 3 月，政府勘察了本国 370 平方公里的专属经济区（EEZ），并通过法律予以确认。5 月，政府把这一法律提交给联合国海洋委员会作法律备案。

二　动物

第一批葡萄牙水手登上圣多美岛时，无论是在河水中，还是在陆地上，鳄鱼均随处可见。丛林中到处都有毒性极强的黑色眼镜蛇。目前，岛上的鳄鱼已经非常稀少，但黑色眼镜蛇还能经常见，特别是在南部的热带丛林中，当地的种植园工人为了驱蛇，常常焚烧大片的热带植物。在16世纪，作为一种生活习惯，葡萄牙人把大量的欧洲动物带上岛，其中有猫、驴、马、山羊、猪、鸡、鸭，当然还有家鼠。除马之外，这些动物都很兴盛。但由于一些种植园广泛使用马匹，因而马匹一直在输入。葡萄牙人还引进了猴子和香猫（Civet cat，产麝香），这些猴子同老鼠一样，由于繁殖过度和缺乏食物，便袭击种植园，猴子和老鼠对当地的作物常造成灾难性的后果。20世纪初，在普林西比岛消灭昏睡病的运动中，猴子和香猫被全部消灭。

圣普两个岛上的鸟类极为有趣，但很少有人研究。业余鸟类学家列出岛上有鸟类105种，如果加上迁徙的候鸟，种类会超过200种。在圣多美的热带雨林中，许多鸟类是当地独有的品种，同时尚有人类从未发现过的鸟类存在。圣多美岛有18种独有的鸟类，普林西比岛有7种独有的鸟类。另外，圣多美岛有12种独有的亚种而普林西比岛有9种独有的亚种。用动物学的术语讲，这些鸟类能证明该岛与非洲大陆的隔离关系，尽管这里距离大陆最近的地方只有200多公里。更令人称奇的是，尽管两岛相距仅仅150公里，岛上鸟类的栖息地大致相似，但鸟的种类大为不同。在记载的两岛35种雀形目鸟（passerine）鸣禽中，仅有5种是两岛共有的，另外有3种分属于不同的亚种。为什么两岛相距如此之近，气候也差别不大，岛上生物的进化途径却差别如此明显？仍需要人们不断去探索。由于人类的毁林活动，岛上已有两种独有的鸟类濒临灭绝。普林西比岛上的一种非洲大鹦鹉亚种，目前还十分常见，但这种动物已经被列入濒危动物的名单，出售这种鹦鹉的贸易已经被国际公约所禁止。

三　植物

第一批葡萄牙水手登上圣多美岛时，岛上覆盖着“美丽、高大、繁茂的热带雨林，这些热带雨林同埃塞俄比亚和几内亚的热带森林一模一样”。另外一份16世纪的资料这样描绘这些热带雨林：这里的树是如此繁复和如此高大，几乎要接触到蔚蓝的天空。早期的殖民者勘探并砍伐了岛上的这些巨木，也留下了一些有关巨大树木的令人惊讶的数字。他们用一棵树建造了两艘适合远洋航行的大帆船，这棵树的直径是21英尺（约合6.40米，当时的人是如何把这些树伐倒依然是一个不解之谜）。据记载，这棵树就生长在首都圣多美附近，应该是欧卡（Oca）树。目前，这种树遍布全岛，是为可可树遮阴的一个优良树种。

自1520年开始，由于甘蔗种植园不断扩张，海岸附近的热带雨林面积急剧下降，但在圣普两岛中部山区和南部部分山区，热带原始雨林依然保留了下来。据弗朗西斯科·特罗尼奥（Francisco Tenreiro）的估计，即使在甘蔗种植的高峰期，甘蔗种植园的面积依然没超过圣多美岛的1/3。然而到19世纪，由于可可种植园的迅速扩张，圣多美岛原始雨林开始受到毁灭性破坏。目前，从没受到人类破坏的原始雨林只是在偏远山区才有部分幸存。另一方面，由于可可和咖啡都需要一些大树来遮荫，各地还有不少巨大的热带乔木得以幸存，这些不同科属的乔木成为圣多美珍贵的林业财富。

圣多美本地生长的食用物种主要有棕榈、圣多美桃、各种无花果，当地最主要的食用作物是四种山药属植物（Yam）。葡萄牙人把欧洲、亚洲、美洲植物引进到非洲之前，圣多美是第一个试种的地区。小麦和葡萄曾经试种，但产量和质量不佳。柠檬、木贾如树属植物（Cashew）、香蕉、面包树、椰子树则极为适应这里的气候，生长良好。后三类作物直到今天依然是岛上居民的食用作物，岛上小块私有土地上均有种植。甘蔗是第一批引进的经济作物，在16世纪早期，它已是岛上的主要经济作物。尽管目前岛上已无人再为商业目的而种植，但甘蔗一直呈野生状态遍布全岛，当地人用甘蔗酿造一种烈性的蔗酒（rum）。在不同的时代，葡萄牙人曾经种植过生姜（ginger）、罗望子（味酸，常用作清凉轻泻的饮剂），古柯（Cola）、梓树（cinnamon，用作防腐涂料）。一份写于18世纪初的普林西比文献中这样写道：在梓树林中有一条小道，通向当地官员的别墅，这些树长势极佳，他们的树皮（用来提炼梓油）质量绝不亚于来自印度的这种树皮。在这些引进的经济作物中，最引人注目的便是可可和咖啡，它们自19世纪早期便开始引种。超过1000米的高山上，可可、咖啡的种植十分稀少。自20世纪30年代以来，可可的产量持续下降，而野生卡朴（Capoeira）便逐渐覆盖了这些抛荒的种植园。卡朴同一些杂草、竹子、野生咖啡树、攀缘性的植物（Creeper）、开花灌木杂生在一起，构成第二代森林，均生长在抛弃的种植园里。在一些地方，卡朴在海拔高达1500米的地方还在生长，再往上则是热带雨林植物，这些热带雨林中遍布碧绿的石楠属植物（heathers）和巨大的鲁伯拉（Lobelia）树。

第三节　居民与宗教

一　人口

直到1470年被葡萄牙航海家发现之前，圣多美和普林西比均无人居住。2004年7月有181565人，2005年7月人口为187210人，其中居住在圣多美岛的有18万人，居住在普林西比岛的约有 7000 人。①

从 1485 年开始，葡萄牙政府鼓励向圣多美和普林西比移民，首批殖民者来自马德拉群岛。为了开发甘蔗种植园，葡萄牙殖民者从非洲大陆购买和掳掠了上万黑人，在此后长达 5 个世纪的历史中，这些人互相通婚，逐渐形成了圣多美和普林西比居民主体——圣多美人和克里奥尔人。圣多美人为非洲黑人的后裔，克里奥尔人为葡萄牙人和非洲黑人的混血后裔，占总人口的 12%，在葡萄牙语基础上形成的克里奥尔语。此外，还有大约 1500 名葡萄牙人及一些印巴人、华人及他们与当地人的混血后裔。

历史上的人口变动情况。由于恶性传染性疾病的影响，同时有大批流动劳工的输入，因而，用图表表示的圣普的人口统计数量的发展并不是沿着直线发展。由莫加都（N. A. Morgado）制订的，采用了最新的材料并作过一些修订的圣普人口统计图表显示了 1820 ~ 1990 年的圣普人口变动情况。（见图 1 – 1）

该图表显示，圣普自 19 世纪以来，有两次分隔开的人口迅速增长期。1878 ~ 1909 年，黑人奴隶人口增长曲线急剧上升，而到 20 世纪 30 年代以后，全国的总人口数量才开始迅速增长。圣普的总人口在 18 世纪的后半期迅速下降。1815 ~ 1860 年，人口稳定在 10000 ~ 13000 人之间，其中一半是奴隶。1860 ~ 1875 年，圣普出现第一次人口增长，这次增长伴随咖啡种植业的繁荣和第一批种植园的开发而发生的。其中最引人注目的是白人人口也从 272 人增加到 741 人，到 1895 年，可可种植的繁荣使该国的人口再次增长。白人人口增加到 1500 人，是 1875 年的两倍，契约劳工的数量增加到 16000 人，增加了 115%。契约劳

① http：//www. immigration-usa. com/wfb2004/sao – tome – and – principe/sao – tome – and – principe – people. html.
http：//www. cia. gov/cia/publications/factbook/geos/tp. html.

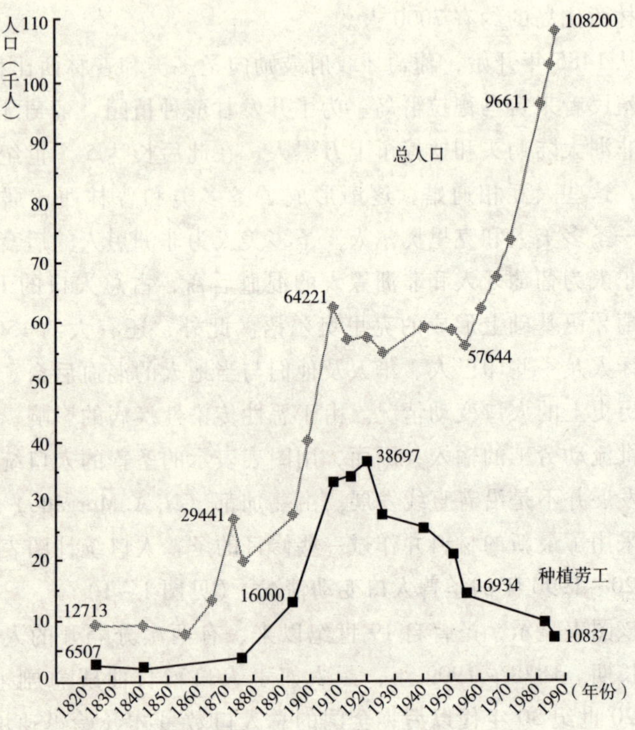

图 1-1　圣普人口统计图

Source：Tony，Hodges，Malyn Newitt，*Sao Tome and Principe*：*From plantation Conlony to Microstate*（*Profiles*）（*Hardcover*），Colorado：Westview Press，Lnc（Shot Disk）（October 1988），p. 50.

工（contract laber，一种变相的黑人奴隶）人口的增长占据了人口增长的主流，1921 年达到了顶峰，达到 38697 人，占总人口的 65%。在世纪之交，"自由人"达到 19433 人，同 1926 年持平。

由于缺少土地和过高的人口死亡率，这里的人口增长缺乏强劲的动力。大种植园占据了岛上未开垦的所有土地，土生圣多美人（被限定在环绕首都的一块狭小密集的土地上）真正增长开始于 20 世纪 30 年代，1940 年，这些人的总数第一次超过了契约劳工。20 世纪 60 年代以来，这里同非洲大陆一样，当地人口出现了迅速增长。当 1981 年开始人口普查时，圣普国内人口的增长率已经达到 2.8% ~3.0%。

人口增长方面，普林西比扮演了一个无足轻重的角色。在 1960 年的人口普查中，普林西比仅有人口 4574 人，比 1844 年的人口还少了 10 人！因为在这段时间内，岛上人口的规模适应了种植园对劳工的需求，而契约劳工占岛上人口总数的 80%。1983 年，岛上人口估计有 5600 人。影响圣多美人口总数变动的因素，19 世纪以来，契约劳工的到来和离开是圣普人口统计数据历史变化的最重要原因，然而，要想准确说明 100 多年来圣普到底输入了多少契约劳工，十分困难。

1876 ~1909 年间，这里共输入契约劳工约 90000 人，而在 1910 ~1919 年间，则输入了 66000 人。自那以后，契约劳工的输入人数逐渐减少，但具体数据不甚清晰。在 1953 年，由弗朗西斯科·门特罗（Francisco Mantero）编辑的一本书中，引自圣多美官方的数据，在 1920 ~1953 年的 30 多年中，登记注册的契约劳工大约有 77000 人。1953 年以后，圣普大多引进长期移民，不再是短期的契约种植工人。

契约劳工输入的一个重要后果就是当地人口中的男女比例严重失衡。1867 年的数据显示，全殖民地的非欧洲人口中，女性只占 34%，到 1930 年，这一情况有了些许改观，女性人口占 40.6%，在普林西比占 32.4%。女性人口过少导致全国人口的出生率过低。到 1983 年，该国的人口比例基本平衡，女性人口占总人口的 50.3%。契约人口的大量输入同时改变了当地的人口金字塔形结构。1940 年，15 ~ 65 岁的人口占总人口的 74.3%；1950 年，这一年龄段的人口占总人口的 68.9%；1983

年，这一年龄段的人口仅占总人口的53.6%。目前，这一情况已经有所改观，全国男女比例基本持平，全国男女比例为0.97:1。

影响岛上人口数量的第二个因素就是死亡率过高。直到20世纪30年代以前，所有的文献数据都显示圣普人口的寿命过低，输入的契约劳工大多会在短期内死亡。尽管1876~1909年输入了90000名契约劳工，但总人口只增长了30000~40000人。圣普当时的卫生条件极差。16世纪的文献记录道：当地居民经常忍受不了发热病的痛苦，但对外来人口而言，一个第一次坐船到这里的人，第一次发热病的发作是致命的。除了发热病之外，岛上的流行病还有疥疮（Scabies）、梅毒（syphilis）和大陆带来的致命性的天花（smallpox）。过去，欧洲管理人员和传教士大多会在短期内死亡，死亡率高达10.5%，非洲劳工的免疫能力稍好，但死亡率也较高。疟疾是岛上居民的主要杀手，其他由于饮水不洁引起的痢疾、腹泻等疾病也十分严重。种植园工人中流行的疾病主要是肠胃病和肺病、糖尿病。许多工人孤身一人来到圣多美，很快沾染上嗜酒的恶习，多拿口粮在黑市上换取当地的甘蔗酒，严重影响了健康。

在普林西比，昏睡病是当地人畜的头号杀手。这种病是在1822年引进加蓬牛时从大陆带来的，第一次引起人类死亡是在1859年。19世纪后半期，岛上人口的死亡率高达20%，人口大量下降。1844年，岛上还有1122名土生普林西比人，到1912年，只有550人。这种病第一次引起人们注意是在1901年，当时的一个去安哥拉的医疗代表团参观了该岛，代表团成员观察到了这种病人的存在。1908年，又一个专门代表团到达，他们为控制这种病用尽了各种办法，甚至包括消灭所有野猪和清除灌木，效果并不明显。后来，种植园主使用了一种办法，即工人粘蝇纸（human flying paper），他们给工人穿上一种黑色的衣服，然后再在黑衣服上涂上粘性材料，到处移动，粘住传播昏睡病的萃萃蝇（tsetse fly 又称舌蝇）。1911 年，第三个医疗援助团专门来到岛上，为救治疾病而竭尽全力。这次采取的措施效果明显，人口的死亡率从 16.4% 下降到 5.7%，最后一年中，全岛只有 7.3% 的人还患有昏睡病。1914 年底，医疗团宣布清除了该岛的萃萃蝇。这次清除活动对该岛生态产生了重要的影响：完全清除岛上的大部分野生动物和家养动物（包括猪、狗、猴、香猫），大量地使用粘蝇纸，许多昆虫灭绝，砍尽了岛上人类住所旁的树木，排干了岛上的沼泽。然而，由于新的契约劳工的到来，这种病并没有绝迹，1950 年，昏睡病再次发作，但并没有造成大批人口死亡。

从 20 世纪 40 年代开始，圣普的人口自然增长较快，其主要原因是葡萄牙殖民当局采取了一定的保护居民健康的措施。二战后，人口的死亡率依然较高（1945 ~ 1949 年人口的死亡率为 3.42%），但随后就迅速下降，同时出生率却上升很快。从 20 世纪 50 年代开始，人口的出生率就超过了死亡率。

2002 年，圣多美和普林西比的人口增长率为 3.18%，人口出生率为 4.23%，人口死亡率为 0.732%，婴儿死亡率为 4.75%。2004 年，人口增长率为 3.18%，人口出生率为 4.136%，人口死亡率为 0.689%，婴儿死亡率为 4.75%。每个妇女平均有 5.8 个孩子。人口密度为 141 人/平方公里（1998 年）。

圣普人的预期寿命男性为 65.11 岁，女性为 68.21 岁，平均寿命为 66.63 岁，高于非洲的平均水平，圣普是非洲的长寿国之一。

二 民族

在很多方面，圣普同分布在大西洋对面的西印度群岛的国家一样，而显著区别于非洲大陆。主要人口是甘蔗和可可种植园工人的后裔，种族、语言和文化如其说是黑非洲式的，不如说是克里奥尔式（creole）的。[①]占全部人口85%的圣多美人为非洲黑人的混种后裔，系由不同部族的黑人奴隶长期混居、通婚，逐渐融合成的一个新的民族共同体，属班图尼格罗人种，操在班图语基础上形成的圣多美语。圣多美和普林西比全国人口从民族和种族的角度来区分，90%为班图人，其余为混血种人和印度人，可以细分为六个种群。

混血人（当地人称为 the Filbos da terra，英语为 Freeman） 即克里奥尔人（Creole）。他们是欧洲白人（主要是葡萄牙人）与非洲黑人通婚后的后代，是当地富裕阶层。20世纪，许多人依然是种植园主。19世纪后半期，许多葡萄牙人来到圣普，这些人在葡萄牙并不是有身份的人，多是一些文盲和囚犯与黑人通婚后，留下了克里奥尔人。1975年圣普独立后，欧洲白人种植园主、殖民当局的工作人员都离开了圣普，但他们的后代——克里奥尔人留了下来。葡萄牙人称他们为本地人（Naturais，Natives），而他们自己称自己为土地的孩子（filhos da terra，children of the land）。他们中有许多人成为诗人、作家、记者，甚至有人成为葡萄牙议会议员，但大部分人依然贫困。

安哥拉人（the angolaros） 他们是非洲大陆上安哥拉人的后裔。根据一个传统的故事，16世纪早期，一只运送安哥拉奴隶的船只在圣多美岛南部触礁沉没。贩运奴隶的欧洲殖民者沉入海底，而许多奴隶却幸存了下来。幸存者在圣多美岛南部群山中的一个峡谷中建立了村庄，他们在那里饲养猪等家畜，种植香蕉。在整整一代人的时间里，这些人和岛上北部的种植园主都没有意识到对方的存在。过了很久，北部逃亡的奴隶逃到了南部，

---

① 原指拉美欧洲白人、印第安人、黑人之间的混血后裔。这里指葡萄牙白人与非洲黑人的混血后裔。

加入到安哥拉人之中。安哥拉人开始同北部的种植园奴隶主争夺土地、抢劫妇女和食物。1900 年，他们的人口总数已经达到 1900 人。20 世纪初，这些安哥拉人自认为是一个独立的集体，有自己的文化和语言，主要从事运输和捕鱼。但随着人们对鱼类、船只货运需求的增长，克里奥尔人和佛得角人也开始从事货运工作。到独立之前，安哥拉人逐渐成为渔民的同义词。一项语言学的调查显示，20 世纪 60 年代，全国有超过 7000 人讲安哥拉语，但独立的安哥拉社区已不复存在，安哥拉人逐渐同其他人口混合在一起。1986 年，全国有 1200 个渔民，比 1956 年还少 92 人。安哥拉人传统的捕鱼船称为冬戈（dongo），是一种独木舟，用一棵欧卡（Oca）树或者其它硬木作成。大冬戈有 9 米长，平均长度是 4～7 米。这种独木舟由 1～3 人操纵。独立后，这种船开始装上外置马达作为动力，由于气候潮湿，自然侵蚀，当地的船和马达寿命均不能超过 5 年。对渔民而言，造船是一种沉重的负担。渔民们用网捕鱼，捕鱼是男人的工作，孩子们则跟在大人后面学习。妇女负责清理修补渔网，把鱼用盐渍好晾干，带到市场销售。

不知道来源地区的黑人奴隶和劳工后代（Servidais 或 forros）[①]　这部分人过去一直生活在社会的最底层，忍受着殖民者残酷的剥削和压榨。因为殖民者最初输入的奴隶多为男性，后来有一些女性被卖到这里，以便繁衍人口。尽管男女比例失调，但还是有一些黑奴建立了永久性的居住点，形成种植园的黑人社区。废除奴隶制后，葡萄牙殖民者不能再公开地输入奴隶，于是变换手法，同输入的黑人签订契约，称为契约劳工，1910

① 前者是指由西方殖民者从安哥拉、刚果、莫桑比克等邻国输入的奴隶，后者指取消奴隶制时获得自由的黑人奴隶的后代。可以同 filbo（s）da terra 互换称呼。

年以前，但从未有一个黑人（无论是奴隶，还是契约劳工）能够离开圣多美，返回家园。契约劳工主要是莫桑比克人和安哥拉人。这两类劳工的人数大致相同，但莫桑比克人受到的待遇稍好，因为圣多美要同南非的金矿竞争契约劳工，莫桑比克人多是被判的囚犯。据文献记载，没有任何葡属几内亚的工人到这里成为契约劳工。黑人劳工的契约一般为 5 年，也有的短一些。到达该岛后，这些人被分成小组，分给各个种植园主。这些劳工多从事种植园的日常工作，常受到种植园主的虐待和殴打，生活极为悲惨。1910 年以后，部分契约期限已满的契约劳工得以遣返，但大部分契约劳工留了下来。

佛得角人（Cape Verdians） 这些人因为 1903 年非洲大旱而来到圣多美。许多人同种植园签订了短期契约（2～3 年），工资高于契约劳工，他们希望有一天能够重新回到佛得角。他们的教育程度高于自由人，并有一定的技术。他们大多是举家移民而来，这一点也是他们区别于其他契约劳工的地方。但由于一种或者多种原因，相当多的佛得角人留了下来。圣普独立以后，他们取得了公民权。1981 年的人口普查显示，全国有 4865 人具有佛得角血统。

通加人（Tongas） 原意为“不知道血统”（Unknown orign），是种植园契约劳工的后代。开始通加人被称为半奴隶（Semi servile），并自动属于出生地的种植园主所有。20 世纪 20 年代，通加人同种植园主重签合同是违法的，因此许多人逃亡成为自由人。30 年代，有 10% 的种植园工人是通加人。独立后，留在圣多美的通加人被解放，许多人从事管理和技术工作。

欧洲人 他们主要是葡萄牙人的后裔，大约 4000 人，圣普独立后留驻当地。

其余种族如印度人、华人，总数不过百人。

三　语言

在圣多美和普林西比，官方语言是葡萄牙语，但当地人讲三种不同的克里奥尔语，即本地化的葡萄牙语。分别是圣多美语、安哥拉语、普林西比语。在圣多美，一般使用前两种语言，在普林西比的人使用后一种语言。这三种语言之间有密切的联系。几内亚群岛中的安诺本岛，当地人说第四种克里奥尔语，即安诺本语。圣多美语有80%的词汇同普林西比语一样，82%的词汇同安诺本语一样，67%的词汇同安哥拉语一样。从这点上来看，这些语言之间有密切的关系，因为它们都是以葡萄牙语为基础的。圣多美语93%的词都是源于葡萄牙语，但语法与发音受两种西非语言的严重影响，一是西非的贝宁语和尼日利亚语，二是刚果（布）语。

克里奥尔方言形成于葡萄牙殖民早期，清楚地反映出岛国居民与刚果（布）和贝宁有密切关系，因为这两个地区是圣多美和普林西比黑人奴隶的主要输出地。

四　宗教

圣普居民中90%为基督教徒，其中绝大多数信仰罗马天主教。少数人信仰伊斯兰教。

圣普有着漫长和原始的基督教传统。教士们随着第一批的殖民者就来到岛上。1519年，岛上就建立了奥古斯汀教堂。1535年，圣多美成为丰沙尔主教辖区的主教中心，也是整个西非地区教会事务的中心。随后，教会在圣多美建立了许多教堂，并成立了牧师会。1594年，刚果建立了自己的主教教区，圣多美的中心地位才开始下降。在此期间，圣多美建立了8个教区，其中两个在首都，6个在不同的种植园。直到今天，这些教区依然是岛上人口集聚的中心。

1571 年，圣多美教区划归里斯本，1677 年这里又划归巴西利亚主教教区，用以强调这些岛屿同巴西的密切关系。18 世纪，基督教的方济我会在意大利成立，并向全球传教，这些教士多来自葡萄牙和巴西，但圣多美的教士多为当地人。1710 年，圣多美教会中的 10 个牧师会成员中有 5 个是当地人，因为欧洲牧师不如当地人更能适应当地的气候。1800 年，圣多美当地最后一位主教去世，教皇没有再任命新的主教，从那时起直到 1944 年，这里的“主教”一职一直空缺。

16～17 世纪，随着大批契约劳工的到来，非洲的原始宗教开始在圣普传播。由于“犹太婴儿”[①]事件的影响，圣多美的牧师对基督教信仰的忠诚受到教皇的质疑。1976 年圣普又建立了主教区，并任命了新的主教。1981 年，全国进行了宗教调查，95000 人中，有 85000 人是基督教徒，7480 人是非教徒（pagan），74309 人是“新非教徒”（neopagan，指信仰马克思主义）。按照葡萄牙人的习俗，葡萄牙男人同当地的女人结婚，信仰多教是十分平常的。葡萄牙男人依然认为这些女人是女佣（Lavadeira，就是洗熨他们的衣服，发烧时照顾他，给他生孩子的洗衣妇）而不是妻子，但葡萄牙男人送他们之间的孩子去学校学习。著名人士弗朗西斯科·若泽·特恩雷罗就是葡萄牙男子与当地女性的儿子，后来成为著名的诗人。虽然在种植园里暴力和高压政策一直存在，但这些非洲传统习俗在圣多美根深蒂固。习俗尽管有很大的伸缩性，许多种族禁忌一直在发挥作用。教堂的主要圣礼常常和家庭结构连在一起。在圣普，洗礼和葬礼通常都举行宗教仪式，但结婚仪式就明显少一些。

---

① 16 世纪，欧洲兴起排犹浪潮。天主教会为了防止新一代犹太人信仰犹太教，把犹太婴儿（2～10 岁），送到圣多美岛，这些婴儿没有很深的希伯来传统，但此后该教区的人却深受犹太文化和宗教的影响。教皇因此而怀疑该教区的教士对上帝的忠诚。

独立以后，圣多美教会不再具有任何官方地位。然而，教堂里常常人满为患，每到星期天，许多重要人物常常开着公务车到教堂作弥撒。在圣普，很少有人谈到关于新教的事。但是，许多非洲福音传教会曾在当地秘密传教，并且建立了两座新教教堂，其中位于一个小镇的阿登蒂斯（Adentist）教堂开办一座学校，当时，岛上10%的中学生都在那里受教育。在圣普，一个人有多种宗教信仰十分平常。很明显，非洲传统习俗较布教更有影响力。在圣多美和普林西比，当地人都希望能保留多种信仰。

五　民俗与节日

圣多美作为移民的国家，民俗较好地体现了多文化的特征：白人以欧洲文化风俗为主，而黑人的风俗也得以保留，但在白人和黑人之间，文化歧视十分明显。

当地人的主要食物是香蕉、面包树果、树粉、甜番薯和椰子。也有少量的蔬菜如西红柿和洋葱，羊肉、鱼和随处可见的鸡肉是当地人蛋白质的主要来源。猪肉在1979～1985年由于非洲猪热病的暴发而被禁止食用。圣多美人嗜酒成风，不仅本地盛产大量的甘蔗酒，还进口了大量的外国酒，主要是葡萄酒和啤酒，正由于这样，喝酒成了圣多美人的一大标志。独立后不久，在民主德国援助下，圣多美建立一家啤酒厂。目前，圣多美人在节日和聚会时常常品尝棕榈酒和甜雪碧。

摩尔斯（Antonio de Castro Moraes）在1901年出版了一本关于圣多美风俗的书。书中说：一个男人如果有一套瓦房，一个装棕榈油的铜罐，一头骡子，一条带链条的表和不错的衣服，就被认为是一个重要的人物了，许多女性都会向他求爱。在圣多美本土，被认为是重要人物的男人通常实行一夫多妻制，尽管他可能假装去教堂结婚。一个女人呢，如果她同四五个男人分别有了孩子，也被认为是一个重要的人物，但这并不能阻止两个相爱的人在一起白头偕老。在教堂结婚，要受基督教义的约束，因此很少人在那里举行仪式。1950 年，弗朗西斯科·若泽·特恩雷罗先生统计过，38.5% 的家族都是一夫多妻。抚养孩子的经济负担大多落在了母亲的身上，一夫多妻的结果就是私生子十分平常。

遇到节日常有宗教活动，他们穿着狂欢节的盛装跳舞庆祝，有时还表演由民间传说改编的传统戏剧。当地人的舞蹈主要有三种类型：经过本土化的葡萄牙舞（the tchiloli）、刚果舞和非洲传统舞蹈。

当地主要的节日是国家独立日（每年的 7 月 12 日）和基督教的宗教日。

六　建筑

新独立的非洲国家往往更加关注政治独立和经济发展，对建筑倾注的精力不多。比较之下，殖民时代的建筑往往被认为是殖民帝国的象征，展示着成功者的政治统治。当地建筑与殖民时代的建筑相比，气势、卫生条件、安全、防火性能等方面要逊色得多。许多来到圣多美的参观者都对这里的殖民时代精美辉煌的建筑感到震惊。

16 世纪，殖民者在恰维斯海湾建立一个大城镇，这里有大教堂、教区教堂、商业楼、两座城堡，它们是由木材修建起来的，后来被大火烧毁，但当时建筑的风格成为圣多美后来建筑的典范。那个时期最好的房子是圣塞巴斯提奥城堡及里面漂亮的四方军营和指挥部。独立后，城堡成为博物馆，这些葡萄牙建筑具有较好的防热性，城堡中有一小教堂直接向庭院敞开，目前成为旅游的热点地区。

19 世纪末期，富有的种植园主在圣多美的市中心建有很多漂亮的房子，欧式建筑风格同当地传统建筑风格很好地融合在房屋的构造上：宽大的走廊和阳台、高高的屋顶、柱廊、庭院花园，还有法式风格的复折式屋顶和百叶窗。

在农村，渔民由于被种植园主剥夺了土地，就只能集聚在一起，把房子建在高腿柱上，任凭风吹雨打，但这些房子可以防潮还可以防鼠。建筑者先用各种小木材打造骨架，再用钉子钉上木板做内部的隔层。所有的房子都用棕榈叶覆盖屋顶和走廊，或者是用木瓦和瓦楞形的铁皮覆盖，厨房是独立隔开的，一般距离房子几步远。

种植园中建筑，目前依然保留。这里房子是四方形的，一面是种植园主的房间，其它三面分别是工人的房子、干草堆、仓库。种植园主可以看到整个种植园的情况。目前，许多种植园的工人依然生活在 20 世纪初种植园主为契约劳工建立的窝棚里。许多结过婚的夫妻仍居住在一个立方形的、四边敞开不加封顶的房子里。在窝棚的外面，工人做饭、洗衣的地方依然是葡萄牙人为他们建造的设施。

第二章

历　史

第一节　欧洲殖民统治简史

在葡萄牙人发现几内亚群岛之前，圣多美和普林西比还没有人类活动的踪迹。殖民者的到来，使这里开始了发展，但他们也带来了罪恶和剥削，打破了这里几千万年来世外桃园般的宁静。

圣多美和普林西比的历史并非同非洲大陆的历史保持一致。非洲没有一个地方像这里一样如此早地被殖民者和种植园主占据。这里在16世纪发生的一切，到19世纪时又在非洲大陆再次重演。实际上，如果不把圣多美和普林西比看作是非洲的一部分，而看作是加勒比群岛的组成部分，或许更容易理解这里的历史。16世纪，圣多美作为葡萄牙的殖民地，曾是世界上产糖最多的地区。19世纪初，葡萄牙种植园主开始在这里种植咖啡、可可，并使圣多美岛成为欧洲的热带经济作物供应基地。20世纪初，圣多美和普林西比依然使用契约劳工，从而使圣多美恶名远扬，传遍世界，圣多美岛因而成为奴隶制的代名词。圣多美和普林西比500年的历史，也是一部非洲黑人血泪斑斑的历史。

1975 年，圣多美和普林西比结束了葡萄牙的殖民统治，获得了独立，成为一个拥有独立主权的小型国家。

一 葡萄牙早期的殖民活动

葡萄牙人从 1440 年开始，就在撒哈拉以南的非洲进行殖民探险和贸易活动，但收益不大。1470 年 12 月 21 日，葡萄牙探险家配德罗・埃斯科巴（Pero de Escobar）和若奥・德桑塔伦（Joao de santerem）发现了圣多美岛。因为这里郁郁葱葱、层峦叠嶂的自然风光而称该岛为“绿岛”，后因这一天（12 月 21 日）恰好是基督教的圣多美日，岛名遂改为圣多美。“圣多美”（San tome），“圣徒多美”的意思。多美是耶稣的十二门徒之一，英文音译为“托马斯”，《圣经》中译本译为多马。[①] 1471 年 1 月 17 日，这两个葡萄牙人又发现并登上了普林西比岛。因这一天为天主教的安东尼奥日（英文译为“安托万日”，Saint Anthony），而定名为“圣安东尼奥岛”。后来葡萄牙国王将该岛及岛上的全部财产赐予皇太子，遂改名为“圣普林西比岛”，即“太子岛”。目前，岛上最大的城镇圣安东尼奥仍保留了原名。1471 年元旦这天，他们还发现了安诺本岛。在以后的长时间内，并没有移民到这里，因而有人怀疑这里是在 1479 年发现的。[②] 当时，几内亚群岛都是葡萄牙国王加奥二世的（Joao II）私产。

---

① 多马又名多士马。此人诚实可靠，不轻信人言，凡事必以亲眼所见为实。《新约・约翰福音》中写道，耶稣复活后第一次现身时他不在场，执意不信。耶稣再次降临，他亲手摸到耶稣手掌上的钉痕，并伸手触到耶稣的肋骨始得相信。

② 关于葡萄牙人早期的探险活动，参见 Bailey w. Diffie and Geogre D . Winius, Foundations of the Portuguese Empire , University of Minnesola Press. (Minneapolis, 1977) . 关于几内亚群岛的发现过程，详细情况参见 Viriato Lampos, Os Dias de Descobrimento das Ilhas de S. Tome e Principe, E Lementos da Historia da Ilha de S. tome, Centro de Estudos de Marinha (Lisbon , 1971), p. 688.

1485年，加奥二世为了加强同非洲刚果王国的联系，以准予无偿占有和开垦土地及允许同非洲大陆进行自由贸易等特权，鼓励向圣多美和普林西比殖民。

第一批殖民者在迪·派瓦（Joao de Paiva）的率领下，登上了圣多美岛。岛上充沛的雨量和肥沃土地适宜种植热带植物，这对葡萄牙冒险家颇具吸引力。他组织了大批欧洲移民在恰维斯湾登陆，并建立了圣多美小镇。1492年，在欧洲的排犹浪潮中，基督教势力把许多犹太人的婴儿（2~10岁）送到了圣多美，这些婴儿大部分由于患病去世，但还是有600多人活了下来，他们构成了以后圣多美岛上白人的主体。还有一些欧洲的罪犯也被流放到这里。殖民者为了更多繁育人口，甚至为每一个罪犯购买了女黑奴做妻子。1493年，卡米哈（Alvaro da Caminha）取得了圣多美的专属权。同时，葡萄牙人从安哥拉、莫桑比克和佛得角群岛等地掳掠了大批奴隶，在圣多美岛上开辟热带种植园，这里很快成为葡萄牙的“糖岛”和“热带乐园”。1500年，普林西比岛被葡萄牙政府授予卡内罗家族（the Carneiro family），但须交一定的税金。1503年，安诺本岛被授予米罗家族（the Mello family），但直到19世纪末，这里仍然无人居住。

首批移民的活动主要是砍伐岛上的热带雨林、种植粮食，同非洲大陆发展贸易。1493年，圣多美殖民地获得了同包括尼日尔河三角洲在内的西非贸易的特权，同时可以同国王专属的刚果王国进行贸易往来。圣多美岛上的殖民者很快熟悉了几内亚湾周围非洲大陆的每一条河流，进而成为大陆各地贸易的中间商。到16世纪下半期，土生的一代白人（Meslicos）已经说当地的语言，适应了当地的气候。1522年，葡萄牙正式宣布这两个岛屿为其殖民地，并将其作为从事奴隶贸易的据点。

1595年，居住在圣多美岛南部山区的安哥拉人在首领阿梅多（Amador）的率领下向圣多美市发动进攻，并建立了“王国”。直到1693年，葡萄牙人派了一支远征军征服并屠杀了这些安哥拉人。这个故事在圣多美流传甚广，阿梅多被视为当地的民族英雄，他的肖像被印上了圣普的货币。当然，关于安哥拉人在圣多美的历史，有许多人持不同的意见，因为直到18世纪初才开始有文献记载安哥拉人的记录。18世纪，葡萄牙殖民当局在圣多美东南部设立了一个安哥拉人“酋长”专区，由安哥拉人担任酋长。1815年，当地还建立了一个安哥拉人教堂，当时安哥拉人口估计有332人。1875年，这块地方被一个种植园主占领，开辟了一个种植园。安哥拉人被驱赶到海边的一个狭长的峡谷中生活，从此，安哥拉人开始以捕鱼为生，同时帮助种植园主转运货物。每个安哥拉家庭中均有一个领导者，他们负责同当地种植园主谈判和交易。尽管安哥拉人没有土地，也不愿从事田间的劳作，但他们可以承担砍伐森林等繁重的劳动。

二 葡萄牙的殖民统治

17~18世纪，荷兰和法国曾经占领了圣多美和普林西比。但不久之后，葡萄牙殖民者卷土重来。

由于圣多美和普林西比缺乏劳动力，殖民者登上圣多美岛后，便开始从非洲大陆掳掠了大量的黑人奴隶，在岛上开辟种植园。伴随种植园开发和进行残酷的奴隶贸易，殖民者的“糖岛”和“热带乐园”，变成了非洲人的屠场和人间地狱。那些被劫掠来的黑奴，没有任何人身权利和自由。在白人殖民者的眼里，他们只不过是会说话的“牲畜”。他们中的许多人因过度劳累或被非人的生活条件折磨而死，有的则在皮鞭或枷锁中丧生。1910年之前，凡到达圣多美和普林西比的非洲黑人奴隶，没有一个能活着离开。17世纪下半叶，随着拉丁美洲种植园的发展，处于欧洲通往印度、西非、美洲的航道上的圣多美和普林西比又成为殖民者用以进行“三角贸易”的远洋船队的抛锚地，即贩卖黑奴的中转站、储运中心。葡萄牙、法国、英国、荷兰的奴隶贩子把成千上万从非洲大陆捕捉来的非洲黑人，送到这里集中，再转运到遥远的南美洲，其中不少人在这里就被折磨致死。在殖民者的残酷虐待下，来到岛上的人没有一个生还家乡，无异踏上了“不归路”，全非洲人听到圣多美的名字就会产生恐惧感。

拿破仑战争期间，这里是世界上最大的奴隶市场。1809～1815 年，有将近 33000 名奴隶被送到圣多美岛，其中绝大部分被转运到巴西和古巴。据不完全统计，几个世纪里，从佛得角群岛运到圣多美的奴隶就有 13 万，超过今天圣多美和普林西比的全国人口。后来，葡萄牙当局把本国的“罪犯”，也流放到该岛，这些葡萄牙人也是至死不得回归故里。因此，葡萄牙人也把圣多美之行视为畏途，久而久之，圣多美岛又被称为“死亡之岛”。关于圣多美岛为“死亡之岛”，还有另外一种说法。在当时天主教盛行的欧洲，人们相信作恶者死后，灵魂将被打入地狱。在它将死之时，地狱之神就派出使者，将其灵魂捉住，飞向南方，据说地狱的出入口就在南方的某个岛上。葡萄牙人来到圣多美之后，发现在海拔 2140 米的圣多美峰顶有一个黑洞洞的火山口，认为这就是地狱的门户。这一说法，颇为荒谬，但这未尝不是该岛往日历史的真实写照。

19 世纪上半期，国际上把奴隶贸易视为非法。当时，圣多美和普林西比的可可生产正处于巅峰时期，每年需要 4000 多名外来劳工，以使全国劳工总数保持在 30000～40000 人之间。为了补充劳动力，葡萄牙殖民者变换手法，从安哥拉、莫桑比克等地招募了大批“契约劳工”，来圣多美和普林西比的咖啡种植园、可可种植园做苦工，实际上是变相的奴隶劳动。这些契约劳工到来之前，必须同中介组织（Curador）[①]签订契约。根据圣多

① Curador，首次成立于 1875 年，是一个官方的中介组织。名义上的职能是负责劳工的福利，安排劳工的遣返，实际上是种植园主控制、压榨契约劳工的帮凶。

美殖民当局1903年通过的法案，契约一般为5年，到期时可以延长。每个劳工的部分收入被存入遣返基金。这个基金实际上是殖民当局减少应支付的工资和减低劳工生活水准的借口，因为在当时没有一个劳工被遣返。劳工们被船只运送到圣多美以后，就被分配给各个种植园或者其它商业部门。

同南非的矿山对劳工的需求相比，圣多美和普林西比并不是一个大雇主，但岛上恶劣的待遇和生活条件使这里臭名远扬，不可能有劳工自愿到这里劳动。但非洲大陆恶劣的自然条件还是把不少人赶到了这里。1903年，佛得角发生干旱，成千上万赤贫的农民被迫到海外寻找生路，其中5000人来到了圣多美和普林西比的种植园，同种植园签订了短期的契约（一般2~3年）。当年也有一些澳门的华人、利比亚人、加蓬人来到这里，他们主要是在船上或码头工作。当然，这里最多的契约工人还是来自安哥拉，除新签约的劳工外，大部分劳工是19世纪被贩卖到这里的奴隶及其后代，他们在“自由”后，为了生存，再次同原来的种植园主签订契约，成为现代奴隶——契约工人。

圣多美和普林西比的现代奴隶制度在19世纪末20世纪初受到了国际社会的广泛谴责。这里的卫生条件极差，人口死亡率奇高，契约劳工的生存状况也引起了国际社会的关注。普林西比自1893年以来，契约劳工的死亡率高达20%，是正常水平的5倍。另外，这里的种植园违反契约现象也十分严重，契约劳工大部分在契约期限内就死亡，没有死亡的也没有一个能够被遣返。葡萄牙殖民者的这些做法激起了国际社会的义愤。1909年安哥拉宣布，禁止圣多美和普林西比在这里招募契约劳工。葡萄牙殖民者一方面伪善地修改了契约，把契约缩短为3年，把部分劳工遣返。另一方面，他们又建立了新的招募基地，1910~1917年，他们从莫桑比克招募了20000名劳工，从佛得角招募了8000名劳工。用以补充普林西比种植园劳工的不足。在此之前，普林西比广泛流行昏睡病，劳工大批死亡。从1921年开始，契约期满后续约被视为非法，劳工们被遣返逐渐普遍。由于非洲大陆自然灾害频繁，仍有劳工不断输入到这里。1919～1922年，干旱使7500名佛得角人来到这里寻找生路。1941～1949年，又有15000名佛得角人来到这里谋生，这种状况一直持续到圣多美和普林西比独立。从总体上看，由于圣多美和普林西比可可、咖啡种植业的衰退，来到这里的劳工数目一直在减少。1921年，这里有契约劳工38000人，1940年下降为28000人，到1954年，仅有17000人。弗朗西斯科·若泽·特恩雷罗在《圣多美纪实》（A Ilha de sao Tome）记载："那里有两个世界，一个是奴隶的世界，也就是黑人的世界；一个是奴隶主的世界，也就是欧洲白人主导的世界。"黑人奴隶和契约劳工的血汗养肥了早期的葡萄牙殖民者。

三　民族解放运动的兴起和发展

自从圣多美和普林西比的热带种植园经济发展以来，这里一直是葡萄牙殖民帝国中重要的一环。按照常理，这里应该建立与其对帝国贡献一致的公共事务工程、服务和行政体系来支持其发展。但事实上，这里的管理在世界上臭名昭著：全部土地从来没有经过测量，道路从来没有经过修整，公共健康设施匮乏，公共安全问题严重，逃亡的奴隶和"自由"劳工四处漂泊，时常抢劫种植园。健康问题更为糟糕，首都圣多美市是其中的典型。自1852年这里成为首府以来，从没建立过任何卫生设施。葡萄牙当局把圣多美和普林西比人视为罪恶的阶级，根本不愿改善这里的生活环境。城市的一边环绕着一个终年不干的污水沼泽，臭气熏天。城市主要的饮用水源——阿瓜·格兰达河，严重受到污染。城市里流行致命的发热病、疟疾和肠胃病。当然，富有的种植园主阶层在欧洲，在里斯本，在巴西都购买了不动产，他们很少在圣多美和普林西比生活。

残酷的殖民主义统治和恶劣的生活条件激起了圣多美和普林西比人民的强烈反抗。16 世纪中叶，盲人约安·加托和安哥拉裔黑人奴隶阿梅多先后领导了暴动和起义。阿梅多曾在圣多美岛建立了自己的王国达 1 年之久，沉重地打击了葡萄牙殖民者。

1928 年，葡萄牙殖民者迫于圣多美和普林西比人民的斗争压力，推行新政，建立新自治政府，实行部分自治。

第二次世界大战后，在蓬勃发展的非洲大陆民族独立运动影响下，圣多美和普林西比人民开始觉醒。为了维持殖民统治，葡萄牙当局于 1951 年宣布取消圣多美和普林西比殖民地，改称圣多美和普林西比海外省，由总督直接控制，在总督管理之下，葡萄牙白人享有政治经济特权，黑人无任何政治经济权利。总督同时加强了对黑人反抗的武装镇压。1953 年 2 月，圣多美岛巴特帕（Batepa）地区发动了反对葡萄牙统治的起义，遭到葡萄牙军队的血腥镇压，1000 多人被杀害。这次大屠杀激发了当地作家和知识分子的爱国热情。他们中的许多人在争取民族独立的过程中扮演了重要的角色。

为反抗葡萄牙的殖民统治，圣多美和普林西比曾多次发动起义和暴动。1960 年 6 月，圣多美和普林西比解放运动的前身——圣多美和普林西比解放委员会成立，掀起了圣多美和普林西比人民反对葡萄牙殖民统治，争取民族独立解放的高潮。在解放委员会的领导下，当地人民争取独立的斗争更为迅速发展而且更富有成效。1962 年，解放委员会得到联合国的承认。从此，圣多美和普林西比人民的斗争得到了国际社会广泛的支持。

1974 年 4 月，葡萄牙国内一批由中下级军官组成的“尉官运动”发动政变，推翻法西斯政权，新政权宣布实行非殖民化。在这一事件的推动下，1974 年 11 月，葡萄牙当局同圣多美和普林西比解放运动在阿尔及利亚签署圣多美和普林西比独立的阿尔及尔协议。12月，成立了以莱昂内尔·达尔瓦为总理的过渡政府。1975年7月举行的新的立法议会选举中，解放运动获得了全部16个席位。

1975年7月12日，圣多美和普林西比宣告独立，结束了葡萄牙500多年的殖民统治，建立了自己的独立国家。曼努埃尔·平托·达科斯塔当选为首任总统，解放运动一党执政，直至1991年。

第二节　当代简史

一　达科斯塔统治时期

独立后的圣多美和普林西比一直由解放运动一党执政，仿效苏联东欧集团实行中央集权管理。解放运动领导人总统达科斯塔在国内推行比较激进的政策，走一条“非资本主义的道路”，决定在成熟时建设社会主义。达科斯塔在政治上实行高压，排除异己，包括独立运动时期的领导人也遭到了打击和镇压，经济上实行全面国有化。

由于受到国内外因素的压力，1987年10月，解放运动中央委员会宣布实行政治和宪政改革。这次改革是限定在一党专政下的改革，包括通过普选产生国家元首；秘密投票选举国民议会；允许同一党内不同政治观点的存在。1988年1月，重新设立总理这一职位。

1988年3月，多斯·桑托斯（Afon sa dos Santos，前解放运动成员）带领44名流亡海外的反对派武装人员从喀麦隆出发，组织武装登陆，企图颠覆达科斯塔政权。但这次行动组织拙劣，所有人员均被逮捕。1989年9月，多斯·桑托斯被判处22年徒刑，其余人员均被监禁。

在非洲民主化浪潮中，圣多美和普林西比解放运动政府也受到冲击。1989年底，由于该国不断上升的经济困难，解放运动内部出现了纷争。解放运动决定在全国实施多党民主制。1990年8月，经解放运动中央委员会提议，国民议会72%的代表同意，实行新的宪政体制。在1990年10月举行的解放运动全国代表大会上，达·科拉斯博士接替达科斯塔担任党的总书记，解放运动的名称改为解放运动—社会民主党。同年多斯·桑托斯（已被赦免）建立了基督教民主阵线（FDC）。同时，民主联盟党（CODO）——三个过去被流放的反对派联合——在涅托（Albertino Neto）的领导下成立。对执政党最大的挑战来自于民主统一党—思索小组（PCD－GR），这是前解放运动党内持不同政见者的联合，这些人在达尔瓦（Lesnel d'Alva）的领导下，由一些年轻而独立的专业人士组成。

1990年8月，公民公决通过新宪法，决定实行多党制及民主选举总统和议会。

在1991年1月20日举行的新一届国民议会的选举中，民主统一党—思索小组得到54%的选票，获得了33席，而解放运动仅获得了30.5%的选票，获得议会21席。民主联盟党获得了国会剩余的1席。2月份，在丹尼尔·达约（Daniel Daio）的领导下，组成新政府，为即将到来的总统选举做准备。

1991年大选，共有五人参选。达科斯塔为参加竞选而辞去总统职务，并退出解放运动，后来又宣布放弃总统竞选。解放运动—社会民主党没有提出新的总统候选人，剩余的三个候选人中又有两个宣布退出。1991年3月3日，无党派候选人米格尔·多斯安若斯·利斯博阿·特罗瓦达（Miguel dos Angos da Cunha Lisboa Trovoada）当选为独立后首任民选总统，4月3日宣誓就职，并任命了以丹尼尔·达约为总理的新政府。

二 特罗瓦达统治时期

特罗瓦达的领导与政治危机 特罗瓦达领导的民主统一党执政以后，致力于变革。实行总统、议会、政府和法院四权分立制；健全法制，精简机构；整顿经济秩序，推行企业私有化和市场自由化。

1992 年初，总统与总理之间的合作关系破裂，一场新的政治危机发生。民主统一党—思索小组试图修改宪法，限制总统的权力，他们认为 1990 年的宪法授予总统的权力过大。与此同时，民众对政府的不信任感却在扩大。因为作为经济援助的前提，国际货币基金组织和世界银行在 1991 年提出的紧缩财政的措施过于严厉，导致圣普人民的生活水平急剧下降。1992 年 4 月，该国发生了两次大规模的民众示威活动，反对严厉的经济调整计划。1992 年 3 月，特罗瓦达总统解散了丹尼尔·达约政府。理由是政府成立一年来，人民生活水平持续下降，全国国民生产总值只有 5000 万美元，而外债高达 2.5 亿美元。由于债务过多，许多国际会议和国际组织的活动圣多美和普林西比无法参加。达约被解职后，执政的民主统一党—思索小组召开中央全会，研究成立新政府的问题。当时党内的意见分为两派，以该党议员领袖菲林托·科斯塔·阿莱格雷和政治委员会成员阿尔塞米罗·多斯普拉塞雷斯为首的一派认为，民主统一党应放弃权力，让反对派组阁；另一派，即多数派则主张，成立民主统一党政府，但吸收被公认为有才干的无党派人士入阁，多数派获胜。4 月 27 日，民主统一党提名科斯塔·阿莱格雷为总理。科斯塔·阿莱格雷是上届政府的经济和财政部长，因为他执行的财经政策而引起人民的不满，以前的执政党现在的反对党解放运动组织了多场示威活动，要求罢免科斯塔·阿莱格雷的部长职务。新总理和总统又在内阁成员、特别是外交、国防和司法部长三位的人选上争执不下。总统坚持让总统府秘书长担任外交部长，但总理对外交（内含国际合作）大权坚持不让。最后，特罗瓦达总统作出让步，结束了这场政治危机。

1992 年 9 月 6 日，在独立后的第一次地方选举中，民主统一党—思索小组遭到重大挫折，在 61 个席位中仅得到 15 席，全国 7 个地区行政首长职位未能获得一个。相反，解放运动获得了 38 席和 5 个地区行政首长职位。新成立的民主独立行动党获得了剩余的 8 个席位，并获得一个地区行政首长的职位。然而，政府拒绝接受反对派要求他们辞职、组成一个新的民族政府或者召开一次新的议会选举的要求。

1994 年初，政府同总统的关系再度恶化。民主统一党—思索小组指控总统特罗瓦达有预谋、有组织地破坏政府的政策，总统与政府的关系再度紧张。特罗瓦达总统再次解散了政府，理由是“制度的冲突”。作为这一决定的证明，总统指控执政党忽视公民投票决定，试图以议会制（国家元首没有行政权）代替半总统制，并宣布在 10 月 2 日举行新的议会选举。在这次选举中，解放运动获得了决定性胜利，一举夺得了 27 个议会席位，仅差 1 席即过半数。民主统一党—思索小组和民主独立行动党均获得了 4 个席位。这次公民的投票率仅为 50%，反映了人民对民主化的失望及对这个国家的社会和经济前景的悲观看法。新内阁在 10 月底成立，其成员几乎都是解放运动的成员。

经济社会问题与军人政变 由于历史和政治原因，大批圣多美人逃到加蓬并在那里生活。1995 年 2 月初，加蓬政府声称，到 2 月底以前，仍没有合法身份的外国移民将被驱逐出境。圣普政府为此向国际社会呼吁国际援助，以解决大约 6000 ~ 7000 名将从加蓬回归圣多美人的生活问题。3 月，大约 1500 名圣多美移民被遣还。4 月，因为对政府挪用国际社会为他们提供的援助感到不满，大约 50 名回归者试图占领总理办公室。

1995年2月中旬，为了缓解不断上涨的生活支出造成的社会紧张，政府宣布国民提高工资64%～90%，并且规定公共和私有部门必须在月底前实现。2月底，为了减轻来自世界银行的资金暂停供应给政府造成的严重困难，政府宣布实行严厉的措施，包括提高燃料价格25%，解雇300多名政府公务员，提高利息率。

1995年3月，普林西比举行了自治后的首次选举，选举7名地方立法议员组成地方立法议会和5人组成地方政府。这次选举是依据1994年国民议会通过的法案进行的。在这次选举中，解放运动获得了绝对的胜利，民主统一党—思索小组和民主独立行动党并没有提出自己的候选人，但坚持支持当地的反对派组织。4月份，地方自治政府开始运作。1995年3月底，当地政府同安哥拉的一家商业企业（The wello Xaoier Group）达成了一项协议。该协议允许该公司控制阿莱格雷（Porto Alegre）可可种植园，并给予该公司优先购买另外四个非农业公司的权利，另外政府还授予该公司在圣多美设立离岸银行的特权。这项协议在全国激起了广泛的抗议。特罗瓦达总统和反对党坚决拒绝这一协议，在抗议声中，该公司没有得到协定中的好处。1996年初，该公司还是获得了阿莱格雷可可种植园的经营管理合约。

1995年6月，国家电台工人发动了长达数天的罢工，要求增加工资300%，警察控制了该电台。受这次罢工的影响，政府暂缓实施给银行工人增加工资350%的决定，并成立了一个委员会重新审查政府行政人员的工资水平。随后几个月，社会持续动荡，因为教师、医生也发动罢工，要求增加工资，改善工作环境。1995年8月15日，圣多美和普林西比发生了一起不流血的军事政变。大约30名士兵在5名军官的带领下，发动政变，控制了总统府，拘捕了总统特罗瓦达、总理格拉萨（da Craca）和国防部长保利诺，并接管了政权。政变军人宣布成立了一个由年轻军官组成的五人委员会，接管政权，并在全国实行宵禁。

委员会领导人阿梅尔达上尉在全国广播电视讲话中表示，军队希望恢复国家的尊严，并为解决持续困扰这个国家的经济和社会问题作出贡献。这次政变的原因在于特罗瓦达总统认为军队一直支持左翼社会党—解放运动，便提出削减军队人数，引起军人不满。另一方面，总统的经济改革措施没有成功，导致了政治冲突和民众的骚乱。军人希望亲自掌舵，让国家摆脱危机。①

军人政变由于同时代潮流相悖，受到了国际社会的联合抵制。美国政府立即批评政变者，要求他们恢复民选的政府，否则将取消对该国的发展援助，要求推翻圣多美和普林西比第一位民选政府的反政府军交出政权；法国对政变后的形势表示关注，要求政变者“尊重宪法的合法性”。政变者既面临广泛的国际社会压力，又缺乏建立一个军事政权的专业水平，同时国内各个政治阶层的代表均拒绝与军人站在一起。一个星期后，政变走入死胡同。政变者开始谋求与政府和各政党的妥协。在安哥拉外交部长的调解下，国民议会在5月21日晚通过一项赦免政变者的法令，军人们把政权还给了文官政府，“体面”地解决了这场政变。特罗瓦达恢复总统职务，同时发布命令，对政变者实行大赦。随后，特罗瓦达总统改造了武装力量。

民族团结政府的建立 1995年12月底，阿莱梅达（vaz d’Almeida）被任命为总理，组织领导民族团结政府。新内阁包括解放运动的6名成员，4名民主独立行动党的代表，1名圣普民主联盟党（PDSTP-CODO）的代表。民主统一党—思索小组拒绝加入新政府。

1996年2月，在国家选举委员会的提议之下，即将到来的总统选举的日期由3月份推迟至6月30日。为迎接新的总统选

① 路透社圣多美1995年8月15日英文电。

举，解放运动推举达科斯塔为该党总统候选人，维乌斯（Francisco Fortunato Rives）被推举为总书记。4月，特罗瓦达在民主独立行动党和圣普民主联盟党的支持下，继续参加总统竞选。在总统选举的第一轮投票中，无人取得绝对多数。在7月21日举行的第二轮投票中，特罗瓦达得票率为52.7%，达科斯塔得票率为47.26%。特罗瓦达获胜，蝉联总统职位。达科斯塔承认了失败，但他认为在这次选举中有许多不符合法律的地方，并提出诉讼。8月初，高等法院宣布不能审查达科斯塔的上诉，并提议政府可以寻求国际法律仲裁。8月20日，达科斯塔出人意料地撤回了上诉。9月中旬，阿莱梅达内阁被解散，因为他所在的解放运动党指责他领导的这届内阁腐败无能，并接受反对党民主统一党—思索小组的资助。11月中旬，以解放运动—社会民主党为主的新政府成立，内阁由9名成员组成，布朗加卡（Braganca）任总理，新内阁包括5名解放运动—社会民主党成员，3名民主统一党—思索小组成员，一名独立人士。民主独立行动党拒绝加入新政府。特罗瓦达提出各党和解的主张，呼吁各党在国家面临严重危机的情况下以国家利益为重，共渡难关。

1996年8月中旬，由于能源短缺和水供应不足，大批示威者聚集街头造成交通瘫痪。示威者宣称，政府花去50万美元政府基金，这些基金来自于国际社会提供的经济结构调整的信用援助，用于为部长们购买小轿车，示威不断升级。政府为驱赶示威者，动用了防暴警察，使用了暴力，并造成数人受伤。

1996年11月，内阁向国民议会提出限制总统权力的议案，这个议案内容是成立一个国家会议，在总统解散国民议会前必须征得它的同意；总统不能同时直接掌握外交政策的制定和外交活动的执行。与此同时，特罗瓦达总统提出必须重新审查宪法，他认为应加强总统的权力，并建议用总统制代替目前存在的半总统制。

1997年4月，为了结束政府与总统之间无休止的政治斗争，加强民族团结和实现政局稳定，特罗瓦达总统与前总统达科斯塔举行了一次讨论会，特罗瓦达总统提议举办民族团结会议，实现相互妥协，来解决国家面临的难题。

1997 年 4 月，燃料价格上涨 140%，同时交通、食品和其他消费品的价格也急剧上升。圣多美市发生了普遍性的暴力抗议浪潮。数百名反政府示威者阻塞了交通，安全部队动用武力加以驱散。

1997 年 5 月，特罗瓦达总统宣布与台湾当局“建交”，遭到内阁、议会和各党派的强烈反对。内阁和议会先后通过决议，反对同台湾当局“建交”。圣多美和普林西比政府在发表的声明中声称：“总统同台北签署的建交公报对本国无益，因为台湾承诺要给的 3000 万美元绝对无法同从中国友好、有成果的合作关系中的收益相比。”① 特罗瓦达总统则颁布总统令确认“建交”。在台湾问题上的严重分歧进一步加剧政府内部、政党内部和党派之间的矛盾。为弥合分歧，1998 年 3 月，在特罗瓦达总统的倡议下，召开了民族团结与重建会议。总统、议长、总理签署协议，承诺按宪法规定处理相互关系。会议暂时缓解了各方矛盾，但在修宪和民族团结政府任期等问题上未取得突破。1998 年 3 月中旬，3750 名公务员组织了一次有限的罢工活动，要求政府支付拖欠的工资。1998 年 5 月，机场保安部队阻止并扣留了财政计划部部长本菲姆（Acacio Elba Bonfim，他准备出国参加非洲发展银行会议），这些军人要求他兑现许诺增长的工资。在总理和国防安全部长作出新的承诺的条件下，这一问题得到了解决。

1998 年 11 月 8 日举行议会选举，解放运动获得绝对多数席位（55 席中的 31 席），民主独立行动得到了 16 席，而民主统一党获得了剩余的 8 个席位。1999 年 1 月 5 日新政府成立，吉列尔梅·波塞尔出任总理。波塞尔总理在就职典礼上，许诺重新树

① 台湾《联合报》1997 年 5 月 12 日报道。

立国家尊严，加强法治，确定稳定宏观经济、消除贫困、加强预算管理和恢复政府权威等目标，实现国家机器运转基本正常。在国际货币基金组织的建议之下，内阁的成员缩小为9人。国际合作事务由财政和计划部长承担，农业、渔业、工业、旅游业和贸易事务由单一的部门——经济部负责，青年体育部合并到教育卫生部中。

财政丑闻 1999年3月，圣多美和普林西比的中央银行行长丘勒斯马（Carlos Quaresma）因为卷入非法的金融腐败案件，被迫辞职。对丘勒斯马的指控源于两个月前在比利时首都布鲁塞尔有三个人试图出售伪造的圣多美国家债券，人们怀疑丘勒斯马与此案有关。这些债券带有丘勒斯马的签名，显然，丘勒斯马同这三个人有非法的关联。斯尔维拉（Maria do Carmo Trovoada Silveira）被任命为新行长。政府随后任命了一个调查委员会（有计划、财政与合作部长，司法和国会事务部长）组织调查这一案件。4月中旬，比利时当局对丘勒斯马发出了国际逮捕令。5月，国民议会取消了丘勒斯马的议会豁免权，允许检察总长对其进行质询。1999年10月，丘勒斯马被拘留，但在2000年3月，又发现了由前总理阿莱梅达签署发行这些债券的命令文件，丘勒斯马被最高法院释放。但前总理否认这些指控，并声明这些文件是伪造的。4月，前中央银行外汇交易部门的负责人维干特（Leonel Vagante）被指控把政府资金从法国账户转移到自己在法国的私人账户，为非法购买和出售机动车辆提供资金担保。5月，维干特被判处18年徒刑，并处罚金550万法郎。这一事件终于了结。

三 德梅内塞斯统治时期

2001年7月，平民商人出生，受民主独立行动党支持的德梅内塞斯战胜其他竞争对手，成为圣多美和普林西比新一任的总统。这位新总统长期经营可可出口业务，居住在国外，具有开展国际贸易的丰富经历，并具有国际眼光。圣多美和普林西比人民希望他能把国家带向繁荣和富裕。

2002 年 9 月，德梅内塞斯总统访问了新加坡和中国台湾，对这两个地方的繁荣羡慕不已，在接受《非洲商业》（African Business）杂志记者采访时表示，他要把圣多美和普林西比建设成为新加坡、台湾那样的非洲版“老虎”。他随后公布了自己的宏伟规划。包括以下内容：

同政府讨论改造近海设施，打造国际贸易平台。他认为台湾和新加坡的经验是他最好的借鉴，国家最近的工作主要是建设好新的机场和深水港口。为此他向政府提交一份建立出口加工区的法案，具体实施细节正在完善之中。

修改国家外国投资法律，扩大商业便利。吸引外国轮船在圣多美和普林西比登记，增加外汇收入。他还想建立海上运输公司，降低运费，加强同外部世界的联系。

根据他的规划，利用圣多美和普林西比的优越地理位置，一旦成功建设了深水港口和出口加工区，这个西非岛国将成为尼日利亚、喀麦隆、加蓬、刚果（布）、安哥拉对外贸易的转运中心，同时成为这些国家的石油开采和出口的服务基地。德梅内塞斯总统不缺乏理想，也不缺乏追求理想的能力。他想为这个几乎被外部世界忽略的岛国找到一条成功之路，但面临重重困难。

军人政变 2003 年 7 月 16 日，圣多美军事学院领导人费尔南多·佩雷拉·科博少校将政府成员和议员们召到了警察总局，突然发动武装政变，逮捕了包括议长、女总理达斯内维斯（2002 年 10 月改组内阁后出任总理，是圣多美和普林西比历史上第一位女总理）、国防和安全部长以及负责石油储备的公共工程部部长布兰葛在内的十几位政府要人。政变发生时，总统德梅内塞斯正在尼日利亚进行私人访问。政变者迅速控制交通要道，占领了电台、电视台、中央银行和政府办公大楼等要害部门，宣布成立“救国军人政府”，接管国家权力。“救国军人政府”不久发表声明，承诺尊重民主原则，呼吁国际社会不要干涉，让“新政府”来治理岛国的贫穷，声明发动政变是为了“圣多美和普林西比人民的福祉”，因为“国家面临着困难的社会和经济形势”。政变军人“已经解散了国家的一切政府机构”，“原政府官员全部由军政府监管，他们的人身安全将得到保障”。

军事政变因违背历史潮流，受到了国际社会的共同抵制。中部非洲国家经济共同体、加蓬、葡萄牙和阿尔及利亚政府纷纷发表声明，对政变表示谴责。由 11 个成员国组成的中部非洲国家经济共同体 16 日在刚果（布）首都布拉柴维尔发表声明，“强烈谴责”圣普当日发生的军事政变，要求政变军人“立即释放”被扣押的所有政府官员。声明说，遵照中部非洲人民结束一切地区战乱的愿望和非洲联盟的原则，中非国家经济共同体坚决反对任何通过武力夺取政权的行为。加蓬政府 16 日晚发表声明说，加蓬政府坚持非盟首脑会议已通过的有关原则，谴责任何通过非宪法手段夺取政权的做法，要求政变者释放所有被关押的政府部长，并尽快在圣普恢复宪法秩序。葡萄牙外交部发言人费尔南多·利马16 日在里斯本说，葡萄牙政府认为当日凌晨在圣普发生的军事政变侵犯了民主体制，是不可接受的。利马还说，葡萄牙政府已要求葡语国家共同体常设委员会立即举行特别会议，并建议葡语国家共同体谴责圣普发生的政变，葡萄牙不能接受一个通过自由选举产生的民主政府被更换。阿尔及利亚外交部 16 日也发表公报，强烈谴责发生在圣普的军事政变，认为政变违背了非盟的理想和原则。政变严重违反了第 35 届非洲统一组织首脑会议通过的第 142 号决定。根据这一决定，所有成员国都承诺谴责利用违反宪法的程序来更替政府的行为，不承认任何通过政变建立起来的政府。公报说，政变违背了圣普人民巩固民主和建立法治国家的意愿。只有立即回到宪法秩序上来，圣多美和普林西比才能恢复和平与稳定，圣普人民才能集中精力投入到国家的经济建设和社会发展中。

一些国家和国际金融机构也对政变军人施加压力，提出要在外交上孤立这个西非岛国。联合国秘书长安南7月16日通过其发言人发表声明，对军事政变表示强烈谴责，并重申他坚决反对任何通过武力夺取政权的行为。安南在声明中呼吁政变军人立即无条件在圣多美和普林西比恢复宪法秩序，并尽快释放在政变中被逮捕的政府官员。尼日利亚总统奥巴桑乔甚至提出要进行武力干预。18日，政变领导人科博少校与葡萄牙和美国驻圣普大使会谈后，同意与国际斡旋代表团谈判，解决政变危机。19日，由刚果（布）、安哥拉、莫桑比克、葡萄牙、加蓬、巴西、美国等国家组成的国际斡旋代表团抵达圣多美，并在第二天立即同政变军人展开谈判。双方围绕事先确定的总统回国、恢复宪法和民主秩序、恢复和整顿政治、社会和经济秩序等议题进行了紧张谈判。在互有让步的情况下，谈判进展顺利。政变军人先释放了被逮捕的议长，接着又陆续解除了对因病就医总理的监禁，释放并允许其他政府部长回家。国际斡旋代表团则同意了政变军人提出的举行大选、组建新的民族团结政府和对政变责任人实行大赦的要求。圣多美和普林西比6个政党21日发表联合公报，声明要求参与和平解决16日军人政变引发的国家政治危机的谈判，并提出国际社会的调解应符合圣普各政治团体的要求。公报认为，国家机制运转不畅造成周期性政治危机，导致政变的发生，但解决国家所面临的深重危机，绝不能采用政变手段。

国际斡旋代表从20日起与政变领导人举行了多次正式谈判，23日，双方最后达成协议，宣布结束为期一周的政治危机。圣普议会一致通过法案，赦免16日发动政变的军人。当日，弗拉迪克·德梅内塞斯总统在尼日利亚总统奥巴桑乔的陪同下，抵达圣多美国际机场。7月24日，中国外交部发言人孔泉就圣多美和普林西比政变危机得到和平解决发表谈话指出，中国一直关注着圣多美和普林西比局势的发展，对政变危机的和平解决表示欢迎，希望圣普尽快走上政治稳定，经济发展的道路。

这次军事政变有着深刻的社会和政治原因。圣普虽仅有17万人口，但被联合国列为世界上最不发达的国家之一。粮食、工业产品和日用消费品完全依靠进口，经济主要靠外援，长期贫困。人均年收入仅为280美元，每天不足1美元，国民的极度贫困和社会的不公正使这个岛国隐藏着深刻的社会危机。德梅内塞斯当选总统后，政治危机频频发生。德梅内塞斯曾多次更换总理，改组政府，并曾解散议会。近年来，圣普经探测发现有丰富的石油资源，据专家预测，如果圣普的石油资源得到全面开发，这将给每一位公民带来100万美元的收入。这一消息令圣普人兴奋不已。与此同时，“宝藏”也给圣普人带来了烦恼和矛盾。由于积年的贫弱，圣普本国无力独自开发石油资源，那么，将这个合作开发权交给谁？开发之后的利益怎么分配？德梅内塞斯政府与该地区强国尼日利亚关系密切，并与该国达成了共同开采几内亚海湾两国重叠海域的石油资源的协议。协议签署后，圣普的石油越发引来国际社会的关注。跨国石油公司，如壳牌和美孚，都为开采这两个国家共同开发区内的石油资源展开了激烈竞争。圣普各个政党和利益集团为争夺共同开发区的招标特许权和利润闹得不可开交，进一步加剧了社会政治危机。

民族团结政府政局展望 非洲大部分国家的领导人都来自于官僚世家或者一党政权，德梅内塞斯总统却是一个白手起家的商人，他的大半生在国外度过，缺乏国内政治根基。目前，他施政的重点是提高政府的管理质量，提高教育卫生水平，为私人投资创造更加有利的环境。自2001年9月德梅内塞斯就任圣普总统以来，这个被发现蕴藏着丰富石油资源、仅有17万人口的非洲岛国就危机不断，德梅内塞斯已解散了4届政府。德梅内塞斯总统吸取了政变的教训，决心建立基础更广泛的民族团结政府。在他的建议下，国民议会通过了一个建立民族团结政府的计划，目前这一计划已经得到了实施。根据这一计划，希望能促使建立一个基础广泛的更有效率、更加有决策能力的政府，这个政府由所有获得席位的政党组成。理论上所有政党都会支持政府，但政府中 2/3 的政党属于首次入阁，属于存在潜在冲突的几个政党的临时联盟。

前总统特罗瓦达退出后，民主独立行动发生分裂。民主运动变革力量党（MDFM-PCD）同现总统紧密合作，是议会的第二大党，第一大党依然是解放运动—社会民主党。德梅内塞斯总统需要扮演一个仲裁者的角色，超脱于政党政治之上，以维持对联合政府的指导。新政府要作出重建公共部门的决策，同时要维持国际货币基金组织对国家实行严厉的财政措施方面的支持。

在新的政府中，解放运动—社会民主党的角色和地位十分重要，作为一个前执政党，曾作为唯一的党一直执政到 1991 年。从某种意义上讲，它一直被认为是这个国家天然的执政党。这次，它依然有再次掌管政府的雄心，一直为不能由自己的党员担任总理而耿耿于怀。这个党有着相对健全的组织机构和团结，而它过去的反对党和联合政府已趋向于分裂和内乱。正是看到了这一点，该党正在忍耐，准备在下次大选时利用对手的失误，一举夺魁，无论大选在何时举行。当前解放运动—社会民主党的主要任务是完成党内权力的交接，以便选举出年轻专业的新一代领导人。然而，只要看到政府中的利益分歧，联合政府的分裂必将是最后的结局。接连发生的几起贪污腐败案件已同党派斗争联系在一起。德梅内塞斯总统认为，他决心使这些案件得到公正的审理，作为他反对腐败的证明同时增强对当前政府的执政能力的说服力。德梅内塞斯总统的所作所为显示出他是一个活跃的总统，在他的影响下，出现了一个不同风格的政府。

2004年9月，德梅内塞斯总统解除了总理的职务，任命了新的内阁。2005年6月，经过与执政的解放运动党协调，内阁再次调整，新内阁中，深孚众望的政治家、中央银行行长席尔瓦担任总理兼财政部长。2006年3月，议院再次选举，民主运动变革力量党获得23席，领先于解放运动党的23席和民主独立运动党的12席。经过多党协商，再次组成了民族联合政府。2006年7月30日，德梅内塞斯再次当选为总统，任期5年。

第三节　著名历史人物介绍

曼努埃尔·平托·达科斯塔　圣普独立后的首任总统。1937年8月5日生于圣多美市。1949年小学毕业后赴里斯本读书。50年代开始参加反对殖民主义统治的斗争。1961年后赴德意志民主共和国，在柏林大学读经济学，1972年获博士学位。在此期间，他一直与国内的民族解放运动保持联系。1961~1963年曾任黑非洲学生联合会新闻和宣传书记。1972年7月，他赴赤道几内亚，参加圣普解放委员会代表大会。这次大会将该组织改名为圣多美和普林西比解放运动，他当选为总书记。1975年3月回国从事独立运动，同年圣多美和普林西比独立，他当选为国家总统。1989年，达科斯塔宣布在国内实行多党制。1991年，达科斯塔竞选失败。

米格尔·特罗瓦达　圣普前总统。1936年12月出生于圣多美。曾在葡萄牙学习法律。圣多美和普林西比解放委员会创始人之一。1972年任政治局委员、外事书记。1975年出任临时政府总理兼外交、国防部长。1975年12月，任独立后首届政府总理兼经济部长。1979年4月任工商部长。1979年10月被指控参与动乱阴谋被捕入狱。1981年7月特释后侨居法国，供职于社会党国际组织。1990年5月回国。1991年3月当选总统。1996年

7月蝉联总统。1993年6月19~25日，曾对中国进行正式访问。后坚持与台湾当局“建交”。

吉列尔梅·波塞尔·达科斯塔（Guilherme Posser da Costa） 圣普前政府总理。1953年5月出生。1978年毕业于葡萄牙因布拉大学法律系。1979年任圣多美和普林西比最高法院法官。1982年任外交部国际事务局长。1985年2月任外交国务秘书。同年9月当选为解放运动中央候补委员。1987年1月任外长。1998年5月当选为解放运动副主席。1998年12月出任政府总理。

弗拉迪克·班达拉·梅洛·德梅内塞斯 圣普现任总统。1942年3月21日出生于圣普的阿瓜特略，父亲是葡萄牙人，母亲是圣普土族。曾在葡萄牙、比利时求学，加入过解放运动。曾任国营公司总经理，驻比利时、荷兰、法国、瑞典、挪威和卢森堡等国大使。1986年任解放运动政府外交部长。90年代弃政从商，是圣普最大的可可出口公司“GGI, L. da”的最大股东，被称为“圣普巨商”。1992年脱离解放运动，参与创建民主独立行动党，1998年当选议员。在2001年8月的总统选举中，以民主独立行动党候选人身份当选总统。

玛丽亚·达斯内维斯（Das Neves） 圣普前政府总理。女性，生于1958年7月11日。1985年在古巴圣地亚哥东方大学获经济学硕士学位。1991~1997年先后在美国和葡萄牙进修金融、统计、宏观经济管理等专业。1999年任计划和财政部长助理。2000年任经济部长。2002年3月任贸易、工业和旅游部长，10月被任命为总理。系解放运动成员。

玛丽亚·席尔瓦（Maria do Carmo SILVEIRA） 圣普前政府总理。女性，生于1960年，经济学家。1999~2005年曾担任圣多美和普林西比中央银行总裁。2005年6月7日担任总理，6月8日兼任财政部长。系解放运动成员。

第三章

政 治

第一节 国体与政体

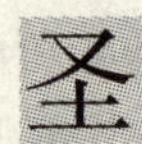多美和普林西比是一个实行多党制的民主国家。

1975年11月5日，圣多美和普林西比颁布第一部宪法。1990年3月由执政的解放运动党中央委员会提出宪法修订草案，经过全民公决，72%的国民投票赞成通过了现行宪法。经过国民议会批准，于1990年颁布。宪法规定了国体和政体。

圣多美和普林西比是一个独立的主权国家，是建立在基本人权基础上的民主法治国家，政教分离、司法独立。人民直接依据宪法管理国家。

立法权属于国民议会。国民议会由55名议员组成，这些议员由成年有投票权的公民直接选出。国民议会每4年选举一次。一般情况下每年召开两次会议。由2/3的内阁成员提出，经总统同意，可以召开特别会议。国民议会自己选举议长。在两次一般性会议之间，国民议会常务委员会代理行使国民议会的职能，常务委员会成员从议员中选出。

行政权授予共和国总统。总统经直接选举产生，任期5年，可连选连任一届。总统是国家元首、武装部队总司令，对国民议会负责。总统有权任免总理、解散议会和颁布法律、法令和命令等。总统缺位、死亡、失去能力或者辞职，其职位由议长代理，直至选出新总统。(本届总统德梅内塞斯是在国际社会的监督之下，于2001年9月3日公正而民主地选举出来的。2006年7月再次当选为总统。)

政府是国家的执行和行政机关。总理由总统任命，是政府首脑。内阁的其他成员由总统任命，但须经过总理同意。政府对议会和总统负责。

司法权由最高法院和其他所有有权能的地方法院和法庭行使。最高法院是最高司法机关，直接对议会负责。院长和审判员由议会任命。

只有至少3/4的议员提议，才能修改宪法。对宪法的任何修正案必须经过议会2/3议员的同意才能生效。

国民议会1994年通过法令，允许普林西比实行自治。国民议会同意普林西比成立一个7人组成的地方议会和一个由5人组成的地方政府。这两个组织都必须向圣多美和普林西比政府负责。

第二节 国家机构

政府 政府由议会多数党组成，总统提名总理人选，但须经执政党同意。总理为内阁首脑，有权任命各部部长。圣普总统德梅内塞斯2004年9月15日宣布，因达斯内韦斯总理卷入腐败丑闻，决定解除其政府总理职务。为了避免提前举行立法选举，德梅内塞斯与2002年选举获胜、达斯内韦斯所在的圣普解放运动党磋商，由该党提出新总理候选人。圣普解放运动党提出的候选人之一劳工、就业和救助部长德阿尔梅达因担任过普林西比岛的省长而被总统选中任命为总理，组建新政府。

2005年6月2日，德阿尔梅达退休，总统德梅内塞斯邀请席尔瓦担任总理，2005年6月7日上任。这是一届联合政府，由解放运动—社会民主党、社会团结党—基督教民主阵线、民主运动—变革力量联合民统党三党联合执政。共设12个部。内阁包括总理、12名部长和3名国务秘书。2006年7月，经过多党协商，组成了15人的新内阁：总理席克鲁兹（Tome Vera Cruz），副总理兼计划与财政部长桑托斯（Maria dos Santos Tebus Torres），外交、合作和侨民部长安加斯（Carlos Gustavo dos Anjos），国防和内政部长奥斯卡·索萨（Lieutenant-colonel Oscar Aguiar Sacramento e Sousa，MLSTP-PSD）等。

地方政府 圣多美和普林西比全国由14个小岛组成，全国分为两个省，7个县。仅圣多美岛和普林西比有人口居住，圣多美设立了六个县，普林西比自1995年以来实行完全自治。

第三节 立法与司法

国民议会 圣多美和普林西比国民议会是国家最高权力机关和立法机关，由依法普选的议员组成，每届任期5年，可连任一届。议会的主要职权有：选举议长和副议长；根据执政党的提议，选举或者罢免共和国总统；选举最高法院院长；讨论和通过国民经济计划、国家预算和决算；通过、修改宪法和法律；对外宣战、媾和；批准条约。总统缺位时，由议长代理其职责。议会闭会期间由常务委员会行使职权。宪法规定，国民议会通过的法律、决议需由总统颁布才能生效。第一届全国国民议会于1975年11月产生，议长是莱·达尔瓦。1980年5月，阿尔达·埃斯皮里托·桑托当选为第二届国民议会议长，并于1985年9月再次当选。1991年3月2日，第四届国民议会选举莱昂内尔·马里奥·达尔瓦为议会新议长。上届议会于1998年

11 月产生，共有议员 55 名，其中解放运动—社会民主党占 31 席，民主独立行动党和民主统一党—思索小组分别占 16 席和 8 席。本届议会产生于 2002 年，解放运动—社会民主党占 24 席，民主独立行动党和民主统一党—思索小组分别占 23 席和 8 席。达科斯塔（Ferreira da Costa）被任命为总理。2002 年 11 月，达科斯塔内阁被解散，内维斯（Maria das Neves）成为该国历史上第一位女总理。现任总理为席尔瓦。

司法机构 最高法院为最高司法机关，负责监督法院对法律的解释和执行，其成员由议会任命，最高法院院长是帕斯库亚尔·代奥；总检察院负责捍卫民主与法制，总检察长由政府提名，总统任命，目前的总检察长是西尔维斯特埃·丰塞卡·莱特（Silvestre da Fonseca Leite）。

当前实行的以 1990 年宪法为基础的葡萄牙式的法律体系，保留部分非洲习惯法。根据圣多美和普林西比 1990 年实行的新宪法，废除了死刑，并把该规定适用于外国雇佣军。司法部长兼政府发言人称："在我们尊重人的生命的国家，一个公民不管他犯了什么罪，我们可判处他尽可能重的刑罚，但决不能夺去他的生命。"但国内治安状况由于受经济衰退的影响，不断恶化。

2003 年 10 月，来自安哥拉、巴西、佛得角、几内亚比绍、莫桑比克、葡萄牙、东帝汶、圣多美和普林西比 8 个国家的最高法院院长，以及澳门特别行政区终审法院院长出席在澳门召开的葡语国家和地区法治会议。在 3 天会议期间，与会国家和地区的最高法院院长们主要讨论"法院的行政财政自治对司法独立的加强和保障"问题，另外也讨论通过诸如确立定期会议制度、会议规章以及设立常设秘书处等事项。此次会议结束之后，与会各国代表团应中国最高人民法院院长的邀请，赴上海和北京等地进行为期 6 天的访问，以了解中国内地司法制度的情况。

第四节 政党

1990年9月颁布的政党法规定，一个政党最低不得少于250人，须在国家最高上诉法院登记注册后方为合法。1998年，登记注册的合法政党共有8个。2001年底，登记注册的合法政党共11个。[①]

(1) 圣多美和普林西比解放运动—社会民主党（Moviment da Libertascao de Sao Tome e Principe-Partido Sodial Democrata，简称MLSTP－PSD）执政党，议会第一大党，现占有议席24个。成立于1960年9月。原名圣多美和普林西比解放委员会，1972年改称解放运动，1990年改为现名。1998年5月召开特别代表大会，选举前总统平托·达科斯塔（Manuel Pinto da Costa）为主席，改变了原来由总书记及其领导下的书记处负责全党工作的模式。1999年1月组成一党政府，约有党员1.2万人，领导组织机构相对健全。党内设主席1人，副主席3人，全国委员会委员150人，均由代表大会直接选举产生。日常工作由6人书记处负责。党内还设立纪律和财政两委员会。地方设有县书记处和县书记。目前，解放运动的政策主张是：对内发展经济是圣普面临的主要任务，主张经济生活非党派化，力争与国际主要债权国达成最大可能减少外债的稳定计划，强调社会发展是经济发展不可或缺的部分等；对外主张执行和平、国际团结的外交政策。

(2) 民主统一党—思索小组（Partido da Convergência Democrática－Grupo de Reflexão，简称PCD－GR）：前身为思索小组，成立于1990年11月。有党员2000余人。现任主席为阿

① 因葡文、法文、英文字母及译文差异，故各党名称和简称略有差异。本处采用《非洲国家报告》记载。

尔达·班达拉夫人（Mrs. Alda Bandeira），总书记马塞利诺·科斯塔（Marcelino Costa）。

（3）民主运动—变革力量党（Movimento Democratico-Forca da Mudanca）：2001年12月20日成立，由前解放运动全国委员会委员欧热尼奥·蒂尼创建，许多骨干来自解放运动和民主独立行动党。2002年3月，该党联合民主统一党组成"民民联"参加议会选举，并赢得23个议席。现任总书记托梅·维拉·克鲁斯（Tome Vera Cruz），2002年12月当选。

（4）民主独立行动党（Acção Democrática Independente，简称ADI）：1993年3月21日正式成立。前身为1991年支持特罗瓦达竞选总统的行动小组。1992年8月建立民主独立行动小组，并取得合法地位。2002年1月，由于党内矛盾激化，原总书记内维斯及8名中央政治委员会委员脱党，该党实力有所削弱。2002年3月举行的议会选举中，以该党为首的"五党联盟"仅获8个议席。现任总书记若泽·弗雷特·劳宋（Jose Frete Lau Chong）。

（5）人民联盟党—工党（Aliança Popular - Partido Trabalhista，简称AP-PT）：成立于1993年1月13日。原称人民联盟党，主要成员为旅居葡萄牙的圣普侨民。1994年8月该党召开全国会议，审议通过了党章、党纲。1996年2月，第二次全国代表大会上选举出新的全国委员会及政治委员会。总书记阿纳克莱托·罗林，副总书记为阿尔明多·格拉萨。

（6）社会团结党—基督教民主阵线（Partido Social da Unidade-Frente Democrata Cristã，简称PSU-FDC）：原基督教民主阵线党，其前身为1976年成立的圣多美和普林西比全国抵抗阵线。1990年12月召开一大，改建并易为现名。1993年5月召开二大。主席阿尔莱西奥·科斯塔（Arlécil Costa）。

（7）民主党—民主联盟（Partido Democrático - Coligação

Democrática ）：1990 年 10 月 15 日，由三个各自独立的反对派组织——全国抵抗阵线、全国民主行动及民主独立同盟合并而成，原称圣普民主联盟。主席内维斯·席尔瓦（ Neves Silva ）。

（8）争取全国民主和进步联盟（Uniao Nacional parab Democraciae Progresso-Grupo Bóia Fria 简称 UNDP—GBF）成立于 1998 年 7 月。曾在 1998 年的立法选举中名列议会第四大党团。主席曼努埃尔·利马，是圣普伊斯兰联合会的创始人。

（9）人民进步党（Parlido Popular da Progress 简称 PPP）成立于 1998 年。领导人是西塔（ Guadalupe Viegas de ceita）。

此外还有争取全国民主和进步联盟、民主革新党（Democratic Renovation Party ）等。

第五节　军事

圣多美和普林西比革命武装力量组建于 1975 年。1991 年 5 月改名为圣多美和普林西比武装力量。国防和内务部长负责监督和控制武装部队、警察。武装部队最高司令为总统。总参谋长为安东尼奥·帕盖特·德索萨（Antonio Paquete de Sousa）。

武装力量由武装部队、海岸警察、总统卫队和民兵组成。15 ~ 49 岁的男性公民均有义务服兵役，目前武装力量共有人员 19443 人（2003 年）。其中包括陆军 2 个营、海军 1 个排，民兵 1 个营和总统卫队 160 人。过去，武装部队装备主要来自于前苏联。冷战结束后，葡萄牙根据双边协定帮助训练军队并提供装备。

2003 年，圣普军费开支为 50 万美元，约占 GDP 的 0. 8% 。①

① http：//www. theoddra. com/wfb2003/sao-comeanelprincipe/sao-comeanelprincipe/military. html.

第四章

经　　济

第一节　经济发展概况

圣多美和普林西比是一个农业国，是联合国公布的世界极不发达国家之一。独立以来，圣普单一制种植园经济依旧在国民经济中占据统治地位，国民经济严重依赖可可的种植和出口，由于干旱和管理不善，整个国家的经济十分困难。目前，这里面临沉重的经济和人口压力，已无法维持当地人的生存。由于在几内亚湾圣多美和普林西比海域发现了大量油气资源，从2004年开始，其经济情况有所好转。

一　独立前经济发展概况

独立以前，圣多美和普林西比是葡萄牙整个经济体系中的一环，主要发展单一的种植园经济，对葡萄牙建立的海外殖民体系依赖严重。甘蔗是葡萄牙殖民者最早引种到圣多美岛的物种之一。圣多美岛的自然条件异常适合甘蔗的生长：大片砍伐和焚毁后的热带雨林留下的肥沃富含腐殖质土地；适合甘蔗生长的气候。甘蔗在这里12个月均可种植，5个月后就可以收割；岛上众多湍急的河流提供了榨汁的丰富动力，取之不尽的热带雨林为烘干糖浆提供了木材。这是一个得天独厚种植甘蔗的地方。

1517 年，岛上仅有两个榨糖厂（mill）。1529 年，这里新建了 12 个榨糖厂，有 70 吨蔗糖出口。1550 年，圣多美的榨糖厂发展到 60 家，出口蔗糖 2000 吨。1570 年，这里的榨糖厂增加到 70 家，出口蔗糖达到 2800 吨。客观地讲，圣多美所产的蔗糖质量并不高，但在 16 世纪中叶，整个欧洲市场对蔗糖的需求量不断上升，而主要蔗糖产地马德拉群岛的糖产量却在下降。圣多美岛抓住了这个机会，一举成为当时世界上最大的蔗糖产地。根据弗朗西斯科·若泽·特恩雷罗的记载，当时圣多美岛上 1/3 的土地种的是甘蔗。“糖岛”作为圣多美和普林西比的代称曾经风靡一时。作为制糖业发展的基础，奴隶贸易的重要性显而易见。圣多美岛上的奴隶贩子不仅为本岛掠夺奴隶，而且向普林西比和巴西供应奴隶。甘蔗种植业同奴隶贸易一起，促成了圣多美的第一次繁荣。

16 世纪末，多次发生的奴隶起义使圣多美受到了致命的打击。到了 1580 年，圣多美开始衰落。圣多美的衰落有经济原因，也有政治原因。经济上，圣多美的种植园土地退化和病虫害加剧，市场上有来自巴西的强有力竞争；军事上，没设防的圣多美多次受到英国、法国和荷兰海盗的洗劫。在多重打击之下，种植园主纷纷逃往相对安全，有更多土地可供开垦的巴西。16 世纪下半期，荷兰崛起，在几内亚湾同葡萄牙人展开了激烈的争夺。17 世纪，荷兰人多次洗劫圣多美，直至完全占领。荷兰人占领期间，圣多美的繁荣有所恢复。1649 年，葡萄牙人收复圣多美。从这时到 19 世纪中叶，圣多美乃至整个几内亚群岛的经济发展持续下降。旧的种植园有一半抛荒，肥沃的土地上，只有克里奥尔人种植一些不需要过多劳力和投资的农作物。17 世纪，这里曾有棉花出口到汉堡，大米出口到里斯本，生姜出口到巴西。甘蔗种植依然存在，但主要是为了酿造甘蔗酒（rum）。这时只有棕榈油制皂业有一定发展。

1800 年，咖啡首次被引种到普林西比。咖啡在这里开始种植时，发展相当缓慢。1832 年，仅出口咖啡 100 吨。1832 ~ 1842 年，每年出口约 180 吨。1850 年以前，可可的商业化程度很低，1859 ~ 1863 年，每年只有 163 吨可可出口，其中绝大多数产于普林西比。从 1855 年开始，发展咖啡种植，规模庞大的咖啡种植园纷纷建立。殖民者展开了一场新的土地掠夺战。许多耕种小块土地的当地人早晨从家里出去，晚上回来时发现自己的房屋和土地的边界已荡然无存。一些安哥拉人就这样被剥夺了土地，赶到了南部海边，从此以捕鱼和货运为生。在 20 年的时间里，岛上凡适合种植咖啡的土地上，森林均被砍伐。1860 年，这里出口咖啡 1000 吨。1874 年，产量翻了一番，达 2000 吨。当年还出口可可 179 吨。1875 年，由于天花流行，岛上奴隶大量死亡，同时奴隶大批逃亡，造成咖啡生产的“危机”，产量大幅下降。1881 年，圣多美和普林西比咖啡生产达到高峰，当年出口 2416 吨。自此以后，圣多美和普林西比的咖啡种植业一直处于衰退之中。

这里的可可生产同咖啡生产大致相同，但可可的产量和价值更大。1822 年，一个与普林西比克里奥尔女性结婚的巴西人戈麦斯（Ferreira Gomes）从南美把可可引种到普林西比。圣多美和普林西比的可可种植对葡萄牙的经济繁荣至关重要，在国际市场上也举足轻重。可可种植在初期增长缓慢的原因在于当时种植园大多种植咖啡，新培育的可可幼苗尚未长大。1881 ~ 1889 年间，圣多美和普林西比的可可出口量不断增长。1890 年，可可的出口价值首次超过咖啡。1894 ~ 1919 年，圣多美和普林西比的可可产量快速增长。1908 ~ 1919 年，年均出口 31000 吨。1900 ~ 1910 年间，圣多美和普林西比的可可产量占全球产量的 15%。从 1920 年开始，可可的产量开始下滑，直至今天。两次世界大战期间，产量虽有所恢复，但起色不大。可可生产下降的原因同咖啡生产下降的原因大体相同：首先是自然灾害。1918年，圣多美和普林西比发生了灾难性的旱灾，同时害虫肆虐，破坏了种植园的基础；其次，也是根本性的原因所在，国际市场上的可可价格下降，导致种植园投资的动力不足，管理不善。独立以后，国际市场上的可可和咖啡的价格持续下降。圣多美和普林西比的经济状况并没有多少好转。种植园实行私有化后，虽然单一种植经济作物的情况有了改变，但人民的生活情况依旧。

二　1975~2000年经济发展概况

独立后，圣多美和普林西比政府为了维护民族独立、发展民族经济采取了一系列措施：（1）将葡萄牙私人和公司控制的种植园、银行等全部收归国有。到20世纪80年代初，由国家经营的种植园数量达到全部种植园的70%以上。（2）颁布土地法，规定本国个体农民不得占有100公顷以上的土地。（3）由政府控制农产品销售市场和进出口贸易，在全国建立了一个称为“人民商店”的销售和服务网络。（4）切断同葡萄牙货币的联系，1977年开始发行本国货币多布拉。（5）恢复两万公顷可可种植园，从1978年起，3年内国家投资1840万美元。（6）强调发展农牧业和渔业。同时积极争取外援，鼓励外国人投资办企业。初期，这些措施有效刺激了本国经济的发展，但由于骤然失去葡萄牙保护下的国际市场，大批有技术的种植园工人外逃，加上国际市场可可价格自1949年后持续下跌，圣多美和普林西比的可可生产逐渐下降，经济形势急转直下。全国经济开始转入低迷状态。从1987年7月开始，圣多美和普林西比着手进行经济结构调整。迄今已同国际货币基金组织和世界银行达成多期结构调整计划，其重点是调整金融政策，加速市场化和私有化进程，优先发展农业。经过1988年的大调整后，圣多美和普林西比宏观经济有了很大改观，经济增长出现强劲势头。但经济结构单一，严重依赖国际市场和外国援助的现状仍未得到根本改变。

近年来，由于在其周边海域发现了石油，该国的经济前景看好，但对石油控制权的争夺也导致了国内政治经济形势的混乱。

种植园土地改革与农业生产多样化战略 独立时，圣普从葡萄牙殖民者手中接管了以可可种植为主的大种植园。1975 年，政府对全国所有超过 200 公顷土地的种植园实行国有化，并把这些土地重组为 15 个大型的种植园，其中两个在普林西比。这些种植园占据了全国 80% 以上的可耕土地。种植园类似一个基层社会单位，向职工提供工作、住房、食品、学校、医疗甚至包括监狱，种植工人一般生老病死在一个种植园里，世世代代如此相传。但土地的过分国有化导致了大批有技术的农业工人外逃。在国际市场上，葡萄牙的消费者不再购买圣多美商品，转而购买更加廉价的替代品。这些国有种植园长期亏损，甚至达到崩溃的边缘。在 20 世纪 80 年代末的经济改革中，政府允许外国公司承包租赁国有种植园，在农业领域小心地进行改革。

承包经营中，国家承担了主要的风险，外国人仅靠部分资金就获得大量的经营收入，他们对种植园的更新做得极少。1991 年，由于国际市场的可可价格大跌加上持续两个多月的工人罢工，作为承包商的四个葡萄牙公司宣布损失巨大，放弃过去签订的合同。

1992 年，政府开始以租让的方式代替承包经营，联合国计划署提供 350 万美元作为重修种植园的资金。租地公司获得了自主的经营权，获得了控制种植园劳工规模的权力，不再仅仅是作为投资方参与经营。作为补偿，这些公司将付给政府一定的租金，政府把这些租金用于自己的经济计划。政府除了把大种植园租让外，还把另外一些土地分成小块交给种植园工人自主管理，主要用于种植粮食，解决粮荒，同时实现农业生产多样化。这只是一种尝试性的开始，并没有合法性的支持。

1999 年，只有 1/3 分割后的土地用于农业。在世界银行的鼓动下（提供了 1200 万美元），政府加紧进行土地改革，宣布在 1993~1998 年间，将 20000 公顷的土地分给小土地所有者。1996 年中，安瓜埃泽（Agua-Ize）、菲格（Ponta Figo）、米留格萨（Milugrosa）3 个大种植园被拍卖分配给过去的种植工人，变成了中型企业。另外 5 个种植园被分解出售。到 1998 年底，根据土地分配计划，9 个国有大型种植园被解散，土地被分配。政府总共分配了 17960 公顷的土地，其中 24.5% 给中型企业，75.5% 给小型企业。这些企业的所有者多是政治家、公务员、商人，他们中的许多人缺乏农业经验。由于分配中的腐败和非法行为，出售这些种植园的收益最终并没有完全回到国库。

另外 6 个大型种植园被保留，长期出租，但种植工人也要求在全国土地改革和新的分配计划中平等受益。世界银行披露，这 6 个出租的可可种植园拟筹资 4000 万美元进行改造，但承诺贷款的多家商业银行毁约，改造计划失败。政府计划在 1999 年 12 月以前对这 6 个农场进行私有化或者合理地改造管理系统，鼓励对这几个农场的投资从而提高产品生产，使工人收益，但效果不佳。

进行土地私有化改造后，由于缺乏投资，每公顷可可种植园产量下降为 170 公斤，这样，全国的可可总产量也急剧下降，大大低于预期。世界银行批评政府在提供农业服务、防止经济作物大规模感染病毒方面效果不佳。1999 年初，政府认识到实施的多样化出口战略失败，并宣布在政策方面作出调整，采取有利于小农生产和当地粮食生产的农业政策。

基本经济指标 根据世界银行的估计，圣多美和普林西比的 GDP 真实增长率 1985~1995 年平均为 1.0%，1996 年为 1.2%，

1997 年为 1.0%，1998 年和 1999 年都是 2.5%，2000 年是 3.0%，2002 年是 4.0%，2003 年增长率约 5%。1990～1998 年间，实际的国民收入呈下降趋势，因为同期的人口增长率为 3.0%。

从 2000 年开始，国际市场上可可的价格开始回升，4 年内上涨了 89%。受此影响，圣多美和普林西比宏观经济有所改善，但财政困难依然严重。据非洲发展银行 1999 年发展报告，圣多美和普林西比 1997 年人均收入为 270 美元，1999 年人均收入为 400 美元，1998 年国内生产总值为 3900 万美元。

产业结构指标 圣多美和普林西比国内自然条件良好，有发展热带经济作物种植的优良条件，但经济结构畸形，国内粮食不能自给，仅能满足需求的 55%，人民吃穿用多靠进口。1992 年进口粮食和食品总价值 600 万美元，占进口总额的 30%，进口食品的资金 70% 依靠外援。

独立后，政府特别重视农业经济，强调发展农业生产，特别是大米的生产。1975 年 6 月，中国派出农业技术组，与当地人民一道克服重重困难，开荒造田。经过两国农业技术人员的共同努力，圣多美和普林西比有史以来第一次试种水稻成功。1977 年 8 月，圣多美市近郊的迪奥戈努内农场举行隆重仪式，庆祝该国首次试种水稻成功。这不仅是粮食生产上的突破，而且也是该国人民发扬自力更生精神奋斗的结果，增强了他们发展经济的信心，巩固了与中国人民的友谊。这一成功受到达科斯塔总统的高度赞扬，在整个非洲大陆也产生了一定的影响。

经济结构 圣多美和普林西比由于受自然条件和长期殖民统治的影响，单一制的种植园经济一直没有得到根本扭转。独立之后，国际市场上可可价格持续下跌，种植园经济的比重下降，但依然占据重要地位。1998 年，GDP 中 26.3% 来自于第一产业，11.4% 来自于第二产业，62.3% 来自于第三产业。2000 年，GDP

中农业占25%，服务业占65%，制造业和能源占10%。2001年以来，由于在近海发现了石油，圣多美和普林西比国内围绕石油的勘探开采的相关产业也得到了发展，主要有制造业、能源、服务业。①

财政指标 1986年，政府的经济改革计划得到了国际货币基金组织和世界银行的支持。1987年10月，在世界银行的帮助下开始为期3年的经济结构调整（SAP），首先放开价格，然后逐步向私有制转轨。农业和农产品加工业工人工资上涨15%。多布拉的"价格"逐步向取消双轨汇率的方向努力，进一步调整的努力使多布拉的官方汇率逐步接近市场汇率，多布拉急剧贬值。公务员的工资逐年调整，但收入的增长总赶不上支出的步伐。

1993年6月，货币再度贬值。官方的货币结算汇率为1美元兑换425多布拉，而"黑市"的价格为1美元兑换600多布拉，超出国际货币基金组织规定的15%的官方、市场差价浮动线。1993年，外债已经达到2.25亿美元，平均每人负外债达到2100美元，而1991～1993年，人均GDP仅为330美元。1994年财政预算为130亿多布拉，支出为180亿多布拉，赤字由外援补充。

1998年，国际货币基金组织强力推行严厉的调整措施，该国的经济和财政状况均有了很大的改善，主要预算指标开始有了盈余。1999年，政府向国际货币基金组织保证，一定要比前一年做得更好。1999年的预算中，政府试图把通货膨胀降低到10%，主要预算盈余要达到GDP的2.8%。

1999年，政府公布1999～2002年的财政政策、目标和经济政策备忘录。包括扩大稳定税收基础的财政政策，优先发展基础

① http：//ww. theodora. com/wfb2003/san-tome and-principe/san tome and-principe economy. html/

设施和社会福利，减少贫困，提高教育和卫生服务，实施紧缩的财政政策（包括减少通货膨胀，增加国际储备），加速经济改革，刺激私人投资，实现经济的可持续发展。此后，圣普通货膨胀率逐步下降，1999 年为 13%，2000 年为 5%，2001 年为 3%，2002 年又上升为 9%。外部账目的赤字（包括官方转移）2000～2002 年减少至占 GDP 的 62%～66%，因为在新的石油投资计划中（私人资本投资计划从 1999 年占 GDP 的 14%，增加到 2002 年占 GDP 的 31%），主要财政盈余从 1999 年占 GDP 的 1.3% 到 2000 年占 GDP 的 2.3%，2002 年则占 GDP 的 5%，从而使政府能够安排更多的资金到教育和卫生部门。

2000 年继续实施“以对外开放、市场为导向”的结构调整，将农、渔业和旅游业作为经济发展重点。采取紧缩财政和货币政策，精简政府机构，加快国企民营化进程，积极争取外援等措施，经济运行较平稳。2000 年 4 月，与国际货币基金组织和世界银行顺利签署“减贫促增”协议，自 2001 年起执行重债穷国减债倡议，同一些债权国达成了部分减免双边债务协定。但由于经济结构单一、主要出口产品可可价格大幅度下跌，经济总体上仍然较为困难。

三 2000 年以来经济发展概况

德梅内塞斯总统上台后，着力推进新的经济计划，主要是适应全球化的需求，通过加强基础设施建设，放宽对外资的法律限制，把圣多美和普林西比建设成为一个国际贸易的平台，发挥本国的石油潜力，力图振兴经济。

2002 年，按照购买力平价计算，圣多美和普林西比经济总量约为两亿美元，比上一年增长了 4%。人均 GDP 为 280 美元。

2003 年 2 月，德梅内塞斯总统同尼日利亚总统奥巴桑乔达成了一个协定，两国共同开采几内亚湾边界处的石油。双方在边界划出了一个“联合发展区”，成立共同的管理委员会，协商开发区的石油开采事宜。尼日利亚为此提供了800万美元在圣多美岛建立一个深水码头和一个石油冶炼厂。利润60%归尼日利亚，40%归圣多美和普林西比。消息传出后，安哥拉和葡萄牙也决定加大对圣多美和普林西比的投资，加强技术合作，共同开发石油资源。

德梅内塞斯总统也认识到本国农业基础设施急需更新。他认为，在国际货币基金组织和世界银行指导下圣多美和普林西比农业私有化并没有带来积极的成果。种植工人分到了小块的土地，但他们的收入还低于过去的水平。他们没有经济来源，无法购买种子、工具、肥料，更没钱更新业已老化严重的种植园。他希望在未来石油收入增加后，能够有资金投入到种植业中，促进农业的复苏。

德梅内塞斯总统还计划促进渔业的发展，决心在2004年5月重订同欧盟双边渔业协定。他不愿圣多美和普林西比只是发放渔业捕捞许可证，对当前的“交钱→捕鱼→回国”的双边合作模式不感兴趣。他计划增强本国的机械化捕鱼能力，在国内加工鱼类产品，增加收入，扩大就业。

2004年，该国GDP为2.14亿美元。产业结构中农业占16.5%，工业占15.4%，第三产业占68.1%。全国人员主要从事农业和捕鱼业，具有熟练技术的产业工人十分缺乏。54%的人口生活在国际公认的贫困线以下。

第二节　农牧渔林业

一　农业

圣多美和普林西比主要经济作物有可可、椰干、咖啡、棕榈仁及其他热带水果和蔬菜。国内火山土土质优良，漫长的雨季带来充沛的降水，多样性的微观气候适宜多种作物生长，但政府一直不重视粮食自给，粮食依靠进口。根据非洲发展银行 1999 年发展报告，圣多美和普林西 1997 年农牧业总产值为 100 万美元，占国内生产总值的 23.3%。全国 51% 的劳动人口从事农业。可耕地面积为 4.83 万公顷，已耕地 3.8 万公顷。

圣多美和普林西比各岛海拔较低的地方生长着大片的椰林，海拔较高的地方建有大片的可可种植园。可可属于乔木，但树并不高，满树油光嫩绿的叶子终年不败。可可的果实生长在树干上，外表呈黄色或者紫红色。工人们从树上砍下这些大小如甜瓜的果实之后，再由坐在地头的妇女割开外壳，取出几十个蚕豆一样大小的果仁，这就是可可豆。正常情况下，每公顷可收可可豆 300 公斤。目前圣多美和普林西比尚不能自己加工可可豆，需要运往欧洲国家加工成可可粉和巧克力。可可种植园共 2.42 万公顷，占已耕地的 61%，产值占国内生产总值 20% 以上，出口收入占外汇收入的 90%。葡萄牙统治时期，圣多美和普林西比的可可出口曾经位居世界第一。独立前夕，已经感到大势已去的葡萄牙殖民者不再更新已经老化的种植园。独立后，由于缺乏资金、技术人员以及管理不善等原因，岛上的可可树老化（平均树龄达到 300 年，有些更久）；缺少杀灭植物病害的药物，黑色虫卵病（black pod disease）广泛蔓延；缺乏肥料的供应，土壤肥力不断下降，导致可可产量不断下降。1996 年可可产量为 3500 吨（1910 年，圣多美和普林西比的可可年产量曾达到 36000 吨；70 年代初为 10000 吨；80 年代降为 4000 吨；1990 年降为 3200 吨）。1990 年，圣多美和普林西比可可种植园的总亏损额达到 290 万美元。

圣多美和普林西比还大量向国外出口椰肉干、咖啡、棕榈仁。1986 年，可可、棕榈种植在当地 15 个全国大种植园中，占总土地面积的 23%，椰肉曾是该国第二大出口商品，此后地位下降。1987年，椰肉出口不足2000吨，而1973年则出口5000吨。到1997年，椰肉出口已不足433吨。油棕在1986年占种植园的10%，咖啡占3%。这两种商品的出口在80年代均不断减少。咖啡出口从1994年的14吨增加到1997年的45吨。芋头（Coclyam 当地又称 taro，matabala）、水果、蔬菜出口到加蓬的数量均有上升。

1999年10月，政府通过了一项农业振兴草案。这个草案强调产品多样化战略，鼓励私人投资，各地居民全部参与生产，希望借此对农业产品结构进行整合，实现多样化。这一计划由世界银行资助，并在2000年年中实施。在该国，实现粮食自给生产的最大障碍是缺少小私有制生产的传统。当地主要种植经济作物又不适合种植小麦，而当地居民主要食用面包和面制品。

二　畜牧业

独立之后，由于兽医服务的水平下降，该国的畜牧业生产急剧下降。

猪肉是当地传统的动物蛋白质来源。1979年，岛上流行猪热病，所有的30000头猪被迫屠宰销毁。在外国的援助和支持之下，1986年该岛的猪肉产量就恢复到1979年的水平。1992年，非洲的猪热病再次复发，全国的猪肉产量从1992年的220吨下降到1995年的34吨，到1996年，猪存栏量有所恢复，达到25337头。岛上目前没有萃萃蝇，但由于受牛结核病的影响，牛的饲养数量很少。牛肉的产量从1992年的12吨增加到1995年的24吨。1999年，法国提供了380万美元贷款，用于圣多美和普林西比的畜牧业发展，改造了基础设施（包括更新屠宰设施），希望能实现岛上畜牧业的可持续发展。岛上广泛饲养山羊，时有羊肉出口到加蓬。1996年，国内有46604头山羊和绵羊，生产102吨羊肉。由于1993年疫情的影响，鸡肉和蛋的产量也受到冲击。鸡肉产量不足100吨，到1996年恢复为188吨。蛋产量持续下跌，从1992年的200万枚到1995年的160百万枚。

三 渔业

圣多美和普林西比海岸线长约209公里，大陆架面积约1460平方公里，底栖渔业资源并不丰富，但邻近的涌升流所带来的浮游生物却使圣多美有较丰富的大洋性鱼类如金枪鱼资源。根据法国科学研究发展研究所（ORSTOM）评估，圣多美每年渔业的可持续生产量约12000吨，其中8500吨为大洋性鱼类如金枪鱼，3500吨为底栖鱼类。渔业发展较快，但捕鱼业以手工为主。全国共有2500条船，其中机动船750条，传统手工渔业的渔获量约占总渔获量的90%。1993年渔业产值占国内生产总值的4%，产鱼2234吨，自给有余。目前从事与渔业有关的人口约4000人，从业人口占全国人口的10%，年渔获量约3000吨。20世纪90年代初，鱼曾是该国第二大出口商品，目前需进口才能满足本国需求。其中约1000艘的独木舟已动力化，5月至9月期间 是其主要渔季，主要渔获物包括大洋性鱼类如飞鱼和金枪鱼，及底栖鱼类如大西洋鲷、鲱鱼及各种鲷类等。手工渔业所捕获的渔获物，约有80%是以生鲜方式消费，余则以腌渍、晒干或熏制品方式销售，离首都圣多美市27公里处的奈维斯（Neves）市为鱼类集散中心。就鱼产品的消费而言，首都圣多美市附近的每人每年消费量约50公斤，而在交通不发达、卸鱼不易的普林西比岛，每人每年的消费量仅约10公斤。一般而言，全国平均每人每年消费27公斤鱼产品，由于每年渔获量不到5000吨，鱼产品需求远大于供给，圣多美每年均需进口大量鱼产品以敷所需。国内并无任何的渔业研究机构，只有日本、加拿大、欧盟及有关的国际组织如联合国粮农组织（FAO）等都提供有关的研究支持，例如有关资源评估、集鱼器、烟熏技术的改善、捐赠渔船及捕捞设备的更新等。

政府的渔业收入主要来源于出售捕鱼许可证。独立后建立的国有渔业公司（Empesca）拥有两艘现代化的拖网船。早在1978年，该公司就在岛上的港口安装了冷藏设施。政府划定了大约370海里的专属经济区（环岛200海里以内），但拖网船实际上是在安哥拉领海内捕鱼。1984年，该公司捕鱼量曾达到2500吨，但随后由于拖网缺乏维修，捕鱼量急剧减少。1988年，全国工业化捕鱼仅为1吨。1990年，政府和法国建立了一个远洋渔业企业——非洲渔业公司。但这个公司自成立以后，没有向政府交纳任何费用。1997年，国际货币基金组织建议政府出售其所持有的这个公司49%的股票。

根据1981年第63号行政令和1984年第2号行政令规定，与圣多美签有入渔协议的国家或公司，其渔船可取得执照进入圣多美水域作业。入渔协议至少应包括下述的合作条件：在圣多美港口卸下一定比例的渔获物；聘用圣多美籍船员及接受观察员上船；提供援助或协助发展当地渔业；技术训练圣多美渔民以提高其捕捞能力等。另除特许外，入渔的外籍船仅能在12海里外至200海里内的水域作业。早期主要的渔业合作除欧盟船队外，前苏联也曾于1987~1989年与圣多美签订入渔协议，但随着圣多美政府放弃社会主义及前苏联的瓦解，目前仅与欧盟尚有入渔协议。1984年，当时的欧洲共同体（EEC）即与圣多美签订了入渔协定，至今有效。根据1999年6月1日至2002年5月31日的入渔协议规定，圣多美允许欧盟36艘围网船（其中法国和西班牙围网船各为18艘）、7艘竿钓船（均为法国船）和33艘表层延绳钓船（其中葡萄牙和西班牙各有15艘和18艘）每年可在圣多美水域捕捞8500吨渔获物，与1996~1999年协议所允许的作业船数维持不变，但可捕捞吨数由9000吨减为8500吨。在合作费用方面，欧盟同意每年给付318750欧元的财务补偿金，另倘所属渔船在圣多美水域的渔获吨数超过 8500 吨时，每超过 1 吨，欧盟同意再给付 50 欧元。至于作业捕捞执照费用，每艘围网船每年须给付 3750 欧元的捕捞执照费，并仅可捕捞 150 吨渔获物；竿钓船捕捞执照费则为 625 欧元，渔获配额 25 吨；表层延绳钓船的捕捞执照费和渔获配额则根据船吨数而有所不同，150 吨以上的表层性延绳钓船，其应交 1375 欧元的捕捞执照费及获得 55 吨渔获配额，150 吨以下者，其捕捞执照费和渔获配额各为 1000 欧元及 40 吨。另外入渔的围网船和表层性延绳钓船，均应接受 1 名观察员上船，并每天支付津贴 10 欧元予该观察员，另围网船尚须再聘用 6 名圣普籍船员。自从 1985 年改革以来，外国投资者日益对投资渔业感兴趣，这对提高捕鱼量帮助很大。欧盟、日本、加拿大已经为此目的进行了大量的投资。圣普政府收入中的一半将交给渔业部门，用于人员培训费用，提高渔民素质。另外，欧洲渔船还必须付给政府渔业捕捞许可证的费用和捕鱼的小费（fee）。2000 年 1 月，由于圣多美和普林西比国家卫生系统控制不能满足欧洲的标准，欧盟发布禁令，禁止从这里进口鱼类产品。这次禁令对政府试图吸引更多的外国资金用于本国的渔业资源开发是一次沉重的打击。从长远看，由于当地具有丰富的金枪鱼资源，渔业前景十分乐观。如果没有贸易因素的影响，在圣多美和普林西比海域每年可以捕到 17000 吨的金枪鱼。

四 林业

圣普林业资源丰富，但山高路险，开发不易，因而一直没能对经济发展作出更大的贡献。该国 2/3 的能源消耗来源于木材，大部分房屋都是用木头建造。1997 年，殖民时代的森林禁伐令被取消，新的法令既不阻止又不鼓励砍伐森林。

1986 年，该国建立了一个委员会，开始研究如何在热带雨林和热带雨林受到破坏之后恢复生态问题。在国外资金的援助之下，开始调查全国具体的森林分布和数量。调查显示，全国29%以上的地方依然由原始树林所覆盖，主要存在于各岛西南角人类无法接近的地方。圣多美岛有大约245平方公里。目前，普林西比岛45平方公里的地方被鉴定为“生态保留区”，因为在这里开发农业的成本大于收益。另外，该调查显示，全国存在30000公顷人工森林，主要是一些抛弃的种植园土地和32000公顷的林荫道路和绿地及大片的种植园树林。除去“生态开发区外”，提供开采的森林资源大概有70000~105000卡姆（cum）的建材用林和43000~65000卡姆（cum）燃料林。然而，据估计，该国每年需20000卡姆（cum）木材用于烘干可可、椰肉和其他商业用农作物，另外还需要140000卡姆（cum）用于国内其他用途。1990年，圣多美被纳入由欧共体提供资金的中部非洲森林保护计划，这一计划的实施，将有利于使该国森林覆盖率达到32%以上。尽管1993年，保护森林的法律就已实施。但目前把大种植园分成小块土地分给种植工人计划的实施还是导致了森林受到破坏现象的发生，甚至出现故意砍伐森林的现象。当地人士十分担心其生态受到破坏及其带来的恶果。在联合国环境计划的帮助之下，政府加强了执法。在1998年的国民会议上，政府宣布正式采纳保护环境和实现可持续发展战略，其目标就在于提高保护和控制环境保护的力度。

第三节 工业

一 制造业

根据非洲发展银行1999年报告，1997年圣多美和普林西比的制造业总产值为900万美元（包括建筑业和公共部门）占GDP的22.6%，就业人口占全国人口的15.8%。

圣多美和普林西比政府不断采取措施保护和鼓励手工业和农产品加工业发展，以逐步改变国家工业落后的状况。政府十分重视发展本国的食品加工业和建筑材料生产。全国整个第二产业由50个中小型企业和几百个微型企业组成，其中25个制造业公司在独立之前就存在，这25个企业中12个在1993年之前就全部关闭，8个开工严重不足，5个实施了重建和改造。后来又有3个企业成立。除了印刷之外，主要工业制品有啤酒、碳酸饮料、酒、面包、植物油、肥皂、家具、建筑材料、陶瓷、服装、鱼类加工等。工业主要只为本地需要生产产品，服装出口到安哥拉。许多基本生活用品还需要进口，主要进口国是葡萄牙。所有的工业公司在1997年之前全部实现私有化，到1995年初，10个非农业的国有企业已被私有化、清算或拍卖给外国公司经营。

二 能源

独立以后，圣多美和普林西比的燃料一直以特惠的价格从安哥拉进口，现在，安哥拉只以市场价向圣多美和普林西比提供燃料，这引起圣多美和普林西比国内的燃料价格持续上涨。

全国有两座水电站和一座热电站，装机容量分别为1600万千瓦、1900万千瓦和2600万千瓦。2000年，全国发电量不能满足国内的需要，停电经常发生。1997年，全国73%的电能来源于地热资源，27%来自于燃油发电。2001年，全国总发电量为1700万千瓦时。能源结构中汽油为41.2%，水电为58.8%。首都圣多美的电能基本来源于燃油发电。由于燃料价格急剧上涨，电力供应也因此而时断时续。国家拟投资2060万多布拉实施一个项目，用于改造国家能源公司的供电能力。1991年，由国有公共部门负责供应电能和自来水，由于效率低下而广受批评。一个法国公司接手经营这个企业。1995年，在这个法国公司的管理下，供电能力依然不能提高，政府再次改造这个企业，效果依然不很理想。1996 年，新安装发电量达到 1200 万千瓦的发电机组投产，成功地使电能赤字降低了 40%。全国的电能供应和供水系统的改造自 1994 年开始，由于财政窘迫和国内的资金技术不足，计划始终难以完成。1996 年，电力公司仍需要政府提供总计 40.2 万美元的补助，这一数字相当于全国当年 GDP 的 1%。1999 年，政府严格控制这一支出，把这一数字限定在 GDP 的 0.6% 以内。

近年由于在近海发现了石油，石油业逐渐发展，外资纷纷涌入。1998 年 3 月，圣多美和普林西比通过法律确认了本国专属经济区的范围。

第四节　交通与通信

一　交通运输

国有公路 380 公里，无铁路。

独立以前，全国有沥青马路 250 公里，但损坏严重。自 1989 年开始，国际社会开始提供援助，重修这些公路。到 1995 年，首都以外的公路都在外国援助下得以重修，为此共花费外援 1000 万美元。然而到 1997 年，由于政府的财政危机，不能为道路维修提供任何资金，全国道路的周期性维修每年必需的最少费用为 3 万美元。目前，全国有标准公路 20 公里，沥青马路为 230 公里，未铺设的乡村公路 120 公里。

在圣多美岛和普林西比岛各有一个机场。圣多美国际机场可供大型客机起降。圣多美和普林西比航空公司于 1993 年 10 月正式运行，由葡萄牙（Tap-Air Portugal 公司持有 40% 的股份）、圣多美和普林西比（持有35%的股份）和法国（Colfe International Air Service公司持有24%的股份，另外一家Mistral Voyages公司持有1%的股份）合资经营。往返世界主要城市的航班大部分由葡萄牙航空公司提供，可以直通葡萄牙、安哥拉、喀麦隆和加蓬。国内航班每周四次在两岛间往返。

海上航线主要由葡萄牙、荷兰航运公司经营，主要往返于里斯本、利伯维尔、安特卫普和鹿特丹之间。圣多美和普林西比虽缺乏深水良港，但有两个浅水港（Santo Antonio，Sao Tome），这里的港口是重要的石油转运和现代化捕鱼船队的重要基地。目前正在利用外国援助的资金改造该国的另外三个港口。圣普国内有24艘小型船只，其中7艘属外国人所有。

二　通信

全国有电台、通讯社各一家，电视台有两家。电台每天用葡萄牙语播音17个小时。

1992年5月，政府与美国之音（VOA）签署了一个长达30年的协定，允许其建立一个广播转播站。自1994年开始，美国之音每年向政府交纳21万美元的租金。自1996年开始，美国之音的声音已经覆盖整个非洲大陆，非洲听众达到2500万人。1994年，政府和法国国际广播台签署了一个协议，允许其在圣多美岛建立一个转播台。1996年，以里斯本为基地的葡萄牙非洲广播台（RDP-Africa）开始用长波转播其广播节目。2000年4月，地方主教拉贝斯（Abilio Ribas）宣布，圣普主教区准备建立自己的广播台（Radio Jubilar），由葡萄牙政府提供资金。这些资金将被用于道德、市民的文化和葡萄牙语的教育。

首家电视台于1982年7月试播，现每晚播出，1997年有23000用户。1999年9月，由葡萄牙独资开设的地方电视台（TVS）开播。

全国有6200个固定电话用户，2000个移动电话用户。1990年，圣多美和普林西比政府与葡萄牙（Radio Marconi 公司占51%的股份）合资建立了一家通讯公司（Companhia Santomenese de Tlecomunicacoes，简称CST）。1996年11月，CST通讯公司开通了该国的第一条互联网线路。1997年3月，公司开始为全国提供互联网服务。1999年7月，CST通讯公司完成通讯系统的数字化改造。同月，瑞典的互联网供应商（Bahnhof AB）从政府手中购买了顶级域名（the country's principal domain）"ST"。公司希望政府通过提供财政刺激（回扣）的方式，吸引外资企业利用互联网提供的价格相对较低的便利服务。圣普全国有11000个互联网用户。

第五节　财政和金融

一　财政收支状况

圣多美和普林西比经济严重依赖国际市场和外国援助。目前国际市场上可可的价格低迷，国际援助减少，使其财政收支严重失衡。在国际货币基金组织和世界银行的帮助下，圣多美和普林西比实行了紧缩银根的货币政策，但通货膨胀率依然较高。2003年，国际市场上可可的价格有所回升，圣多美和普林西比国内开发石油的前景看好，经济形势有所好转。2003~2004年度，通货膨胀率控制在5%以内。但按照实际消费水平计算，通货膨胀率仍高达14%。

1997年财政赤字为169亿多布拉。1998年7月议会通过当年财政预算，收入2750亿多布拉，支出2750亿多布拉，预算收支平衡。1999年财政赤字为169亿多布拉。2004年预算收入为2794万美元，支出4391万美元，不足部分由国际援助补充。

二 货币、银行和利率

圣多美和普林西比货币为多布拉。由于宏观经济形势不佳，多布拉兑美元的汇率一直在下降。

圣多美和普林西比全国仅有一家银行——圣多美和普林西比国家银行，兼有中央银行及储蓄、偿债、外汇储备和信贷职能，有资本183万美元，其中国家资本占33%，葡萄牙银行资本占52%，另有15%的私人股份。作为国家银行支行的“人民储蓄所”专司吸收储蓄，2002年利率半年期为39%，1年期为44%。

第六节 对外经济关系

一 对外贸易

圣多美和普林西比独立后，对外贸易一直实行国家垄断。进行经济结构调整以后，对外贸易实行自由化，私商进出口额占全国进出口总额的30%~35%。因为可可种植园经济在国民经济中占绝对主导地位，因而圣多美和普林西比的对外贸易在国民经济中占有重要的地位，对外部市场有严重的依赖性。主要出口产品有可可、椰干，分别占出口总额的85%、12%，棕榈仁、咖啡等也有少量出口，主要进口产品为粮食、工业产品、日用消费品和燃料。

1980年以前，圣多美和普林西比的进出口基本保持平衡。然而自从国际市场的可可价格下跌，国内的可可产量下降以后，食品进口总额居高不下，导致持续多年的贸易赤字。1991年，贸易赤字达到创记录的2150万美元，1997年贸易赤字仍有1390万美元。由于外汇严重不足，国内的基本生活资料短缺，1998年以后，国内的燃料短缺变得十分频繁。尽管近几年来波动较大，但葡萄牙一直是该国食品的主要来源国（1997 年占全部进口的 26.3%）。其他主要进口来源国分别是东亚和西欧某些国家。

1993 年出口金额为 812.85 万美元，进口金额为 2246.95 万美元。1996 年出口总额为 490 万美元，进口总额为 1980 万美元。主要贸易伙伴为德国、荷兰、西班牙、葡萄牙、法国、美国、澳大利亚、波兰、比利时和卢森堡（1997 年出口到德国、荷兰的货物占总出口的 50.9%）。

二 外国援助

圣多美和普林西比是世界上人均接受外援最多的国家之一。主要援助国家和国际组织为葡萄牙、法国、意大利、加拿大、日本、中国、瑞典、德国、美国及欧盟、联合国开发计划署（UNDP）、国际货币基金组织、阿拉伯国家联盟等。

1990 年人均接受外援 200 美元。1992 年，共接受外援 3490 万美元。1994 年，国际社会提供的贷款和赠款（包括物资）约 3000 万美元。根据联合国发展计划署的数字，1998 年圣普收到的官方发展援助为 2070 万美元，比上一年少 54.4%。这些援助中技术援助占 39.4%，投资援助占 53.4%，食品援助占 6.2%，多边援助 820 万美元（比 1997 年少 58.9%）。其中双边援助为 1250 万美元（下降 51.1%），主要援助国家和地区为法国（占总额的 24.4%）、葡萄牙（占总额的 15.3%）、台湾（占总额的 11.5%）。根据联合国的统计资料，1998 年，圣多美和普林西比收到的官方发展援助人均 376 美元，高于任何一个发展中国家。

欧盟在 1999～2002 年的双边合作计划中向圣多美和普林西比提供 1000 万美元援助，1999 年提供的资金主要用于在首都建水厂、供水网管道工程和修路。联合国人口基金在 1998～2001 年提供 210 万美元，支持圣多美和普林西比推行妇幼卫生保健、人口与发展计划。

1999年4月，葡萄牙与圣多美和普林西比签订了合作纲要，葡萄牙将在3年内向圣多美和普林西比提供4800万美元用于教育、文化、医疗卫生和官方机构采购办公设备等。2002年8月4日，葡萄牙与圣多美和普林西比又签署了一个3年合作计划。根据这一计划，葡萄牙将向圣普提供600万美元的直接社会援助，同时为普林西比岛的电力设施的改造提供50万欧元的援助。

台湾陈水扁在2002年7月访问了圣多美，提供了100万美元的援助用于防止疟疾，同时提供60万美元支持当地的农业发展计划。2003年5月，圣多美派遣了一个代表团访问台湾，讨论新的台湾援助计划。

由于该国国家组织不健全，管理不善，效率低下，国外援助的效果甚微。大量的援助被用来弥补对外贸易和国家的财政赤字，其结果是扭曲了国内商品的价格，造成国家竞争力长期低下。

三 外债

圣多美和普林西比是一个外债累累的国家，到1996年底，双边债务达1.07亿美元，最大的双边债权国为葡萄牙（0.3亿美元），其次为安哥拉（0.24亿美元）。1997年底，圣多美和普林西比国家的外债总额已达2.607亿美元，其中2.268亿美元为长期的公共债务。根据国际货币基金组织的相关数字，全部外债在1998年底达到2.743亿美元。根据世界银行的全球发展财政报告，1999年底所欠外债为3.21亿美元，由于国际市场汇率波动，圣普由此受益，2000年底所欠外债减为3.16亿美元。超过93%的债务是用长期公共事务资金来保证的债务，并且所有的债权人均为其他官方机构。其中57%的债务为多边机构，43%的债务为双边。

2000 年 11 月，圣多美被列入重债穷国的减债计划（PRGF），外债被冻结。根据非洲发展银行 1999 年发展报告，1997 年外债总额约为国内生产总值的 609.8%，同年还本付息 240 万美元，人均负债 2000 美元，1999 年共支付外债本息 504 万美元。2000 年 5 月，圣多美和普林西比与巴黎俱乐部成员国达成重新安排双边债务协定，取得债息偿付减免 95% 的优惠，减免金额达 2600 万美元。

第七节　旅游业

一　旅游业发展概况

独特的地理位置，优越的自然条件，丰富的资源景观为圣多美和普林西比提供了丰富的旅游资源。圣多美和普林西比最重要的旅游景观有独特的火山地貌、火山口，人迹罕至的原始海滩，独有的鸟类和植物群落，极具魅力的海上钓鱼。不足之处是高山飞瀑受季节影响较大，在旅游旺季持续的时间有限，海岛四周的海流过于湍急，不适合于游泳。由一家葡萄牙公司（Tap-Air Portugal）投资装修改造的原殖民总督府在 1993 年完成并对外开放。

圣普岛上森林和灌木面积约占全国陆地面积的 60%。由于远离大陆，岛上没有现代化工业的污染，这里是热带海洋和丛林风光的典型代表，岛上独有的火山活动遗迹，是该国特有的旅游资源。空气湿润，同频繁的大雨一起，是热带雨林繁茂的主要原因，这里一年四季常青的热带雨林留给旅游者的印象十分深刻。即使是在不下雨的时候，岛上的空气也十分湿润，山脉经常云雾缭绕。塔式的格兰德峰经常云雾缠腰，为摄影爱好者提供了奇异的素材。令人不安的是，岛上的热带雨林已经开始受到严重的破坏。自上一个世纪以来，岛上众多的雨林已被砍伐作为热带种植园，目前这一问题已经日益严重。

圣多美和普林西比第一个现代化的旅馆建于1986年，只有50个床位。20世纪90年代，旅游设施有了较大改进。1994年到此旅游的人数为5000人，旅游收入200万美元。1996年饭店床位已达500个。1998年2月，普林西比地方当局与美国和南非的有关公司签订协议，拟投资3亿美元在该岛建设度假村。到圣多美和普林西比旅游的人士主要为欧洲的旅游者和加蓬的富裕阶层人士。1992年底，圣多美城南的珊塔那（Santana）建立了一个活动中心，为旅游者提供海底探险娱乐服务，而在普林西比岛由旅游者联合企业投资的波姆（The Bombom Luxury）娱乐公司则主要为游客提供海上钓鱼娱乐活动。

1994年，政府在飞机场附近投资兴建了一个新酒店（Marlin Beach Hotel），经营不佳。1995年，政府与一个德国投资公司（Invst SA）达成协议，由这个公司租赁这个酒店20年。德国投资公司花费250万美元对其进行装修，1997年6月重新开张。

尽管多年来人们一直认为旅游业会成为圣普经济发展的新的增长点，但交通不便及基础设施落后影响了旅游业的发展。旅游业在这里一直徘徊不前，每年对GDP的贡献率一直在3%左右，大大低于人们的预期。

二　著名旅游城市和景点

圣多美市。圣多美岛为火山岛，故圣多美市又有“火山城市”之称。这里依山傍海，风光旖旎，是具有田园风光的游览胜地。它是圣普国内的一个重要港口，可停靠万吨巨轮，并有柏油马路通向全岛。圣多美市幽静秀丽，不像一个繁华的都市，没有令人心烦的喧闹声，到处是红顶白墙的小楼，环海而筑，配上蔚蓝的天空，白色的浮云和墨绿的椰林，堪称一幅出自大手笔的绘画。

普林西比岛。1822 年，新英格兰号船长乔治·豪兰德记载道：（普林西比岛）是一个最美丽、最具有浪漫主义色彩的小岛，从远处看，岛中央有一座尖锥一样的高峰，突兀地耸立在一些小山之中。当我们驶得更近些，我们看到一些台地，这些台地被陡峭的峡谷切割成险峻的悬崖，环绕着整个小岛，直通大海。由于海水的不断冲刷，一些悬崖已被深深侵蚀，千奇百怪。整个岛屿，甚至伸入海洋的岬角，都布满了森林，这些森林是如此的茂密，以至无法落脚。森林中的大树上缠满了各式的藤蔓，只有在中部的一些高耸入云裸露的岩石山峰上才没有树木生长，这些山峰看起来好像一些巨大的古代城堡的遗址。

对于观赏鸟类的旅游者来说，岛上独有的鸟类品种比较容易见到。例如在圣多美岛，圣多美王子鸟（Prinia）十分常见，圣多美鸫鸟（Thrush）、牛顿黄胸太阳鸟（一个特别引人注目的种类）、黑冠鸟（black-capped sperirop,）、圣多美织巢鸟，在种植园的树丛中均可以见到。大织巢鸟在岛上的南部十分常见。在普林西比岛，除了当地的灰色鹦鹉外，参观者还可以见到普林西比独有的金黄色织巢鸟、柠檬鸽（lemon dove）、叫声像婴儿啼哭的鸫鸟（dohrns thrush-babbler）。在这两个岛上，均有一种叫做黑风筝（当地人叫做 falcao）的鹫，它们以动物尸体的残渣为食。这种鸟其实是一种鹰，常懒懒地在圣多美的港口上空盘旋。圣多美的鹫和普林西比的帕帕加奥鸟（papagaio，一种鹦鹉）是两地的吉祥鸟。

第五章

教育、文化、医药卫生和体育

第一节 教育

19 世纪，圣多美境内的教育主要由教堂提供，当地一些富裕家庭将孩子送到里斯本和巴西学习。19 世纪末，圣多美人在当地建立了一些公立学校，立法也强制性规定种植园主有义务为种植园工人子女提供上学的机会。

20 世纪 60 年代，葡萄牙殖民者把他们的殖民地居民分成“文明人”、“野蛮人”、“当地人”，区别文明人和野蛮人的标准就是认识葡萄牙语的多少。1940 年的统计显示，圣多美有 53% 的人为文明人。1952 年，官方统计数字显示，当地人 72% 为文明人。这个数字并不准确，1950 年官方调查显示，圣多美 81% 以上的人口是文盲。1950 年，圣多美有 26 所学校（18 所为公办，7 所为天主教学院，1 所为基督教学校），总共 30 个老师，几乎全部是女性，各级学校学生的总人数是 2292 人。1951 年，殖民者建立了 1 所技术学校（the Escola de Artes e oficios），由电工、机械工、木匠、金属工人和打字员授课。1952 年第一所也是唯一一所中学在首都建立。

独立后的圣多美和普林西比政府十分重视教育事业，实行中小学免费教育，并重视师资培训。儿童入学率为96.1%。全国共有80所学校，其中私立学校3所。政府还计划兴建36所中小学，此外，还在大中型企业建立学校和幼儿园。重视师资培训，并聘请葡、英教师在各中学执教。1994年6月，非洲发展银行投资在圣多美和普林西比兴建了第一所高等师范学校。国家每年选派一些学生到国外留学或深造。圣普的国民受教育水平已显著提高，79%的人具备初步读写能力，其中男性为85%，女性为62%。

20世纪90年代改革后，执政党承诺提供自由、统一的教育，这个任务相当繁重，岛上学龄前孩子挤满了学校。新的教育体系给5岁的儿童提供了学前教育的机会，然后是11年的基础教育，许多学生在完成这个学业后还可以出国读大学，其他的学生则服兵役或者去中学、小学教书，也有的去接受更高的技术教育。

圣多美和普林西比的教育经费占了政府预算的很大一部分，从1975年的85.2万美元到1985年的215万美元，占政府预算的10%。但整个教育体系严重依赖外国援助，由援助者为受教育者提供教材，资助学生出国留学。主要援助机构和国家是联合国教育科学文化组织（UNESCO）、葡萄牙、古巴和法国。法国不仅出钱建学校，而且教法语，提供课本、老师，帮助进行专业培训和管理，这里英语教学水平很低，英语的学习完全依靠那些会说一点杂乱英语的人。1986年，英国政府同意提供有限的英语课程。

第二节　文化

一　文学艺术

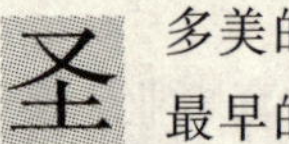

多美的文学作品大多用圣多美方言创作。圣多美语是最早的口语和口头文学的载体。这种文化渗透在诗

歌、寓言、舞蹈和戏剧等所有艺术形式中。圣多美人很早就用当地方言编写自己的历史和口头传播日常事务。18 世纪时，圣多美第一次尝试运用方言书写岛上的教规。

独立后，政府收集和出版了许多圣多美诗歌、寓言等文学作品。诗人弗朗西斯科·若泽·特恩雷罗（Fransisco Tenreiro，1921～1963）就是圣多美的一位在非洲文化历史上有名的重要人物。他被称为葡萄牙教育史上的“葡萄牙语之父”。弗朗西斯科·若泽·特恩雷罗属于克里奥尔人，年轻时喜欢到处旅行，经历十分丰富。在他相当短暂的一生中，发表了相当多的作品，内容包括文学作品和学术研究。1942 年发表诗集《圣多美岛》，他的诗喊出了非洲人民的共同声音。在他的诗中，展现了非洲人的个性和特色，他比较了非洲贴近自然的世界和欧洲让渡给工业技术的世界。他追求光明和正义，更揭露了一些非洲阴暗的事实，在他的诗中，反映黑暗面的篇幅较讴歌光明的篇幅多两倍。另一著名的女诗人马里亚·曼努埃尔·马尔加里多（1925～ ）的诗富有反抗精神，她的作品有《寂静的天空》（1957）。她的诗使她领导了岛上的文化潮流。独立后，她参加了重要的集会，并成为民族大集会（National Popular Assembly）的主席。斯托克罗（Francisco Stockero，1839～1884）是最早被收集诗歌的作家。本土诗人本非姆（Fransisco de Jesus Bonfim）运用普林西比方言创作，1923 年创作了《普林西比寓言》（Fala Setu），这本书包含了许多小故事，这些小故事分别用不同的方言写成，以挖苦讽刺的风格见长。一个法国出版商为圣多美的学校出版了这本书。

在圣多美，诗歌的读者和作者均十分少，出版作品的渠道也少，新闻业很不发达。官方的出版社直到 1900 年时还仅有一个，后来成立了两个私人出版社。独立前，教堂也可出版作品。由于缺少印刷机械和纸张，岛上的许多信息是通过张贴手抄报的方式传播的。人们日常接受信息的主要方式是听收音机。

二　新闻出版

圣多美和普林西比社会新闻总局为国家新闻单位的主管机构，直属总理府。

全国主要报刊有《消息报》（葡萄牙文），发行量为2000份，主要公布国家法令和规章制度；《共和国日报》，发行量为500份。此外，还有《劳动报》、《编年史》、《新共和国报》、《劳工报》、《论坛报》、《傻瓜》、《橱窗报》等。

广播和电视是岛民接触非洲音乐和文化，同外面世界交流的直接通道。在岛上，有几支演奏现代音乐的乐队。

第三节　医药卫生和体育

一　医药卫生

圣多美和普林西比国内的平均健康水平要比非洲整体水平高，1985年平均健康寿命达到62岁，在非洲地区排在前列，接近于北非发达地区的数字。这里的人口出生率远远高于死亡率，这在非洲是一个了不起的成就，政府从1950年起每年都把这种数字郑重记录在案。

殖民统治时期，为了同种植园中的高死亡率作斗争，葡萄牙当局把岛屿分成14个健康分区，并立法规定每50人以上的种植园必须建立一个医院，当时岛上建立了几个设备良好的医院，这些医院构成了20世纪80年代圣普医疗机构的基础。

独立以后，政府的目标是为每一个圣普人提供免费的医疗服务。为了达到这一目的，每一个行政机构分成若干个健康区，每个健康区内均建有一个医院，这些医院能够处理除外科手术以外的一切医疗问题。全国医院共有651张病床（每千人有6.3张病床），其中约 2/3 的病床在圣多美市。普林西比总共有 28 张病床，1983 年这儿的每一个医生要为 2300 个人服务，医疗条件十分简陋，药品严重不足，一些重的外科手术都要到加蓬或者安哥拉救治。

肠道疾病是对圣多美和普林西比人的最大健康威胁，全国每年近 10% 的人患病；位于第二位的就是呼吸道疾病，影响将近 9% 的人；其他疾病，包括心脏病、贫血、结膜炎、肝炎在这里也很常见。

殖民统治末期，岛屿上有些最恐怖的疾病（如麻风病、梅毒、痢疾）被隔离而得到控制，这是十分卓越的成就。到 80 年代，经济困难开始威胁着人们的健康。由于外汇不足导致医药缺乏，1986 年，痢疾又卷土重来，许多人主要是小孩因为药物不足而死亡，这些药物其实完全可以由外来捐赠者带到岛上。2005 年 5 月，圣普首都圣多美发生严重霍乱传染，共有 131 人感染，其中 3 人死亡。联合国儿童基金会全力帮助抗击霍乱。儿基会指出，圣多美和普林西比全国 14 万人口大部分都居住在距首都 10 公里附近，可以说全国都面临霍乱的威胁，尤其是儿童，他们是最脆弱的。儿基会表示，霍乱是一种极危险的传染病，该组织将全力帮助圣多美防止疾病的进一步蔓延。儿基会紧急调拨 5 万美元，向圣多美提供药品和医疗物资。该组织还呼吁国际社会向圣多美施以援手，向该市提供安全用水和卫生设备，并帮助疾病监控工作。

1985 年前后，全国在健康服务方面的花费一直占据政府支出的首位，但国内的健康水平仍相当不稳定。1985 年，健康部支出 1.23 亿多布拉（约 275 万美元），占总预算的 12.6%。但医疗服务仍严重依赖外国援助。整个国家在医疗设备、技术、药物、人员等方面极端缺乏，具有代表性的疾病如肠道传染病，不仅由于药物的缺乏难以治疗，而且是难以找到一种方法来有效地预防。公共卫生方面需要解决的问题要比医疗方面更多。那里许多地区没有下水管道，污水到处漫溢，即使有下水道的地方也严重老化需要更新。饮用水常常没有经过处理，居民的食物因为没有煮熟也很容易感染细菌。

二　体育

足球是圣多美和普林西比人最喜爱的体育运动，也是连接岛民和外部世界的最大纽带。

第六章

外　交

第一节　外交政策

圣多美和普林西比奉行和平与睦邻友好的不结盟对外政策，主张同所有国家建立和发展友好合作关系；重点发展与周边国家、非洲葡语国家以及西方援助国的关系；维护非洲团结，重视区域合作，支持实现非洲一体化；强调通过对话解决争端，积极推动安哥拉和几内亚比绍和平进程；谴责大国和国际金融机构干涉发展中国家内政；要求建立国际政治、经济新秩序；主张加强南南合作改变南北之间的力量对比。

独立之初，圣多美和普林西比与苏联、古巴的关系良好。曾经聘请古巴和安哥拉军队帮助守卫国土。[①] 自从在圣多美和普林西比海域发现储量丰富的石油资源以来，该国的战略地位明显上升。在与安哥拉、尼日利亚达成划分海底区域的协议后，外国投资者和国际石油公司蜂拥而至，西方大国也开始在这里谋求军事存在和更大的能源利益。目前，圣多美和普林西比政府的外交重点便是争取更多外援和经营自己的石油资源。

① 当时在加蓬、安哥拉都存在亲西方的反叛势力。

圣多美和普林西比是非洲统一组织、中非国家经济共同体及1996年7月成立的葡语国家共同体的成员。圣多美和普林西比参加的国际组织：UN（联合国）、WHO（世界卫生组织）、G－77（七十七国集团）、ACCT（讲法语国家联合体）、ACP（非洲、加勒比和太平洋国家组织）、AFDB（非洲开发银行）、AU（非洲联盟）、FAO（联合国粮食及农业组织）、IBRD（国际复兴开发银行）、ICAO（国际民航组织）、ICRM（国际档案组织）、ICCt（电子电机工程协会 signatory）、ICFTU（国际自由工联）、IDA（国际开发协会）、IFAD（国际农发基金）、IFRCS（红十字会与红新月会国际联合会）、ILO（国际劳工组织）、IMF（国际货币基金组织）、IMO（国际海事组织）、Interpol（国际刑警组织）、IOC（国际奥委会）、IOM（国际移民组织观察员国）、ITU（国际电信联盟）、NAM（不结盟运动）、OPCW（禁止化学武器国际组织）、UNCTAD（联合国贸易和发展会议）、UNESCO（联合国教育科学及文化组织）、UNIDO（联合国工业发展组织）、UPU（万国邮政联盟）、WCL（世界劳工联合会）、WIPO（世界知识产权组织）、WMO（世界气象组织）、WTrO（世界贸易组织观察员国）。

第二节　同美国的关系

1985年美国向圣多美和普林西比派出常驻大使，后改由美国驻加蓬大使兼任。美国每年向圣多美和普林西比提供援助。两国有军事合作项目。美国之音在圣多美和普林西比建有转播站。

1997年11月，圣普总理率政府经贸代表团访问美国，就美国石油公司开采圣多美和普林西比近海石油及争取美国提供援助等问题进行磋商。访问期间，美国表示将帮助圣多美和普林西比开发石油，并向圣多美和普林西比政府赠款200万美元。1998年2月美国国务院非洲司司长访问圣多美和普林西比。同年9月，特罗瓦达总统访问美国。2002年7月22日，美国在欧洲驻军的二号人物福格福特将军率军事代表团对圣多美和普林西比进行了为期1天的访问。代表团人士透露说，美国将在这个石油储量丰富的西非岛国上谋求军事存在，谋求在这个岛国上建立一个空军基地。访问期间与圣普国防部长蒙泰罗和圣普总统德梅内塞斯举行了会谈，并参观了那里的军事设施。①

第三节 同葡萄牙和法国的关系

葡萄牙是圣多美和普林西比最大的援助国，两国签有友好合作、经贸、文化和科技等多项协定。葡萄牙向圣多美和普林西比派有医生、教师及工程技术人员。1998年1月，葡萄牙外长伽马访问圣多美和普林西比，应允继续向圣多美和普林西比提供财政援助并尽力争取欧盟增加对圣多美和普林西比的合作项目。同年2月，两国达成协议，给予外交、公务和特别护照免签待遇。同年7月，葡萄牙电信公司出资100万美元为圣多美和普林西比邮电部门安装数字通讯设备。同年9月，葡萄牙决定向圣多美和普林西比小农企业提供约140万美元贷款，以促进当地农业发展。1996年7月，圣多美和普林西比同其余5个非洲葡语国家与葡萄牙一起组成了葡语国家共同体（CPLP），加强它们之间的技术、文化、社会事务的团结与合作。

法国是圣多美和普林西比第二大援助国，两国签有经济文化等合作协定。1997年11月，在河内召开的第九届法语国家部长理事会上，圣多美和普林西比被接纳为法语国家共同体的正式成

① 新华网2002年7月24日马普托消息（记者 刘彤）。

员。1998 年 1 月，法国开发银行与圣多美和普林西比外长签署向圣多美和普林西比提供 550 万法郎援助协议。同年 4 月法国海外合作部部长访问圣多美和普林西比，与圣多美和普林西比签署一项合作协议。

第四节　同非洲葡语国家的关系

圣多美和普林西比同安哥拉、莫桑比克、几内亚比绍、佛得角这 4 个葡语国家间的关系密切，它们之间签有多项合作协定。圣多美和普林西比与安哥拉政治、经济关系尤为密切。1996 年 7 月，圣多美和普林西比等 7 个葡语国家在葡萄牙首都里斯本召开葡语国家共同体成立大会，阿莱梅达总理出席。圣多美和普林西比财长埃·布兰科在会上当选为共同体秘书处副执行书记。为解决几内亚比绍武装冲突，1998 年 6 月非洲葡语国家外长会议在圣多美召开，特罗瓦达总统作为协调人主持会议。同年 7 月，特罗瓦达总统出席了在佛得角召开的葡语国家首脑会议。1998 年 8 月圣多美和普林西比中央银行与佛得角中央银行达成协议，宣布两国货币自 10 月起可以直接兑换和转账。

第五节　同周边国家的关系

1999 年 11 月，圣多美和普林西比成为几内亚湾委员会（GGG）7 个创始国之一。这个委员会的成立有利于解决地区国家之间的冲突。2000 年 1 月，37 名圣多美士兵参加了代号为“加蓬 2000”的国际军事演习，参与这次演习的国家还包括另外 7 个来自中部非洲的国家，8 个西方国家为这次军事演习提供技术援助。这次军事演习是法国为加强非洲国家维持和平而提出的计划的一部分，目的是建立非洲国家介入非洲维持和平的活动。

由于在周边海域发现了石油，圣多美和普林西比同邻国安哥拉、尼日利亚的关系开始变得谨慎而微妙。由于外国公司的介入和投资，圣多美和普林西比被迫同强大而有经验的对手打交道。邻国的政治经济精英对圣多美和普林西比的国内局势产生了一定的消极影响。2003 年 7 月圣多美和普林西比发生的军人政变背后，就有跨国石油大鳄的身影。

第六节 同中国的关系

早在圣多美和普林西比独立之前，中国政府和人民就向为争取民族独立而斗争的圣多美和普林西比解放运动提供了政治上、道义上的支持和物质上的援助。1971 年，应中国人民对外友好协会的邀请，圣多美和普林西比解放运动曾派代表团访华。独立前夕，解放运动总书记曾邀请中国政府代表团参加圣多美和普林西比独立庆典。1975 年 7 月 12 日，圣多美和普林西比宣告独立，中国政府总理周恩来致电达科斯塔总统表示祝贺，并予以承认。中国驻加蓬大使作为中国政府代表出席独立庆典。7 月 14 日，两国签署了建交公报。为了表示双方对两国关系的重视，以圣多美和普林西比宣布独立的 7 月 12 日作为建交公报的签署日期。两国建交以后，关系发展顺利。圣多美和普林西比前总统达科斯塔两度访华。1975 年 12 月，即刚刚取得独立后 5 个月，达科斯塔总统访华，会见了毛泽东主席。1983 年 7 ~ 8 月间，达科斯塔总统再次访华。特罗瓦达总统于 1993 年 6 月对中国进行正式访问。中国外交部副部长宫达非、部长助理周觉、江苏省省委书记韩培信、经贸部部长助理刘岩、外交部副部长杨福昌以及国务院副总理兼外长钱其琛先后访问过圣多美和普林西比。中国向圣多美和普林西比提供了力所能及的经济援助。

1994年，中国向圣多美和普林西比出口商品总额为16.1万美元，无进口。

圣多美和普林西比同台湾当局“建交”始末 1993年6月，台湾当局与圣多美和普林西比多次接触，寻求建立“外交”关系，此事由台湾“外交部长”章孝严操办。1997年1月，在钱其琛外长访问圣多美和普林西比期间，章孝严也乘机到西非一带活动。台湾当局许诺给圣多美和普林西比3000万美元贷款和500万美元现金。圣多美和普林西比总统特罗瓦达受其诱惑，于1997年5月6日宣布同台湾当局“建交”。特罗瓦达的这一决定绕开了政府和国民议会，造成了圣多美和普林西比国内宪法和政治危机。开始，圣多美和普林西比议会和政府竭力反对。10月，政府为了避免同总统的公开冲突，立场后退，接受了现实。

1997年5月8日，当时的中国外交部发言人沈国放在记者招待会上说，圣多美和普林西比置中、圣普传统友谊和友好合作关系于不顾，与台湾当局建立所谓“外交关系”，是一种背信弃义的短视行为。世界上只有一个中国，中华人民共和国政府是代表中国的唯一合法政府，台湾是中国领土不可分割的一部分。中国维护祖国统一，反对“两个中国”、“一中一台”的立场是坚定不移的。1997年6月18日，中国驻安哥拉使馆临时代办李宝均约见圣多美和普林西比总理顾问戈麦斯，戈麦斯受总理的派遣，专程到安哥拉向安哥拉总理解释与台湾当局“建交”一事。戈麦斯表示，特罗瓦达总统独断专行，与台湾当局“建交”完全是在他一手操纵下进行的，他的这一决定引起国内主权机构的瘫痪和政局的危机。为了保持国家的稳定，戈麦斯说，政府将被迫接受总统的决定。并解释了原因：圣普国内政局长期不稳定，有发生社会冲突的可能；各方长期僵持，唯一的解决办法是总统解散政府、议会，提前举行大选，这种办法对国家不利；即使议会不批准与台湾当局“建交”的协定，总统法令同样具有法律效力；台湾当局的“银弹外交”起了作用，台湾当局许诺的3000万美元贷款和500万美元现金，对经济困难的圣多美和普林西比充满诱惑。[①] 1997年7月11日，中国驻圣多美和普林西比使馆临时代办代表中国政府向圣多美和普林西比政府提出强烈抗议，并宣布中国政府决定自即日起终止同圣多美和普林西比的外交关系，两国政府间的一切协议也随即停止执行，要求圣多美和普林西比90天内归还已到期的1700万美元的债务。圣多美和普林西比国内的有识之士（绝大多数政府成员持这种观点）认为，通过比较台湾当局的援助许诺并不能弥补同中国长期稳定的合作中得到的东西。自1975年以来，中国总共向圣多美和普林西比提供了3270万美元的无偿援助，同时提供无息贷款1870万美元。1998年1月，台湾当局向圣多美和普林西比派驻了高规格的外交人员，并递交了“国书”。2002年，陈水扁访问了圣多美和普林西比。1998年台湾地区自圣多美和普林西比进口金额为118000美元，进口产品主要为黄金，向圣多美和普林西比出口金额为12000美元，出口产品有时钟、纺织材料。1999年，圣普向台湾出口额微不足道，自台湾地区进口增加至14000美元，双边的经贸关系并不密切。

① 新华社罗安达1997年6月19日电，记者殷永建；《参考资料》1997年6月23日。

主要参考文献

一　中文著作

1. 新华社 1975 年以来有关圣多美和普林西比的报道。
2.《世界知识年鉴 》（2001～2002 年），世界知识出版社，2001 年 12 月。
3. 杨国富 主编《万国博览》（非洲卷），新华出版社，1998。
4. 葛佶主编《简明非洲百科全书》（撒哈拉以南），中国社会科学出版社，2000 年 9 月。
5. 林春辉：《大美百科全书》，（台湾）“光复书局”企业股份有限公司，1995 年 4 月。
6. 联合国教科文组织：《非洲通史》（多卷本），中国对外翻译出公司，1984。

二　英文著作

1. São Tomè and Príncipe [microform]: national poverty reduction strategy. Bethesda, Maryland: LexisNexis, 2005. Microfiche 272 - 274: negative, tables. — (IMF country report; no. 05/332)
2. São Tomè and Príncipe [microform]: update of national poverty reduction strategy. Bethesda, Maryland: LexisNexis, 2005.

Microfiche 276 – 277: negative, tables. — (IMF country report; no. 05/334)

3. São Tomé and Príncipe [microform]: request for a three-year arrangement under the poverty reduction and growth facility / prepared by the African Department (In consultation with other departments). Bethesda, Maryland: LexisNexis, 2005. Microfiche 264 – 265: negative, tables. — (IMF country report; no. 05/323)
4. São Tomé and Príncipe [microform]: statistical appendix / prepared by a staff team consisting of Mr. J. Hamack… [et al.]. Bethesda, Maryland: LexisNexis, 2004. Microfiche 264: negative, tables; 11 x 15 cm. — (IMF country report; no. 04/107)
5. Harnack, J. São Tomé and Príncipe: statistical appendix / prepared by a staff team consisting of Mr. J. Harnack (head) … [et al.] [foreign government document]. — Washington, D. C.: International Monetary Fund, 2004. 48 p.: ill., tables; 28 cm. — (IMF country report; no. 04/107)
6. São Tomé and Príncipe: staff report for the 2003 Article IV Consultation / approved by Amor Tahari and Martin Fetherston. Washington, D. C.: International Monetary Fund, 2004. 47 p.: ill., tables; 28 cm. — (IMF country report; no. 04/108)
7. Sáo Tomé and Príncipe [microform]: review of performance under a staff-monitored program / prepared by African Department. Bethesda, Maryland: LexisNexis, 2003. Microfiches 69: negative, ill., tables; 11x 15cm. — (IMF country report; no. 02/270)
8. The last empire: thirty years of Portuguese decolonization / edited

by Stewart Lloyd-Jones and António Costa Pinto. [monograph] — Bristol:Intellect, 2003. ix, 156 p. ; 23cm.

9. Household welfare and poverty dynamics in Burkina Faso: empirical evidence from household surveys / by Hippolyte Fofack, Célestin Monga and Hasan Tuluy. Washington, D. C.: World Bank, Africa Region, Economic Management and Social Policy Group, Macroeconomics 3 and Macroeconomics 4, and, Burkina Faso, Mali, Mauritania, and São Tomé and Principe Country Director Office, 2001. 32 p.: ill., tables; 28 cm. — (Policy research working paper; 2590)

10. São Tomé and Príncipe [microform]: staff report for the 1999 article IV consultation and request for an arrangement under the poverty reduction and growth facility / prepared by the African Department. Bethesda, MD: Congressional Information Service, Inc., 2000. Microfiche 195: negative, ill., tables; 11x15 cm. — (IMF staff country report; no. 00/66)

11. São Tomé and Príncipe [microform]: recent economic developments and selected issues / prepared by a staff team consisting of Mr. Thiam … [et al.]. Bethesda, MD: Congressional Information Service, Inc., 2000. Microfiches 199 - 200: negative, ill., tables; 11x15cm. — (IMF staff country report; no. 00/69)

12. Exposição [microform]: informação estatística / S. Tomé e príncipe, Direcção de Economia e Estatística da R. D. S. T. P. … [et al.]. Bethesda, MD: Congressional Information Service, Inc., [199 -?] 1 microfiche: ill., tables. — (CIS national statistical compendiums)

13. São Tomé and Príncipe [microform]: statistical appendix /

prepared by P. Ewenczyk … [et al.]. Bethesda, Md. : Congressional Information Service, Inc. , 1999. Microfiche 9: negative, ill. , tables. — (IMF staff country report; no. 98/93)

14. Seibert, Gerhard, 1954 – Comrades, clients, and cousins: colonialism, socialism, and democratization in São Tomé and Príncipe / Gerhard Seibert. [monograph] — Leiden, The Netherlands: Research School of Asian, African, and Amerindian Studies, Leiden University, 1999. xi, 451 p. : ill. ; 24 cm. — (CNWS publications; vol. 73)
15. Sao Tome and Principe [microform]: recent economic development and selected issues / prepared by a staff team consisting of Mr. Ewenczyk (head), Ms. Brunscwig, and Mr. Lissovolik. Bethesda, Md. : Congressional Information Service, Inc. , 1998. Microfiches 10 – 11: negative, ill. , tables. — (IMF staff country report ; no. 97/81)
16. Calogero, Di. São Tomé and Príncipe [microform]: selected issues and statistical apendix / prepared by a staff team consisting of Mr. Di Calogero (Head-STA), Ms. Brunschwig (AFR), and Mr. Dow (AFR) Bethesda, Maryland: Congressional Information Service, Inc. , 1997. Microfiche 34: negative, tables; 11x15 cm. — (IMF staff country report; no. 96/70)
17. The informal sector and microfinance institutions in West Africa / edited by Leila Webster, Peter Fidler. Washington, D. C. : World Bank, c1996. xv, 365 p. : ill. , maps; 24 cm. — (World Bank regional and sectoral studies)
18. Country presentation / by the Government of Sao Tome and Principe. Geneva: United Nations, 1990. v, 26 p. : tables;

30cm.

19. Torp, Jens Erik. Mozambique. Sao Tomé and Príncipe. [monograph] — London: Pinter Pub., 1989. 204 p. : ill., maps; 23 cm.
20. Exposição [microform]: informação estatística / S. Tomé e príncipe, Direcção de Economia e Estatística da R. D. S. T. P. … [et al.]. [foreign government document] Bethesda, MD: Congressional Information Service, Inc., [199 - ?]
21. Seibert, Gerhard, 1954 - Comrades, clients, and cousins: colonialism, socialism, and democratization in São Tomé and Príncipe / Gerhard Seibert. [monograph] Leiden, The Netherlands: Research School of Asian, African, and Amerindian Studies, Leiden University, 1999.
22. Tony Hodges and Malyn Newitt: São Tomě and Prīncipe: From Plantation Colony to Microstate, WESTVIEW PRESS /BOULDER AND LONDON.
23. Jens Erik Jorp, L. M. Denny and Donald I. Ray: Mozambique, Sāo Tomě and Prīncipe, Rinter Publishers, London and NewYork, p. 129 - 204.

三　国内外相关网站

http: //www. saotome. st/

www. eiu. com/Country Report October 2003.

http: //www. cia. gov/cia/publications/factbook/geos/tp. html

佛得角
（Cape Verde）

李广一 主编

列国志

第一章

国土与人民

第一节　自然地理

一　地理位置

佛得角共和国位于非洲北大西洋的佛得角群岛上，地处非洲、南美和南部非洲的海上交通要冲，有“各大洲的十字路口”之称。东面与非洲大陆最西点塞内加尔境内的佛得角隔海相望，距离是500多公里，离几内亚比绍800多公里，东北面与西班牙的加纳利群岛相对，介于北纬17°12′15″~14°48′00″，东经22°39′20″~25°20′00″之间。1445年，当葡萄牙殖民者迪尼斯·费尔南德斯的船只航至一条长满罗望子树的绿色海岬的时候，兴奋的他在航海图上给这一处非洲大陆最西端的尖角起名为“佛得角”，在葡萄牙语中意为“绿色的海角”，而佛得角群岛也就是由此而得名的。

佛得角共和国领有10个火山岛和5个小岛，其中9个岛屿有人居住，分成两个岛群：巴拉芬特（Barlavento）岛群（向风群岛）和索塔芬特（Sotavento）岛群（背风群岛）。前一个岛群包括圣维森特（Vicente）、圣特（Santo）、圣尼古劳（Sao Nicolau）、圣特鲁西亚（Santa Luzia）、萨尔（Sal）和博阿维斯塔（Boa Vista）等岛，也包括勃朗可（Branco）和拉索（Raso）等小岛。索塔芬特（Sotavento）岛群包括圣地亚哥（Santiago）、马约（Maio）、福戈（Fogo）和布拉瓦（Brava）等岛，也包括雷（Rei）和轮泊（Rombo）等小岛。东部岛屿（萨尔、马约、博阿维斯塔）地势较平坦，其它岛屿山脉起伏。

全国陆地总面积4033平方公里，主要岛屿的面积分别为：圣安唐岛779平方公里、圣维森特岛227平方公里、圣尼古劳岛388平方公里、博阿维斯塔岛620平方公里、萨尔岛216平方公里、圣地亚哥岛991平方公里、马约岛269平方公里、福戈岛476平方公里、布拉瓦岛67平方公里。

岛屿介绍

1. 圣安唐岛

佛得角群岛中第二大岛，位于群岛中的最北端，向风群岛中的最大的岛。圣安唐岛山脉绵延，怪石嶙峋。圣维森特岛位于该岛东南方，为其提供永久性的水资源。主要的城镇和港口是诺瓦港（Porto Novo）。圣安唐岛最早的定居者可追溯到16世纪，尤其是来自于马德拉群岛的家庭，更多的定居者在17世纪晚期和18世纪晚期到该岛定居。圣安唐岛的出口产品包括朗姆酒、奴隶、牲畜和用来制造水泥的火山灰。群岛中大约有17%的人口居住在圣安唐岛。独立后，几内亚比绍和佛得角非洲独立党在该岛修建公路和灌溉渠道，并建设了其它的水土保持工程，还种植了30000棵咖啡树作为经济作物和50000棵其它的树。

2. 圣维森特岛

面积为227平方公里，东西宽24公里，南北长16公里，地势较平坦，最高点海拔774米。绝大部分居民聚居在明德罗（Mindelo）城，生活用水靠海水淡化。1838年，一英国公司为向大西洋的轮船补充燃料，选定圣维森特岛的天然港口作为储煤场，该岛明德罗城的建设开始初具雏形。随着煤炭公司的逐渐增加，1889年港口达鼎盛时期，当年记载有1927船次的长途货轮进港。此后即逐步让位于拉斯帕尔玛斯港（西班牙）及达喀尔港（塞内加尔）。圣维森特港的贸易带动了该岛的发展，并成为佛得角与外部世界联系的门户。如今，海运服务、船舶维修、燃油补给和免税工业区、自由贸易区等仍然是圣维森特经济的基础。

3. 圣尼古劳岛

佛得角群岛中第五大岛，位于向风群岛的中心位置，山地岛，但并不特别高，狭长的构成使得该岛的主要村落和1400米长的机场坐落于沿海，而主要城镇却坐落于内陆山谷，几条常年不断的溪流在16世纪吸引了定居者尤其是来自于马德拉群岛的家庭和几内亚的奴隶，欧洲的定居者仍很少。17世纪，丰饶的农业和牲畜饲养吸引了更多的定居者。1876～1917年一座神学院在该岛建立，以训练神父和老师，而且成为群岛学术活动中心。几内亚比绍和佛得角非洲独立党如今在该岛建立了蓄水工程和乡村服务中心，创造了约400个新的工作机会。

4. 博阿维斯塔岛

该岛最早被称为圣·克里斯托佛（Sao cristovao），是佛得角群岛中的第三大岛，是向风群岛中最东的一个岛，博阿维斯塔岛是在1460年由达·诺利和迪哥斯（D. Gomes）发现的岛屿中的一个。直到16世纪才有人定居，此后在雨量充沛的时候被用作放牧的地方。畜养的动物一般用来交换奴隶，但也在岛内使用，在干旱的时候牲畜会大批地死亡。渔业和盐是当地经济的其它主要支柱。

该岛地势平坦（最高只有1280英尺），沙性土壤，在葡萄牙殖民统治的最后几年里，德国（原联邦德国）的一家公司计划在该岛建立三家具有6000个床位的旅馆以发展旅游业，但这个计划没有实现。独立后政府建造了许多蓄水大坝，因此也就创

造了许多就业的机会。主要城市是萨尔雷（Sal-rei）。

5. 萨尔岛

该岛是佛得角群岛中最早形成的岛，由于风蚀的作用，因而也是佛得角群岛中最平坦的岛，其最高点海拔406米。全岛面积为216平方公里，南北长30公里，东西宽不足12公里。居民一半以上聚居于临近机场的市府所在地埃斯帕戈斯（Espagos），另有约20%的居民生活于岛南岸旅游点圣玛丽亚镇（Vila de Santa Maria）。

1460年12月3日发现该岛时取名拉纳岛，佩德拉·卢梅（Pedra de Lume）等盐场出现后，更名为萨尔岛（Sal 即盐）。盐场开采始于18世纪，是该岛最早的经济活动。20世纪30年代，随着航空业的发展，萨尔的地理位置使其成为欧洲—南美航线飞机的后勤补给战略要地。此后，机场成为该岛发展的动力源。如今，阿米卡尔·卡布拉尔国际机场作为佛得角的主要门户，在萨尔岛的发展中发挥了主导作用，促进了本岛乃至全佛得角旅游资源的开发利用。

6. 圣地亚哥岛

该岛是佛得角最早的居民点，也是葡萄牙在佛得角的第一个殖民地。15世纪，意大利热那亚航海家安东尼奥·达·诺利（Antonio da noli）发现该岛后不久，便带领一队葡萄牙移民在后来称之为大里贝拉（Ribeira Grande）的地点登陆，由此诞生了佛得角群岛的第一个城镇。随着大里贝拉及圣地亚哥岛的发展，这里逐步成为临近非洲海岸贩运奴隶的基地，一部分奴隶定居在岛上耕作。随着奴隶贩运的衰落、终止，圣地亚哥岛的经济活动逐步转向农业。如今，农牧业是该岛经济的重要组成部分。

圣地亚哥岛是佛得角最大的岛，面积991平方公里，占全国国土面积的24.6%。岛内山地沟深谷曲，部分沟谷有常流水源，最高峰海拔1392米。海岸陡峭、多礁石，偶有小海滩分布。高山区和部分谷地植物繁茂，而其它区域植物则难以生存。

首都普拉亚就坐落在该岛普拉亚海滩上，从前的首都大里贝拉也位于该岛。

7. 马约岛

佛得角背风群岛中第六大岛，该岛地势低洼，沙性土壤，刚好坐落于圣地亚哥岛的正东方。该岛直到16世纪之后才有定居者，经济以牲畜饲养和奴隶贸易为基础。佛得角历史上间歇性的干旱对马约岛的影响是致命的，有限的水和牧地使得人口和牲畜的数量极少。

海盐贸易到1850年仍是马约岛经济上的主要特征。早在1643年，从新英格兰来的船在马约岛交易，美国船因为不满葡萄牙对奴隶贸易的控制，并不总是进行和平友好的交易，例如，一艘从巴尔的摩来的船于1818年12月攻击了马约岛。海盐在沿海用来交换奴隶和与过往船只交换工业产品。由于工作人口少，葡萄牙的管理疏松，一些船干脆停在马约岛自己装备海盐。20世纪，岛上建立了一个1400米长的飞机场，殖民统治者计划考虑通过特马奥（Tur maio）机场发展旅游业，但直到独立时进度仍不大。

8. 福戈岛

是佛得角第四大岛，该岛上的卡诺峰（Pico do Cano），海拔2829米，为全群岛中的最高峰。福戈岛以圣菲利浦（Sao Filipe）而闻名。但今天的福戈岛却由于活火山而闻名，福戈岛也被称为活火山。有时，火山发出的红色火焰甚至可以帮助确定航海方向。现在圆圆的岩锥形的该岛仍时有火山喷发。特别有名的火山爆发发生在1680年、1847年和1951年。最近一次发生在1962年3月。

福戈岛在布拉瓦岛的正东方，在天气晴朗时可在圣地亚哥岛上远远望见，福戈岛是背风群岛四个岛屿中的一个，是佛得角群岛中第二个有人定居的岛。主要城市和港口仍然是圣菲利浦，圣菲利浦也是佛得角群岛中第三大城市。早在15世纪60年代，在引进大陆的奴隶的基础上已经建立了最早的殖民据点。定居者种植了一些农业贸易产品用来交换奴隶。至1582年，该岛奴隶人口已达到2000人。沿海贸易的相对独立，使该岛日益繁荣起来。但频繁的火山爆发引起人口的变动，通常是到邻近的布拉瓦岛去避一下风头。该岛从葡萄牙和马德拉群岛吸引了大量的移民。由于该岛仍然由许多大家族控制着岛上的土地，因此如今福戈岛仍常被认为是佛得角的“豪门岛”。

独立后，政府组织修建了330个蓄水大坝以及42公里长的梯田，并对一些已有的大坝和梯田进行了维修。在福戈岛重新造林的计划也是为了蓄水。福戈岛本地发展项目主要集中于修路和在雨量充沛的时候种植咖啡，也计划建立以发展小型旅游业为目的的设施。

最近，佛得角将投资181.3812万欧元用于福戈岛的发展。投资36.2763万欧元修复圣菲利浦市中心的历史古迹，改造该市的旅游基础设施。同时加大对该岛莫斯特罗市的投资和建设。政府还将投资199.5193万欧元解决用水问题，加快农业发展，推动工业和旅游业的发展。

佛得角电信局还将投资27.2万欧元，铺设SDH天线系统，提高该岛广播和电视的收听收视效果。并投资20.5万欧元用于圣菲利浦市通讯网路的改造和扩建，使该岛电讯信息业更加现代化。

9. 布拉瓦岛

该岛是佛得角十个岛屿中第二小的岛，也是背风群岛中最小的岛。该岛不仅小，而且是崇山峻岭（mountainous and terraced）。最高的山是佛塔哈山（Foutainhas），有976米高，终年笼罩在雾霭中，因此四季如春，生长着许多奇花异草。主要港口是在北部海岸的富纳港（Porto da Furna），如果不出现干旱的话，利用山谷里长年不干的水源就可生产出一些用于出口的作物和饲养牲畜。

布拉瓦岛很早就开始吸引欧洲人，至今仍被认为是最欧化的一个岛。1680 年，从附近的福戈岛上来的定居者达到高潮，1798 年法国人攻击该岛，目的是粉碎葡萄牙人在该岛和沿海的影响力，但未能成功，19 世纪 50 年代，布拉瓦岛建立了一所中学，吸引了整个群岛乃至几内亚比绍的学生。该岛面积狭小，港口小而偏僻，种族复杂，耕地有限，导致了布拉瓦岛人大量移民海外，主要是移民至美国马萨诸塞州的新贝尔福（New Bedford），当时，在美国的佛得角人就被称为“布拉瓦人”。移居美国的佛得角人主要从事捕鲸和采集酸果等工作，由于和美国的密切关系，1816 年在佛得角建立了一个官方性质的美国领事馆。

现在政府加大了力度致力于布拉瓦岛的灌溉和水土保持工程，努力发展农业和畜牧业以及重新造林，以创造就业机会。

10. 圣特鲁西亚岛

向风群岛中最小的岛，地势低洼，坐落于圣维森特岛的东部。该岛直到 17 世纪才有人定居，当雨量充沛时主要是以饲养牲畜为主。

二 行政区划

佛得角独立后，全国划分为 14 个县，县下设区和村，在 9 个有人居住的岛屿上设有行政管理委员会，派驻政府代表。各县名称如下：普拉亚、圣塔卡塔里纳、圣克鲁斯、塔拉法尔、大里贝拉、帕乌尔、新港、圣维森特、福戈、圣尼哥拉、萨尔、博阿维斯塔、马约和布拉瓦。

全国后来划分为 16 个县，各县名称如下：普拉亚、圣多明戈、塔拉法尔、圣塔卡塔里纳、圣克鲁斯、大里贝拉、帕乌尔、

新港、圣菲利浦、莫斯特罗、圣尼古劳、萨尔、博阿维斯塔、马约、布拉瓦、圣维森特。(见表1-1)

表1-1 佛得角的县

县 Districto	面积(km^2)	首　府	历史沿格
圣安唐岛 Santo Antão	779		
大里贝拉 Ribeira Grande	167	蓬塔索尔 Ponta do Sol	
帕乌尔 Paúl	54	蓬巴什 Pombas	
新港 Porto Novo	558	波多诺伏 Porto Novo	约1971年属帕乌尔县
圣维森特岛 São Vicente	227	明德卢 Mindelo	
圣尼古劳岛 São Nicolau	388	里贝拉布拉瓦 Ribeira Brava	
萨尔岛 Sal	216	圣玛丽亚 Santa Maria	
博阿维斯塔岛 Boa Vista	620	萨尔雷 Sal Rei	
马约岛 Maio	269	英吉利港 Porto Inglês	
圣地亚哥岛 Santiago	991		
塔拉法尔 Tarrafal	112	塔拉法尔 Tarrafal	
圣塔卡塔里纳 Santa Catarina	243	阿索马达 Assomeda	
圣克鲁斯 Santa Cruz	149	佩德拉巴德茹 Pedra Badejo	1971年属普拉亚县
普拉亚 Praia	258	普拉亚 Praia	
圣多明戈 São Domingos	138		约1988年设
圣米戈尔 São Miguel	91		约1991年设
福戈岛 Fogo	476		
莫斯特罗 Mosteiros	82		1991年福戈县撤消，分为两县
圣菲利浦 São Filipe	386	圣菲利浦 São Felipe	
布拉瓦岛 Brava	67	新辛特拉 Nova Sintra	

1997年1月改划为17个市，各市名称如下：普拉亚、圣多明戈、塔拉法尔、圣塔卡塔里纳、圣克鲁斯、大里贝拉、帕乌尔、新港、圣米戈尔、圣菲利浦、莫斯特罗、圣尼古劳、萨尔、博阿维斯塔、马约、布拉瓦、明德罗。3个岛为多县岛，它们分别是圣安唐岛、圣地亚哥岛、福戈岛，其它岛屿县名和岛名相同。这3个多县岛也是逐渐分县而成。

佛得角独立后，佛得角共和国的首都普拉亚位于群岛中最大的岛圣地亚哥岛南端海拔 30 米的台地上，它是全国的政治、经济和文化中心，也是欧洲、南美与西非的海底电缆站。它南部面对波涛滚滚的大海，东、北、西三面背靠高地，东、西两侧有公路盘旋而上通往市区。从飞机上向下俯视，它好像是坐落在一个巨大舞台上的城市，地势十分险要。

首都普拉亚

普拉亚在葡萄牙语中意为“海滩”，因为这里有 1000 多米长的金黄色的沙滩。葡萄牙殖民统治时期，佛得角首府原设在距今普拉亚市区约 15 公里的地方，17 世纪该城被海盗摧毁，便迁至当时的普拉亚镇。普拉亚始建于 18 世纪后半期，因紧邻圣玛丽亚海滩（Praia de Santa Maria），故取名为普拉亚（Praia）。1770 年，普拉亚在最初的一些行政、城防建筑物落成后，正式成为佛得角的首都。现在该市已成为全国最大的城市，面积 230 平方公里，占全国国土面积的 5.7%；人口达 10.6 万，占全国人口的 24.4%，最高气温 28℃，最低气温 24℃。

普拉亚市的中心区规模不大，东西长 500 多米，南北宽 200 多米。由于政府多年来一直重视绿化，所以首都的街道两旁绿树成荫，花团锦簇，把城市装点得愈加美丽而恬静。如从西部的公路进入市区，右侧是一片稠密的园林。透过茂密的林木，可隐约看见一座欧式的赭色三层楼房，它就是佛得角共和国的总统府。白色的总理府则位于总统府的东面。公路左侧的台地上是错落有致的政府各部的办公楼、银行，其浓淡不同的红色屋顶和绿树繁花交相辉映，显得雅致而和谐。

普拉亚市的海滨是全国的主要旅游胜地。这里的金黄色海滩平缓开阔，沙细软，水清暖，是进行游泳、风浴、沙浴和日光浴的理想场所，也是从事钓鱼、划船、冲浪等海上运动的好地方。这里有闻名全国的海滨旅馆和一幢幢掩映在绿树繁花中的白色或粉红色的别墅。傍晚，徐徐下降的夕阳映红了海水和天空，使天水之间呈现出一片通红，更给小城的海滨平添一派美景。在落日的余晖中漫步海滨，近观树木婆娑，远望千帆点点，别有一番情趣，令人流连忘返。

三　地形特点

地形主要有沙丘、石灰岩及名为宁亚耶（Niayes）的沼泽区。半岛顶端称为欧玛迪斯（Almadies）。

整个群岛由火山喷发而形成的火山岛组成，即被海水浸没的火山熔岩的突出部分，与马德拉群岛和亚速尔群岛属于同一海底山脉，大部分是山地和岩石。依据各岛显示的不同地貌，可将它们分为山地型和平坦型。其中萨尔岛、博阿维斯塔岛和马约岛离大陆最近，地势平坦，只有少数沙质的和盐碱性的丘陵地带。圣安唐岛、圣地亚哥岛、圣尼古劳岛、福戈岛和布拉瓦岛均属山地型。和所有火山岛一样，这些岛上的土壤是红黑色的，并呈峰峦起伏、沟壑纵横的地貌，随处可见自海上拔地而起的悬崖峭壁。

山地型岛上山路崎岖、怪石嶙峋，松动落下的落石甚至威胁到人的生命。在18和19世纪的死亡记录中，我们常常能看到属“自然死亡”的记载，其实其中很多人是被落下的石块砸上，继而失足滑倒摔下山峰丧生的，由于此类事件太多，以至于也被归为“自然死亡”了。与此相反，某些岛屿（如萨尔岛、博阿维斯塔岛和马约岛）由于近期火山活动不频繁以及侵蚀作用的缘故而显示出相对平坦的地貌，这就是所谓的平坦型岛屿。这些岛屿有着一望无垠的白色沙滩，柔和平缓的小丘，处处透着细腻和精巧，萨尔岛和博阿维斯塔岛可算是这类岛屿中的佼佼者。由于地势平缓，便于勘探，这类岛屿在地质考古研究领域也有不可估量的作用。目前，地质学家们正试图从马约岛这块古老陆地的形成上找到研究大西洋地区早期地质史的些许依据。

佛得角平均海拔高度为 800 米，占海洋面积约 9 万平方公里。最高的山岳为福戈岛上的火山，海拔 2829 米。该火山在 16 和 17 世纪经常喷发，最近一次比较严重的地震发生在 1847 年。在 1857～1951 年期间火山没有活动。但是在 1951 年，群岛最高峰又喷发过一次，其间还伴随着地震和爆炸。近几十年来，岛上火山相对比较平静。

群岛的大部分海岸线岩石嶙峋，极为险峻，沿博阿维斯塔岛的东海岸有暗礁、沙洲和沙丘地带。群岛中最好的天然港口是圣维森特岛上的明德罗，其状呈圆形，原是一个古老的火山口。人口稠密的布拉瓦岛上没有低洼的平地，都是陡峭的台地，但有良好的港口。

四　河流和湖泊

岛上河流稀少、水源匮乏，只有在水流穿行的火山裂隙处才能找到狭窄的肥沃谷地，这就是岛上居民的“粮仓”。在地势稍低的各地，灌溉可以通过利用地下水资源来完成。

近几年来持续的严重干旱导致土地大片荒芜，使农业生产受到极大的影响，并导致当地的居民生活用水极为紧张。目前，佛得角仅有圣维森特和萨尔岛有海水淡化设备。常常见到人们提着各式各样的水桶、排着长队，等待拉水车来卖水，这在佛得角亦可算一大景观。住在内地的居民更得赶着小毛驴走上 5 公里、10 公里去买最起码的生活用水。佛得角干旱少雨，年降雨量仅为 100～300 毫米，植被覆盖率低，水土流失严重，目前尚无水库保蓄降水。虽然各岛均有地下水资源，但由于地质结构复杂，其蕴藏量有限，因此目前居民生活用水比较困难。故政府在开发利用地下水资源的同时，计划进一步发展海水淡化工业以解决居民用水问题。

五　气候

（一）温度

佛得角位于北回归线高压带边缘的东北信风地带，同时受到三股气流的作用：来自东北的气流带来大西洋湿润清爽的水汽，给迎风坡上植物的生长创造了有利条件；从南、西南而来的温湿空气是夏季降雨的主要来源，故 8～10 月被称为“水的季节”，但年降水量仍然是很少的；另一股来自非洲大陆的干热气流在 10 月至次年 6 月间控制了该岛上空，使得佛得角虽然为大海所环绕，却远非人们所想象中的那样具有极强的海洋性，相反终年盛行干热的东北信风，属热带干燥气候。年平均温度为 24℃，在最热的 9、10 月份，沿海平均气温达到 27℃，而最冷的 1、2 月份，平均气温也有 22℃。首都普拉亚的气温一般在 17℃～33℃之间。优越的气候条件，使佛得角赢得了“世界十大避寒胜地”的美誉。然而美中不足的是，1 月和 2 月经常出现大风和浓雾天气。

佛得角气候干燥，气温高，蒸发量很大，全国各岛的平均蒸发量达 1800 毫米以上，圣地亚哥岛和圣安唐岛的蒸发量分别为 1900 毫米和 1814 毫米。

（二）降雨

全国干旱少雨，多年平均降雨量 230 毫米。全年分为雨季和旱季，7～10 月为雨季，11～6 月为旱季。各岛差异较大，福戈岛的年降雨量最大，为 495 毫米，最干旱的萨尔岛年降雨量只有 60 毫米。不仅各岛之间降雨量差异很大，岛内各地的降雨量变化也很大。

圣地亚哥岛是背风群岛中最大的岛，也是首都普拉亚所在地。根据 44 个雨量站 20 年的系列资料，多年平均降雨量为 293 毫米。但是，岛内各雨量站间的变化很大，最小者为 159 毫米，最大者为464毫米。圣安唐岛是向风群岛的最大岛，根据18个雨量站20年的系列资料（大多设在迎面），多年平均降雨量为404毫米。降雨量在岛内各雨量站间变化很大，主要随地形抬高而增加，多年平均降雨量最小者为196毫米，最大者为651毫米。

降雨量在年内变化也较大，大多集中在夏秋，根据朝伯姆（Chao Bom）雨量站统计，7～10月的降雨量占全年的93%，其中8～9月的降雨量占全年的75%；尽管降雨量不大，但由于大多集中在几天之内，有时会发生日雨量超过100毫米的大雨和暴雨，1985年8月31日，降雨量就达115.6毫米；年际变化更大，1999年降雨量最大，为664.3毫米，1977年降雨量最小，仅有2.8毫米，二者相差接近240倍。

第二节　自然资源

一　矿产资源

虽然佛得角共和国的岛屿都是由火山形成的，但火山并未给它带来什么财富，除了圣维森特岛蕴藏少量煤炭外，其它矿藏都是火山喷发的石灰石、白榴火山灰、浮石、岩盐等低价值矿藏。山上除稀疏草原和干草原外没有一片森林，给人以贫穷荒凉之感。

佛得角为严重缺水国家，根据联合国对180个国家年人均水量的调查报告，佛得角排名第158位，年人均水量为703立方米。在全世界水资源不断减少、佛得角人口不断增加的情况下还有可能愈加严重。目前佛得角年平均降水量为233毫米，其中20%成为地表水，13%被吸收，而67%被蒸发。在联合国的援助下，1990～2000年，佛得角城市人口饮用合格水的比例从

42.6%上升到47%，农村人口饮用合格水的比例从33.7%上升到65.7%。

但是雨季的到来可在短期内改变小岛的面貌。贫瘠的岩石山丘开始被绿色覆盖，谷地的石头河床也有水流经过。若不事先采取措施的话，由于降雨量高度集中，雨水的冲刷将导致珍贵的表层土壤的流失。据载，近20年来，水土保持问题已越来越引起政府的注意。全国投入不少人力和机械修建了拦河坝、水堤和堤防。已采取的最有效的措施是种植了数万棵抗旱的洋槐。在保持水土的同时，这些树木还可使佛得角到2000年时保证燃料用木自给自足。

基本上靠进口石油产品维持能源供应，大部分石油进口用于发电。佛得角太阳能、风能资源比较丰富，但有待开发利用。

二　动植物

岛上动物比较稀少，更没有土生土长的哺乳动物。岛上仅发现几种鸟类，其中包括军舰鸟和海鸥。鱼类产品有龙虾和金枪鱼等。热带水产资源丰富，有鲔鱼、龙虾两大名产，捕鱼业在国民经济中占有重要地位。

岛上的植物以非洲植物为主，但据说约有70种是岛上所特有的。在干旱地区除了美洲的龙舌兰和龙舌兰属植物以外，其它植物很少。在肥沃的山谷和河边，热带植物却很茂盛，包括芒果、棕榈、甘蔗、木薯和柽柳。有些树木如猴面包树是外面引进来的，但是林区面积很小。经济作物是由葡萄牙人引进来的，其中包括咖啡、玉米、烟草、棉花、甘蔗、柑橘和其它亚热带水果。地势崎岖，各岛一般多岩石和腐蚀地，因此粮食作物的产量很低（玉米是主要粮食作物）。农产品主要有咖啡、可可、花生、香蕉、凤梨等。

第三节　居民和宗教

一　人口

（一）人口的历史变化

佛得角被发现时并无人定居。在以后的发展中，由于频繁的饥荒和干旱以及由此所引起的恶劣的生存环境，大部分历史中，岛上人烟稀少。移民和死亡也是影响人口变化的因素。从1975年独立到2003年，佛得角的每年人口增长率为2.0%。

表1-2　1550~1990年人口变化统计资料

年份	人口	年份	人口	年份	人口	年份	人口
1550	15708	1861	89310	1910	142552	1960	199902
1580	9940	1864	97009	1920	159672	1970	270999
1650	13980	1871	76053	1927	148300	1984	326212
1720	23130	1878	99317	1930	146299	1985	333128
1730	38000	1882	103000	1936	162055	1986	338560
1800	56050	1890	127390	1939	174000	1987	347060
1810	51480	1900	147424	1940	181286	1990	336798
1832	50000			1950	148331		

资料来源：Richard A. Lobban，Jr. *Cape Verde：crioulo colony to independent nation*，westview press（1995）.

但是实际上各岛的人口增长率并不一样。最近几年，博阿维斯塔岛和布拉瓦岛的人口增长几乎停滞，而萨尔岛、圣地亚哥岛和圣维森特岛的人口却有了显著的增长。萨尔岛的人口增长是由于扩大的旅游业和机场服务而提供了更多的就业机会。福戈、马约、圣安唐和圣尼古劳，人口有增长，但各年份的波动比较大。

佛得角的气候特征是干旱少雨，干旱频繁出现并且非常严重，带有撒哈拉沙漠的气候特征，每次干旱都会引起饥荒，导致佛得角10%～40%的人口因为饥荒而死亡。统计显示，1747～1970年，出现了12次干旱，总共有58年处于干旱状态下，即平均每次干旱持续4年多，造成25万多人死亡。如，1832年的干旱，佛得角的人口中10%都死于饥荒；1854～1856年的干旱中，估计25%的人口死亡，使佛得角人口从12万降至10万。在1902～1903年的干旱和1941～1943年的干旱中，大概有两万人死亡。另外有两万人成为合同工（Contratados）。20世纪70年代中期也出现了干旱。每次干旱，佛得角的经济都遭受巨大打击，庄稼颗粒无收，牲畜也难以养活。人们只得大量移民。独立前，殖民统治者和欧洲劳动力市场得益于佛得角廉价的劳动力，却不愿投资改善佛得角的悲惨境况。独立后，几内亚比绍和佛得角非洲独立党领导层开始致力于蓄水工程建设，如重新植被、深挖井、建设从海水中提炼盐的工厂、水土保持等，以求降低干旱带来的致命后果。

佛得角也实行计划生育政策，但是却遭到了宗教方面的巨大压力，因为佛得角有98%的人口信仰罗马天主教，而罗马天主教认为采取限制人口生育的政策是违反教规的。

（二）人口分布和人口密度

根据2000年人口普查资料，佛得角国内总人口为43.48万。80%为葡非混血种人，19%属班图语系非洲人，欧洲人占1%。一半以上人口居住在圣地亚哥岛，约占51.4%，其余分布在圣维森特岛15%，圣安唐岛12.8%，福戈岛10.1%，圣尼古劳岛4%，萨尔岛2.2%，布拉瓦岛2%，马约岛1.4%，博阿维斯塔1%。人口密度为89人/平方公里。

表 1－3　各岛人口统计（2005 年，2010 年为估计数）

岛　名	1995	2000	2005	2010
圣地亚哥岛	203942	236352	277567	324692
圣维森特岛	61638	67844	86658	102226
圣安唐岛	47046	47124	52821	55680
萨 尔 岛	9627	14792	13925	16678
福 戈 岛	35125	37409	40057	42534
布拉瓦岛	6431	6820	6220	6056
圣尼古劳岛	13463	13536	13693	13753
马 约 岛	5491	6742	7009	7903
博阿维斯塔岛	3422	4193	3624	3695
全国总计	386185	434812	501569	573226

资料来源：Richard A. Lobban, Jr. *Cape Verde*: *crioulo colony to independent nation*, westview press（1995）.

（三）男女比例

在佛得角，女性在人口中的比例大大超过了男性，这主要由于男性大量移民国外寻找工作，逃离恶劣的生存环境，同时也是由于女性的寿命比男性更长一些。1950 年女性在全国人口中的比例达到最高，为 54.7%。1990 年在各岛的人口统计中，虽然在圣安唐岛、萨尔岛、博阿维斯塔岛男性人口的比例稍高于女性，但是女性在全国人口中的比例仍然高于男性，达到 52.1%。

佛得角的人口非常年轻，2003 年 15 岁以下的人口占总人口的 40.7%，65 岁以上的人口占总人口的 3.7%。人口增长率约为 2%，人口平均年龄 23 岁。

（四）城市化

在佛得角，有许多村庄和乡镇，只有在两个城市——明德罗和普拉亚形成后才出现了城市化现象。这两个城市最近有所扩大，但明德罗由于削弱的船务以及由此所造成的失业而稍有下降。

表 1－4 各市人口分布情况如下（2000 年人口普查资料）

市 名	男 性	女 性	合 计
大里贝拉（Ribeira Grande）	11084	10476	21560
帕乌尔（Paul）	4485	3840	8325
新港（Porto Novo）	8827	8412	17239
圣维森特（Sao Vicente）	33656	34188	67844
圣尼古劳（Sao Nicolau）	6721	6815	13536
萨尔（Sal）	7867	6925	14792
博阿维斯塔（Boa Vista）	2206	1987	4193
马约（Maio）	3143	3599	6742
塔拉法尔（Tarrafal）	8047	10012	18059
圣塔卡里纳（Santa Catarina）	22814	27156	49970
圣克鲁斯（Sao Cruz）	15502	17320	32822
普拉亚（praia）	51158	54894	106052
圣多明戈斯（Sao Domingos）	6418	6878	13296
圣米格尔（Sao Miguel）	7201	8952	16153
莫斯特罗（Mostiros）	4531	4948	9479
圣菲利浦（Sao Filipe）	13489	14441	27930
布拉瓦（Brava）	3420	3400	6820
全国合计	210569	224243	434812

资料来源：中国驻佛得角共和国经济商务参赞处网站 http：//cv. mofcom. gov. cn/column/ddgk. xml.

1975 年佛得角城市人口仅占总人口的 21.4%，到 2003 年上升到 55.9%。据估计，到 2015 年佛得角的城市人口将占总人口的 64.8%。虽然城市化有了很大的发展，但是仍然有绝大部分的人口居住在闭塞和偏僻的农村里，交通通信极不方便。

（五）佛得角的侨民

有远远超过国内人口总数的佛得角侨民分布在葡萄牙、西班牙、法国、意大利、荷兰、德国、卢森堡、比利时、美国、巴西以及安哥拉、莫桑比克等国。其中仅居住在美国的佛得角侨民就大大超过了佛得角的国内人口。

佛得角的最初人口绝大部分来源于非洲，尤其是几内亚。葡萄牙黑奴贩卖商把他们卖到烟草、咖啡、甘蔗种植园中。在初期殖民征服中葡萄牙人帮助当地人学会种植棉花、蓼蓝，并畜养山羊，这一方面推动了生产的发展，却也使其贫瘠的土壤更加恶化。经常性的干旱、雨水的严重缺乏构成其“半荒漠”气候的主要特征。佛得角人能在如此的自然条件下生存下来实在是经过了许多艰辛的劳动。当时踏入文明时代的葡萄牙人并没有为改变环境做任何努力。海盐的采集、渔业、火山灰开采业、商业等都控制在欧洲资本家和极少数佛得角特权阶层手中。他们强迫黑人及其后裔开荒、种地、放牧、捕鱼、开发火山灰或从事繁重的奴役劳动，随意把黑人典押、馈赠、租借、出售以致杀戮，把黑人当作会说话的“牲畜”，剥夺了他们做人的最基本权利。农业是平民百姓唯一的生路。然而，土地生产经不起任何自然灾害的袭击，每逢荒年或霍乱、天花流行的年份便有大批居民饿死或病死。在这样的社会条件下，过着朝不保夕生活的佛得角人不得不背井离乡，到国外去谋求生路。佛得角移民的主要原因可以归纳为经济原因和历史原因两大类，经济上的原因主要是由于干旱引起灾难性的饥荒，使得生活难以为继；历史上的原因包括先驱者及其后代对岛上其他居民的影响，19 世纪涌向美国的移民潮就是一个例证。那时，美国船队来到佛得角海域捕鲸，一批又一批的当地人作为廉价的劳动力被招募上船，之后随船前往美国东北部的新英格兰定居下来，他们向留居国内的亲眷汇寄款额，吸引了更多的人走上移民之路，直到今天那里还有一个庞大的佛得角人团体。到本世纪初，前往美国的移民减少，佛得角人开始转向南美洲以及非洲其他前葡属殖民地国家找寻更好的出路。第二次世界大战后，西欧国家经济迅速发展，需要大批劳力，移民欧洲的人数剧增。70年代初，葡萄牙人民因不堪忍受独裁统治，纷纷移民欧洲其他国家，造成葡萄牙国内劳力短缺，佛得角人凭借葡萄牙为佛得角前宗主国这一特殊关系得以长期在葡萄牙定居下来。在移民最多的年份里，外流人口竟占当时人口总数的一半以上。对于最底层的穷人来说，移民已经是天堂之路，他们只能在圣多美和普林西比的种植园里做工来养活自己。

根据佛得角政府机关报《人民之声报》的报道，目前佛得角移民总数已达50万，比国内居民要多，主要分布在美国（30万）、葡萄牙（6～7万，其中4万为非法移民），安哥拉（4万）、圣普（1.6万）、荷兰（1万）、塞内加尔（1万），在其他西北欧及葡语国家也有零星分布，数目在几百到1万之间。

表1－5　2000～2002年佛得角侨汇来源国别统计

单位：亿埃斯库多

年　度	2000	2001	2002
美　国	23.211	25.156	21.936
荷　兰	11.360	13.520	8.814
法　国	10.340	15.329	17.919
意大利	6.085	7.201	3.869
德　国	2.734	2.376	0.8058
葡萄牙	15.781	17.262	20.237
英　国	1.420	1.224	1.053
瑞　士	1.609	1.649	1.323
安哥拉	0.16	0.142	0.039
其　它	3.029	3.577	3.20
合　计	77.335	88.518	8010.1

资料来源：中国驻佛得角共和国经济商务参赞处网站 http：//cv.mofcom.gov.cn/column/ddgk.xml.

佛得角的经济在很大程度上依靠着移民的汇款，这是政府重要的外汇来源，也是佛得角重要的经济支柱之一。

二 民族

（一）民族的构成

1456年或1460年发现这个群岛时，岛上还没有人居住。最初的葡萄牙领地所有者把非洲人带去开垦种植园。在发现美洲大陆以后，佛得角群岛就成了奴隶贸易的集散地。奴隶贸易兴起后，大陆地区的奴隶被掠夺至佛得角群岛，然后转运到美洲和欧洲，其中一部分留居下来。在数世纪的过程中，葡萄牙移民和留居的尼格罗人通婚形成混血人群，经世代繁衍，从而形成今日佛得角的基本居民，被称为佛得角克里奥尔人，约占全国人口2/3，主要分布在各大岛。

除佛得角克里奥尔人外，还有以下几个人群：巴兰特人，占全国人口的18%，主要分布在圣地亚哥岛，他们是来自几内亚比绍的移民，讲巴兰特语，多信天主教，部分人保持万物有灵信仰，一般通用葡萄牙语或克里奥尔语；富尔贝人，占全国人口的14.7%，主要居住在圣地亚哥岛，晚后时期自几内亚比绍而来，讲富尔贝语，属大西洋语系，也通用葡萄牙语或克里奥尔语，多信伊斯兰教，部分信天主教；葡萄牙人，占全国人口的1.6%，主要分布在普拉亚、明德罗等城市，属欧罗巴人，系早期移民的后裔，讲葡萄牙语，多信天主教。

佛得角居民生活习俗与其他非洲国家相差甚远，已近欧化。

（二）民族构成的历史演变

佛得角从被发现到独立经历了早期的封建主义制度、奴隶贸易制度和殖民统治三个阶段。尽管这段历史已经结束，但在当今的社会阶层结构、阶级结构和种族分类仍带有历史的痕迹。佛得角的种族是相对比较复杂的。在独立之前，佛得角同样存在种族歧视，白人占据着重要位置。但是有一点是不同的，那就是佛得角存在很大一部分混血人群，他们是早期的葡萄牙移民和黑人的后代。在15世纪，当最早的定居者来到佛得角之后，佛得角只有两种人：一是白人（Branco），包括探险家、公务员、贵族和高级军官、定居者和他们的妻子儿女，还有一部分是流放的罪犯；二是黑人（Pretos），黑人一开始都是奴隶，只有极少数人地位有所不同，他们也掳掠奴隶，进行奴隶贸易以及运输奴隶，加入军队。早期的移民，由于佛得角恶劣的生存环境，他们一般都不带妻子和孩子，因此葡萄牙的种植园主和他们的女奴隶发生关系，生下来的孩子就处于一种比较微妙的境地。一方面，他们是白人的后代，白人会给予一定的权利；另一方面，他们又是黑人的后代，不能和白人一样享受全部的权利。因此，在佛得角有一个群体叫做同化人（Assimilado），意思就是已经被白人同化了。这一群体一般有机会被派到其他的葡属殖民地担任重要的职务，有机会享受比较好的教育，地位比黑人要高出很多。他们既是殖民者又是被殖民者。黑人的地位是最低的，他们没有人权，没有工资，处于社会的最底层。

当他们的孩子出生后，奴隶主接受他们作为后代，但这样就削弱了奴隶制，佛得角的种族构成变得复杂起来，克里奥尔人（Mestico）逐渐成为人口中的多数。表1－6表明佛得角历史上的种族构成。

葡萄牙的殖民统治者，利用佛得角复杂的种族关系分而治之，处于社会最顶端的是白人。重要的职务都由白人担任，佛得角直接由里斯本派往佛得角的官员管理。佛得角的历史中，白人掌握着绝对的权力。

佛得角人，主要是混血人群在葡萄牙的殖民历史中充当了一个中间人的角色。一方面他们是受害者，也就是说，佛得角是葡萄牙的殖民地，是被剥削的对象，他们的文化、身份不被认同；另一方面，他们也是统治者阶层，对于其他的葡属殖民地来说，

表 1-6　佛得角民族构成的百分比

单位：%

年　份	白人(Branco)	混血人(Mestico)	黑人(Pretos)
1550	1.96	69.61	28.38
1900	3.19	62.47	34.34
1930	3.98	59.80	36.27
1936	3.89	75.23	20.86
1940	3.19	62.47	34.34
1950	2.06	69.09	28.84

资料来源：Richard A. Lobban, Jr. *Cape Verde: crioulo colony to independent nation*, westview press (1995).

佛得角的状况好得多，他们的经济、健康状况以及受教育的程度是其他葡属殖民地人民所不可比拟的优势。因此，他们一般有机会在佛得角以及其他葡属殖民地担任地方官吏和牧师（Functionaries）。但是，在混血人群中，又分为不同的种类，其中的一种被称作同化人。所谓同化人（Assimlado），在萨拉查（Salazar）法西斯独裁统治时，在1930年的殖民法中，指那些教育、文化、经济状况都很好，已经被葡萄牙所同化，享有与葡萄牙人同等权利的佛得角人。黑人或佛得角本土人想成为同化人，必须得接受教育，有一定的经济基础，并且对葡萄牙人俯首帖耳。

黑人在佛得角的地位最低，他们没有公民权利（包括投票选举权），从事最低工资的工作和进次等学校，不得不交人头税，活动受到限制，在司法系统中受到更严重的更武断的惩罚。

三　语言

由于佛得角的各岛屿之间均为汹涌澎湃的海水所分割，各岛上的居民都有自己的方言、风俗和特性。

官方语言为葡萄牙语，民族语言为克里奥尔语，岛上以黑白混血种人群为主，通行一种佛得角混血种人的语言，叫做克里奥尔语，基本上是当地简化了的葡萄牙语。大部分上层人士讲法语和英语。

克里奥尔语，这种曾在奴隶贸易中充当交流工具的语言，是葡萄牙语与非洲西大西洋语支某些语言的混合体。克里奥尔语的词汇大多来自葡萄牙语，但其结构和习语均是地道的克里奥尔式的，这种新语言被葡萄牙殖民统治阶层所轻视和怀疑，在20世纪晚期它面临新的挑战和机会。随着接受教育的机会增多和新闻媒介的渐趋发达，当地人更多地接触到纯正的葡语，而克里奥尔语的一套标准发音法也业已建立，为书写和普及该种语言提供了方便。

四 宗教

1500年时，基督教几乎完全是欧洲人的宗教，但西班牙和葡萄牙通过祈祷和利剑把它强加给他们的传教授道之地，于是，宗教随着殖民统治进入佛得角，并渗透到社会的各个阶层。98%的居民信奉罗马天主教，人们从出生到死亡都同教会保持着密切的联系。虽然罗马天主教是国定宗教，但由于缺少神父，这就造成了大规模地残存着泛灵论的风俗。岛上有一种叫做“莫纳”（morna）的土民歌舞，被称为“不信仰宗教的黑人圣歌”。

尽管佛得角人居住环境恶劣，生活困苦，但他们总能在宗教里寻求到安慰。大部分信仰其他教派的人都是从美国归国的移民。佛得角是一个政教分离的国家，独立前，宗教是殖民主义统治的工具，独立后，虽然宗教在人们生活中依然扮演着重要角色，例如，1991年大选中，几内亚比绍和佛得角非洲独立党之所以失败就是由于其与天主教的关系开始紧张。但总体上政党和天主教相安无事，和平相处。

现在，少数教派在岛上有所扩张，建立了很多小教堂，有些人改信一些小教派如巴哈教（Bahai）和摩门教（Mormons）。犹太教在岛上没有统一的机构和组织，但是犹太教的聚居区在佛得角的社会发展中起着重要的作用。非洲的商人引进了伊斯兰教，但不是有组织地引进。可以肯定的是，伊斯兰教都是由曼丁哥人（Mandinka）、富拉人（Fula）、沃洛夫人（Wolof）的奴隶带进来的。但从中世纪（Inquisition）时起，正式的伊斯兰教被镇压，几乎绝迹。

第四节　民俗和节日

一　民俗

（一）饮食

佛得角有一道别具风味的传统菜肴：把玉米、芸豆和土豆焖至烂熟，再投入切成小块的猪肉、鱼肉、牛肉或香肠，待肉熟后加上适量的蔬菜，煮成粥状，俗称“卡蔬巴”。用玉米面做成的一种叫做“库斯库斯”的糕也是老百姓日常的饭食，乡下人还用它来待客。城里人吃饭刀叉并用，乡下人喜欢用匙。

（二）民风民俗

小伙子一般以献花表示向姑娘求爱，如果他看中了某个姑娘，便会把一朵用植物叶子包裹的鲜花送给姑娘。如果姑娘接受了花，小伙子便以香蕉叶作纸向姑娘的父母写信求婚。星期五被视为吉日，一般婚礼都在这一天举行。

佛得角人待人诚恳热情，见到外国客人多行握手礼，对男子称先生，对女子称女士、夫人或 小姐。他们严守教规。

（三）传统婚姻

由于历史原因，佛得角的婚姻习俗，既保持着非洲土著居民的传统做法，又反映出欧洲人的仪式色彩。

在佛得角群岛上的许多农村，迄今仍然流行着一些古老的传统习惯，居民的婚礼习俗尤其独特。青年男女之间的婚姻大事，并不像其他许多非洲地区那样，需要媒人牵线搭桥，由父母拍板定案，而是通过田间劳动或者社交场合相互接触，彼此产生感情后，便谈情说爱。小伙子爱上某一位姑娘，为了试探姑娘的态度，便向姑娘送一束鲜花。如果姑娘含情脉脉地收下鲜花，深深地向小伙子鞠躬致谢，表明她已经对小伙子产生爱慕之情，小伙子的求婚便宣告成功，两人快乐地跳起舞来。从此，这对青年男女经常相互约定时间会面，进一步培养感情，加深爱情。

当这对男女青年的爱情发展到一定程度，心中的情话又羞于当面向对方表达，便将自己要说的话写在香蕉叶上，找机会赠送给对方。当男女双方相互感到谁也离不开谁、应当组成家庭生活在一起时，小伙子便将自己的恋爱经过以及打算详细向父母亲汇报。当父母的一般不干涉子女的婚事，总是高兴地表示支持。于是，由父亲出面，将自己儿子的姓名和儿子求婚的愿望刻写在香蕉叶上，委托亲朋好友将这片香蕉叶送到女方父母那里。同样，当父母的一般都是理解女儿心愿的，相信并支持女儿的选择。女方父母收到香蕉叶后，热情款待送信者。为了慎重起见，防止出现偏差，父母亲总是当着送信人的面询问女儿是否满意这门婚事。当女儿含笑点头表示同意时，姑娘的父亲同样采来香蕉叶，将自己的姓名和女儿已经表示同意这门婚事刻写在上面，请来人带回去。男方父母收到香蕉叶后，便带上彩礼去拜见女方父母。男方父母受到女方父母的热情款待，双方父母亲切交谈，各自介绍家庭里的成员以及经济状况，并商定举行婚礼的具体日期。随后，男方家便开始为举行婚礼做准备，女方家则忙于准备嫁妆。

（四）婚礼庆典

婚礼庆典大多选择在星期五这一天举行。婚礼的前3天，男方家已经开始张灯结彩，房顶上挂满了五颜六色的小旗，院内院外收拾得干干净净，室内室外布置得花花绿绿、漂漂亮亮。举行婚礼的那一天，亲朋好友从清晨起便开始陆续赶来，人人都要献上一份礼物表示祝贺。

中午时分，新郎在亲朋好友的簇拥下来到女方家拜见岳父岳母。当新郎见到岳父母时，立即右腿跪地，左腿曲蹲，左手手腕撑着地面，右手握拳高举过头，行大礼以感谢岳父母对自己的器重、信任以及对自己妻子的养育之恩。此时，女方父母感慨万千，泪流满面，夫妇双双将女婿从地上扶起来，语气恳切地希望女婿在今后的生活中要多照顾自己的妻子，并且祝愿他们夫妻恩爱，白头偕老。当迎亲的队伍准备返回男方家时，新娘要一一叩拜父亲、母亲、哥哥、姐姐等家庭人员，饱含热泪地感谢他们对自己的养育和照顾之恩。全家人将新娘送了一程又一程，千叮咛，万嘱咐，情意绵绵。分别时，父亲抽出藏在衣服内的鞭子，朝着女儿身上“打一鞭子”。这是警示女儿婚后不要恋家，不要总是往娘家跑，否则是要挨鞭子的。

当新娘抵达男方家时，新郎的父母以及所有的宾客列队热烈欢迎，附近的人们会围过来观看新娘子长得啥模样，漂亮不漂亮。民间艺人敲着锣鼓，跳着欢乐的舞蹈，唱着祝贺新婚夫妻幸福美满的歌曲。年轻的女宾簇拥着新娘进入新房稍事休息。新郎忙于招待各位宾客，向表演的艺人们赠送一些钱币。

结婚典礼仪式由新郎的叔叔或者舅舅主持。仪式上，新娘将新郎送给她的香蕉叶情书以及新郎父亲送的香蕉叶当着众人的面还给新郎，新郎也将新娘送给他的香蕉叶情书及新娘父亲送来的

香蕉叶还给新娘。新郎新娘双双手捧香蕉叶情书绕场一周，频频向宾客们鞠躬行礼，感谢他们赏光出席婚礼庆祝活动。接着，新郎新娘手捧香蕉叶与相互行礼致谢，表示他们的爱情将如同香蕉叶那样常青。这时，婚礼主持人从新郎新娘手中接过香蕉叶情书，分发给在场的人们观赏传阅。

(五) 婚后习俗

佛得角人的传统观念认为，男女之间的爱情应当如同海水那样清澈透明，没有什么秘密值得隐瞒。在婚礼场上公布情书的内容，可以得到公众的监督，让婚后的生活永远像谈情说爱期间那样亲亲热热，甜甜蜜蜜。宾客们怀着极大的兴趣观看着这些香蕉叶情书，有的人还要高声诵读某些精彩话语，场上不时爆发出热烈的掌声和喝彩声。新郎满面笑容，新娘则害羞得低着头不敢看人。宾客们观赏情书结束，主持人从客人手中接过香蕉叶情书，交还给新郎新娘。新郎新娘将这些香蕉叶情书看得非常珍贵，精心地保存起来，每隔一段时间，夫妻俩便取出来欣赏一番，共同回忆相互交往过程中的那些难忘的时刻。

婚礼仪式的最后一项内容是新郎同新娘向父母亲行礼，感谢他们的养育之恩；向在场的每一位来宾行礼，请他们在今后的生活道路上多多给予帮助。接着，新郎新娘双双手捧一只盘，盘中堆满了钱币，他们向每一位来宾赠送一枚钱币，作为永久纪念。典礼仪式自始至终鼓乐喧天，欢声雷动，热闹非凡。仪式结束后，新婚夫妇邀请客人们参加婚礼宴会。

教堂仪式结束后，新婚夫妇举办结婚宴席招待各位宾客，而婚礼宴席的地点多选择在女方家里。参加婚宴的客人多是新婚夫妇的亲属、朋友、同事等，众人分别向一对新人表示祝福，并根据个人的经济情况向新婚夫妇赠送一些钱币作为贺礼。

(六) 佛得角女人的“头功”

生活在非洲的埃及、突尼斯、摩洛哥、马里、佛得角等地的妇女，头顶重物更是习以为常，随处可见。哪怕是一桶水、一袋米、一篮鸡蛋、一筐水果、一捆烧柴、一根木头、一把农具等，都是用头顶着走路的。

那里的妇女喜欢将头发编成若干小辫子，编得最多的达百根之多。她们在背负重物时，先把辫子盘起来，或用长布带盘成一个布盘，以便垫放东西，防止重物滑落下来。

（七）丧葬习俗

佛得角的丧葬习俗基本是葡萄牙式的。人死后，通常在家里停留 24 小时，目的是给死者以充分的时间返魂。由于佛得角地处热带，年平均气温为 25 摄氏度，尸体不宜久放，因此，也有上午咽气下午就入葬的。出殡时，死者家属、亲朋好友坐车或徒步相随，行人和车辆绝不能超越灵车，这是人们对死者表示最后的敬意。天主教教徒死后，棺材先要运进教堂，这是死者同交游者的最后一次接触，同时接受神父的祈祷和圣水的沐浴。

二 节日

1月 1 日：新年；1 月 13 日：自由民主日；1 月 20 日：民族英雄节；3 月 8 日：国际妇女节；5 月 1 日：国际劳动节；6 月 1 日：国际儿童节；7 月 5 日：民族独立日；11 月1 日：万圣节；12 月 25 日：圣诞节。

佛得角的县级行政区都有各自的一年一度的传统节日，即“县节”。传统节日本身都带有浓厚的宗教色彩，其中一项重要的活动是做弥撒。它们的名称也都与天主教有关，如首都普拉亚的传统节日就叫“圣母的恩典”。在这些节日里，喜爱音乐、能歌善舞的佛得角人纷纷走上街头，表演民族舞蹈和演奏传统音乐节目，品尝各地风味食品并观看赛马比赛。

同巴西、葡萄牙一样，佛得角的狂欢节也算得上一年中较为重要的节日。19 世纪下半叶蓬勃发展的航海事业不仅带来了巴西水手和各种货物，也带来了这种快乐的南美风俗。佛得角的狂欢节在耶稣复活节（巴西狂欢节的最后）前 40 天的一个星期二举行。迄今规模最大、最热闹的要算明德罗市的狂欢节了。每年人们都挖空心思地设计彩车，力求别出心裁、与众不同，恨不能达到“前无古人、后无来者”的顶峰；在彩车上大多还要写上几句话、画一些漫画，往往是讽刺要人、抨击政府的，让人在忍俊不禁之余尚有回味之地。

第二章

历 史

第一节 独立之前的历史

一 佛得角的发现和早期居民

关于发现佛得角群岛的年代，有很多的争论。有观点认为，有可能最早涉足该群岛的是非洲的渔民，圣地亚哥岛也许曾经作为西非沿海沃洛夫人（Wolof）躲避敌人的地方，阿拉伯人或伊斯兰化的非洲人也可能到过萨尔岛以获取盐，但所有这些都没有留下任何记录。1445 年，葡萄牙殖民者迪尼斯·费尔南得斯乘船越过毛里塔尼亚的海滩，驶近西北非大西洋沿岸的长满罗望子树的绿色海岬，他将这一尖角取名为佛得角（即葡语“绿角”之意）。1456 年，有一个威尼斯船长阿尔维塞·卡达莫斯托（Ca da Mousta）来到此海岬以西的一个群岛上，以佛得角之名命名这一群岛为佛得角群岛。在 1460 年，葡萄牙的探险家迪奥戈·戈麦斯（Diogo Gomes）和安东尼奥·达诺拉（Antonio da Noli）发现并命名了马尤岛和圣地亚哥岛。1462 年，迪奥戈·阿方索（Diogo Afonso）发现了其它岛屿，以后陆续有葡萄牙人来此定居。佛得角因其最靠近非洲西海岸的佛得角而得名，意为绿色之岬，但实际上却是干旱少雨，饥荒肆虐。起先，

圣地亚哥岛被迪奥戈·戈麦斯和他之后的另一个发现者诺拉瓜分。这两个家族将这种割据状态维持了近130年。为了鼓励定居并巩固自己的地方势力，葡萄牙皇帝还向欧洲人回赠了许多土地。葡萄牙国王阿丰索五世把这个群岛册封给他的弟弟斐迪南亲王（Prince Ferdinand），并让一批葡萄牙贵族、商人以及少数意大利人、西班牙人到岛上定居，同时将一部分葡萄牙人流放到该殖民地。1470年，佛得角群岛归属曼努埃尔亲王（Prince Manuel），1495年，曼努埃尔亲王继承王位，佛得角群岛终于成为葡萄牙王国领地的一部分，正式沦为葡萄牙殖民地。

葡萄牙殖民者一开始试图在佛得角建立甘蔗种植园，但是由于以下三个原因，一是干旱少雨和变幻莫测的气候，二是不规则的地形和疏松的土质，使得灌溉极为困难，三是远离葡萄牙本土，因此种植园的设想没有成功。干旱、火灾、流行病和自然灾害使得佛得角很不适合生存，但是佛得角有一项巨大的优势，那就是优越的战略位置，他处于几条重要的航线的交汇处，从欧洲去巴西和印度都要经过佛得角，因此可以在佛得角补充燃料、食品和进行检修。16世纪，欧洲、印度、西班牙和美洲的大量商品包括金属、纺织品、念珠、辣椒、用于珠宝的银币、手镯和其它小饰物以及葡萄酒、白兰地和欧洲的工业品，都要取道圣地亚哥去几内亚湾，从非洲带走的有象牙、蜂蜜以及奴隶。因此佛得角的历史因为其特殊的气候和优越的战略位置而独具特色。

二　奴隶贸易时期的佛得角

葡萄牙殖民主义者占领了佛得角群岛后，即以此为据点，继续南行，向几内亚、圣多美、刚果、安哥拉等地深入。他们一方面到西非沿岸，特别是到几内亚一带抢劫黄金、宝石、象牙和蓝靛等贵重物资，一方面掳掠当地黑人到佛得角开荒种地，或充当白人的奴隶。由于佛得角地处欧、非、美三洲的“十字路口”，来往于西欧、南美、非洲和北美的船只大多在此停靠。从16世纪初年起的数百年中成为殖民主义者贩卖奴隶的市场和转运站。他们把在非洲大陆搜捕来的大批黑人运到佛得角群岛集中，然后一船船运往葡萄牙、西班牙、巴西、西印度群岛等地去出售。

佛得角的奴隶贸易非常繁荣，1501～1600年，估计每年有650～1000名奴隶取道佛得角运往美洲。17世纪，估计总共有28000名奴隶取道圣地亚哥运往“新世界”（new world），大部分被运往南美洲，其余的运往巴西和拉丁美洲的其它部分。随着奴隶贸易的兴盛，群岛日益富裕，地位变得更为重要，佛得角的居民买卖奴隶是作为家庭劳力使用，奴隶被运来开垦土地。但到后来，葡萄牙定居者日益增多，奴隶也再次被转卖到其他地方。1532年委任了第一个主教，1595年委派了第一任总督。葡萄牙统治者从这种肮脏的交易中获取暴利。

佛得角也因奴隶贸易而繁荣一时。圣地亚哥岛的首府大里贝拉（即现在的“老城”）由于贩卖奴隶而变成一座地域颇大、建筑宏伟的城市，它是葡在热带创建的第一个城市，也是西非第一个天主教教堂所在地，被佛得角人自豪地称为“民族的摇篮”。因此引起法国人、英国人、荷兰人的妒忌，他们利用群岛的隐蔽的小道和港口，伺机攻击葡萄牙的渔船和商船，有时直接进攻佛得角群岛。英国人弗朗西斯·德雷克爵士于1585年和1592年两次进攻大里贝拉，后来，荷兰人又进攻未遂，最后，大里贝拉遭英国人进攻而弃守。在这些进攻中，最大的一次是在1585年，弗朗西斯·德雷克带领了25艘船，2300名手下在大里贝拉烧杀抢掠，把它付之一炬。但从伤亡人数来看，1712年那次更具破坏性，法国派兵进攻时，大里贝拉再次毁于一旦，铜器被席卷一空，就连教堂里做礼拜用的黄金和白银器具也在劫难逃。为了避免报复，他们把妇女和儿童作为人质。法国人离开时，掳走了

110 名奴隶。这种攻击，以及葡萄牙和其他欧洲国家之间的敌视，贯穿于整个 18 世纪。

葡萄牙在佛得角的奴隶贸易首先采取与私人签订合同的方式。这开始于 1469 年。一个里斯本的富商费尔南·戈麦斯（Feinao Gomes），向国王要求同几内亚进行独家贸易的权利，为期 5 年；当时的几内亚指的是博嘉杜尔以南的非洲地区，不包括几年前刚刚修建的阿尔古因（Arguim）城堡，因为它是同里奥得奥罗河地区进行贸易的中转站。佛得角群岛对面的海岸也不包括在内，这个贸易区留给该岛的居民去经营。因此，费尔南·戈麦斯要求的贸易区只是从佛得角以南到塞拉利昂长约 800 公里的地带。费尔南·戈麦斯每年付给国王 20 万雷伊斯（Leagues）的租金。除了交纳租金之外，他还承担了一项义务：每年发现 100 里格的海岸（一里格相当于 5572 米）。

可是，1472 年阿方索五世禁止圣地亚哥的居民再把奴隶转卖至其他地方，圣地亚哥的居民也就失去了获取奴隶贸易的特权。但是，奴隶贸易的暴利，不断地吸引着圣地亚哥岛的商人，逐渐侵蚀戈麦斯的控制区，走私开始盛行。这种与私人签订合同的体系一直维持到 17 世纪中期。在这段时间里，一方面是葡萄牙殖民者制定日益严厉的措施，限制佛得角商人可以进入非洲大陆的地区，可以交易的商品仅限于佛得角的商品，禁止和外国人建立联营，奴隶只允许私人使用，不许进行奴隶贸易；另一方面是佛得角商人在利益的驱使下，不断地违反这些法令，走私奴隶日渐猖獗，管理不善和腐败从这时开始一直困扰着葡萄牙。其中的一批人叫兰萨多人（Lancado），是由圣地亚哥的白人居民派往西非海岸进行奴隶贸易走私的代理人。一开始，这些人都是白人，通常是犹太人。但是，他们的作用很快被自由黑人和穆拉托人（Mulattoes）所取代，其中有一些是为他们以前的主人工作的人，有时，穆拉托人可能就是他们雇主的私生子。兰萨多人沿着几内亚沿海地区的河流溯河而上，和当地的黑人部落签订买卖奴隶的合同，融入黑人部落的生活，身着他们的服装，说他们的语言，甚至创作歌曲，参加宗教仪式以及和部落首领家族联姻。总之，和非洲部落的关系处理得非常好，是葡萄牙对非洲大陆渗透势力中最有效的。对寻求奴隶、象牙和琥珀的欧洲贸易者来说，兰萨多人和他们的后代穆拉托人成为必不可少的中间人，因为他们对非洲熟悉，和非洲各部落的上层有良好的关系。同时他们自己也是非洲内部贸易中非常活跃的部分：把大米、小米和棕榈酒从非洲的丰产区运到非洲缺乏的地区。

很多奴隶来自于西非沿海地区，大概相当于现在的塞内加尔和塞拉利昂。其中有些是罪犯，当作惩罚被出卖，但是更多的是被奴隶贩子绑架来的。为了获取奴隶，兰萨多人和其他欧洲人怂恿非洲敌对的部落相互攻击，大量的无辜受害者沦为俘虏，被当作奴隶出卖。奴隶由小船运往圣地亚哥，在圣地亚哥再次被卖出。

1640 年以后，“租给个人的制度”（The system of individual lease）由于走私盛行、对承包合同的繁琐的限制、沉船和奴隶死亡的风险、日益加剧的外国竞争而不再具有吸引力，逐渐被联营公司所取代。最早的一家奴隶贸易垄断公司是卡丘（Cacheu）公司（1675～1690），然后是佛得角公司（1690～1700）。在前一家公司的授权合同中，佛得角只被允许在几内亚交易他们自己的商品（如纺织品、盐等等），而卡丘公司，既可以向佛得角也可以向几内亚进口产品和奴隶。圣地亚哥的商人和佛得角总督都不喜欢这一政策，总督把公司的头儿抓起来关了一年，罪名是欺诈和与外国人通商。

第二家公司的成立规章中规定，总督不介入贸易，但工资得到提高并由公司支付，这样就把总督的工资待遇和公司的赢利紧密地联系起来了。1700～1755 年，殖民地经历了一个相对自由

的贸易阶段。但那时，佛得角进入了相对削弱的处境，到处是城镇和种植园的废墟。大部分的有钱人逃到了宗主国葡萄牙，留下来的生活困苦，物资极度匮乏。佛得角的经济如此之弱，以至于国王船只只需雇佣当地的劳力就可以随意把盐运走，或是换一些二手的布料。外国人也通常只要用布或旧衣服就可以交换到盐、纺织品、皮毛和其它商品。尽管如此，这种相对自由的政策只是暂时的，接下来一段时期是对佛得角商人的史无前例的残酷剥削阶段。

1757 年，葡萄牙的国务大臣（Secretary of State）马奎德·颇巴（Marquesde Pombal）赞助成立了哥诺帕拉·马瑞豪（Graopara and Maranhao）公司。该公司在向巴西提供大量奴隶的条件下，获得对佛得角和几内亚商业的排他经营权，同时，控制了殖民地的大小官职，即这家公司完全拥有佛得角达 20 年之久。在这 20 年里，公司的利益不容一丝的破坏，即便是出于人道主义考虑。严重的干旱抬高了食品价格，减少了佛得角的出口产品，人口也大量减少。

1777 年，葡萄牙国王若泽一世（Dom Jose I）死后不久，马奎德·颇巴也随之下台，他所赞助的公司在佛得角的“霸业”也结束了。

佛得角的奴隶贸易带动了其它贸易的发展。首先是盐。马约岛有充足的盐，1670 年一位葡萄牙的海员惊呼“这儿的盐足够装满一千艘船”。盐不仅是作为佐料，也可以用于保存食品，以防变质腐烂。同时，它的重量使它成为一种很好的压仓物。它被经常用来和冈比亚的石灰石相交换。1660 年，所有用于英国渔业的盐（其中大部分来自于马奥）享受优惠的进口关税。1682 年，两艘满满地装载着佛得角的盐的船抵达美国马塞诸塞州的波士顿港口。1688 年，另一艘船装载了 20 吨盐。1826 年和 1880 年，338 艘美国船开进马约岛买盐。用来与盐直接交换的都是当时紧缺的产品如丝绸、纸、棉布、火药、酒和毛料布。17 世纪，每年大约有 80 艘船到佛得角买盐。马约岛的盐床离海边只有半英里，然后只要用小船就可运到海边。一开始都是英国船到佛得角买盐，去马约岛的路就以“英国路”而著称。现在仍叫做“英格兰港口”。后来，美国船频繁地出入佛得角，很多也都是为了买盐。19 世纪，美国超过了英国，位于第二位，仅次于葡萄牙。盐的交易在当时佛得角非常贫困的情况下，是以货易货，而非现金支付，部分由于葡萄牙的流通货币在佛得角相对缺乏，也由于当时对外国货币的交换处于混乱状态。去马约岛的人惊讶于佛得角人很乐意接受旧衣服作为盐和其它货物的支付方式。显而易见，对于当地人来说，有足够衣服保护自己避免被日光曝晒和抵御晚上的凉风仍是一种需要。19 世纪早期，当地的一位名叫曼努埃尔·安东尼奥·马丁（Manuel Antonio Martins）的商人，建立了提炼盐的一整套设备，试图对盐的生产运输和销售进行集中管理。盐的贸易带来了一些其他的间接收入如船务收入，同时需要补充燃料、食品和其他的产品。

另外两种最重要的产品有：一种是由奴隶织造的纺织品，还有一种染料海石蕊（Orchil）。

海石蕊是一种生长在山区岛的海边悬崖峭壁上的染料植物。这种植物主要在欧洲有需求，因为，混合某种特定的添加剂，它可变成猩红、紫色或蓝色的染料。除了海盐，海石蕊是该岛中唯一有人乐意去提炼和加工的产品。自从 1469 年以来，海石蕊的提炼权通常是出租给外国人，但是也有例外，佛得角的商人曼努埃尔·安东尼奥·马丁就是其中的一个承包人。葡萄牙人从这种贸易中获得了暴利。为了确保该产品的持续供应，通常由男孩或年轻人爬上悬崖峭壁去摘海石蕊，这很危险，有时一失足，不死即伤。这些人从商人手中购买绳子、粗麻布袋和刮刀冒险采集，然后把海石蕊以低价卖给商人，商人再把海石蕊按前面提到的哥

诺帕拉·马瑞豪公司的定价卖给该公司，由该公司再以高价卖给外国人。该公司在买海石蕊之前，要求晒干，以减少重量，但是运到里斯本以后，他们又把海石蕊弄湿出卖。海石蕊的采集者有时在海石蕊里加沙子或当公司的船只停靠在港口等待时拒绝采集海石蕊以示报复。海石蕊的交易在1772年转入另一个公司的手里，只是到1838年，佛得角人才可以自由地买卖海石蕊。到那时，70年的残酷剥削已经减少了海石蕊的数量，降低了其质量。莫桑比克和安哥拉的巨大供应量减少了对佛得角的海石蕊的需求。

佛得角另一个重要的出口产品是棉纺织品。250年来，在白色背景上编织的纺织品一直是体现佛得角编织技术的手工艺品，在欧洲也很有市场。一块标准型号的布叫做巴拉夫拉(Balafula)，作为交换的基本单位。17世纪80年代，两块巴拉夫拉就可换一块标准铁块。由于缺乏金属货币，巴拉夫拉就充当了货币的职能，用于支付罚款和工人的工资。在1550~1825年之间，棉纺织品交易在佛得角最为繁荣，在种类和技术上都超过了非洲大陆。当时共有24种设计，各有不同的定价，其中最受欢迎的是帕诺（Pano，因其设计酷似某些动物的皮毛上的斑点而得名）。18世纪中期后，佛得角的棉花种植和编织开始衰落。19世纪的前10年，纺织品的出口仅仅占佛得角出口的7%。

三　奴隶贸易被废除后的历史及佛得角的独立

随着1876年奴隶贸易的完全废除和干旱的日益严重，佛得角群岛的历史成了一部旱灾和饥荒绵延不断的历史，而贪污腐化和管理不善则使情况更加恶化。19世纪末，情况稍有改善。由于佛得角群岛处于欧洲、南美洲和南非的通商要道，因此先在岛上的明德罗开辟了一个燃料补给站，后来又在1875年建立了一个海底电缆站。岛上的居民，特别是布拉瓦岛上的居民，也开始移居美国。移民寄回家乡的钱，对群岛的经济起了很大的作用。然而，第一次世界大战后，海运的下降和美国实施的移民限额政策，进一步导致了群岛的衰落；葡萄牙政府给予的救济和发展贷款稍略制止了这种衰落。

1879 年之前，葡萄牙把佛得角和几内亚比绍作为一个整体来统治，葡属几内亚比绍被认为是佛得角的附属地。1836 年，葡萄牙在佛得角设殖民政府，几内亚比绍划为总督治下的一个县。这种特殊关系一直维持到 1879 年。1879 年，佛得角和葡属几内亚比绍成为两个单独的省。此后，根据《殖民法》，独立之前，佛得角和葡属几内亚比绍先后成为两个单独的省、殖民地（1927～1951）。1951～1975 年，佛得角群岛单独组成葡萄牙的海外省，由总督在政府委员会和部分民选的立法会议的协助下治理该群岛，首府是圣地亚哥岛上的普拉亚。为了便于治理，该群岛划分为 12 个区、31 个教区。在司法方面从属于里斯本最高法院，是里斯本管辖下的一个区。

佛得角群岛的政治生活受到限制，尤其是在 1926 年葡萄牙建立独裁统治之后，岛上存在着一些民族主义运动，企图摆脱葡萄牙的统治，他们在几内亚比绍、塞内加尔和美国这些有大量佛得角移民的国家设有总部，但是尚未在当地开始活动。最成功的一个党派是佛得角农学家阿米卡尔·卡布拉尔（Amicar Cabral）领导的几内亚比绍和佛得角非洲独立党，它的有关机构也包括佛得角在内。

1936 年在明德卢出现了第一份反殖民统治的报纸《光明》（Claridade），同时在里斯本出现了一批激进的学生，他们后来自己组织了帝国学生的组织（La casa dos estudantes do imperio）的雏形，是所有来自于葡属殖民地学生的集中地。

第二次世界大战之后，特别是在 1955 年万隆会议发出支持非洲人民争取独立斗争的呼声之后，反殖民统治的斗争席卷了非洲大陆，葡属殖民地的人民也展开了争取民族独立的运动。1948年，佛得角人民不堪葡萄牙的剥削，发生了甘蔗种植园的工人大罢工。

1954年，葡属几内亚比绍和佛得角非洲独立党成立，由阿米卡尔·卡布拉尔领导，1958年该党又联合其他爱国党派成立了统一的战斗组织——葡属几内亚比绍和佛得角群岛解放阵线。这个政党是以阿米卡尔·卡布拉尔为领导，另一个领导者和组织者是阿里斯蒂得·佩雷拉（Aristedes Pereira）。从一开始，几内亚比绍和佛得角非洲独立党的目标是赢得几内亚比绍和佛得角的独立。虽然几内亚比绍和佛得角非洲独立党曾领导圣安唐岛农民暴动、圣维森特岛学生罢课、码头工人斗争等，但是由于佛得角群岛是岛国，不利于隐蔽和躲藏，因此卡布拉尔等领导人决定选择几内亚比绍作为斗争基地。因此，在争取独立的解放斗争中，佛得角人民和几内亚比绍人民在几内亚比绍和佛得角非洲独立党的领导下，共同战斗，抗击葡萄牙殖民主者。

1973年1月20日，在几内亚共和国首都科纳克里（Conakry）的寓所里，卡布拉尔被一个听命于葡萄牙的暗杀集团野蛮地杀害了。在卡布拉尔遇害不久，阿里斯蒂得·佩雷拉（Aristede Pedro）接替了他的党总书记的职务。1973年9月24日，几内亚比绍共和国宣布独立。

1974年2月25日，葡萄牙国内爆发军事武装组织运动，推翻了法西斯政权。1974年12月19日里斯本的新政府与几内亚比绍和佛得角非洲独立党就佛得角群岛的未来独立签署了协议，这一协议规定，成立一个由双方代表参加的六人过渡政府，负责组织将于1975年6月30日举行的大选。在大选中92%的佛得角人把选票投给了几内亚比绍和佛得角非洲独立党，1975年7月5日，国民议会正式宣布佛得角群岛独立，成立佛得角共和国，由几内亚比绍和佛得角非洲独立党执政，佩雷拉任总统，佩德罗·佩雷斯（Pedro Pires）任政府总理。

第二节 独立后的历史

一 一党两国时期和一党一国时期

1977年11月14日，几内亚比绍的总理维拉（Joao Bernardo Veira）借口经济管理不善和人权灾难发动军事政变，推翻了总统路易斯·卡布拉尔（Luiz Cabral）。这一事件对两国的统一是一个沉重的打击。几内亚比绍的领导人对正在研究制定的新宪法故意提出不同意见，以此作为分裂的决定性因素：一是，死刑在佛得角已被废除，但几内亚比绍没有废除；另一个争论的焦点是几内亚比绍人在佛得角很难找到工作，而在几内亚比绍，佛得角人却可不受限制地找到工作。

几内亚比绍发生的政变，有明显的反佛得角的暗示，受到了普拉亚的部长委员会的激烈批评。1981年1月19日，几内亚比绍和佛得角非洲独立党的佛得角分部召开了一次特别会议，改名为佛得角非洲独立党（The Partido Africano da Independence de Cabo Verdo，PAICV），几内亚比绍和佛得角非洲独立党也就不存在了。总统阿里斯蒂得·佩雷拉被任命为佛得角非洲独立党的总书记，2月12日全国人民大会再次选他为国家总统。佩雷拉总统在2月15日宣布新的内阁，佩德罗·佩雷斯将军再次被任命为政府总理。2月13日，佛得角宪法中所有涉及与几内亚比绍统一的内容都被删除了。佛得角非洲独立党成了佛得角唯一合法的政党。这一决定标志着阿米卡尔·卡布拉尔所建立的党不再存在，两个国家统一的梦想也随之而逝。

1981年佛得角进行土地改革，通过了《土地改革法》，这是经过几年的酝酿和考察之后提出来的，也是为了稳定国内的政局才在独立6年之后提出来的。这次土地改革是佛得角在独立后首

次进行的改革，建议废除佃农耕种制（sharecropping）和土地的再租制（sub-letting of agricultural reform），遭到了地主的强烈反对，尤其打击了那些不在当地的地主（absentee lanlords），包括那些在国内仍有一小块土地的移民。在大里贝拉一次讨论政府计划的会议上爆发了冲突，冲突中死了1人。1982年3月，军事法庭认定骚乱中16个人有唆使叛乱和试图通过暴力改变宪法的罪行，将他们处以6个月到10年的刑罚。

1981年12月，几内亚比绍前总统路易斯·卡布拉尔从拘留中被释放出来后，佛得角和几内亚比绍的关系开始好转。当时的莫桑比克总统萨莫拉·马舍尔（Samora Machel）居中协调，达成和解。1982年6月18日两国总统在马普托（Maputo）举行的会晤中，两国恢复了外交关系。7月两国继续就外交、文化、技术和经济领域的合作展开了更深入的对话。两国的中央银行建立了联系，恢复了空中和通信联系，1983年3月路易斯·卡布拉尔被放逐到古巴1年后到佛得角定居。两个月以后，几内亚比绍首次派大使到佛得角群岛，两国终于在1988年同意结束合营的船运公司。政府土改计划也终于在1983年开始启动了。大片的土地在无地农民间再分配，同时对地主进行赔偿。

1983年6月，佛得角非洲独立党在普拉亚召开的第二届会议上，佩雷拉总统再次当选为党总书记，总理佩得罗·佩雷斯再次当选为党副总书记。13个新成员被选入国民议会（National Council），使其成员增加到40名。同年，佩雷拉总统担任萨赫勒地区国家常设抗旱委员会（The Comite permanente Inter-Etats de Lutte Contre la Secheresse dans le Sahel，CILSS）的主席。

在这一段时间里，佛得角奉行务实的外交政策，与世界各国建立了良好的对外关系。

佛得角资源匮乏，恶劣的经济环境和对食品援助的高度依赖决定佛得角不得不采取和所有国家友好的对外政策。1975年独立后，不结盟的务实的外交政策使佛得角有可能获得尽可能多的外援，以减轻国内干旱的影响和促进发展。在种族隔离时代，泛非航空公司的飞机有权降落在萨尔岛上的国际机场。非洲统一组织反对佛得角这样做，但佛得角的贫困使它别无选择。后来，非洲民族会议（African National Congress，ANC）主席奥利弗·坦波（Oliver Tambo）于 1986 年 3 月访问佛得角群岛时不得不承认佛得角不能对南非采取经济上的制裁。

与南非的空中联系和与前葡属殖民地（Lusophone）国家在历史上的联系使佛得角可以在南部非洲国家间的谈判中扮演重要的角色。1982 年 12 月 8 日安哥拉和南非间第一个由官方承认的会谈就是在萨尔岛上举行的。

佩雷拉总统在前葡属殖民地国家中德高望重，在佛得角移民比较多的其他前葡属殖民地国家中也有一定的影响。1984 年，他介入莫桑比克和南非之间的谈判，促成双方签署了互不侵犯和睦邻协定。

多年来，对佛得角的军事援助主要来自于前苏联阵营，以苏联为首的社会主义阵营在民族独立和解放战争时就开始支持几内亚比绍和佛得角非洲独立党。但是，佛得角战略位置非常重要，处于大西洋航线的十字路口，这意味着西方阵营也很重视这一战略位置，会尽量保持自己的影响，西方和阿拉伯国家继续向其提供大部分的食品和发展基金援助。1981 年，仅美国就提供了佛得角食品需求中的 25%。佛得角同时与美国和前苏联保持了密切关系，但反对在佛得角建立外国基地。

在国内，佛得角非洲独立党主要从以下三个组织中获得支持：阿米卡尔·卡布拉尔青年组织、佛得角妇女组织和全国工人联盟。从 1981 年，几内亚比绍和佛得角非洲独立党对政治反对派的态度有所放松，而政府也开始寻求扩大政治参与度。立法选举于 1985 年下半年举行自成立以来的第三次立法选举。国民大会（National Assembly）从参加这次选举的200名候选人中选举出83名成员于1985年12月7日组成新一届国民议会。这一届新的国民议会包括为数不少的非佛得角非洲独立党成员，这一举措有助于巩固政府的民主性和合法性。1986年阿里斯蒂德·佩雷拉总统再次以全票当选为佛得角的总统。总理仍然是佩得罗·佩雷斯。以他为领导的新政府于1986年12月向国民议会提呈了第二个五年发展计划，强调加强进行管理、教育和土地改革。总统佩雷拉参加了1988年6月于几内亚比绍召开、1989年于卢旺达召开以及1989年12月18~20日于普拉亚召开的前葡属国家首脑会议。还参加了1989年11月于巴西召开的前葡属殖民地国家文化会议。1990年1月教皇访问了佛得角。

二 一国多党时期

20世纪90年代初，苏东剧变，冷战结束，非洲大陆掀起多党制和民主化浪潮。受到国内政治和国际形势的影响，佛得角的一党执政的局面也逐渐变化。1988年11月佛得角第三次议会召开后佛得角非洲独立党对全国的执政地位有所松动。1990年2月13~16日，党的全国大会讨论结束佛得角非洲独立党的一党执政地位，党和政府领导人开始与反对派展开讨论。对佛得角非洲独立党执政持批评意见的有天主教会（Catholic church）和富有的海外移民。移民们组织起来在岛上成立了争取民主运动（Moviment Para a Democracia，MPD），1990年2月成立后不久，发布了一个要求实行多党制的政治宣言。

1990年4月，争取民主运动召开党代会，号召国民议会召开会议，通过一个满足反对党要求的全面修改宪法的法律。同时决定在1990年提前举行全民投票选举新的总统，而不是由国民议会间接选举总统。原定于1991年3月举行的大选还应该提前到与总统选举同一天举行。

4月中旬，民主人士在里斯本召开大会，号召结束一党制。7月，佛得角非洲独立党召开特别四大，通过了关于实行多党制的政治体制改革的报告和关于部分修宪的基本政治方针等文件。

争取民主运动是要求变革的主要政党。它于1990年6月3日首先召开会议，讨论向民主制转轨。1990年9月19~22日，佛得角非洲独立党和争取民主运动召开圆桌会议，同意大选的新日期：1991年1月议会选举，2月或3月总统选举。全国议会修改了宪法，结束了佛得角非洲独立党一党专政的地位，开始为大选做准备工作。一个很显著的特点是海外佛得角人能够投票。他们的组织包括美国波士顿地区的约翰·瓦隆（John Wahnon）领导的佛得角民主独立联盟（The Uniao Cabo Verdiana Independence e Democracia，UCIDC）。1991年1月13日，维加领导的争取民主运动在全国议会大选中以79对23票赢得大选。1月25日，维加组成了一个过渡政府，在1991年2月17日的总统选举中，佩雷拉总统被争取民主运动支持的安东尼奥·蒙特罗（Antonio Mascarenhas Monteiro）击败。蒙特罗原来是最高法院法官，他赢得了3/4的选票。佩雷拉成为非洲第一个通过选举失败而去职的总统。

1991年12月15日市政选举中，争取民主运动控制了14个县中的10个县，大获全胜，而佛得角非洲独立党只保持了3个县，因此，在中央和地方，多党制取代了一党制。但是，保持不变的也很多，包括对外政策和难以克服的经济问题。1993年3月10日政府大改组，外交部长乔治·卡洛斯·方塞卡（Jorge Carlos Fonseca）和农业部长古尔贝托·罗萨里奥（Gual Berbo do Rosario）分别被曼奴埃尔·夏特（Manuel Chautre）和海伦娜·塞曼多夫人（Senhora Helena Semedo）取代。1年后（1994年3月4日）维加又对政府作了些改变。1994年2月在党内多数反对的情况下，维加被任命为争取民主运动的主席。几位高级人物因此辞职。执政党党内出现了严重的危机，佛得角非洲独立党要求提前举行大选。

1993 年 8 月 29 日，佛得角非洲独立党党内领导层也发生了变化，佩雷拉被任命担任新设立的反对党主席职务。而原来由他担任的总书记的职务则由阿里斯蒂德·利马（Arisides Lima）担任。

作为民主化的产物，佛得角有了自由出版权。

在外交方面，新政府领导下的佛得角继续积极促成莫桑比克和安哥拉内部敌对派系的和解妥协；参加了在圣多美举行的于 1993 年 5 月 5 日结束的前葡属殖民地国家会议。这次会议同意由佛得角和圣多美继续和安哥拉的争取安哥拉彻底独立全国同盟（UNITA）和莫桑比克全国抵抗运动（Renamo）保持联系，促使他们的领导人表现出更多的灵活性。幸运的是，雷拉莫配合莫桑比克的和平进程，角逐 1994 年 3 月的大选，并接受了它在莫桑比克的失败。不久以后，争取安哥拉彻底独立全国同盟也接受在安哥拉停火，这为建立一个可与英联邦相媲美的葡语国家共同体（Portugese-speaking Community）扫清了道路。这一共同体的建立是在 1994 年 2 月的一次由佛得角和 6 个前葡属殖民地国家圣多美、几内亚比绍、安哥拉、莫桑比克、巴西和葡萄牙一致同意的基础上实现的。

1994 年，争取民主运动中持不同意见者组成了一个新党民主汇合党（Partido da Convergência Democrática，PCD）。1994 年 12 月，教育部长曼奴埃尔·佛斯蒂拉（Manuel Faustino）辞职，他批评少数富人和大多数穷人中的差距不是缩小了，而是扩大了。民主汇合党宣称，他保护经济自由化，但并不意味着贫困和失业人口增加。1995 年 7 月 14 日，一个新的社会民主党（Partido Social Democrática，PSD）宣布成立。

1995 年 12 月 17 日，举行了全国议会选举，争取民主运动再次赢得了72个议席中的50个议席。佛得角非洲独立党赢得21个议席，民主汇合党赢得1个议席。接着，1996年9月21日进行了地方选举。争取民主运动赢得了16个县中的一半。然后，1996年2月18日，蒙特罗总统以80%的选票赢得大选，任期5年。3月1日，维加总理改组内阁，增加了6张新面孔，其中有前议会议长阿米卡尔·斯彭塞（Amicar Spencer），担任外交事务部长。

外交上，佛得角继续保持活跃的外交政策，和葡萄牙及前葡属殖民地国家建立了更紧密的联系。

第三节 著名历史人物介绍

阿里斯蒂德·马里奥·佩雷拉（Aristide Maria Pereira） 佛得角前总统。出生于1924年。1975～1991年担任佛得角第一共和国总统，是佛得角共和国的第一任总统。从1940年代末期到佛得角独立这段时间，佩雷拉积极地投入反殖民主义运动，组织了许多次罢工，在几内亚比绍和佛得角非洲独立党中的地位不断提高。阿米卡尔·卡布拉尔被暗杀后，佩雷拉成为党总书记。1975年佛得角独立后成为一个民主国家，在国内，进行货币改革和土地改革，以帮助发展农业经济，并取得了很大的经济发展；在对外政策上，支持不结盟运动。在1991年的多党选举中，佩雷拉被蒙特罗击败。

卡洛斯·维加（Carlos Veiga） 佛得角前总理。1949年10月21日生于明德卢市。毕业于葡萄牙里斯本大学法律系。1975年任普拉亚市检察院检察官，1978～1980年任总检察长，1985～1990年任议员和宪法法律特别常设委员会副主席，参与过大量政治经济和行政法规的制定工作。1991年1月担任总理，1996年2月连任。1990年他被选为执政党争取民主运动主席，1997

年在争取民主运动“四大”上连任该党主席。维加总理重视发展对华关系。1997 年 10 月 21～26 日对我国进行了正式友好访问。已婚，生有两女三子。

安东尼奥·马斯卡雷尼亚什·蒙特罗（Antonio Mascarenhas Monteiro） 佛得角前总统。1944 年 2 月 16 日生于圣地亚哥岛的圣塔卡塔里纳县。曾在里斯本大学、比利时的鲁汶大学学习。1977～1980 年任全国人民议会秘书长。1980～1990 年任最高法院院长。1991 年 2 月获执政党民运支持当选总统。1996 年 2 月连任。1995 年 5～6 月，对中国进行了为期一周的正式访问。著有《对卸任政府职能的看法》、《处理日常事务的观念》、《在国内国际人权法律保护中的非洲人权宪章》。夫人马丽亚·平托，药物工作者。有一子二女。

第三章

政治和军事

第一节　国体和政体

一　演变

500多年来，佛得角人民举行了无数次英勇的暴动和起义，沉重打击了葡萄牙殖民主义者的统治。20世纪50年代以来，佛得角人民进一步觉醒，反对殖民主义统治、争取民族独立的斗争日渐发展。一些民族主义组织相继成立，在几内亚、塞内加尔、美国、葡萄牙等国建立起自己的领导机构，其中尤以"几内亚比绍和佛得角非洲独立党"的力量最大。1959年9月19日，以阿米卡尔·卡布拉尔和阿里斯蒂得斯·佩雷拉等人为首的民族主义者在几内亚比绍建立了几内亚比绍和佛得角非洲独立党。该党曾领导组织了圣安唐岛农民暴动、圣维森特岛学生罢课、码头工人罢工等斗争。在风起云涌的非洲独立浪潮的推动下，1975年7月5日佛得角正式独立。葡萄牙军队随即全部撤走。

佛得角政局稳定，社会法制观念较强，治安状况较好。独立之初，国家实行一党制，执政党几内亚比绍和佛得角非洲独立党与政府致力于国家建设和改善人民的生活，经济有所发展。在

1980年之前，几内亚比绍和佛得角非洲独立党是佛得角和几内亚比绍的共同的执政党，其目的是把佛得角和几内亚比绍统一成一个国家。1977年11月14日，几内亚比绍的总理维拉（Joao Bernardo Veira）借口经济管理不善和人权灾难发动军事政变，推翻了总统路易斯·卡布拉尔，两国关系几近破裂。1981年1月19日，几内亚比绍和佛得角非洲独立党的佛得角分部召开了一次特别会议，改名为佛得角非洲独立党（The Partido Africano da Independence de Cabo Verdo，PAICV），几内亚比绍和佛得角非洲独立党也就不存在了，同时佛得角宪法中所有涉及两国统一的内容都被删除了，两国的分裂也就从法律上得到了确认。后来，两国的关系虽然得以恢复，但是统一已不再具有可能性。

1990年初，佛得角非洲独立党在党内外人士的强烈要求下，推出民主化进程。同年9月宣布实行多党制。1991年初，全国进行议会选举，结果，成立尚不足一年的“争取民主运动”取胜，早年曾参加几内亚比绍和非洲独立党从事反对葡萄牙殖民统治的地下斗争，后历任佛得角全国人民议会秘书长，最高法院院长等职，参与制定过非洲人权宪章的安东尼奥·马斯卡雷尼亚斯·蒙特罗当选为总统。时年49岁。新组成的全国人民议会宣布佛得角进入第二共和国，随即成立以争取民主运动主席卡洛斯·维加为首的新政府，4月4日，新政府正式就职。此后，佛得角新政府用1年左右时间进行人事和机构整顿，完成了地方政府的选举工作，制定并通过了新宪法和第三个全国发展计划。

1995年12月，佛得角举行第二次立法选举，“民运”取得多数议席继续执政，“民运”主席维加连任总理，并组成新政府。1996年2月举行总统选举，蒙特罗获胜蝉联总统。2000年2月，佛得角举行市政选举，在全国17个市中，执政党民运和反对党佛得角非洲独立党各在7个市获胜。2001年1月佛得角举行第三次立法选举，佛得角非洲独立党赢得议会 72 席中的 40 席，民运获得 30 席。1 月 30 日，佛得角非洲独立党组成由若泽·马里亚·佩雷拉·内韦斯为总理的政府，该党重获执政地位。同年 2 月举行总统选举，佛得角非洲独立党候选人皮雷斯在第二轮投票中以 12 票的微弱优势战胜民运候选人卡洛斯·维加，当选总统。独立党重新执政后，加大对国家行政管理司法制度等的改革力度，实行地方分权，倡导良政、民主、廉洁，并与其他各党派建立了对话机制。

二　政体

佛得角自 1975 年独立以来在政体上经历了一党制的议会共和制和多党制的议会共和制两个阶段。

从 1975 年独立到 2001 年，佛得角实行的是一党制的议会共和制，根据 1980 年宪法规定，佛得角最高权力属于人民，人民直接地或通过民主选举产生的政权机关行驶政治权力；唯一合法的政党佛得角非洲独立党是国家和社会的领导力量；共和国总统是国家元首和人民革命武装部队的最高司令，由全国人民议会的议员选举产生，对议会负责；全国人民议会是共和国最高权力机关，议员需经佛得角非洲独立党提名，由普选产生；政府由总理、各部部长及国务秘书组成，是全国最高执行机关。总理是政府首脑，由总统提名，议会任命；各部部长由总理提名，总统任命；政府向总统及议会负责。根据上述规定，佛得角在 20 世纪 80 年代只有一个合法政党存在，总统作为国家元首，不兼政府首脑，总统与政府均向议会负责。

90 年代初，佛得角实行多党制和推进民主化进程。1990 年 9 月议会通过宪法修正案，取消“佛得角非洲独立党为人民利益的最高代表，是国家和社会的领导力量”的条款。1991 ~ 2000 年，先后两届议会和总统选举，“争取民主运动”获胜，成为执政党。1992 年 8 月佛得角颁布的新宪法规定实行多元民主和温和的议会制，全国人民议会掌握修改宪法、制定法律、通过国家总预算及全国发展计划、批准政令，审议通过政府施政纲领等国家最高权力；总理为政府首脑，向议会负责。

三　国家元首与政府首脑

根据佛得角宪法规定，总统是国家元首和人民武装部队最高统帅，总统由全国直接选举产生，当选总统必须在第一轮选举中获得 2/3 以上的选票，若第一轮选举中没有一位候选人获得额定的 2/3 以上选票，则举行第二轮选举即 21 天内从第一轮选举中获得最多票的两个候选人中选出 1 名任总统。每届总统任期 5 年，可连选连任一次。2001 年 3 月 8 日，独立党支持的总统候选人佩德罗·皮雷斯（Pedro Pires）当选，3 月 22 日就职上任担任总统。

政府是国家最高行政机构，总理为政府首脑，由总统征求议会中的各党意见后提名，议会任命，并对议会负责。各部部长由总理提名，总统任命，对总统和议会负责。2001 年 2 月，独立党主席若泽·马里亚·内韦斯（José Maria Pereira Neves）就任总理并组成现政府。

四　宪法

1975 年独立后，佛得角共和国实施过两部宪法。

第一部宪法于 1980 年 9 月 5 日通过，1981 年 2 月 12 日生效。该宪法规定，佛得角是一个民主、统一、世俗、反帝反殖民的主权共和国，惟一合法的政党是佛得角非洲独立党，该党是国家和社会的领导力量。1990 年 9 月议会通过宪法修正案，取消“佛得角非洲独立党为人民利益的最高代表，是国家和社会的领导力量”的条款。

现行的宪法于 1992 年 8 月经全国议会通过，9 月 25 日起实施，1999 年 7 月进行修改。新宪法规定，佛得角是一个民主法制的主权国家，实行多元民主和温和议会制。确认人权的不可侵犯，承认并尊重人民的基本权利和自由，法律面前人人平等。

这是佛得角的第二部宪法，除了前言外共有七个部分。第一部分是基本原则，规定国家的性质、国旗、国徽、国歌以及国际法和国际关系。第二部分是公民的权利和义务，第三部分规定经济、金融和财政组织，其中又分为经济系统和金融与财政系统两个部分。第四五部分规定政治体制以及权力的分配和运行。第六部分规定宪法的修改和保证。第七部分规定宪法的最终与暂时的适应条件。

第二节　国家机构

2006 年 1 月 22 日，执政党佛得角非洲独立党在立法选举中获胜；3 月 8 日，佛得角第七届立宪政府成立。新政府由 14 个部、6 个国务秘书处组成。新内阁成员名单如下：

总理　若泽·马里亚·内韦斯；基础设施、交通和海洋国务部长：曼努埃尔·伊诺森西奥·索萨（Manuel Inocêncio Sousa）；卫生国务部长：巴西利奥·拉莫斯（Basílio Ramos）；部长会议主席、国家改革和国防部长：克里斯蒂娜·丰特斯·利马（Cristina Fontes Lima）；外交、合作和侨务部长：维克托·曼努埃尔·巴尔博扎·博尔热斯（Victor Manuel Barbosa Borges）；内政部长：儒利奥·科雷亚（Júlio Correia）；财政和公共管理部长：若昂·塞拉（João Serra）；司法部长：若泽·曼努埃尔·安德拉德（José Manuel Andrade）；环境和农业部长：玛丽亚·马达莱纳·内维斯（Maria Madalena Neves）；经济、增长和竞争部长：若昂·佩雷拉·席尔瓦（João Pereira Silva）；教育和高等教育部长：菲洛梅娜·马丁斯（Filomena Martins）；总理助理、人力资源和就业部长：萨拉·洛佩斯（Sara Lopes）；劳动、家庭和社会救助部长：西多尼奥·蒙太罗（Sidónio Monteiro）；文化部长：曼努埃拉·韦加（Manuel Veiga）；权力下放、居住和土地规划部长：拉米罗·阿泽维多（Ramiro Azevedo）；

青年和体育国务秘书 阿梅里科·纳西门托（Américo Nascimento）；外交国务秘书：多明戈斯·马斯卡雷尼亚斯（Domingos Mascarenhas）；财政和公共管理部长助理国务秘书：莱昂内萨·福尔特斯（Leonesa Fortes）；公共管理国务秘书：罗梅乌·莫德斯托（Romeu Modesto）；

农业国务秘书 罗萨·福尔特斯（Rosa Fortes）；教育国务秘书：奥塔维奥·拉莫斯·塔瓦雷斯（Octávio Ramos Tavares）。

地方政府 共有17个地方政府委员会，由普选产生，任期5年。市以下设区和村。

第三节 立法与司法

议会为全国最高立法机关，全国议会的主要职能是：修改宪法，制定法律，监督宪法和法律的实施，批准国际条约，决定公民实行公决和大赦，批准政令，审议并通过政府的施政纲领、发展计划和预算。议会共有72席，议员由直接选举产生，任期5年。2001年1月佛举行第三次立法选举，72个议席中佛得角非洲独立党获多数议席，占40席，争取民主运动赢得30席，劳动团结党赢得1席，民主汇合党赢得1席。同年2月阿里斯蒂德斯·雷蒙多·利马（Aristides Raimundo Lima）任议长。

全国法院分为三级，即最高法院、地区法院和分区法院，最高法院院长由总统任免，现任最高法院院长为奥斯卡尔·戈麦斯（Oscar Gomes）。检察院也分为三级，总检察长由总统任免。现任总检察长为亨里克·蒙泰罗（Henrique Monteiro）。

第四节 政党和团体

佛得角有3个主要的政党：争取民主运动、佛得角非洲独立党、佛得角民主独立联盟。

（1）佛得角非洲独立党（Partido Africano da Independencia de Cabo Verde）：简称独立党，执政党。1981年与几佛非洲独立党分裂后成立。现有党员11000余人。1975年佛独立后执政，1991年选举失败成为在野党，在1996年大选中再次败北，2001年该党在议会选举中获胜，重新成为执政党。主张推进佛得角民主进程，建立社会正义。1992年加入社会党国际。主席若泽·马里亚·佩雷拉·内韦斯。

（2）争取民主运动（O Movimento para a Democracia）：简称民运，最大反对党。1990年3月14日成立，1991～2000年间曾是佛执政党。宗旨是以民主方式发展国家。主张政治多元化和经济私有化，推行市场经济和贸易自由化，在民主基础上同国际上其他政党建立联系。2001年12月，该党召开党代会，选举产生新的领导机构。主席：阿戈斯蒂尼奥·洛佩斯（Agostinho Lopes）

（3）佛得角民主独立联盟（A Uniao Cabo-Verdi- ana Independente e Democratica）：反对党。1978年5月成立于荷兰鹿特丹，主要在侨民中活动。其宗旨是为建立一个自由和民主的社会而奋斗。主席：塞列斯蒂诺（Celestino）。

其他政党还有：民主汇合党（Partido da Convergência

Democrática, PCD)，主席：埃乌里科·蒙特罗（Eurico Monteiro）；

劳动团结党（Partido de Tarbalho e da Solidariedade, PTS），主席：阿尼巴尔·梅迪纳（Anibal MEDINA）；

佛得角民主独立联盟—基督教民主党（Uni. o Caboverdiana Independência e Democrática—Partido Democrático Crist. o, UCID-PDC，原名佛得角民主独立联盟，2001 年 7 月更名），主席：曼努埃尔·罗德里格斯（Manuel RODERIGUES）；

民主革新党（Partido da Renova—o Democrática, PRD），主席：雅辛托·桑托斯（Jacinto Santos）；

社会民主党（Partido Social Democrático），主席：若昂·阿伦（Jo. Alem）。

佛得角的主要团体有 5 个，分别是：佛得角全国劳动者联合会——中央工会、社会民主青年联盟和佛得角妇女组织、佛得角团结协会和佛得角对外友好团结协会。

佛得角全国劳动者联合会——中央工会：创建于 1964 年，当时称“全国商业职工和同业工会”，1978 年 9 月定为现名。该团体的纲领是“落实佛得角非洲独立党的最高纲领，执行党的最高领导机构的方针”。维护劳动者最高权益，提高劳动者的思想觉悟和业务素质，积极参与国家建设。1987 年 4 月召开了第一次全国代表大会，通过了工会章程和行动纲领。

社会民主青年联盟：1974 年 9 月 12 日在几内亚比绍成立，原名为阿·卡布拉尔青年组织。1981 年改为佛阿·卡布拉尔非洲青年，1986 年有成员 1 万人。该组织的纲领是接受佛得角非洲独立党领导，任务是以佛得角非洲独立党的政治思想和路线教育青年。1991 年 6 月改用现名。

佛得角妇女组织：1981 年 3 月 21 日成立，1986 年的成员达到 1 万人。该组织的纲领是维护妇女利益，建立一个进步、公正和没有人剥削人的社会。

佛得角团结协会：1974 年 11 月 12 日成立，负责管理和使用国际上非政府组织向佛得角提供的援助，保护妇女儿童和贫困公民的利益。

佛得角对外友好团结协会：1985 年 7 月 25 日成立，民间外交机构。

第五节　著名政治人物介绍

佩得罗·维罗纳·罗得里格斯·皮雷斯（Pedro Veron Rodrigues Pires）　佛得角现任总统，1934 年 4 月 29 日生于福戈岛圣菲利佩市。1956 年考入葡萄牙里斯本大学，并参加佛得角旅葡民族主义地下组织活动。1961 年加入几内亚比绍和佛得角非洲独立党。1964 年当选为该党中央委员会委员，任旅欧佛得角侨民政治工作负责人。1967 年当选为战争委员会委员。1970 年当选为斗争执行委员会委员。1973 ~ 1980 年任几内亚比绍和佛得角非洲独立党佛得角全国委员会委员。1981 年当选为佛得角非洲独立党副总书记。1990 年 2 月在佛得角非洲独立党第 4 届全国代表大会上当选为该党总书记。1993 年 8 月至 2000 年 6 月任该党主席。1975 ~ 1990 年出任总理。1986 年 5 ~ 6 月曾对中国进行正式访问。

若泽·马里亚·佩雷拉·内韦斯（Jose Maria Pereira Neves）　佛得角现任总理。1960 年 3 月 28 日生于圣塔卡塔利那市。1986 年毕业于巴西圣保罗企业管理学院，获学士学位。回国后，曾担任政府及多家企业和国际组织的行政管理顾问，并从教于高等教育学院。1991 ~ 1997 年担任佛得角非洲独立党政治局委员，其间，1993 ~ 1995 年任独立党外事书记，2000 年 6 月当选为该党主席，同年当选为圣塔卡塔利那市的市长。2001 年 2 月就任总理。

第六节 军事

佛得角实行义务兵役制，服役年龄20~35岁，服役期14个月。佛得角的军队名为“佛得角人民革命武装力量”，独立后由旧军队中的佛得角籍官兵组成，分为正规军、警察、民兵。正规军分为陆军、空军和海岸警备队。总统是武装力量的最高统帅。总兵力1100余人（现役）。其中陆军1000人；海岸警备队约50人；空军不足100人；全国分为3个军区，驻守于圣维森特、萨尔和圣地亚哥三岛，以保卫国际机场和首都。佛军武器弹药均由前苏联提供，独立至今从未更新。有警察800人，由内政部分管。2001年国防总支出为800万美元，占国民生产总值的1.4%。

陆军武器装备：装甲侦察车10辆；火炮50余门；防空导弹50枚。

海岸警备队武器装备：近海小型巡逻快艇2艘。

空军武器装备：海上侦察机1架。

第四章 经　济

第一节　概述

一　发展水平

佛得角遭受殖民统治和掠夺达5个世纪，经济十分落后，是联合国公布的世界上最不发达的国家之一。独立后，佛得角政府从本国经济实力弱、国家小的现状出发，着眼于发展外向型经济，使国内经济发展与国际经济发展趋势保持协调，保持宏观经济平衡发展，努力提高服务贸易的竞争力。在国家发展战略上始终把消灭贫困放在第一位，以改善人民生活条件、提高生存质量为根本目标。政府在经济发展过程中的作用已有明确界定，主要在于促进工业成长，其方法是采取积极的优惠措施，进行及时的研究和推广，以及奉行合适的智能财产、劳工和财政金融保护政策等。佛得角新政府制订了一项计划，旨在强调私营企业在经济发展中的积极作用，但同时限制其对社会生活和经济基础设施之影响。

20世纪90年代初开始改革经济体制，调整经济结构，实行自由化市场经济，经济得以缓慢发展。1992年8月，议会通过了第三个全国发展计划（1992～1995年），重点发展运输、通讯、旅游、渔业基础设施，改革经济体制，调整经济结构，实行自由化市场经济。推行贸易自由化，实施“进口质量、出口数量”和外贸多渠道的新方针。1997 年开始实行第四个国家发展规划（1997~2000 年），主要目标是减轻贫困，措施包括：政府分权、减少公共开支、发展私营经济、加强职业培训、改革教育卫生体制等。政府积极贯彻开放引资和私有化政策，至 1998 年 10 月，已完成 16 家国有企业的私有化，计划至 2000 年再将 23 家国有企业全部或部分私有化。佛得角首家证券交易所于 1999 年 3 月开业。目前经济上面临的主要问题是缺少发展资金和对外依赖较大等。政府奉行以市场经济为主导的外向型政策，借以克服该国历来倚赖特许权转让费和海外侨民汇款之传统。

但是佛得角的经济发展取得了巨大的发展。2004 年佛得角人均 GDP 为 1979 美元，人均 GDP 是欠发达葡语国家最高的，达到中等发达国家的水平（见表 4－1）。2005 年佛得角经济增

表 4－1　1999～2004 年佛得角国内生产总值

年　度	1999	2000	2001	2002	2003	2004
国内生产总值（单位：十亿埃斯库多）	59.6	64.8	69.1	75.02	80.63	84.8
国内生产总值（单位：亿美元）	5.80	5.60	5.68	6.40	8.25	9.30
国内生产总值年增长率（单位：%）	9.5	7.9	3.5	4	7.48	5.1
人均国内生产总值（单位：美元）	1371.9	1323.0	1306.4	1355.6	1798	1979.4
全国人口（单位：千人）	423	423	435	472	458	469
年平均兑换率（埃斯库多/美元）	102.7	115.9	121.6	117.2	97.8	88.7

资料来源：中国驻佛得角共和国商务参赞处网站 cv. mofcom. gov. cn.

长达到6.8%以上，超过预计的6% ~6.5%。2005年吸收外资超过预期，侨汇增长30%，达到110亿埃斯库多（约1.21亿美元）。这种成就是独立30多年来佛得角人民和政府励精图治的结果。他们的努力具体表现在：政治上稳定和清明，佛得角以其“民主、廉政”著称；与世界各国，尤其是与大国建立良好的外交关系；确立适合本国国情的经济发展战略；完善法律体系，改善投资的法律环境。

二 经济结构

佛得角是一个农业国家。53%以上的人从事农业，主要农产品有玉米、豆类、甘蔗、香蕉、咖啡等，粮食不能自给，主要靠援助。但是全国可耕地面积为37000公顷，仅占陆地总面积的10%，常年干旱缺水，粮食自给率不足25%。

佛得角工业基础薄弱。较大的生产部门有饮料和烟草、食品、家具制造、金属制品和船舶维修。除了海产品保鲜、肉类加工、采石沙及手工艺制作外，其他部门的原材料都依赖进口。80%以上的日常生活用品及全部机械设备和建筑材料等依靠进口。有中小工厂120余家，主要为建材、染料、烟草、制药、饮料、面粉、制鞋、制衣、制盐和水产、木材加工等。全国工人约占劳动总人口的5%。

渔业资源比较丰富，佛得角海域达734265平方公里，估算有45000吨的海产潜力，目前大部分靠手工捕鱼，年捕捞量为7000~9000吨，为世界上渔业开发潜力较大的渔区之一。

佛得角地理位置优越，交通成为其经济命脉。国家财政收入主要依靠侨汇、外援和机场、港口服务费。服务业和旅游业在国民经济中占有重要地位。服务业（交通运输、旅游等）为佛国民经济的支柱产业，提供了66%的就业岗位。

表 4－2　1998～2000 年佛得角的主要部门对 GDP 的贡献

	1998			1999			2000		
	总收入(百万埃斯库多)	占 GDP 百分比	年增长率	总收入(百万埃斯库多)	占 GDP 百分比	年增长率	总收入(百万埃斯库多)	占 GDP 百分比	年增长率
农业、林业和家畜业	1460	10.2	2.5	1648	10.6	12.8	1643	9.9	－0.3
渔业	196	1.4	－3.1	190	1.2	－2.9	161	1.0	－15.2
工业和能源	1338	9.4	0.8	1382	8.9	3.3	1516	9.1	9.7
建筑业	1370	9.6	17.5	1476	9.5	7.7	1398	8.4	－5.3
商业	234.7	16.2	13.1	2513	16.2	17.5	2581	15.6	24.6
旅馆业	745	5.2	13.1	875	5.6	17.5	1091	6.6	9.7
交通和通信业	2515	17.6	17.0	2751	5.6	9.4	3017	18.2	9.7
银行和保险业	761	5.3	2.4	764	0.4	14.7	876	5.3	14.7
房租业	796	5.6	－3.0	982	6.3	23.3	1028	6.2	4.7
公共服务业	1705	11.9	－5.9	1733	11.2	1.7	1884	11.3	8.7
其它服务业	412	7.7	0.3	432	7.9	4.9	496	8.4	14.7
中间银行服务业	－625			－628			－720		
税收和进口税	1315		12.3	1421		0.4	1626	14.7	

说明：（1）其他服务业中有一些数据包括银行中间业务、税收和进口税。
资料来源：International Monetary Fund，*Cape Verde*：*Statistical Appendix*.

第二节　农牧渔业

一　农业

佛得角是一个农业国，53%以上的人从事农业。但是佛得角的农业发展受到很大的限制，首先，在气候方面，佛得角属热带干燥气候，终年盛行干热的东北信风，因此，佛得角虽然地处大西洋的中心位置，但是却干旱少雨，年降雨量只有 120～200 毫米，有时干旱特别严重，甚至持续十几年，对佛得角的农业造成致命的影响。其次，佛得角的人均耕地也非常少，可耕地只有 39000 公顷（不含牧场），约占国土总面积的 10%。其中水浇地 3000 公顷，旱田 36000 公顷，大部分集中在圣地亚哥和圣安唐两岛。而且大部分为非灌溉农地，雨水缺乏。早在 20 世纪 60 年代，据估算，佛得角只有 1.65% 的国土面积（大概是 52688 公顷）可耕作，或者说人均只有 0.32 亩的可耕地。而且佛得角的 30% 的农业用地荒芜，这无疑使得佛得角的农业产量更加低（见表 4－3）。再次，在殖民统治时期，葡萄牙殖民者并没有从发展佛得角的角度来考虑佛得角的发展前途，反而为了自己的私利，大力发展畜牧业，使得佛得角的农业用地极大地恶化，同时殖民者占有大部分土地用于种植甘蔗和咖啡，而不是用于发展粮食作物。因此佛得角的农业劳动生产率是很低的，1998 年农业产值约占国内生产总值的 13.1%，年产仅占需要量的 5%～10%，粮食自给率不足 25%，正常年景粮食产量仅

表 4－3 佛得角的农产品 1996～2000 年的产量

单位：吨

	1996	1997	1998	1999	2000
土 豆	2090	2450	2600	2500	3000
白 薯	3910	3300	3400	3800	4560
大 豆	3060	2030	3009	7050	8460
木 薯	3150	3100	3100	3400	4080
玉 米	1304	4900	4883	36439	18473
蔬 菜	10023	11820	12051	16981	20377

资料来源：Richard A. Lobban, Jr. *Cape Verde: crioulo colony to independent nation*, westview press（1995）.

能满足国内需求量的20%，蔬菜水果产量能满足国内需求量的60%。主要种植玉米、豆类、木薯、红薯、土豆、蔬菜、香蕉、甘蔗等。2000年粮食总产24341万吨，为近十年来最高产量，粮食自给率达26%，当年进口粮食69288万吨。因此佛得角主要靠援助来满足国内的需求。

二 畜牧业和渔业

牧业不发达。无人工牧场，均属天然放养。

渔业资源较丰富，捕鱼业在国民经济中占重要地位。海域达734265平方公里，估算有45000吨的海产潜力，但是目前大部分靠手工捕鱼，渔业产值低，年捕捞量为7000~9000吨，渔业产值约占国内生产总值的3%。渔业人口1.4万，占全国人口的6%。1994年海产品出口额为241万美元。同塞内加尔和几内亚签有渔业协定。1997年与欧共体续签三年渔业协定，佛每年可收取53万美元许可证费用。除了位于大西洋的中心这一优越的地理位置之外，佛得角的火山岩构造，导致佛得角拥有很浅的沿海水域，这意味着使用极少的渔船就可捕捞到大量丰富的鱼。如果有足够的资金和设施以及现代科学捕捞技术和加工设备，渔业将会迅速扩张。与罐装和冰冻鱼类产品有关的轻工业有巨大发展潜力。

渔业是佛得角经济的主要组成部分，渔业在政府的补助下在满足国内消费的情况下仍有出口，尤其是金枪鱼和龙虾。渔业出口收入占了佛得角出口收入的28%~36%。佛得角的渔业主要是通过个体渔民和小型的国家渔船队来发展，这些渔民和渔船队由于技术装备落后，他们主要在佛得角的附近海域捕鱼。渔业是佛得角最有发展前途的经济部门。佛得角划定周围734265平方公里的海域为经济经营区（EEZ），其中有大量的高价值水产，例如黄鳍金枪鱼、旗鱼、铿鱼、龙虾、鲨鱼和软体类水产。

佛得角位于大西洋金枪鱼渔场中心，得天独厚，每年可以稳稳当当地捕获800000吨左右的高价值水产。佛得角尽管与该区域的许多国家签订了渔业协议，从中获益匪浅，但其渔船队需要现代化，才能尽量增加捕获量。全国投资项目的6%左右规定用于渔业部门，其重点是经由训练、更新商业渔船队设备以及改善捕获和加工技术而实现渔业现代化。目前，大约有45艘欧洲共同体的渔船在佛得角的海域里作业，它们的总计渔获量为21000吨左右。

佛得角政府的主要目标是将佛得角建设成渔业加工和销售中心。预计，欧洲和亚洲的投资者都会在鱼类加工业投入大量资金。

表4-4 1996~2000年佛得角的畜牧业和渔业产品产量

单位：吨

	1996	1997	1998	1999	2000
家畜饲养					
牛　肉	694	—	—	600	—
鸡　肉	—	—	—	2000	—
羊　肉	47	—	—	650	—
猪　肉	3059	—	—	6480	—
渔　业					
鱼	9725	9627	9465	9737	8958

资料来源：Richard A. Lobban, Jr. *Cape Verde: crioulo colony to independent nation*, westview press (1995).

第三节 工业

佛得角自然条件差，资源匮乏，基础薄弱，基本无制造业。有中小工厂120余家，大部分为私营企业，主要为建材、染料、烟草、制药、饮料、面粉、制鞋、制衣、制盐和水产、木材加工等。全国工人约占劳动总人口的5%。较大的生产部门有饮料和烟草、食品、家具制造、金属制品和船舶维修。除了海产品保鲜、肉类加工、采石沙及手工艺制作外，其他部门的原材料都依赖进口。80%以上的日常生活用品及全部机械设备和建筑材料等依靠进口。工业生产主要以国内市场为服务对象。工业产品的出口量不到12%。

工业部门已被确定为国民经济的优先发展部门之一。目前，佛得角政府正在修改现有的工业立法。这项工作是政府改进投资法规计划的一部分，其目的在于提升佛得角对投资者的吸引力。

政府已经从欧洲共同体得到280万欧元的贷款，用于工业区基础设施建设。

目前在建和拟建的有普拉亚、圣维森特和萨尔三个工业开发区，其中圣维森特工业开发区拟建成免税工业区和自由贸易区，使圣维森特成为一个联系欧洲与西非沿岸国家的商品集散地。

伴随着旅游业的发展，佛得角的建筑业得到了很大的发展。另一方面，佛得角大量移民（海外侨民约120万）每年为该国带来大量的外汇收入，这一巨大的经济收入造就了一个较庞大的消费市场。虽存在较大的贫富差距，但当地居民生活水平普遍高于大多数非洲大陆国家，私人汽车、住房以及家用电器有相当高的普及率。由于电器、汽车等工业产品可以从国外邮运回国，居民手中的货币主要投向住宅建设，在佛得角各岛到处可以看到处于建设中的房屋和饭店。佛得角政府很重视市政建设的发展并制定了开发计划。

目前，佛得角的旅游和建筑业发展得非常快。普拉亚市城市和居民住宅发展规划，分三个区域。

机场区：建新普拉亚区176公顷左右，共建3500套居民住宅，分9个小区，每个区都有学校、幼儿园、派出所等机构。2003年3月开始基础建设，10年内投资33亿美元，每年建1200套住宅。目前，在进行土地平整并在争取得到世界银行和欧洲银行的贷款支持。第一期建好后，出售住宅回收资金再建第二期。

新城区：普拉亚市政府和葡萄牙一家建筑公司签约，建设86公顷政府、市政办公区，葡萄牙银行对此项目有兴趣。原政府、市政所在地老城区改建成旅游区。

旅游区：美国人将在桑·佛郎西斯克海边搞旅游业开发。另在普拉亚岛修建环岛公路和新普拉亚市的交通网，普拉亚市至老城方向10公里左右靠海区域全部建成旅游区。

第四节　交通和通讯

一　邮电通信

电信服务由国有公司提供。目前，佛得角与大多数国家有直拨线路连接。

佛得角政府已经制订了一项旨在改善电信基础设施的中期投资方案。这项方案占基础设施投资总额的30.7%。它包括电信中心站建设项目，完工之后将能提高电信效率和降低企业的电信费用。

佛得角除普通邮政通信外，有多家公司提供国际快递服务。电信由佛得角电信公司经营，国内岛屿之间开通电话，主要岛屿还提供移动电话服务，国际长途可直拨世界各地。有国际互联网接入商提供电话拨号或专线入网服务。

固定电话拥有率从1990年的24‰上升到2003年的156‰，2003年，手机用户达到116‰，网络注册者达到44‰。

表 4-5 通讯服务

普通电话	
通话目的地	费率(美元/分钟)
本市	0.014
市外	0.164
座机-手机	0.409
塞内加尔	0.818
几内亚比绍	1.091
葡萄牙	1.273
美国、加拿大	1.636
安哥拉、莫桑比克、圣普、荷兰、意大利、西班牙、巴西	2.182
其他国家	2.727
国际互联网介入服务(普通拨号上网)	
初装费	18.67 美元
月上网 15 小时以下	14.55 美元/月
月上网 15~20 小时	18.18 美元/月
月上网 20~30 小时	24.55 美元/月
月上网超过 30 小时部分	1.09 美元/小时

资料来源：中国驻佛得角共和国商务参赞处网站 cv. mofcom. gov. cn.

二 交通运输

由于佛得角岛屿分散以及对进口的依赖，交通运输成为佛得角经济生活的命脉。岛内运输主要靠公路。目前，佛得角多数岛上已建成公路网，公路网的密度大于非洲平均密度。公路总长 2250 公里，主要是石块路。

海上交通占有重要地位，全国有 8 个港口。注册商船 34 条。位于圣维森特岛的格兰德港（Porto Grand）码头长 1750 米，吃水最深达 11.5 米，可停靠 10 万吨级货轮和 30 万吨级油轮，为全国最大的港口；首都普拉亚港为第二大港口，码头长 617 米，吃水 9.5 米的船只可以进入，年吞吐量为 55 万吨；其它各港口均可供小型货运和客运。国内岛屿之间有定期客货班船。佛得角与美国、欧洲、非洲和巴西之间有定期海运航线。中国至佛得角海运一般经鹿特丹转口，需时约 45 天。

三 港口

佛得角极为依赖进口，其出口只在经济中占据无足轻重的部分。因此，货物海运费非常昂贵。随着出口不断增长，这些运费有可能会降低。基础设施部门（港口、机场和道路等）的中期投资计划估计是 8670 万美元。中期投资计划包括港口扩建项目，完工之后将能显著改善海运服务，并增强竞争能力。

抵达佛得角最常用的交通工具是飞机。佛得角群岛 8 个岛屿有机场，辟有固定的国内航线；萨尔岛和首都普拉亚有国际航空港，是国内外旅客出入境的重要途经。主要入境机场是位于萨尔岛的阿米卡尔·卡布拉尔国际机场，阿米卡尔·卡布拉尔国际机场采用现代化技术装备，适用于各种类型的飞机降落。该国际机场可供起降波音 747 客机，年客流量 30 万人。位于圣地亚哥岛的首都普拉亚机场目前尚不能起降大型飞机，仅开辟有与西非沿岸国家的地区国际航线，普拉亚新国际机场 2003 年 4 月落成，普拉亚机场既接待国际班机，也接待飞往班珠尔、达卡和奎内比索等地的国内班机。

佛得角航空公司辟有通往里斯本、达喀尔、阿姆斯特丹、法兰克福等地的国际航线，不定期租用外国飞机飞行。并有定期航线与欧洲及西非大陆相连。服务于国际航线的有葡萄牙、塞内加尔、南非和佛得角等国的航空公司，目前辟有萨尔到里斯本、波尔图、巴黎、拉斯帕尔马斯、马德里、阿姆斯特丹、米兰、巴塞尔（瑞士）、慕尼黑（德国）、纽约、亚特兰大、福塔雷萨（巴西）、约翰内斯堡（南非）、圣多美、达喀尔（塞内加尔）和普拉亚到达喀尔等地的定期国际直达航班。

佛得角是大西洋的交通枢纽，有快速直航班机飞往里斯本（3.5 小时）、罗马（5.5 小时）、阿姆斯特丹（6 小时）、巴黎（5.5 小时）和纽约（6.5 小时）。

佛得角国内交通也主要靠航空，岛屿之间均有相对固定的航班，全部由佛航运营，使用 ATR 42－300 型 46 座飞机。

第五节　商业和服务业

商业与服务业在佛得角的经济中扮演着重要的角色。由于佛得角资源匮乏，自然环境恶劣，80% 以上的日常生活用品及全部机械设备和建筑材料等依靠进口。国家财政收入主要依靠侨汇、外援和机场、港口服务费。服务业是佛得角国民经济的支柱产业。

佛得角有两个商会：向风岛商会（包括圣安唐岛、圣维森特岛、圣尼古劳岛、博阿维斯塔岛和萨尔岛）和背风岛商会（包括圣地亚哥岛、马约岛、福戈岛和布拉瓦岛）。背风岛商会成立于 1995 年，发展了一些合作伙伴，其中包括奥地利发展合作组织和来自于葡萄牙和加纳群岛的集团组织。商会自称是公众和私人企业之间的桥梁。商会不仅为政府发展商业出谋划策，而且为其成员提供会计、管理、电脑操作、收集市场信息等服务。

服务业为佛得角国民经济的支柱产业，在国民经济中占有相当重要位置。2001 年，商业、运输业、旅游业和公共服务业占国内生产总值的 72.9%，服务行业提供全国出口额的大约 55%，占国民经济总产值的 60%，雇用大约 25% 的劳工队伍。

表 4-6 佛得角 1996～2000 年服务业收入表

单位：百万佛得角埃斯库多

	1996	1997	1998	1999	2000
货物运输	0.0	28.7	39.0	48.8	130.9
其它运输:	4476.8	5292.9	4580.1	5193.5	5354.3
旅客运输	3417.1	3300.8	2436.3	2790.4	2706.8
旅客供给	0.0	1653.8	1935.5	1649.1	2416.7
港口和机场服务	799.5	225.5	138.9	502.7	153.9
其它服务	260.2	112.8	69.4	251.3	77.0
旅游业	927.3	1398.9	1987.8	2960.7	4726.9
其它行业	199.6	237.6	0.4	5.1	0.0
总收入	10080.5	12251.0	11187.3	13401.6	15566.5

资料来源：International Monetary Fund. *Cape Verde: Statistical Appendix.*

第六节 财政与金融

一 财政收入与财政支出

近年来，佛得角财政赤字减少，通货膨胀率下降，外汇储备增加，完成了与国际货币基金组织签署的经济发展预定目标。但内债增加导致公债不稳定问题依然存在，仍须进一步巩固财政稳定，促进佛经济的增长。

2000 年度财政预算总收入 2.5 亿美元，比上年度增长 4.6%，总支出 2.43 亿美元。截至 1998 年，外汇储备（不含黄金）为 0.372 亿美元；公共债务总额为 4.23 亿美元，其中内债 1.87 亿美元，外债 2.36 亿美元。

2001 年中央政府预算执行情况：总收入 1.4392 亿美元，其中赠款收入2366万美元；总支出17308万美元，其中投资性支出4944万美元；预算赤字额2916万美元，占国内生产总值的5.2%。

2002年底，外汇储备（不含黄金）为0.798亿美元，外债总额为3.38亿美元。

2004年国家预算总额为321亿埃斯库多（约2.91亿欧元），其中，184亿埃斯库多（约1.67亿欧元）为行政费用，137亿埃斯库多（约1.24亿欧元）为国家投资。国家投资在农、渔、环保等方面占比例较多，其次是基础设施、教育、卫生和社会保险。与2003年相比，行政费用减少了31.5亿埃斯库多。

据佛得角银行最近公布的数据，2005年佛得角经济增长6.8%，超过预计的6%～6.5%。2005年吸收外资超过预期，侨汇增长30%，达到110亿埃斯库多（约1.21亿美元）。

二　货币政策

佛得角的货币称为埃斯库多，写成CVE（Cape Verde Escudo）。佛得角采取的是与主要货币挂钩的汇率政策。

表4-7　2000～2002年佛得角埃斯库多对主要外币平均汇率

（每一外币单位兑换埃斯库多单位数）

年　度	欧　元	美　元	英　镑	日　元
2000	110.265	115.88	175.3	1.076
2001	110.265	123.52	177.33	1.021
2002	110.265	117.26	175.56	0.935

资料来源：中国驻佛得角共和国商务参赞处网站 cv. mofcom. gov. cn.

第七节 对外经济关系

一 对外贸易

（一）对外贸易概况

政府奉行以市场经济为主导的外向型经济政策。由于受资源匮乏、自然条件恶劣、高度的封闭隔离地理状态、基础设施缺乏、人口素质不高、对外来资源的极端依赖性等诸多限制因素的影响，佛得角宏观经济体系极其脆弱，国内经济发展易受国际经济变动的影响。

佛得角基本上是一个消费型的社会，外贸对社会生活有着十分重要的作用。由于国内资源匮乏，自然条件差，经济发展受到很大限制，国内生产远远不能满足国内消费的需要，大部分日常生活用品、工业生产资料均靠进口，80%以上的粮食、布匹、日用百货、五金交电、机械设备、建筑材料等均依靠进口。可供出口的产品十分有限，年出口额一般只有进口额的5%～7%，有时只有2%。主要出口产品为罐头、沙丁鱼、冻鱼、龙虾、食盐、咖啡、香蕉、火山灰和鞋类等，其中鱼产品出口占出口总额的40%以上。因此，常年的巨大贸易逆差是佛得角外贸的一个基本特点。逆差通常靠侨汇、国外贷款和援助来弥补。

佛得角政府经济部贸易局最近公布了近5年（1998～2002年）进出口的情况。从2002年的情况看，在进口物资中，食品和建材水泥占较大比重；出口产品主要是服装和鞋类。有关具体情况见表4－8，表4－9，表4－10，表4－11。

（二）对外贸易方向

佛得角主要的贸易对象是欧洲国家。从欧洲国家的进口大约占进口总量的65%左右。主要贸易进口国为葡萄牙、荷兰、法国

表 4－8　1998～2002 年进出口总额

年　　份	1998	1999	2000	2001	2002
进口额（万美元）	24016.88	25082.26	25716.61	24676.03	31934.88
出口额（万美元）	1080.19	1090.53	1177.71	971.77	1130.81
贸易差额（万美元）	－22936.69	－23991.74	－24538.90	－23704.26	－30803.82

说明：进口为 CIF 价，出口为 FOB 价。

资料来源：中国外交部驻佛得角大使馆经济商务参赞处网站 cv. mofcom. gov. cn.

表 4－9　2002 年进口主要生活物资及生产资料

产品名	大米	奶粉	饮料	玉米	白糖	大豆油	药品	水泥
金额（万美元）	728.37	894.59	646.98	552.06	542.48	512.79	311.83	1086.4
占进口总额%	2.28	2.11	2.03	1.72	1.69	1.60	0.98	3.4

资料来源：中国外交部驻佛得角大使馆经济商务参赞处网站 cv. mofcom. gov. cn.

表 4－10　2002 年主要出口产品及其出口金额

产 品 名	成 衣	鞋 类	皮 革	药 品
金额（万美元）	552.15	408.82	52.22	35.19
占出口总额%	48.43	36.15	4.62	3.11

资料来源：中国外交部驻佛得角大使馆经济商务参赞处网站 cv. mofcom. gov. cn.

表 4－11　2000～2002 年佛得角家电进口统计表

单位：万美元，台

品　名	2000 年		2001 年		2002 年	
	金 额	数 量	金 额	数 量	金 额	数 量
电视机	91.6	6550	94.99	6416	135.86	16428
空　调	64.36	900	70.08	1154	96.68	1812
冰　箱	113.76	5084	126.82	6231	140.17	7306
冰　柜	49.55	1836	52.64	1750	75.93	2263
洗衣机	25.58	915	22.85	1185	35.39	1641
电风扇	17.65	9796	8.52	7652	21.83	7812
合　计	362.49		375.90		505.87	

资料来源：中国外交部驻佛得角大使馆经济商务参赞处网站 cv. mofcom. gov. cn.

等。主要出口对象国为葡萄牙。2002 年度，佛得角进口葡萄牙产品总额达到 1.5 亿欧元，较上年度增长 10%，主要进口产品为机械、小车、拖拉机、家具和饮料。佛得角向葡萄牙出口总额为 830 万欧元，主要产品为服装和鞋类。2002 年度葡萄牙向佛得角出口的产品总额占其整个非洲葡语国家出口总额的 15%。（详细情况见表 4－12，表 4－13）

表 4－12 佛得角与主要的进口国家的贸易额

单位：%

	1996	1997	1998	1999	2000(估计)
巴 西	3.1	0.0	0.0	0.0	0.0
比利时	3.2	0.0	0.0	0.0	0.0
科特迪瓦	1.1	0.0	0.0	0.0	0.0
丹 麦	0.8	0.0	0.0	0.0	0.0
法 国	5.6	9.2	5.0	2.4	4.4
德 国	3.1	2.1	4.6	2.0	1.5
意大利	2.8	0.0	0.0	0.0	0.0
日 本	5.5	0.0	0.0	0.0	0.0
荷 兰	7.6	11.0	6.8	17.8	13.0
葡萄牙	40.9	42.8	46.9	52.7	52.4
罗马尼亚	2.1	0.0	0.0	0.0	0.0
西班牙	3.8	2.4	2.4	2.4	2.5
瑞 典	1.7	1.1	0.7	0.1	0.1
英 国	2.8	2.0	2.7	2.9	1.8
美 国	3.6	9.4	5.6	3.4	3.6
其 他	12.3	20.0	25.2	16.3	20.8
总 计	100.0	100.0	100.0	100.0	100.0

资料来源：中国外交部驻佛得角大使馆经济商务参赞处网站 cv. mofcom. gov. cn.

表 4－13　佛得角出口对象国家的贸易额

单位：%

	1996	1997	1998	1999
安哥拉	0.0	0.0	0.0	0.0
法　国	1.9	1.6	0.7	0.4
几内亚比绍	0.0	0.2	0.0	2.1
荷　兰	0.5	1.0	0.2	0.8
葡萄牙	77.9	74.1	88.9	89.7
圣多美和普林西比	0.1	0.0	0.0	0.0
西班牙	11.1	8.7	7.3	2.9
美　国	0.0	0.0	0.0	0.0
其　他	9.0	14.4	3.0	4.1
总　计	100.0	100.0	100.0	100.0

资料来源：中国外交部驻佛得角大使馆经济商务参赞处网站 cv. mofcom. gov. cn.

（三）中国与佛得角的贸易情况

1976 年 4 月 25 日中国与佛得角建立外交关系，此后两国保持着良好的经济、技术合作关系。两国签有贷款协定和文化交流协定。1985 年由中国援建在首都普拉亚市建成了一座现代化的国民议会大厦。1989～1990 年间，我国在佛得角承包工程合同额为 529 万美元，其中 1989 年为 525 万美元，1990 年为 4 万美元；同期承包工程的营业额为 264 万美元，其中 1989 年为 171 万美元，1990 年为 93 万美元。

中、佛两国政府于 1998 和 1999 年分别签订了《鼓励和相互保护投资协定》、《贸易和经济合作协定》。由于佛得角国家小、人口少，所以市场狭小、进口商品品种多、批量小，而佛得角出口商品的品种、数量极少，又不是中国所需要进口的，因此两国贸易额不大，并主要是中国出口的轻工日用小百货。

但是，随着中国扩大对外开放政策，近几年两国贸易发展迅速。1991年两国贸易额仅为两万美元，1997年增加到67万美元；1998年中国对佛出口增至196万美元，1999年即达315万美元，2000年为518万美元，2001年为221万美元。目前佛得角直接从中国进口商品主要由几家华侨商行经营，今后要提高商品的质量和档次，从日用小百货进一步拓展到其它领域。

二 外国援助

佛得角由于经济落后，工农业基础都比较薄弱，粮食和工业产品都不能自给，因此必须依靠大量进口，对外贸易长期入超，同时由于佛得角政治比较稳定，采取积极的争取外援的政策，因此外国的援助在佛得角的国民经济中扮演着重要角色。1990年，官方发展援助占国内生产总值的31.8%，2003年则下降至18%。2003年接受官方发展援助1.437亿美元，人均占有官方发展援助为305.7美元。这表明佛得角的总体经济实力壮大了。

2002年佛得角接受9400万美元的外国援助，占国内生产总值的17%，主要援助国（或组织）有葡萄牙（2300万美元）、世界银行、日本、卢森堡、德国和欧盟。援助的主要是食品和基础设施的建设资金。（详细情况见表4-14，表4-15）

表4-14 国际食物及非食物援助

（金额：百万埃斯库多，到岸价）

	1995	1996	1997	1998	1999	2000
食物援助	9876	8375	10797	10094	7560	5853
非食物援助	6902	2340	0	0	0	2024
援助合计	16778	10715	10797	10094	7560	7877

资料来源：中国外交部驻佛得角大使馆经济商务参赞处网站 cv. mofcom. gov. c.

表 4－15　2002 年国际社会给佛得角的粮食援助

单位：吨

捐赠的国家或国际组织	玉　米	大　米	小　麦	备　注
奥地利			5000	80 万欧元购买
比利时		1681		44 万欧元购买
中　国		1798		500 万元人民币购买
西班牙		2500		5000 万比赛塔购买
法　国	4500			75 万欧元购买
意大利		2628.78		125 万欧元购买
日　本		5675.62		1.6 亿日元购买
卢森堡			5967.5	
世界粮食组织	4131			
美　国	19059.43		3574.5	

资料来源：中国外交部驻佛得角大使馆经济商务参赞处网站 cv. mofcom. gov. c.

佛得角对外国援助的使用采取了一种独特的方式。他们利用获得的国外救济进行基础设施建设，灾民则必须参加施工才能领取工资购买粮食和日用品。这种措施既兴建了基础设施，如公路、水利设施以及防止土壤沙化设施，又可以防止腐败现象的滋生，积极有效地把外国援助和国内建设结合起来。

三　外国资本

（一）投资环境和优惠措施

佛得角的《外商投资法》（49/III/89）为外商投资提供了法律基础。外商投资可以采取合资企业的形式，也可以采取其它形式。国外投资者可以拥有 100% 的资本。佛得角政府的积极支持有助于佛得角经济现代化和为经济成长提供重要基础的各项投资。政府鼓励对大多数经济部门的投资，尤其是旅游业、旅馆业以及有关服务行业；以出口为主导的行业；海外银行和保险业；转运和免税区；电信中心站设施；工业化捕鱼和水产业；国际海运业。

佛得角对投资采用两种主要优惠措施：一般优惠和特殊优惠。一般优惠措施系根据经济部门政策制订，既适用于外商投资也适用于当地投资。特殊优惠措施则不同，只适用于外商投资。

佛得角注意吸引外资，引资数额逐年增长，1990 年，外资净流入仅占国内生产总值的 0.1%，而到 2003 年则占到国内生产总值的 1.9%；2000 年，佛得角吸引的外资是 3100 万美元，占国内生产总值的 5.4%，到 2003 年，外资额达到 4650 万美元，占国内生产总值的 5.60%。2004 年，佛得角为了进一步吸引外资并有效地利用外资，设立了佛得角投资促进局，该局的设立有利于佛得角吸引更多的投资。2005 年 10 月 11 日，佛得角投资促进局局长在佛总理视察该局成立一周年庆祝会上透露，一年来，投资局引进外资 1.63 亿美元。其中，90% 投资旅游业，7% 投资工业，3% 投资其他行业。这些投资大部分来自北欧和意大利。

（二）佛得角吸引外资的项目

工业：出口服装、鞋、皮包加工厂；出口渔产品加工厂；萨尔岛海盐加工厂；水泥厂；博阿维斯达岛陶器厂；石材加工厂（博阿维斯达岛、马约岛、圣地亚哥岛）；产品包装材料厂；适宜于本国及西非市场的自行车、轻型摩托车组装厂；木材加工及家具厂；传统食品加工厂；印刷厂；民用建筑材料预制件加工厂。

旅游业：50~80个房间的商务旅馆（普拉亚、明德罗）；30个房间以下的旅游小旅店（山区、海岸旅游点）；25个房间以下的海上运动（钓鱼、潜水等）旅馆；度假村；旅游活动中心（海上运动、高尔夫球场、饭店、酒吧、商店、娱乐室等各种活动中心）。

渔业：工业化捕鱼；海产品出口经营。

服务业：电讯咨询；国际船舶注册；国际海运；国际会议服务。

农业：花卉、园艺。

拟私有化的企业：港口、修船厂、贸易公司、医药品进口与分配、佛得角航空公司、海产品储存。

（三）利用外资的现状

佛得角政治稳定，社会治安良好，政府奉行以市场经济为主导的外向型经济政策，重视吸引外资，在争取国际社会援助的同时，加强基础设施建设，实行对外资的优惠政策。2001~2002年佛得角政府共批准了外资项目37个，外资总金额5408.1万美元（其中工业项目12个，投资金额1188.5万美元；旅游项目15个，投资金额3334.8万美元；其它项目10个，投资金额886.8万美元）。从投资领域看，国外投资比较集中的是在旅游、生产出口服装和建材等行业，因为佛得角为美国《非洲增长与机会法案》的受惠国和西非共同体成员国，这些行业较集中地体现了投资优势，具有吸引力。

（四）有关管理机构

佛得角负责外商投资的专门机构为投资和出口促进局（PROMEX）。该局的主要职责为：进行进、出口和投资环境的研究，为政府提供建议，为投资者提供咨询；代表政府与外商签订协议；受理外商投资项目申请等。

四 外债

佛得角的外债在国民经济中起着举足轻重的作用。它的外债主要来源于世界银行、欧洲投资银行、阿拉伯非洲开发银行、非洲开发银行以及其他发达国家。

表 4－16 外债情况表

单位：百万美元

	1995	1996	1997	1998	1999	2000
合同外债额	394.8	410.8	414.6	484.41	540.2	547.9
比上年增加%	6.8	4.05	0.93	16.6	11.5	1.4
占国内生产总值%	94.1	96.4	108.56	97.54	97.3	86.8
实际累积外债额	174.8	202.21	215.8	253.99	291.7	301.33
比上年增加%	18.11	15.68	6.72	17.69	19.8	3.31
占国内生产总值%	34.14	47.45	56.51	51.14	54.0	55.19

资料来源：中国驻佛得角共和国商务参赞处网站 cv. mofcom. gov. cn.

表 4－17 2000～2002 年佛得角外债统计

单位：百万美元

年 度	2000	2001	2002
合同外债额	547.9	602.7	613.2
实际外债额	301.33	336.4	438.0

资料来源：中国驻佛得角共和国商务参赞处网站 cv. mofcom. gov. cn.

第八节 旅游业

旅游业是佛得角重点开发的项目之一，也是佛得角的重要外汇收入来源之一。各岛屿的自然景观千姿百态，极其适宜于水中运动（潜游、风帆冲浪、帆船和钓鱼），以及徒步旅行、高尔夫和网球等运动。开发旅游业将吸引大批的欧洲旅游者，欧洲人称佛得角为旅游胜地。大批的欧洲人在假期和冬季来佛得角享受日光浴。博阿维斯塔岛和马约岛拥有宽阔的环岛海滩和丰富的旅游自然资源，因而是旅游业开发的重点景点。

博阿维斯塔岛为佛得角第三大岛，它拥有佛得角全国34%的白色沙滩，这些海滩宽阔平坦，自然生态环境良好，年均气温20℃～24℃，四季阳光灿烂，全年都适合海上运动和日光浴。该岛西南边最著名的桑塔·莫尼卡（Santa monica）海滩，长19公里，宽200米以上，宽阔平坦，细白沙滩在碧绿的大海和蓝天、白云、阳光的衬托下如诗如画，自然环境优美，但有待进一步开发。马约岛面积269平方公里，人口约6797人，沙滩面积占全国22%，白色沙滩自然环境条件与博阿维斯塔岛相似；但两岛的旅游基础设施缺乏，限制了两岛的发展。目前，佛政府正大力争取国际社会的援助吸引外国投资者，开发旅游项目，改善旅游投资环境，兴建和改善旅游环境，使两岛的阳光海滩和海上旅游成为国际旅游的热点，从根本上推动两岛经济的发展。

该岛现有的四星级饭店两家，其中“海洋俱乐部”，有客房196间，淡季每天旅客在200人左右，旺季每天多达300人以上。三星级饭店有四个。在靠近机场的萨维海滩（Praia da Chave）还在兴建五家旅游饭店。其中四家是意大利人投资，一家是美国人投资。他们购买的海滩地皮价为700～800库多/平方米。（注：110库多约合1美元）

近几年游客人数：1997年为4.5万人，1998年为5.2万人，1999年估计为6万人。葡萄牙、德国和俄罗斯等国企业界已同佛得角签约，计划在佛得角投资建旅馆。

萨尔岛

圣玛丽亚海滩

位于机场以南 17 公里，细沙洁白，海水清澈，是萨尔岛最具魅力的游处：绵延 8 公里的海滩与蔚蓝色的海洋相连，温和的海水、宜人的气候、舒适的环境，使其成为闻名的度假胜地。

盐湖

位于该岛东海岸的佩德拉·卢梅盐湖更非同寻常。海水从地下渗入巨大的火山口内，经蒸发后形成晶体盐，其独特多姿的自然景观举世无双，佛得角正申报世界自然遗产。19 世纪中，法国一公司买下盐湖，20 世纪初建成索道，促进了生产，产品大部出口非洲和巴西。30 年代末，盐场达鼎盛期，此后逐步衰落，70 年代末停产。90 年代末转让给意大利一公司改开发旅游资源。

圣地亚哥岛

普拉亚

位于圣地亚哥岛南端海岸，始建于 18 世纪后半期，因紧邻圣玛丽亚海滩（Praia de Santa Maria），故取名为普拉亚（Praia）。1770 年，普拉亚在最初的一些行政、城防建筑物落成后，正式成为佛得角的首都。

佛得角独立后，普拉亚市作为国家的政治、经济中心，发展很快。现该市已成为全国最大的城市，面积 230 平方公里，占全国的 5.7%；人口达 10.6 万，占全国的 24.4%。

普拉亚市的海滨是全国的主要旅游胜地。这里的金黄色海滩平缓开阔，沙细软，水清暖，是游泳、风浴、沙浴和日光浴的理想场所，也是从事钓鱼、划船、冲浪等海上运动的好地方。傍晚，徐徐下降的夕阳映红了海水和天空，使天水之间呈现出一片通红，更给小城的海滨平添一派美景。在落日的余晖中漫步海滨，近观树木婆娑，远望千帆点点，别有一番情趣，令人流连忘返。

老城

起源于大里贝拉（Ribeira Grande），这里曾经郁郁葱葱，是航海家在大西洋航行必须停靠的中转站。著名航海家瓦斯科·达伽马（Vasco da Gama）、阿梅里科·韦斯普西（Américo Vespuci）、克里斯托旺·哥伦布（Cristóvao Colombo）、阿丰索·德阿尔布开克（Afonso de Albuquerque）和塞巴斯蒂昂·德卡诺（Sebastião del Cano）等都曾经过此地。

大里贝拉良好的战略位置，使其成为贩运奴隶的集散地。从几内亚海湾沿岸贩运来的奴隶，在这里经“教化”、恢复体力后，再由纷至沓来的黑奴船运载横渡大西洋，贩卖到南美洲种植园等地。

首批葡萄牙移民登陆70年后，大里贝拉初具城镇规模。这里既是葡萄牙在西非的第一个建筑城镇，也是欧洲在热带地区建的第一个建筑城镇。该城的日渐繁荣和逐步积累起来的财富，使其成为海盗船经常攻击的目标。为抗盗护城，1593年修建了圣菲利浦要塞，但仍然抵抗不了海盗船的攻击。1712年，赫赫有名的法国海盗雅克·卡萨特（Jacques Cassart）攻克要塞，将大里贝拉城夷为平地，迫使人们迁移到普拉亚市，而大里贝拉则成为众所周知的老城。

老城位于普拉亚市区以西约15公里，作为当地的历史见证，只有罗萨里奥教堂还保存至今，而圣菲利浦要塞和位于城镇中心刑罚奴隶的奴隶桩等均已成为遗迹。

塔拉法尔小镇

位于圣地亚哥岛的北端，与岛南端的普拉亚市相距七十多公里。塔拉法尔小镇坐落在高于海面几米的海岸上，发源于传统的渔村。该市行政区面积为203平方公里，人口1.8万，主要经济活动为渔业和农牧业。塔拉法尔奇异的自然风光常给游客带来意外的惊喜：碧蓝的海水温和宜人、清澈透明；阵阵波涛轻轻涌上沙滩，引诱着人们沐浴、休闲。

第九节 国民生活

佛得角政府在重要的社会问题上奉行开明政策，因此卫生保健和教育指数按世界标准衡量皆属令人满意的水准。而且佛得角人民励精图治，经济上获得了很大的成就，因此，国民生活也相对比较高。根据联合国开发计划署2003年度《人类发展报告》统计，佛得角的“人类发展指数”在173个国家中排名第105位，在非洲国家中排名第三，仅次于南非和毛里求斯，达到中等发展水平。

首先，佛得角的卫生条件得到极大的改善。佛得角有中心医院两所（共351张床位），地区医院3所，卫生中心14个，妇幼保健、计划生育站35个，卫生所22个，基层卫生室60个；医生102名，护士192名，平均每3349人有1名医生。佛得角人均寿命显著提高。1975年独立的时候，佛得角男性公民的人均寿命只有48.3岁，女性也只有51.7岁。到1980年，男女的人均寿命分别升至50岁和61岁。到2001年，人均寿命是68岁，到2003年则进一步提高到70.4岁，而大多数非洲国家的人口平均寿命是56岁。1975年刚刚独立时，婴儿死亡率为108‰，到1982年时下降至64.3‰，到1987年婴儿死亡率则下降为54.6‰，到2003年婴儿死亡率则降至26‰。1982年佛得角的自然死亡率为7.72‰，比刚独立的时候有所下降，而到1999年的时候，自然死亡率进一步降至6.9‰，取得了巨大的进步。而妇女的生育率也从1970～1975年的7.0%下降至2000～2003年的3.8%。2003年肺结核疫苗的接种率占人口的78%，麻疹疫苗的接种率占人口的68%。在2003年每10万人中328人患有肺结核。1995～2003年由专业健康工作人员参与的接生达到所有出生婴儿的89%。2004年，平均每千人中拥有17名外科医生。

此外，2002年，佛得角人口中42%能够获得卫生设施，而80%的人口能够获得水资源。2003年佛得角的公共健康支出占国内生产总值的3.8%。

佛得角还在不断完善社会保险体系。2006年7月31日，佛得角总理内韦斯在视察国家社会保险局时说，佛得角公务员已经完成了社会保险的程序，将从8月1日起享受包括医疗保险在内的社会保险。此前，公务员的医药费用大部分是个人负担。政府还将创造条件在近几年实现全民社会保险。

在其他方面，佛得角也正不断发展。佛得角于1998年1月开通了第一条无线通话系统。佛得角的固定电话拥有率从1990年的24‰上升到2003年的156‰，2003年，手机用户达到116‰，网络注册者达到44‰。全国有电视2000台。1990～2003年消费价格年度变化率为4.8%。人均电消费量由1980年的55千瓦时升至2002年的99千瓦时。

但是，佛得角也还面临着许多挑战。2002年，佛得角贫困人口占总人口的36%，赤贫人口占总人口的20%，失业率高达20%多，因此，佛得角国内财富分配有点失衡。在佛得角，高层经理的工资每个月可以达到850美元左右，而不熟练工人的工资只有100多美元。1995～2003年，佛得角5岁以下儿童中，体重不足的占14%，身高不足的占16%，而1998～2003年，婴儿出生时体重不足的占13%。2003年，5岁以下儿童死亡率达到35‰。

表 4-18　1996~2000 年国内各级别工作的工资

单位：佛得角埃斯库多

工　作　级　别	1996	1997	1998	1999	2000
高层经理(A-D 级)					
A 级	73465	77138	79838	82233	84947
D 级	49665	52148	53973	55592	57427
高级的合格工人(E-H 级)					
E 级	45400	47670	49338	50818	52495
H 级	32385	34004	35194	36250	37446
合格工人(I-N 级)					
I 级	28345	29762	30804	31728	32775
N 级	19755	20743	21469	22113	22843
半熟练工人(O-R 级)					
O 级	18615	19546	20230	20837	21525
R 级	14390	15110	15638	16107	16639
不熟练工人(S-U 级)					
S 级	13360	14028	14519	14955	15448
U 级	9925	10421	10786	11110	11476

资料来源：International Monetary Fund, *Cape Verde*: *Statistical Appendix.*

第五章

教育、科学、文艺、卫生

第一节　教育

由于拥有大批受到良好教育的人口不符合葡萄牙的利益，因此，教育体系只为了满足殖民统治的理想劳动力和服务。葡萄牙本国就由于有限的教育机会和很低的入学率而名扬欧洲，葡萄牙的殖民地情况就更糟糕了。例如，在1945年，在佛得角只有100所小学，1960年，佛得角小学的入学率只有4.7%，几内亚比绍只有3.8%。1950年接受教育的人只有28%，1970年也只有63%。在识字的人当中，90%只有小学文化程度。

佛得角的教育水平虽然较低，但同其他葡属殖民地相比已算先进的了，为数不少的佛得角人活跃在帝国主义殖民地官员的岗位上，而那些贫穷的受不到教育的，则被鼓励到圣多美和普林西比的可可种植园里做合同工。1866年，一所神学院在圣尼古劳岛建立起来了。几代以来，这一教育机构为它的学生（很多来自穷人家庭）提供了极为优秀的正规教育。这所神学院不仅培养了大批牧师、作家、教师和公务员，同时，它也为木匠铺和铁匠铺这样的手工艺设施培养熟练的手工艺人。

独立后，佛得角把教育放在优先考虑的位置，这和殖民统治时代葡萄牙不重视公共教育形成鲜明的对比。1999 年教育经费占预算总支出的 18.5%。2000～2002 年公共教育支出占国内生产总值的 7.9%。实行中小学义务教育。教育的职能从培养有效的殖民官员变化到国家建设和社会重建。

佛得角基本上沿用了葡萄牙殖民时期的教育体制。其教育体系为两大类：正规教育和非正规教育与培训。正规教育包括学前和中小学教育；非正规教育与培训包括成人扫盲和师资培训。另有少量私人和合作办学，以及非教育部门举办的培训中心和研究所等。全国普及小学 4 年义务教育，目前正在为普及小学 6 年义务教育做准备。1991 年，全国有小学 363 所，学生 6.4 万人，教师约 1700 人；有中学 7 所，学生 1.1 万人，教师约 400 人；正规中等师范院校 2 所，高等院校 2 所（一所为中学教师培训学校，另一所是海运培训中心）。学生与教师的比率是 29∶1。

佛得角政府比较重视成人教育，设有各类培训中心。为了扫除文盲，开展了全国性的扫盲运动，设立了各类扫盲和培训中心，并取得了显著成绩。1990～2003 年佛得角的成人（15 岁以上）识字率从 63.8 上升到 75.7%，青年（15～24 岁）识字率从 81.5% 上升到 2003 年的 89.1%，小学入学率从 1990/1991 学年的 94% 上升到 2002/2003 学年的 99%，其中，2001/2002 学年能上到 5 年级的儿童占 1 年级儿童的比率为 88%。2002/2003 学年的初中入学率为 58%。2000/2001 学年，在所有求学的人当中，学前儿童和小学生占 43.8%，中学生占 29.8%，宗教学院学生占 17.5%。

在全国的教育事业中，首都普拉亚占据着十分重要的地位，市内已建起几所中学，位于东南部的“多明戈斯·拉莫斯”中学，是佛得角最好的学府之一。佛得角政府各部门的许多领导人都毕业于这所中学。佛得角中学教师训练班也设在这里。

佛得角同20多个国家签有教育合作协议，每年派出几百名中小学毕业生到国外就读。接纳佛得角留学人员最多的国家是古巴、葡萄牙、俄罗斯（前苏联）和巴西。尽管教育事业的确有相当大的发展，但可以说，每走一步都离不开外国援助，从校舍的建设到教具的配备，都靠外国、国际组织和侨民伸出援助之手。这样，教育资金无论从数量还是从时间都得不到保证。教师不足、水平不高、工作条件差、教材不足等诸因素导致教学质量低下。要真正振兴民族、发展经济，人口素质是关键，因此佛得角的教育仍有待发展。

小学生中男女比例相当，3所中学提供3年教育课程或是两年大学前教育课程。政府正在考虑再设立一所技术学校，因为来自于背风群岛的学生到明德罗学校来上学很困难。健康和社会事务部在条件和资源允许时会教授护士课程、实验室技工课程以及社会工作的课程。

圣维森特岛上的明德罗海军训练中心也同样提供专业教育。1985年政府为了发展农业和社会科学领域的研究项目而设立了国家农业研究学院（The National Institute for Agricultural Reseach）。

第二节　科学技术

佛得角由于条件限制，目前进行的都是农业方面的研究。研究机构有佛得角国家农业研究院，该院现在共有员工136人，其中技术员45人；每年政府拨款1500万埃斯库多，国际援助3000万埃斯库多。2002年，拥有专利权的居民比率为0.2%。佛得角农业部门已感到其蔬菜、水果的品种远远不能满足市场的需要，大部分蔬菜和水果要靠进口，市场蔬菜、水果销售价200~500埃斯库多/公斤（注：1美元约合105埃斯库多)，佛得角全国共有7个研究基地，大棚设施较为简陋，蔬菜品种少，技术力量薄弱。

目前，一巴西人在佛得角搞无土栽培生菜，效果和销路很好。产品主要供应萨尔岛的饭店，每周收入平均在500美元。在佛得角开发蔬菜种植是一个很好的项目，佛得角是一个旅游和消费较高的国家，蔬菜和食品等都要靠进口。而且佛得角气候较好，年气温在24℃~30℃左右，一年四季适合蔬菜的生长，而且无土栽培蔬菜和种植蘑菇周期短，见效快，是很有潜力的项目。

第三节 文学艺术

一 文学

佛得角的文学历史大致可分为两个主要的阶段：古典派阶段和现代派阶段。古典派是把文学本土化的第一代作家。该派作家集中在圣尼哥拉岛上的神学院里，有作家若泽·洛佩斯（Jose Lopes)，加奴阿丽亚·利特（Januario Leite)，佩德罗·卡尔多索（Pedro Cardoso）和尤热尼奥·塔瓦热(Eugenio Tavares)。尤热尼奥·塔瓦热以其演奏佛得角独特的艺术形式莫纳（Morna）而闻名。莫纳由诗歌和舞蹈构成，以表示群岛的“精髓”。在19世纪末20世纪初这段时期里，第一本文学年刊《非洲葡属殖民地的皇族》（Almanach Luso-Africano)(1894）在圣尼哥拉岛上的大里贝拉城出版了。第一本诗歌集佩德罗·卡尔多索的《佛得角人》（Cabo-Verdeans）也于1915年在普拉亚出版。总的说来，古典派作家的最大特点是紧跟葡萄牙的艺术形式，在他们的著作里并未反映出佛得角的独特生活背景。但是，塔瓦热和卡尔多索是例外，他们不仅反映佛得角的特点，甚至用克里奥尔语来写作。

现代派开始于1936年出版的文学评论《光明》，包括巴塔萨尔·洛佩斯（Balatasat Lopes）、曼奴埃尔·洛佩斯（Manuel Lopes）和若热·巴尔博萨（Jorge Barbosa）。《光明》杂志的出版，标志着一种新的文学形式的诞生，这一文学形式反映了克里奥尔人的独特经历和文化以及群岛的社会经济状况。在这一时期里，1947年出版了第一本佛得角小说：巴塔萨尔·洛佩斯的《发簪》（Chigunho），以及第一本佛得角的短篇小说选集《当代佛得角短片小说集》（Antologea da Ficcao Cabo Verdiana Contemporranea）（1960年），同时还出现了大量的关于克里奥尔文化和语言的论文。

佛得角本地文化发展的另一表现是它口头和文字上的丰富的文学传统。佛得角的传统口头文学包括歌的形式，如即席创作的诗句、通俗易懂的诗歌等。1936年，佛得角文学杂志《光明》的出版使书面文学进入一个繁荣时期，自此，陆续发表了许多诗歌、短篇故事、文学评论、小说和历史考证专著，除用葡萄牙语写作外，有一些是尝试着用克里奥尔语写作的。值得一提的是，有关佛得角历史的专著在佛得角文学中占有重要位置，统治了佛得角300多年之久的葡萄牙殖民者对于形成佛得角民族的历史因素不加重视，因此有很多问题有待进一步研究。

以下是文学界名人的简介。

巴塔萨尔·洛佩斯（Baltasar Lopes）（1901～?），著名作家，1947年出版了划时代的小说《发簪》。洛佩斯于1901年出生在圣尼哥拉岛上的里贝拉·布拉瓦（Ribeira Brava）镇，在里斯本大学法律和文学学院（the Faculties of Law and Letters）获得学位，洛佩斯在葡萄牙教了几年书之后，于20世纪30年代回到佛得角在圣维森特岛上的瑞林纳（Gileanes）学校教书，在该学校他一直担任校长直到1972年退休。作为1936年出版的文学评论《光明》的创始人之一，洛佩斯成为佛得角现代文学的奠基人之一，他是一位诗人、短篇小说作家和论文著作者，同时也是长篇小说家。他的诗都是以笔名奥斯瓦多·阿尔坎塔拉（Osvaldo Alcantara）写作的。

1957年，他的专题文章《佛得角的克里奥尔方言》（O Dialecto Crioulo de Cabo Verde）出版之后，洛佩斯率先倡导使克里奥尔语成为佛得角合法通用语言的运动。1960年，洛佩斯再次编辑了佛得角的短篇小说集《当代佛得角短篇小说集》（Antologea de Ficcao Cabo Verdeana Contemporanea），其中就有他的6篇作品。20世纪40年代，里斯本大学曾想聘请他担任学院的重要职位，但他仍然选择在佛得角工作、生活和写作。

若泽·洛佩斯（Jose Lopes）（1871～1962），古典派作家里多产的诗人和圣维森特岛上的传奇般的人物。若泽·洛佩斯于1871年出生于圣尼哥拉岛，七个孩子中的一个。10岁时他成了孤儿，虽然可以暂时进入中学学习，但15岁时家人相继去世，他被迫背井离乡。从那时起，他开始自学，精通拉丁语、法语和英语，甚至可以用这些语言写作。后来他成了一位中学教师，创作出了几本具有影响力的诗歌集。

曼奴埃尔·洛佩斯（Manuel Lopes）（1907～?），著名的诗人和散文小说的作家，与巴塔萨尔·洛佩斯和若热·巴尔博萨（Jorge Barbosa）共同创立了文学运动，并于1936年出版了《光明》杂志。曼奴埃尔·洛佩斯出生于圣安唐岛，在葡萄牙的科恩贝拉（Coimbra）大学接受了教育。他回国后为位于圣维森特岛上的西方电报公司工作。但他的工作迫使他先是辗转到亚速尔再到葡萄牙。他的作品主题是与他在佛得角的经历有关。因此，他对佛得角文化本土化的定义具有决定性的影响。他是几项著名文学奖项的获得者，他的作品被翻译成许多文字。他的第二部小说《东风的牺牲品》（Flagelados do veute leste，Victims of the east wind）是第一部佛得角自制的电影的脚本，根据该小说而改编的同名电影是在曼奴埃尔·洛佩斯的出生地圣安唐岛拍摄的。

若热·巴尔博萨（Jorge Barbosa）（1902～1971），著名诗人，和巴塔萨尔·洛佩斯、曼奴埃尔·洛佩斯于1936年共同创立了文学评论杂志《光明》。巴尔博萨的第一本诗集《群岛》表达了许多与《光明》杂志所倡导的唤醒民众民族意识相联系的主题。实际上，这本诗集是在第一期《光明》杂志出版的前一年出版的。出生于圣地亚哥岛上普拉亚的巴尔博萨几乎没有受过什么正规的教育，他作为第一个与古典派作家划清界限的诗人，在佛得角的文学史上具有特殊的地位，这一界限的划分标志着佛得角现代派的诞生。巴尔博萨以其诗《失去的岛屿》而闻名。

尤热丽亚·德·保罗·塔瓦热（Eugenio de Paula Tavares）（1867～1930），是一位很受欢迎的诗人。因其很擅长谱曲及编纂佛得角独特的艺术形式莫纳而闻名。出生于布拉瓦岛上，并通过自学，他大部分时间都担任公务员。由于他的作品几乎都是用克里奥尔语写作的，因此他在维护克里奥尔语作为佛得角的通用语言方面发挥了关键的作用，他已成为佛得角尤其是布拉瓦岛上的传奇人物。布拉瓦岛上，他的生活和爱情故事已成为流行文化的一部分。直到今天，在该岛上，塔瓦热的《别离的时刻》仍是莫纳中唱到最后的一首歌，意味着晚上音乐的结束。

二　戏剧电影

由于缺乏人力物力条件，到目前为止，佛得角尚不具备独立制片的能力，只与国外合作拍摄过为数极少的纪录片。电影院所放映的主要是美国、法国、葡萄牙等欧美国家的影片。

三　音乐舞蹈

作为一个非洲国家，佛得角音乐舞蹈有非洲大陆的明显特征，如民间舞蹈“巴杜克”和“达班卡”的表演主要是靠腰和臀部的剧烈运动。但由于较长时期受到葡萄牙的殖民统治，因此佛得角的音乐也受欧洲尤其是葡萄牙的影响很大，形成独特的音乐风格。过去的乐曲大多是慢节奏的，此后逐渐发展成为快、中、慢三种速度节奏。乐器以管弦为主，如六弦琴和小提琴，少有打击乐。音乐、声乐均曲调低沉，以怀旧为主旋律，较有代表性的曲调为莫纳，可歌可舞。

音乐人物介绍：西莎莉亚·艾芙拉（Cesaria Evora）

西莎莉亚·艾芙拉是佛得角的原住民。正是因为这位赤足歌后的巨大成功，才使莫纳音乐闻名于世。她从小爱唱歌，16 岁的时候在演奏吉他的男朋友鼓励下开始公开演唱，并为国家的广播电台录了几首歌，开始声名鹊起，其才华很快得到全岛的公认。1975 年佛得角脱离葡萄牙统治而独立，她没有离开祖国，更没有离开心爱的音乐。1985 年应佛得角一个妇女组织的邀请，要为其出版物录制两首歌，于是她到了巴黎，除了录音外还参与了几次演出，大受欢迎。之后她陆续推出了多张专辑，其音乐融合佛得角乡谣、西非打击乐、葡萄牙和巴西等的音乐元素，很多作品成为莫纳音乐的典范之作。

四　工艺美术和建筑

佛得角传统的手工艺品主要是陶土制品、用椰子壳制作的器皿和各类编织品；现代工艺美术有雕塑和绘画等。

它的建筑没有什么特殊风格，也没有古老的原始村落，各地较好的建筑均为欧式建筑。欧非混血人种和大量移民使佛得角人民在非洲人中具有较高的文化水准，生活风俗也趋向欧化。走在岛上，时常会看到几幢幽雅的乡间别墅，使人感觉处身于欧洲乡间。它们大多是侨民出资所建。佛得角人民勤劳朴实，每逢周日，笃信天主教的信徒们穿戴整齐前往教堂做礼拜。

第四节 医药卫生

佛得角实行公费医疗，共有两所中心医院、3 所地区医院、109 个基层卫生站，共有病床 351 张，医生 102 名。1999 年的情况是：每 4274 人才拥有一个医生，每 631 个人分享一张病床，接种疫苗的婴儿比率达到 84.2%，由医院接生的婴儿比率达到 50%，享有安全用水的人口比率是 67%，有电供应的家庭占 25.8%。

2001 ~ 2002 年佛得角医疗卫生事业有较大发展。卫生部为普拉亚市中心医院的化验室添置了新的器械、设备，并且准备成立一个全国性的实验室协会。

由于医疗条件的原因，佛得角政府为到国外进行治疗的病人及陪护人员提供了大量资金。2001 年，为 209 人送至国外治疗提供 89.8 万欧元；2002 年提供 93.4 万欧元，253 人送至国外治疗；并且送 1876 人在岛屿之间进行治疗。在药品上，2001 年政府投资 2344 万欧元；2002 年投资 2339 万欧元。

第五节 新闻出版

《政府公报》和《地平线》为官方报纸。私营报纸有《消息报》、《周报》和《岛屿快报》。前两种报纸的发行量分别为 4000 份。《佛得角新报》原为官方报纸，1998 年 2 月暂停发行。

新闻通讯社：1998 年 2 月成立。由原《佛得角新报》、佛得角通讯社和佛得角出版社合并组成，向社会提供文字新闻。

佛得角广播电视台：1997 年由佛得角国家电台和佛得角国家电视台合并而成。广播用葡语和克里奥尔语，早 6：00 至晚 12：00 播音。电视基本覆盖全国，可直接转播葡萄牙和法国国际台新闻节目。国家电视台放送的绝大部分节目都是法、葡、美等国的，本国的很少，一方面是因为佛得角制作节目的能力有限，另一方面是为了吸引电视观众，以收取电视费。

第六章

外　交

第一节　外交政策

佛得角奉行和平、中立和不结盟外交政策，反对外来干涉。主张在和平共处基础上与世界各国发展友好合作关系和通过对话谈判解决国际争端。要求建立公正合理的国际新秩序。致力于非洲团结和地区合作，支持非洲经济一体化。坚持睦邻友好，优先发展同葡语6国、欧共体及美、日等西方国家的合作关系。赞成非洲民主化，主张建立正规的机制和保障。认为民主的目的是为所有的人创造更好的生活条件。巩固民主需要有利的经济环境。认为生存权和发展权是最基本的人权。贫困导致政治和社会的混乱，影响国际和平与安全。同69个国家建立了外交关系。是葡语国家共同体创始国之一。1997年成为法语国家首脑会议正式成员。1976年4月25日，佛得角同中国建交。

第二节　与各国的关系

一　同葡萄牙的关系

两国保持着特殊关系。近年来，两国领导人互访频繁，合作关系进一步加强。2003年1月，佛得角外长维加访葡。11 月，佛得角总理内韦斯访葡。1998 年 3 月两国达成货币可兑换协议，葡萄牙将在此后 5 年向佛得角提供 3000 欧元援助，主要用于基础设施建设。2002 年，两国先后签署 2002 ~ 2004 年度合作计划、社会就业和职业培训计划，葡萄牙允诺向佛得角分别提供 5400 欧元的贷款和 500 万欧元的无偿援助。2004 年 7 月，双方签署了 2003 年度合作协议，葡萄牙允诺向佛得角提供 1100 万欧元的无偿援助。

二　同美国的关系

佛美关系良好。1993 ~ 1997 年间，美对佛援助总额为 3000 万美元。自 1977 年以来，佛得角已派 250 人赴美国培训。美国在佛得角和平队员先后有 200 余人。佛得角在美国有侨民 30 万，年均侨汇 1000 多万美元。1998 年 7 月，维加总理应在美的佛得角侨民协会邀请访美。1999 年 3 月，佛得角副总理罗萨里奥和外长德热苏斯赴美国出席美非部长级会议。2 月，美国副总统戈尔在赴南非访问时途经萨尔岛，与维加总理进行了会晤。2001 年，美国与佛得角签署协议，美国在此后 5 年内向佛得角提供价值 270 万美元的粮食援助。“9·11” 事件后，佛得角政府声明，愿意为美国提供打击恐怖主义的一切支持，包括使用佛得角萨尔机场。2002 年 9 月，美国政府批准佛得角为“非洲增长与机遇法” 受惠国，允许佛得角纺织品和服装以减免税待遇进入美机场。2003 年 1 月，佛得角与美国签署有关开放领空的航空运输合作协议。8 月，美国向佛得角提供 30 万美元的援助，帮助佛得角进行机场建设。2003 年 6 月，应美国政府的邀请，佛得角总理内韦斯出席在美国举行的民主对话论坛。

三　同欧洲联盟的关系

双方关系密切，互派有常驻代表。截至 1990 年底，佛得角从欧盟获援款共计 1.11 亿欧洲货币单位。1991 ~

1997年，佛得角获欧盟援款9280万美元。2000年，欧盟向佛得角提供1500万欧元，用于支持佛得角发展计划。2001年，欧盟向佛得角投资204万欧元，用于双方的渔业合作。2002年4月，双方签署了2002~2007年合作计划，欧盟将据此向佛得角提供3200万欧元的贷款，用于扶贫和水供应等项目。2003年10月，双方签署关于佛得角恢复佛得角向欧盟出口和渔业产品地位协议。12月，欧盟承诺将2002~2007年对佛得角援款由3200万增至4500万欧元，新增部分用于饮用水等项目。

四　同葡语国家共同体的关系

佛得角于1996年7月17日加入葡语国家共同体，为创始国之一。佛得角强调葡语国家间"共同文化属性"，主张成员国间加强政治、外交、经济和社会方面的合作，认为在穷国发展民主首先需要发展经济。1998年7月，佛得角承办了葡语国家共同体第二次首脑会议。1999年，佛得角先后承办了葡语国家共同体药物工作者会议、国防部长会议和第四次合作社会议。2000年5月，佛得角承办了葡语国家共同体第二届总理府部长会议。2001年5、6月，佛得角先后承办了葡共体国家中央银行行长第三届论坛会议和非洲葡语国家与欧洲委员会国家协调员会议。

五　同几内亚比绍的关系

几内亚比绍和佛得角人民在几内亚比绍和佛得角非洲独立党的领导下，为争取民族独立共同进行了长期的斗争。两国获得独立后，继续保持了一党两国的关系。1980年后，两国关系恶化，佛得角另立新党。1982年6月两国元首在莫桑比克首都马普托会晤后，两国关系正常化，但两党尚无来往。

1998 年 1 月，佛得角非洲独立党主席访问几内亚比绍。几内亚比绍兵变后，佛得角谴责几内亚比绍军人叛乱。

第三节　同中国的关系

一　双边政治关系

中华人民共和国与佛得角共和国于 1976 年 4 月 25 日建交。建交以来，两国关系发展顺利。

佛得角总统佩雷拉（1982）和蒙特罗（ 1995 ）、总理皮雷斯（1986）、维加（ 1997）、议长丰塞卡（2000 年）等先后访华。1992 年 1 月 31 日，李鹏总理在联合国安理会首脑会议期间会晤维加总理。1997 年 1 月，钱其琛副总理兼外长对佛得角进行正式友好访问。同年 9 月 22 日，钱其琛副总理兼外长在出席联合国大会期间会见佛得角总理维加。1999 年 5 ~ 6 月，司马义 · 艾买提国务委员对佛得角进行正式友好访问。

2000 年 8 月 1 ~ 5 日，佛得角全国人民议会议长安东尼奥 · 多埃斯皮里托 · 圣 · 丰塞卡对中国进行正式友好访问。10 月 6 日，佛得角外交和侨务部长鲁伊 · 菲格雷多 · 苏亚雷斯出席在北京举行的中非合作论坛——北京 2000 年部长级会议。7 月 16 ~ 23 日，佛得角农业、粮食和环境部长若泽 · 安东尼奥 · 平托 · 蒙泰罗对中国进行正式友好访问。7 月 11 ~ 21 日，佛得角文化、通讯部长安东尼奥 · 德尔加多对中国进行友好访问。7 月 4 日，中国援建的国父纪念碑正式移交佛方。2001 年 4 月 25 日，中国与佛得角建交 25 周年，唐家璇外长与佛得角外长索萨互致贺电。7 月 11 ~ 14 日，佛得角外交、合作和侨务部长曼努埃尔 · 伊诺森西奥 · 索萨对中国进行正式友好访问。

2002 年 6 月 18 ~ 21 日，应佛得角非洲独立党邀请，中共中央候补委员、山西省委副书记刘泽民率中国共产党代表团访问佛得角。7月11～15日，应佛得角全国议会邀请，中国全国人民代表大会常务委员会副委员长许嘉璐率人大代表团对佛得角进行了友好访问，佛得角总统佩雷斯、总理内韦斯分别会见，佛全国议会议长利马与其举行正式会谈。会见、会谈中，佛方高度评价中、佛关系，赞赏中国对世界各国一视同仁的态度，重申将一如既往地继续坚持一个中国政策。访问期间，双方签署了《中华人民共和国全国人民代表大会与佛得角全国议会合作协议》。10月27～30日，应佛得角政府邀请，中国对外贸易经济合作部部长助理陈健率政府经贸代表团访佛，佛得角总统佩雷斯、总理内韦斯、议长利马分别会见。陈健和佛得角外长维加分别代表本国政府签署了中国援助佛得角水坝项目的换文。10月21日，中国外交部部长唐家璇致电维加，祝贺其就任佛得角外交、合作和侨务部长。11月20日，佛得角非洲独立党主席内韦斯致电江泽民，祝贺其再次当选中国共产党中央军事委员会主席。佛得角总统佩雷斯和总理内韦斯分别致电胡锦涛，祝贺其当选中国共产党中央委员会总书记。

二　双边经贸关系和经济技术合作

建交以来，中国向佛得角提供了一些经济技术援助，援建了人民议会堂、政府办公楼、帕尔马雷诺住宅、国家图书馆、国父纪念碑等项目。

两国于1998年4月签订关于鼓励和相互保护投资协定，于1999年5月签订贸易和经济合作协定。2000年，两国贸易总额为517.8万美元，均为中方出口，主要出口商品是轻工产品及日用小百货。佛得角农业、粮食和环境部长若泽·蒙泰罗于2000年7月访华。2003年，中、佛贸易额为260万美元，同比增长41.3%，均为中方出口。

三 文化、科技、教育与军事等方面的交往与合作

两国于1982年5月签署文化协定。佛得角原文化国务秘书，现任文化、通讯部长安东尼奥·德尔加多于1997年8月和2000年7月访华。

1999年10月，中国文化部副部长孟晓驷率中国政府代表团访佛；10~11月，中国四川艺术团在佛得角访问演出。

中国自1996年开始接收佛得角留学生，现有8人在华学习。

两国于1983年8月签订中国向佛得角派遣医疗队的议定书。1984年中国开始向佛得角派遣医疗队。现有8名医务人员在佛得角首都普拉亚工作。佛得角卫生部长若昂·梅迪纳于1999年4月访华。佛得角军队参谋长里贝罗、国防部长费尔南德斯分别于1992年10月和1997年12月访华。

四 两国使馆

中国驻佛得角大使：洪虹。馆址：B. P. 8 Praia，Achada de Santo Antonio，Praia，Cape Verde。佛得角于2001年7月在北京首次设立驻华使馆。佛驻华使馆临时代办：埃德娜·菲洛梅娜·巴雷托（Edna Filomena Barreto，女）。馆址：北京市朝阳区塔院外交公寓6-2-121。

第四节 对当前重大国际问题的态度

关于国际形势：认为冷战结束并未给世界人民带来所希望的和平与安全，国家间发展不平衡加剧，南北、贫富差距并未随着经济和信息技术的发展而缩小，不合理的经济秩序是导致亿万人民贫穷和许多国家政局不稳

的根源。认为联合国应在维护国际和平、安全和促进世界经济发展中发挥决定性的作用，呼吁建立国际政治经济新秩序。

关于非洲形势：认为发展、安全与和平是相互关联的，和平是非洲最根本的需要，必须减少或避免武装冲突。赞成非洲民主化和经济一体化。

关于非洲联盟：认为非盟是关注非洲发展、实现非洲各国共同进步的联盟，为非洲创造了寻求广泛的政治和经济机遇的组织条件。呼吁非洲各国广泛参与非盟的建设。

关于非洲发展新伙伴计划：认为“计划”为非洲的和平与发展带来新的希望。赞赏联合国、欧盟、八国集团等国际组织给予“计划”的支持。认为推动“计划”与推动南南合作应齐头并举，相互促进。认为实现“计划”目标存在诸多困难，应考虑到岛屿国家经济脆弱、难参与大陆区域合作的特殊性，呼吁透过对话来完善“计划”。

关于联合国改革：认为联合国机构需要改革，主张增加安理会非常任理事国席位，使联合国均衡照顾大小国家的利益，保证包括非洲在内的世界所有地区都能在联合国参与决策。

关于人权问题：认为生存和发展是最基本的人权。如果不解决贫困问题，国家就没有发展，基本的人权就得不到保障。呼吁国际社会关注发展问题。

关于反恐问题：强烈谴责恐怖主义，认为恐怖主义破坏了人类社会的和平、安全与发展，呼吁国际社会加大反恐力度以根除恐怖主义。佛得角政府支持以根除恐怖主义为目的的军事行动，承认美、英军事打击阿富汗塔利班的合法性。

关于中东问题：认为联合国应在中东问题上发挥重要的决定性作用。一切解决冲突的方案应尊重巴勒斯坦人民的自主权，同时维护以色列的权利，在建立稳定边界的前提下，和平共存，缓解以色列和阿拉伯国家之间的民族矛盾。

关于伊拉克问题：主张一切国际争端和地区冲突均应在联合国框架内以和平方式解决。认为只有在联合国和安理会的授权下才能使用武力，反对任何单边行动。

主要参考文献

1. 中国外交部驻佛得角大使馆经济商务参赞处网站 cv. mofcom. gov. cn.
2. 葛佶主编《简明非洲百科（撒哈拉以南）》，中国社会科学出版社，2000。
3. Richard A. Lobban, Jr. Cape Verde: crioulo colony to independent nation, westview press (1995).
4. Country Presentation by the Governmeng of Cape Verde. 这篇文章是佛得角政府在参加 1990 年 9 月 3 ~ 14 日由联合国举行的关于最不发达国家的会议上的发言。
5. Africa South of the Sahara: Cape Verde, Unwin Brothers Limited the Gresham Press.
6. country report October 2002 – Cape Verde, www. eiu. com.
7. Colm Foy, *Cape Verde*: *Politics*, *Economics and Society*, printer publishers limited (1988).
8. Deirdre Meintel, *Race*, *Culture*, *and Portugese Colonialism in Cabo Verde*, Maxwell School of Citizenship and Public Affairs Syracuss University (1984).
9. International Monetary Fund, *Cape Verde*: *Staff Report for the* 2001 *Arcicle IV Consultation*, Cape Verde: Statistical Appendix.

10. 历年《世界知识年鉴》，世界知识出版社。

11. 薛冬霄主笔：《万国博览 · 非洲卷——佛得角共和国》。

12. Richard Lobban and Marilyn Halter, *Historical Dictionary of the Republic of Cape Verde* (2nd), the Scarecrow Press (1988).

《列国志》已出书书目

2003 年度

吴国庆编著《法国》

张健雄编著《荷兰》

孙士海、葛维钧主编《印度》

杨鲁萍、林庆春编著《突尼斯》

王振华编著《英国》

黄振编著《阿拉伯联合酋长国》

沈永兴、张秋生、高国荣编著《澳大利亚》

李兴汉编著《波罗的海三国》

徐世澄编著《古巴》

马贵友主编《乌克兰》

卢国学编著《国际刑警组织》

2004 年度

顾志红编著《摩尔多瓦》

赵常庆编著《哈萨克斯坦》

张林初、于平安、王瑞华编著《科特迪瓦》

鲁虎编著《新加坡》

王宏纬主编《尼泊尔》

王兰编著《斯里兰卡》

孙壮志、苏畅、吴宏伟编著《乌兹别克斯坦》

徐宝华编著《哥伦比亚》

高晋元编著《肯尼亚》

王晓燕编著《智利》

王景祺编著《科威特》

吕银春、周俊南编著《巴西》

张宏明编著《贝宁》

杨会军编著《美国》

王德迅、张金杰编著《国际货币基金组织》

何曼青、马仁真编著《世界银行集团》

马细谱、郑恩波编著《阿尔巴尼亚》

朱在明主编《马尔代夫》

马树洪、方芸编著《老挝》

马胜利编著《比利时》

朱在明、唐明超、宋旭如编著《不丹》

李智彪编著《刚果民主共和国》

杨翠柏、刘成琼编著《巴基斯坦》

施玉宇编著《土库曼斯坦》

陈广嗣、姜琍编著《捷克》

2005 年度

田禾、周方冶编著《泰国》

高德平编著《波兰》

刘军编著《加拿大》

张象、车效梅编著《刚果》

徐绍丽、利国、张训常编著《越南》

刘庚岑、徐小云编著《吉尔吉斯斯坦》

刘新生、潘正秀编著《文莱》

孙壮志、赵会荣、包毅、靳芳编著《阿塞拜疆》

孙叔林、韩铁英主编《日本》

吴清和编著《几内亚》

李允华、农雪梅编著《白俄罗斯》

潘德礼主编《俄罗斯》

郑羽主编《独联体（1991～2002）》

安春英编著《加蓬》

苏畅主编《格鲁吉亚》

曾昭耀编著《玻利维亚》

杨建民编著《巴拉圭》

贺双荣编著《乌拉圭》

李晨阳、瞿健文、卢光盛、韦德星编著《柬埔寨》

焦震衡编著《委内瑞拉》

彭姝祎编著《卢森堡》

宋晓平编著《阿根廷》

张铁伟编著《伊朗》

贺圣达、李晨阳编著《缅甸》

施玉宇、高歌、王鸣野编著《亚美尼亚》

董向荣编著《韩国》

2006 年度

章永勇编著《塞尔维亚和黑山》

李东燕编著《联合国》

杨灏城、许林根编著《埃及》

李文刚编著《利比里亚》

李秀环编著《罗马尼亚》

任丁秋、杨解朴等编著《瑞士》

王受业、梁敏和、刘新生编著《印度尼西亚》

李靖堃编著《葡萄牙》

钟伟云编著《埃塞俄比亚　厄立特里亚》

赵慧杰编著《阿尔及利亚》

王章辉编著《新西兰》

张颖编著《保加利亚》

刘启芸编著《塔吉克斯坦》

陈晓红编著《莱索托　斯威士兰》

汪丽敏编著《斯洛文尼亚》

张健雄编著《欧洲联盟》

相关链接

更多信息请查询：www.ssap.com.cn

国际形势黄皮书

中东非洲发展报告 No.9（2005～2006）：经济全球化对中东非洲的影响

（附 SSDB 光盘）

杨　光　主编

2007 年 2 月出版　45.00 元

ISBN 978-7-80230-490-1/D·123

本书由中国社会科学院西亚非洲研究所杨光担任主编，王京烈担任副主编，汇集了国内中东非洲问题研究的专家、学者的最新研究成果。

非洲一体化与中非关系

罗建波　著

2006 年 12 月出版　28.00 元

ISBN 7-80230-325-7/D·065

本书主要有两大特点，一是从全球化和非洲民族主义的角度阐释非洲一体化的历史、现实及其内涵，全面解读了非洲一体化面临的若干问题及非洲一体化的未来发展出路；二是将半个世纪中非关系的发展与非洲一体化进程相结合，深入探讨了中非关系在内容与形式上的调整，以及未来中国对非多边外交政策的基本框架。本书有助于丰富和完善我们对“非洲发展问题”、“南北问题”、“地区一体化”等理论问题的深入理解，有助于我们从新的视角解读中非关系的历史变迁与未来发展。

相关链接

更多信息请查询：www.ssap.com.cn

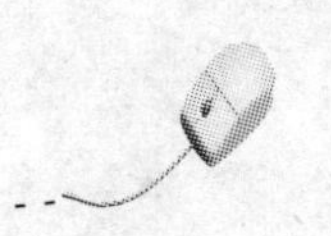

塞内加尔　冈比亚

张　象　贾锡萍　邢富华　编著
2007年2月出版　45.00元
ISBN 978-7-80230-447-5/K·057

塞内加尔和冈比亚是非洲的两个小国、穷国，长期受到殖民主义的剥削和压迫，独立以后，又面临发展经济的繁重任务。两国人民同中国人民有着相似的命运，同中国一直保持友好的关系。向中国人民介绍塞内加尔和冈比亚的国情，对于正在走向世界的中国有十分重要的现实意义。

埃及

杨灏城　许林根　编著
2006年4月出版　39.00元
ISBN 7-80230-006-1/K·227

埃及是世界四大文明古国之一，位于欧、亚、非三洲的交汇处，具有重要的战略地位。历史上曾遭受波斯帝国、希腊、罗马、阿拉伯帝国、奥斯曼帝国的统治；在近代沦为英国殖民地；1922年获得名义上的独立；1952年革命后，成为真正意义上的民族独立国家，不断发展民族经济，增强综合国力。当今，它作为中东和非洲地区的大国，在地区和国际事务中发挥着越来越重要的作用。本书为读者认识埃及提供全面的指南。

图书在版编目(CIP)数据

赤道几内亚 几内亚比绍 圣多美和普林西比 佛得角/李广一主编. -北京:社会科学文献出版社,2007.5
(列国志)
ISBN 978-7-80230-562-5

Ⅰ.赤… Ⅱ.李… Ⅲ.①赤道几内亚-概况 ②几内亚比绍-概况 ③圣多美和普林西比-概况 ④佛得角-概况
Ⅳ.K943

中国版本图书馆CIP数据核字(2007)第04949号

赤道几内亚 几内亚比绍
圣多美和普林西比 佛得角 ·列国志·

主 编/李广一
审 定 人/陈公元 温伯友

出 版 人/谢寿光
出 版 者/社会科学文献出版社
地 址/北京市东城区先晓胡同10号 (邮政编码:100005)
网 址/http://www.ssap.com.cn
网站支持/(010) 65269967
责任部门/《列国志》工作室 (010) 65232637
电子信箱/bianjibu@ssap.cn
项目经理/宋月华
责任编辑/李正乐
责任校对/王玉珍
责任印制/盖永东

总 经 销/社会科学文献出版社发行部
(010) 65139961 65139963
经 销/各地书店
读者服务/市场部 (010) 65285539
排 版/北京中文天地文化艺术有限公司
印 刷/北京智力达印刷有限公司

开 本/880×1230毫米 1/32开
印 张/14 字数/332千字
版 次/2007年5月第1版 2007年5月第1次印刷

书 号/ISBN 978-7-80230-562-5/K·071
定 价/35.00元

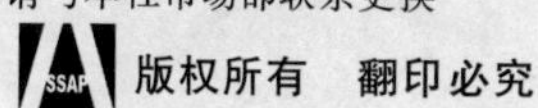

《列国志》主要编辑出版发行人

出 版 人 谢寿光
总 编 辑 邹东涛
项目负责人 杨 群
发 行 人 王 菲
编辑主任 宋月华
编 辑 （按姓名笔画为序）
孙以年 朱希淦 宋月华
宋 娜 李正乐 周志宽
范 迎 范明礼 赵慧芝
薛铭洁 魏小薇
封面设计 孙元明
内文设计 熠 菲
责任印制 盖永东
编 务 杨春花
编辑中心 电话：65232637
网址：ssdphzh_cn@sohu.com